華人本土
心理學30年

本土研究取徑及理論

五南圖書出版公司 印行

華人的本土心理學實在是一種「將華人當華人來研究」的心理學，而不是一種「將華人當美國人或西方人來研究」的心理學。

——楊國樞（1993）[1]

　　在日常生活中，我們是中國人；在從事研究工作時，我們卻變成了西方人。我們有意無意地抑制自己中國式的思想觀念與哲學取向，使其難以表現在研究的歷程之中，而只是不加批評的接受與承襲西方的問題、理論與方法。

——楊國樞（1982）[2]

　　編者謹以楊先生的兩段話，紀念他逝世四週年。

——2022 年 7 月 17 日

1　楊國樞（1993）：〈我們爲什麼要建立中國人的本土心理學？〉。《本土心理學研究》，1 期，頁 6-89。

2　楊國樞（1982）：〈心理學研究的中國化：層次與方向〉。見楊國樞、文崇一（編）：《社會與行爲科學研究的中國化》。頁 53-188。臺北：中央研究院民族學研究所。

序

　　由楊國樞先生所創建之華人本土心理學，發展至今數十餘載，從起先的為何本土，何為本土，積累至今而出如何本土，乃至於整合本土。就先從基本的發展來看，自 1991 年出版的《本土心理學研究》剛過第五十期。同一時期，又陸續出版了《中國人的心理與行為》系列叢書（1991 年到1993 年）。之後，於 2005 年，更是由楊國樞、黃光國、楊中芳主編《華人本土心理學》，共上下兩冊，匯集了當時本土心理學相關的知識內容，這套叢書不僅是在學術界深獲好評，在兩岸三地華人心理學術社群中有諸多回響，且也成為大專院校（尤其研究所階段）本土心理學知識的重要教材。然而，楊國樞先生於 2018 年辭世，學術界不僅深感遺憾，也由此讓諸多本土心理研究學者重新反思，自上次成書至今，時過境遷已久，本土心理學知識內容至今積累更甚，係以更需要再次進行爬梳整理。據此，本叢書不只是對華人本土心理學的再次匯聚，同時也是紀念楊國樞先生一直以來對本土心理研究的引領投入，以他帶領創辦《本土心理學研究》一學刊，及開啟「系列叢書」的 1991 年為標記，到本書預期出版的 2021 年，正好 30 年，是故取名為《華人本土心理學 30 年》。

　　從 2018 至今，主編群廣邀相關學者多次討論，我們也重新沉澱反思，這數十年來自身所涉入的本土心理學領域，於內部（華人社群）之演進和與外部（國際學界）之對話。至終，透過將近三年的時間，由諸位作者撰寫內容，再由各自子領域專輯編審統整集合，並先提供初步的書寫意見，待該章作者修改回覆後，才再整理匯集。故此次更新再版，於質與量都有極大的突破。首先，以冊數來論，由之前的兩冊（上、下）拓展延伸至三冊，字數更高達一百多萬字。於內容來看，更強化了主題性，上、中、下三冊依序為《華人本土心理學（上冊）：本土研究取徑及理論》、《華人本土心理學（中冊）：自我、人際與家庭關係》、《華人本土心理學（下冊）：工商管理與臨床療癒》，即是從本質方法論，到以個人延伸至他者的主題脈絡，乃至於生活場域中的具體實踐。此外，上、中、下每冊各自又含有三大部分（篇），共九大篇，共計三十一章。

　　更進一步地，對照於 2005 年初版之作者序中，其中提到希冀於未來能擴增相關章目，包含華人本土自我歷程、華人性格研究、中庸思維、華人家庭教養、華人家長式領導、華人本土心理治療等。這些內容均於此次更新再版都有專章論述之，故也是補充且延伸甚而突破了初版內容。以下，我們將依序說明三冊內容之安排，並介紹其中增添與亮點。

1. 上冊：本土研究取徑及理論

　　首先，在這一冊的內容，主要是追蹤「華人本土心理學」第一版出版之前後，過去 30 年間「憑文化的根基闖天地」，在三個方面的研究進展：⑴ 如何做本土研究的理論探討；⑵ 傳統概念的心理學研究成果；⑶ 現代化對華人社會帶來的價值變遷及融合方式的報告及反思。

　　本冊第一部分的內容，主要就是在追蹤第 1 版出版之後，在本土理論研究方面的進展，包括了黃光國、翟學偉及楊中芳所寫的三篇文章。他們三位在本土研究這個領域都算是老兵了，各自對要如何進行本土研究有他們不同的切入點及領悟。對比他們在這兩版中的論述，提供讀者一個機會看到個別本土理論發展的歷程。在這一部分的最後，鍾年記錄了早年一些有影響力的學者在出洋考察學習後，對國人要如何革新所作的深思，提供了一個作本土研究的初心，是一個很重要的補遺及喚醒。

　　黃光國由其早年對人情、面子、關係的本土建構出發，走入用西方建構實在論去重新思考作本土研究的取徑，到近來提出做本土研究不能困於心理學或社會學的門戶之限，要用一個社會科學整合的宏觀角度來構思華人的生活世界。翟學偉早年是從面子開始研究的，他歷經了以各種視角來詳盡探討的過程，也經過與自我、人情、人際關係等放在一起探研的階段，促使他提出建構以一個宏觀社會交往架構來做本土研究的取徑。楊中芳多年對傳統中庸概念所做的心理學研究，讓她領悟到中庸實踐思維，有別於我們現在視為當然而的主流心理學思考進路，因而主張將之發展成為一套本土研究取徑。編者認為三者反映了難得的「殊途同歸」。

在本冊第二部分中，記述了三個將華人文化傳統概念進行心理學研究的案例。這一研究取徑，相對於換用其他科學範式來作本土研究的取徑，可以說是最原始、最直接也是最保守的嘗試。只是把在現今華人社會中，尚在運作的傳統概念，孝道及中庸，沿用主流心理學現有的實證研究範式，加以探研之。然而，這樣原本簡單的構想，經過多年的探研及浸泡，反覆地與西方主流研究進行交流與對話，卻最終各自走上不同的本土道路。楊中芳藉之領悟到主流思考進路對貼切地研究本土心理課題的「力不從心」之處，從而提出換用中庸思維進路，來做本土研究的建議。而曹惟純、葉光輝多年研究孝道的經歷及成果，卻引領他們走向將所得的認知發展理論應用到其他研究課題，甚至到普世領域之中。編者認為這兩個案例反映的是和諧的「分道揚鑣」。韋慶旺的研究固然也是在探討中庸這個課題，但是確對「中庸」到底是什麼，作了更細緻、深入的剖析，並用了一個普世價值的架構，來加寬對它涵義的理解。

在本冊的第三部分中，主要是記敘臺灣及中國大陸社會在現代化的過程中，如何吸收及融合外來文化，從而促成自身文化改變的實例。王叢桂的重點是放在臺灣工作價值觀的流觴；周玉慧則是放在臺灣對家庭價值觀的變遷；彭泗清則從中國大陸社會快速轉型的過程中，在消費價值觀及行為方面的轉移。楊世英則是從她多年探討的智慧研究資料去發現臺灣社會有很容易接受及融合外來文化的價值取向，從而建議在今後的本土心理研究中要加強探討文化複合的各種取徑的研究。研究價值觀不免要涉及到兩個問題：一個是全球普世性／文化特殊性；另一個是理想與現實的差距，四位作者在文中都或多或少涉及到這些問題。價值觀本身肯定涉及的是理想層面，其中確實有許多普世的成分在內；然而，如何在日常生活的方方面面將之付諸實行，倒真應該是本土研究者的關注點。本書這一部分的四位作者都非常盡力地反映了這一點。

2. 中冊：自我、人際與家庭篇

到了中冊，則是進入更為具體之領域主題，三大主題分別是「自我與性格」、「愛情、婚姻、家庭」與「人際與群際關係」，也由此呼應

2005 年初版中對於這些領域的疏漏補遺。

　　對於自我與性格的部分，共有四章，先由孫蒨如對於楊國樞先生在華人自我四元論的建構進行縝密豐富的說明，尤其分析了此四種自我取向：個人取向、關係取向自我、家族（團體）取向自我、他人取向之特性，以及可透過實驗方法進行區辨和機制探討。楊宜音與張曙光一文則更進一步地從宏觀文化層次，探討華人自我觀中之「公」與「私」之運作和內涵，且更回歸到思考「關係」作為華人自我構念之本質意義。最後，許功餘、莊詔鈞、蔡沂珊則對於華人性格研究進行極完善的闡述跟分析，且是透過兩章之篇幅，先說明華人性格在「因素與結構面」的特性，並且比較了不同研究取徑所得的結果。之後，再細部探討華人性格對於各種心理功能和適應的影響機制，從個人層次（如心理健康）到人際層次（如關係品質）之關聯與路徑，都有相當詳實統整的介紹。

　　中冊的第二部分，則是探討華人社會心理中的愛情、婚姻、家庭關係，共有三章。首先，由張思嘉、楊淑娟透過華人歷史文化的追溯，對比於西方以浪漫為基礎的愛情觀，進而分析兩者對於現下社會的影響。利翠珊一文則探究進入婚姻中的夫妻關係，並且也分析社會與法律政策的影響，以及不將婚姻關係視為一停滯不動的狀態，而是富含不同階段性的「起、承、轉、合」，係由此探究在這階段中的婚姻適應與調節。最後，許詩淇更是聚焦於華人社會中耳熟能詳的「婆媳關係」，其文章標題就以「嫁娶 vs. 結婚」，直接道出華人社會與西方社會對婚姻關係上的認知與定位差異，且由此思考「家庭」之功能和內涵在本質意義的出入。有趣的是，這三章都多少提及現今的小說、散文甚或連續劇內容，並也提及古文經典中之語句論述，甚能感受到華人心理對於「愛、婚、家」的不變與變。

　　中冊的最後一部分則是人際與群際關係，共有四章。首先，由林瑋芳對於華人在「忍」的樣貌與機制做了更完整的說明，並且比對近期北美心理在情緒壓抑和犧牲行為上的差異，更精緻地展現出「忍」在華人人際中的多層次性與正向功能。黃囇莉一文則對其早先提出的人際衝突與和諧模型進行了更完整的回顧，歸納整理的其自博士論文至今的相關文獻，並也針對不同人際關係（如職場主管部屬、青春期友誼、親子家庭）下的衝突

與和諧歷程予以闡述，展現了其理論觀點更豐富的延伸與突破。之後，再由李怡青對於華人群際關係進行深入探討，尤其聚焦在群族和性別領域，這也是近代華人社會中相當迫切的議題，從個人層次延伸至社會認同層次，並且也充分整理兩岸三地之間的資料和觀點。最後，許詩淇與簡晉龍則再聚焦於華人社會互動中的親疏尊卑關係，反思在先天既有名分與後天實然互動中，並且搭配權威而形成所謂親親尊尊之人情往來，由此衍生出更富層次性與交織性的互動角本。有趣的是，這四個章節在上一次的版本中均有，都是本土心理早先關注的議題，但熱度不僅沒有隨時間削弱，反而是更加獲得關注，理論拓展跟實際面向也愈趨豐富。

3. 下冊：工商管理與臨床療癒

本書的最後一冊，則是聚焦於實務應用場域──工商與心理治療，這部分也是三大部分，依序為「組織與領導」、「組織行為與廣告說服」、「人文臨床與倫理療癒本土化」。首先，在工商組織心理與行為的研究中，新版篇幅擴大許多，增益了兩大部分，在第一部分主要是以鄭伯壎教授研究團隊之華人領導研究，係由他與黃敏萍完整地回顧其家長式領導的三元模式：威權領導、仁慈領導以及德行領導，並闡述其中機制跟對組織效能的影響。接續於此，其後由林佳樺、姜定宇則深入探究差序式領導，即是點出了「關係」於華人職場中所扮演的核心角色，並且仔細審視出才（庸）、忠（逆）、質（劣）、群（孤）、親（疏）之內涵與影響。最後，周婉茹則更進一步地聚焦於威權領導之獨特意涵，且對於已發表的一百多篇文獻進行大規模的整合分析（meta-analysis）與系統性回顧，此般呈現不只能見作者之用心，更讓人意識到該領域的蓬勃發展。

下冊的第二部分承接前脈絡，先是由姜定宇與鄭伯壎對於華人組織中的「忠誠」，他們先是對比了西方相近概念如組織承諾與組織公平行為，在由此回顧出《忠經》於更後設層次中對華人社會的影響，是以點出了犧牲、服從、配合、輔佐的華人文化組織文化特殊性。林姿葶一文則開拓了一個新興華人組織議題，即是從動態的「時間觀」予以著手，尤其從《周易》與佛學的角度，探究華人組織在面對不同時間尺度之變動知覺，並由

此帶出特有的華人組織中的時間觀領導。最後，林升棟一文則進入更為貼近日常生活中的應用面向：消費與廣告說服。其細緻比較了經典廣告在東西文化間之差異，且點出了典型西方說服研究中在「情」與「理」之二元架構限制性，進而提出了華人說服歷程中乃需要「情理交至、主客相容」的整合觀點，而非僅以「以理束情；主客相分」的侷限立場。

下冊的最一部分則是探究華人心理治療實務現場，共有三章。首先，林耀盛與劉宏信從「倫理療癒」之本土化切入臨床心理場域，並以詮釋現象學的觀點和方法探究人文臨床的可能，是以不只是心靈上的療「癒」，更是貼近生活上親臨的療「遇」。李維倫更承接於此，先從民間宗教行巫探究華人「受苦」轉化甚或昇華，進而帶出整合「心性」與「倫理」的「柔適照顧」。最後，彭榮邦以自身在大學場域中教導本土心理學的經驗為起始，反思華人臨床心理學訓練在實習現場中感知到的「學用落差」，進而重新解構「本土心理學」一詞，由此衍伸出生活即是本土、生命即是學習，兩相並至而出的「本土心理＋學」。最後這一部分，在 15 年前的初版書中，主要是由余德慧老師主筆撰寫。惜天不假年，余德慧老師也於 2012 年辭世，然而從這次再版內容來看，能見其發展並沒有因此中斷，而是有更積極的開拓，且更是將理論面和實務面完好接合，為本土心理學應用上提供了一個良好典範。

最後，我們要再次深深感謝本書的所有作者（超過三十名學者專家），爬梳彙整了如此豐富的內容。起先，我們本來預計以一年的書寫期程（自 2018 年開始），再搭配審查與出版程序，期望能在 2021 年出版，以趕上由中央研究院民族學研究所主辦的「第十二屆華人心理學家」學術研討會，該會也是由楊國樞先生於 1995 年發起籌辦至今。本想於會議前完書，也同時紀念楊國樞先生在本土心理學上的奉獻。然而，人算不如天算，新冠肺炎疫情（Covid-19）打亂了世界秩序，對於學術界也帶來巨大衝擊，本書篇章之作者們多於大專院校服務，因應著各式臨時變動，著實費心費力。所幸且感佩的是，即使在面對如此紛擾，作者群依舊再接再厲，僅以又額外一年的時間完成書稿，且「第十二屆華人心理學家」也因

應疫情延期至 2022 年，如此這份紀念仍然可能。於末，我們期許本土心理學能因本叢書出版，讓本土心理學術社群更由此啟發激盪，引領出更具深度與廣度的本土心理研究，並且期待下一個 15 甚或 30 年，能看到更嶄新的一頁。

張仁和、楊中芳

作者簡介

（依姓名筆畫排序）

王叢桂

德州大學社會人格心理學博士，東吳大學心理系退休教授。研究主題：家庭與工作價值以及人權。

周玉慧

日本廣島大學心理學博士。現任中央研究院民族學研究所研究員兼副所長、人文社會科學研究中心合聘研究員。

韋慶旺

浙江大學心理學博士，中國人民大學心理學副教授，中國心理學會文化心理學專業委員會委員兼秘書。

曹惟純

臺灣大學心理學系畢，現任中央研究院民族學研究所研究助理。

黃光國

美國夏威夷大學社會心理學博士。臺灣大學榮譽教授，曾任臺灣大學心理系特聘教授、亞洲社會心理學會理事長，並獲國科會傑出研究獎、教育部國家講座。

彭泗清

香港大學哲學博士（社會心理學），北京大學光華管理學院教授，兼任中國社會心理學會副理事長。

楊中芳

美國芝加哥大學心理學博士。曾任教於香港大學、廣州中山大學，並創辦華人本土心理研究基金會。現任北京大學人格與社會心理學研究中心客座研究員。

楊世英

美國哈佛大學教育學院碩士，耶魯大學認知心理學博士。目前為暨南國際大學教育行政與政策學系特聘教授。

葉光輝

臺灣大學心理學博士，現任中央研究院民族學研究所研究員，臺灣大學心理學系合聘教授。著有《中國人的孝道：心理學的分析》、《從親子互動脈絡看華人性格的養成》等專書。

翟學偉

南京大學歷史學博士，長江學者特聘教授（2015-2020），現任南京大學社會學教授。

鍾年

畢業於北京大學心理學系，現為武漢大學哲學學院心理學系教授。

目　錄

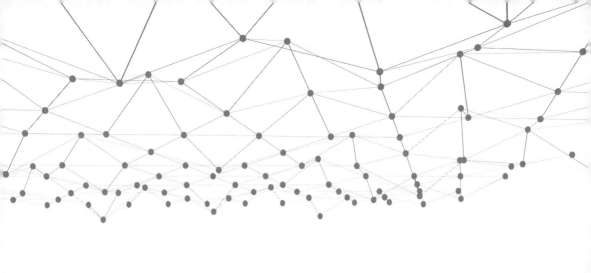

◆第一篇

本土心理學理論
的舊雨新知

（楊中芳主編）

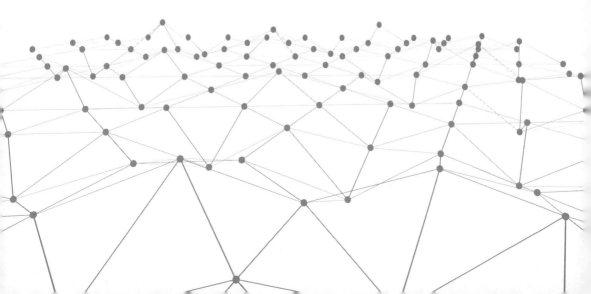

第一章

從「本土心理學」到「本土社會科學」

黃光國

2015年，我從臺大心理系退休之後，便與同道組織「思源學會」（正式登記的名稱爲「華人本土社會科學學會」），推廣本土社會科學。我經常跟同道們強調：華人本土社會科學所遭遇到的難題，跟華人本土心理學發展過程中所遭到的難題是一樣的，其實都是「中、西文化會通」時所發生的困難。華人本土心理學一旦發展完成，發展華人本土社會科學的難題，也自然迎刃而解。在未來一個世代，華人社會科學的發展方向，必然是以「儒、釋、道」三教合一的文化作爲基底，吸納作爲西方文化之精華的科學哲學，「中學爲體，西學爲用」，建構「含攝文化的理論」，說清自身的文化傳統，以建立華人自主社會科學的學術傳統。

我們可以著名社會學者費孝通一生的重大轉折，來說明發展華人本土社會科學可能遭遇到的難題。費孝通是最早揚名於國際的第一代華人社會學家。費孝通（1948）他曾提出「差序格局」的理念，用以描述二十世紀初期中國農村的社會結構。他認爲：西方個人主義社會中的個人，像是一枝枝的木柴，他們的社會組織將他們綁在一起，成爲一捆捆的木柴。中國社會的結構好像是一塊石頭丟在水面上所發生的一圈圈推出去的波紋。每個人都是他社會影響所推出去的圈子的中心，而跟圈子所推及的波紋發生聯繫。這個像蜘蛛網的網絡，有一個中心，就是「自己」。「這個富於伸縮性的網絡，隨時隨地都是以「自己」作爲中心，這並不是個人主義，而是自我主義」，「我們所有的是自我主義，是一切價值以『己』作爲中心的主義」。

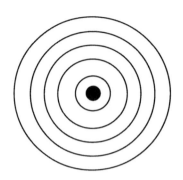

圖1-1　中國社會的差序格局（費孝通，1948）

　　費氏有關「差序格局」的概念雖然經常為華人社會學家所引用，究其本質不過是一種不精確的比喻而已，並不是「含攝文化的理論」。它反映出十九世紀末期，西方人類學者對於非西方文化的基本心態。

　　費孝通早年到英國留學時，受教於著名的波蘭裔人類學家馬林諾斯基（B. Malinowski, 1884-1942）。馬氏是功能學派的大師，要求學生進入田野從事民族誌（ethnography）研究工作時，必須採取實證主義「主／客對立」的態度，考慮社會及文化建構具有滿足個人的基本需求的那些功能，不必探討文化理念的實質意義。

（一）封鎖民族的「知識牢獄」？

　　這種觀點跟另一位人類學家 Redcliffe-Brown 所主張的「結構功能主義」（structural functionalism）正好相反。後者強調：必須考量社會建制跟整體社會運作之間的關係。馬林諾斯基的研究策略或許可以用來研究原始社會，但要用它來研究底蘊深厚的華人文化，就顯得有所不足。

　　在文化大革命期間，費氏曾經被打入牛棚，不能繼續從事學術研究工作。1979 年中共採取「改革開放」政策，費氏受到重用，一度出任政協主席，在中國致力於發展經濟的時代，他宣稱自己所作的學術工作是「志在富民」，晚年則一再強調中國社會學者必須要有「文化自覺」。

　　他逝世之後，周飛舟（2017:147）寫的一篇文章，很清楚地指出他晚年思想的轉向。1984 年，費孝通寫過一篇〈武夷曲〉，稱自己對理學和朱子「自幼即沒有好感」。在 1989 年的另一篇散文〈秦淮風味小吃〉中，

費孝通還語帶諷刺地說：

> 　　試想程朱理學極盛時代，那種道貌岸然的儒巾怎能咫尺之間就毫不
> 躊著跨入金粉天地？⋯⋯時過境遷，最高學府成了百貨商場。言義不言利
> 的儒家傳統，在這裡受到了歷史的嘲笑。⋯⋯我倒很願意當前的知識分子
> 有機會的都去看一看，這個曾一度封鎖我們民族的知識牢獄。（費孝通，
> 1989，頁 271-274）

　　1989 是在「改革開放」之後十年。在那個時代，費孝通還保有本書
第一章所說的「五四意識形態」，認為「言義不言利」的「儒家傳統」是
「曾一度封鎖我們民族的知識牢獄」，也因此為傳統書院改成「百貨商
場」喝采叫好。可是，到了 2003 年，他對儒家文化傳統的態度，卻有了
一百八十度的大轉變。

（二）社會學的「機制」和「結構」

　　在〈試談擴展社會學的傳統界限〉一文中，宋明理學反倒成為費孝通
心中社會學擴展界限的關鍵：

> 　　理學堪稱中國文化的精華和集大成者，實際上是探索中國人精神、心
> 理和行為的一把不可多得的鑰匙。⋯⋯理學的東西，說穿了就是直接談怎
> 樣和人交往、如何對待人、如何治理人、如何塑造人的道理，這些東西，
> 其實就是今天社會學所謂的「機制」和「結構」，它直接決定著社會運行
> 機制和社會結構。
>
> 　　我們今天的社會學，還沒有找到一種跟「理學進行交流的手段。理學
> 講的「修身」、「推己及人」、「格物致知」等，就含有一種完全不同於
> 西方實證主義、科學主義的特殊的方法論的意義，它是通過人的深層心靈
> 的感知和覺悟，直接獲得某些認識，這種認知方式，我們的祖先實踐了幾
> 千年，但和今天人們的思想方法銜接，差不多失傳了。（費孝通，2003，
> 頁 461-463）

費孝通講得一點不錯。儒家思想發展到宋明理學，確實已經成爲「中國文化的精華和集大成者，它也是探索中國人精神、心理和行爲的一把鑰匙」。理學所講的「關係論」，就是在談「怎樣和人交往、如何對待人、如何治理人、如何塑造人的過程」，這就是中國人在其生活世界中所談的「仁、義、禮、智、信」，「這些東西，其實就是今天社會學所講的『機制』和『結構』，它直接決定著社會運行機制和社會結構」。

費孝通早年受到「五四意識形態」的影響，迷信「實證主義」式的「科學主義」；改革開放後「復出」，仍然認爲：儒家文化傳統是「封鎖我們民族的知識牢獄」。到了晚年，才清楚看出：儒家文化傳統的重要性，而呼籲中國知識分子要有「文化自覺」。他同時了解到：要找出中國社會運行的「機制」和社會「結構」，必須要有「一種完全不同於西方實證主義、科學主義的方法論」。他沒有說清楚的是：這兩種之間的差異，其實已經涉及社會科學研究背後的典範移轉的複雜問題。

■ 一 心理學本土化運動的歷史背景

費孝通那個世代的中國知識分子，大多懷有「五四意識形態」，並迷信「實證主義」式的科學主義。即使是 1949 年隨國民政府撤守臺灣的知識分子亦不例外。我們可以用在臺灣最早提倡心理學本土化的楊國樞教授爲例，來說明這個現象。

（一）「現代性」的實徵研究

二次大戰後，在臺灣大學提倡邏輯實證論的主要人物，是殷海光教授。楊國樞青年時期是殷海光教授的崇拜者，他在伊利諾大學以三年時間獲取博士學位後，返回臺大心理系任教。中美斷交時，臺灣學術界發起「革新保臺運動」，楊國樞以其特殊的人格和背景，迅速成爲「自由派」的領袖，同時推動「現代性」的學術研究。那時候，我在臺大心理學就讀，進入研究所博士班之後，認爲這個議題對中國未來的發展十分重要，便師從楊國樞，跟他做碩士論文。

　　楊國樞主張：以行為主義的科學方法，從事「現代性」的實徵研究。依照當時人格心理學中常用的方法，從事這方面研究的第一步，就是編製量表，測量個人「傳統性」和「現代性」的高低。當時他所用的方法是：在編製『個人現代性量表』時，其題目有兩個主要來源：(1) 國外相關研究所用量表題目中適合中國人作答者；(2) 根據當時中國的社會文化背景所特別撰寫者。這樣找到了 212 個題目，為了確定各題是否與現代化程度有關，他邀請了十四位有關學者對每一個題目作一評斷，以得知它究竟是屬於現代化的方向？還是傳統化的方向？各學者在評斷各題時，以「＋」、「—」、「？」三種記號分別代表在該題上答「贊成」時表示「現代化」、「傳統化」、「不能確定」。如果認為贊成該題即表示傳統化，便打一個「—」號；「＋」號表示達贊成即表示較為現代化，「？」為不能確定。根據十四位學者的評斷，他選出 71 個大家意見一致的題目，包括現代化方向者 25 題，傳統化方向者 46 題（瞿海源、楊國樞，1972，頁385）。

（二）心理學的典範移轉

　　當時我毫不懷疑地使用這一份量表作為測量工具，完成我的碩士學位論文。碩士班畢業後，我考取「教育部與美國東西文化中心合設攻讀博士學位獎學金」，到夏威夷大學進修，才明確覺察到：當時美國的心理學界正在進行一項鉅大的典範移轉。

　　我在臺大求學時，心理學研究所的老師幾乎都在講行為主義。到了夏大，有一位很出名的教授 Arthur W. Staats（1975）甚至出版了一本題為《社會行為主義》（Social Behaviorism）的書，認為個人的心理學都可以用其外顯行為來加以解釋。但是我們用的社會心理學教科書卻是 Stotland 和 Canon（1972）兩人合作，題目清楚標示「認知研究取向」（a cognitive approach）。我的指導教授 A. J. Marsella 主要的研究興趣是不同文化中的心理病理學。我在東西中心參與的「文化學習研究所」（Cultural Learning Institute）則有許多研究員致力於探討跨文化比較研究的方法。更重要的是：當時夏威夷大學哲學系還有一位 Lauden，以講授實用主義

的科學哲學聞名，他使我注意到：每一種流行的心理學典範之後，都各有其哲學基礎，儘管當時我對這兩之間的關聯仍然不甚了了。

（三）「中國文化與現代化」研討會

我在夏威夷大學的博士論文題目是「臺灣都市社區中生活壓力、應變傾向與心理病理模式」。畢業歸國後，回到臺大心理系任教，在國科會的資助下，開始做企業組織中生活壓力的研究，因而注意到：臺灣企業組織中的人際關係，完全不是西方組織心理學中那些理論所能解釋，開始動心起念，試圖用當時社會心理學中流行的正義理論和社會交換理論，建構出「人情與面子」的理論模型（Hwang, 1987）。

1983 年，兩岸學者在香港中文大學召開「第一屆中國文化與現代化研討會」，我得知中國學者是由世界知名的費孝通教授領軍，刻意提出這篇論文，在會中報告。然而，當時費孝通談的是中國家庭不同世代間的反饋模式，並沒有注意到這個理論模型和他的「差序格局」之間的關係。反倒是當時在中大任教的 Michael Bond 注意到我所建構的理論模式，從此展開我們長期的合作關係。那次研討會上最受大眾矚目的是金耀基（1983）發表的論文〈儒家倫理與經濟發展：韋伯學說的重探〉。這篇論文不僅在臺灣學術社群中掀起了一陣「韋伯熱」，也促使我開始注意相關議題，影響我後來一生的研究方向。

二 心理學本土化的路線之爭

1980 年代初期，我在楊國樞教授的號召之下，開始參與「社會心理學本土化運動」。當時便已經察覺到：近代西方學術的發展，主要是建立在其哲學的基礎之上。國內社會科學研究長期處於低度發展的狀態，主要原因在於研究者對於西方科學哲學的發展缺乏相應的理解。為了說明儒家文化傳統與東亞經濟奇蹟之間的關係，1986 年，我在國科會資助下，到密西根大學進修一年。在這段期間，我又以「人情與面子」的理論模型為基礎，用結構主義的方法，分析儒家思想的內在結構，並出版《儒家思想

與東亞現代化》一書（黃光國，1988）。由於我的研究取向和臺灣心理學界重視實徵研究的傳統大異其趣，為了說明我所採取的研究取向，我開始比較深入地研讀科學哲學的相關著作。

（一）蘇教授的批評

1992 年，楊國樞教授要規劃出版《本土心理學研究》期刊，邀我寫一篇「靶子論文」，和學術界的同仁一起討論本土心理學的發展方向。當時我正年輕氣盛，立刻毫不猶豫地一口答應下來，很快地寫了一篇論文，題為「互動論與社會交換：社會心理學本土化的方法論問題」，由楊教授邀請社會科學界的幾位資深同仁，針對我的主張提出批判。他們所提出的批判和質問，使我十分難以招架。尤其是在北京大學社會學系講授科學哲學多年的蘇國勛教授，他單刀直入地指出：「『科學研究綱領』主要是適用於近代自然科學，而不是用於社會科學，尤其不是用於社會心理學和社會學。」它是「Lakatos 作為科學史家以事後回顧的方式，對科學史上出現的和發生影響的各種學說和理論做出評價時所用的（不是科學工作者自身所用的），因此，『社會科學中國化』不應以『科學研究綱領』為謀。」完全否定了我的主張。

蘇教授的說法基本上是正確的。作為科學發展前衍的西方核心國家，科學哲學確實是思想史家或哲學家針對「科學史上出現的和發生影響的各種學說和理論」做出反思和評價所得的結果，並不是「科學工作者自身所用的」。然而，對於像臺灣或中國這樣非西方社會的邊陲國家，如果不了解西方科學哲學的精神，充其量只能套用西方國家發展出來的研究模式，蒐集一些零零碎碎的實徵研究資料，怎麼可能發展出「本土心理學」或「本土社會科學」？

然而，哲學並非我的專業。在那個時代，我對科學哲學的理解，其實並不深入，也不透徹。蘇教授是在北京大學社會學系講授科學哲學的權威學者，我要反駁他的論點，唯一的方法就是用我的主張，做出具體的研究成果，「拿證據來」。當時我的研究成績乏善可陳，根本做不到這一點，困窘之餘，只好寫一篇〈審慎的回應與暫時的沉默〉，虛晃一招，落荒而逃。

（二）《社會科學的理路》

學然後知不足。從此之後，「做出具體研究成果以說明自己的主張」，便成為我持之以恆的學術志業。為了達成這樣的目標，我一方面持續研讀科學哲學的經典著作，另一方面在臺灣大學心理學研究所講授科學哲學。1995 年我出版了《知識與行動》一書（黃光國，1995），用社會心理學的觀點，重新詮釋「道、儒、法、兵」一脈相承的中華文化傳統。在這本書中，我很清楚地指出：西方文化最重視的是「知識的哲學」，傳統中華文化所關注的卻是「行動的智慧」，兩者關注的焦點有其本質上的不同。由於現代學術幾乎都是建立在西方科學哲學的基礎上，我們要讓本土心理學有真正的發展，一定要對西方科學哲學的演變有相應的理解，能夠以之作為基礎，從事本土心理學研究。

在臺灣大學講授科學哲學的經驗使我深深體會到：經典翻譯和詮釋的重要性。如果我們沒有把一些科學哲學的經典名著譯成中文，它們就沒有進入中文世界，一般人便很難用它們作為論辯的材料。要使「科學」在華人的文化中生根，不僅要有人像唐代高僧翻譯佛經那樣，將西方科學哲學的經典名著逐一譯成中文；而且要有人能夠撰寫專著，析論各家科學哲學之間的關聯，讓科學研究工作者，能夠相對容易地理解各種科學哲學之間的辯證性發展。因此我不揣淺陋，以將近十年的工夫，撰成《社會科學的理路》（黃光國，2001）一書，析論二十世紀內科學哲學發展出來的五種主要典範之間的關聯。

（三）「理論建構」與「實徵研究」

由於這本書的目的是在解釋我所採取的研究取向，以解決社會科學本土化所遭遇到的難題，它的寫法跟一般科學哲學的教科書也大異其趣。它的前半部敘說自然科學的哲學，由於實證主義到後實證主義的典範轉移，後半部說明社會科學的哲學，包括詮釋學和批判理論，兩者之間則以結構主義作為連結。

撰寫《知識與行動》和《社會科學的理路》這兩本書的經驗，成為我日後在思考心理學本土化各項問題的「背景視域」。自 1990 年代中期，

我開始參與「亞洲社會心理學會」的各項活動，又進一步認識到：社會科學本土化不僅只是華人社會科學社群的問題，而且是所有非西方國家社會科學社群所面臨的共同問題。

從 2000 年起，我擔任教育部「華人本土心理學研究追求卓越計畫」的總召集人，在該項計畫每年兩次的考評會上，都有考評委員指出：這種大型的研究計畫，不能以作實徵研究為滿足，一定要將這些實徵研究的發現整合在一起。

從科學哲學的角度來看，唯有建構理論，才有可能將各項不同實徵研究的發現整合在一起。因此，在執行卓越計畫的八年期間，我不斷殫精竭慮，思考跟心理學本土化有關的各項問題，一面從事研究，另一方面撰寫論文，在國內、外學術期刊上發表。

（四）兩種研究取向的對話

在 2002 年二月，楊國樞教授七十華誕時，他的學生們曾經辦了一個「從現代到本土」的學術研討會，我忝為楊教授的學生之一，也寫了一篇〈從「現代性」到「本土化」：論「個人現代性」研究的方法論〉，收錄在葉啟政（2002）主編的論文集中。在這篇論文中，我曾經指出，楊國樞有關個人現代性的研究可分為兩個階段。在第一階段中，他將「現代性」和「傳統性」想像成同一向度的兩個極端，用前節所述的方法，指導許多學生做了一系列的研究，在那個時代將他博取了極大的學術聲望，也受到了許多批評。

以這樣的研究工具，做了十五年的實徵研究之後，楊氏承認：他「第一個階段的研究工作可能犯了數項重大的錯誤，而西方學者的有關研究也大都具有同樣的缺點」（楊國樞等人，1991，頁 245）。因此，他對於自己有關個人「現代性／傳統性」的看法，作了四方面的重大改變（黃光國，2002，頁 56）。

楊教授在第二階段作出四項「重大改變」之後，他的研究興趣已經從「個人現代性」轉向「本土化」，所謂「個人現代性」的研究也逐漸式微。

後來我將這篇論文改寫成英文（Hwang, 2005a），投給《亞洲社會心

理學刊》，該刊主編要求楊教授對我的批評提出回答。楊教授表示：他所受的西方人格心理學訓練，就是用這樣的研究方法，將來他還是會用同樣的方法從事研究（Yang, 2005）。我才體會到：對於個人而言，所謂「典範移轉」是如此的艱難，因此寫了一篇〈為本土心理學追尋新典範〉作為回應（Hwang, 2005b），這幾篇論文都在同一本專刊上出版。

（五）楊國樞的心理學本土化策略

在我退休之後，李維倫（2017）曾經寫了一篇〈華人本土心理學的文化主體策略〉，回顧臺灣在推動心理學本土化運動中，曾經出現過的五種文化主體策略。

楊先生是位氣度恢宏的人。他一生中參與過許多社會運動，更發起過許多學術運動。他的魅力來自於他對學生們不同學術見解的包容，但他卻沒有時間和精力去處理各種不同見解的衝突和矛盾。在李維倫（2017）所列的「楊國樞本土化心理學架構」（圖 1-2）中，列出了「西方社會／本土心理學」的「四種研究典範」（Guba & Lincotn, 1994），李維倫繪製的這張圖顯示：楊國樞教授雖然知道西方心理學背後的科學哲學，但他沒有深入追究這些哲學典範對心理學研究的意義。也沒有深入探究：「實證論」和「後實證論」在本體論、知識論和方法論之間的「不可通約性」，更沒有仔細討論它們跟「批判理論」和「建構論」之間的關聯。

楊教授批判「橫向移植」西方研究典範是「強加式客位研究策略」（imposed-etic research strategy），而主張「主位研究策略」（emic research strategy）。所謂「主位／客位」研究取向，源自於加拿大本土心理學者貝瑞（John W. Berry）對於心理學本土化「強加式客位／主位／共有式客位」研究取向的三分架構；而所謂「內生性本土化」和「外衍性本土化」，又是來自號稱「菲律賓本土心理學之父」的恩瑞奎茲（Virgilio Enriquez, 1945-1994）。楊教授雖然引用這些國際心理學界流行的說法，但他並沒有從「跨領域」的角度，探討這些研究取向的哲學基礎。

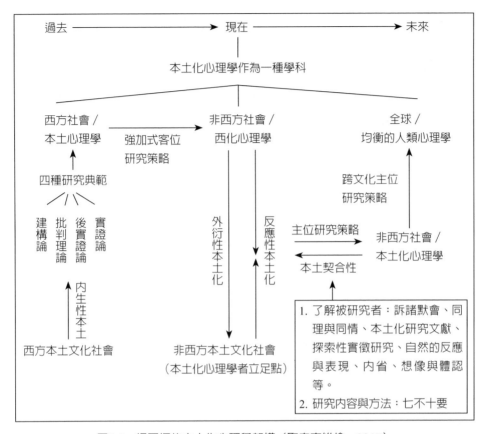

圖1-2　楊國樞的本土化心理學架構（取自李維倫，2017）

（六）「本土契合度」

　　楊教授在說明他自己所主張的「本土契合性」時，進一步討論了他所謂的整合過程。他將整合區分為「經驗的整合」（empirical integration）和「理論的整合」（theoretical integration）。所謂「經驗的整合」主要是以所有被比較之本土心理學共有的特徵（成分、歷程、建構、結構或模式）和功能作為基礎（Yang, 2000, p. 258）。

　　楊國樞認為：他所主張的跨文化主位研究策略，是建立人類心理學的必要途徑。對他而言，本土化心理學雖然是關於單一文化社會人民的，但它卻可以「為全世界的人類發展一套跨文化的本土或本土化心理學知識體系，這一體系包含適用於全人類的心理與行為法則及研發這些法則所需要

的方法論」（楊國樞，2005，頁 41）。要獲得這樣的「人類心理學」有賴於前述跨文化本土化心理學的發展，因為「真正的人類心理學……必須從西方國家的本土心理學與非西方國家的本土化心理學的長期發展與統合中逐漸形成。這樣的人類心理學才能算是有代表性的；有代表性的人類心理學，才是均衡的人類心理學。」（頁 46）。

然而，從「後實證主義」的角度來看，不管是要獲致「代表性」的人類心理學，或是「均衡的」人類心理學，這種研究策略都蘊涵了歸納法的反覆使用，所以我認為那是不可能達到目標的任務（黃光國，2011）。

（七）「二度詮釋」與「理論建構」

正因為楊國樞的本土化策略是採取「實證論」的歸納法，葉啟政（1997）在批判他以「本土性契合」作為本土心理學判準時，針對楊教授以「配合、符合或調和」定義「契合」的說法，提出「一度詮釋」與「二度詮釋」的區分。葉啟政指出，「一度詮釋」是以被研究者本身的認識或意識動機為研究結果的依歸與判準。如果本土性契合指的就是以被研究者自身的認識或意識動機為「配合、符合或調合」的對象，則本土性契合暗示著實證主義的符應真理觀，即以「命題陳述」與「事實」的相符應為知識的判準。但學術研究的結果本來就跟一般人習以為常的知識有所差異，若要求這種「具有差異的認識」也必需具有本土性契合，則必需訴諸於「二度詮釋」：指向「具主導性之優勢文化歷史脈絡對人們引發行動所可能具有的社會（而非個人心理）意義」，而不是日常行動者的自我解釋（即「一度詮釋」）（葉啟政，1997，頁 126）。

用我的研究策略來說，葉啟政所謂的「二度詮釋」，就是建構「含攝文化的理論」，來說明行動者在其生活世界中的所作所為。葉啟政進一步以「二度詮釋」的概念，說明本土性契合中的「配合、符合及調和」應當是指「研究者要如何掌握被研究者的心理與行為，其所內涵之文化與社會意義才能夠貼切而具啟發地呈現的問題」（葉啟政，1997，頁 127）。葉啟政以「貼切而又具啟發性」提示本土性契合的意涵，他認為：這樣的知識與了解，由於掌握了主導心理行為的脈絡結構，所以是貼切的；由於它

是對起主導作用者的認識，是「言一般人所未能思及者」（頁 128），所以是啟發性的。

（八）楊國樞的自我定位

不過楊國樞並不完全同意葉啟政的看法。在他的回應中，楊國樞（2005）認為葉的批評來自於詮釋學（hermeneutics）與現象學（phenomenology），而他自己是實證論（positivism）的取向。他認為：

「密切或高度配合、符合及調和」的說法，其背後的假設是被研究者的心理與行為及其生態、經濟、社會、文化及歷史脈絡皆為客觀存在之事物，且其間各有實際存在的因果關係。研究者的責任是使自己的研究活動及研究成果儘量逼近或反映所研究的心理與行為及其脈絡等實際存在之實體（entity）或現象（phenomenon）。（楊國樞，2005，頁 29-30）

徐冰（2014）在評論臺灣的心理學本土化運動時，也提出了本土心理學者必須面對的嚴酷事實：

中國化和本土化指把衍生於西方的現代科學「化」為契合於中國經驗。而事實上，具體研究的重心已經轉向將中國思想與經驗「化」為科學。而這個轉向已與這兩個詞直接的意思相左。而這兩個詞的選擇與單向思維相聯繫，此單向思維的基礎仍是科學觀。楊國樞（1997）最成熟的「本土契合性」理論仍然基於單向或者獨白（monological）的認識論，而這種認識論與忽視心靈能動性的本體論預設相聯繫（阮新邦，2001）。（頁 88）

楊國樞是 1980 年代在臺灣發起「社會科學中國化和本土化運動」的主要領導人。正因為他最成熟的「本土契合性」理論，仍然是以「單向或獨白」的認識論，他努力的方向也只是「把衍生於西方的現代科學『化』為契合於中國經驗」，無法做到「將中國思想與經驗『化』為科學」。結

果源自中國文化傳統的「踐行心理學」和從西方傳入的「科學心理學」仍然分裂為二，難以整合。

（九）楊教授學術主張的國際評價

2018 年 7 月 17 日，臥病多年的楊國樞教授去世。他生前的最後一篇英文論文題為〈本土心理學、西化心理學、與本土化心理學；一個非西方心理學者的觀點〉（Yang, 2012），發表在《長庚人文及社會科學學報》之上。為了紀念楊教授推動本土心理學研究的貢獻，美國心理學會本土心理學推廣小組召集人 Louise SundururuJun，黃光師教授和我，特地邀請長期關注世界各地本土心理學發展的十位國際心理學者，以這篇論文作為基礎，從不同的視角，作批判性的回顧。

幾乎所有參與討論的學者都認為：楊教授提倡的「全球心理學」（global psychology）是值得讚賞的理想。但是對他主張的「本土契合性」，每個人都從不同角度，提出了質疑。Dueck、Song 與 Marossy（2018）認為：楊教授推動本土化的思考架構強調所謂的「現代性」，忽略掉「新自由主義」（neoliberalism）對非西方社會傳統文化可能造成的威脅；Teo（2018）從批判西方心理學發展的角度，分析楊教授理想中的全球心理學「為什麼以往沒有發生，現在沒有發生，在可預見的將來也不會發生」；Maghaddam 與 Hendricks（2018）則從群際關係理論（theory of intergroup relations）的觀點，說明楊教授並未注意到：許多本土心理學者對於西化心理學的批判，是以「意識型態」及「過時的實證主義科學觀」作為基礎。Allwood（2018）指出：楊教授的「金字塔模式」（pyramid model）主張世界各地發展本土心理學，然後「由下而上」（bottom up），整合成全球心理學，太過於抽象，不是從具體的「問題」出發，不可能發展出任何的心理學理論。我則是從科學哲學的角度，回顧臺灣學術社群針對楊教授「本土契合性」之論所提出的質疑；說明實證主義和後實證主義兩種研究典範的「不可通約性」。從「後實證主義」的觀點來看，理論是科學家對於具體「問題」的回答，而不是實徵資料的歸納；沒有「問題」是不可能有答案的。

■三 「含攝文化的理論」

「華人本土心理學研究追求卓越計畫」於 2008 年初結束之後，我又有幸得到臺灣大學人文社會高等研究院「華人社會中的人觀與我觀研究計畫」的補助，終於能夠以將近一年的時間，整合相關的研究成果，撰成《儒家關係主義：哲學反思、理論建構與實徵研究》一書（黃光國，2009），我的思想才算完全成熟。

（一）「一種心智，多種心態」

這本書很清楚地指出，要想建構出一種「含攝文化的心理學」，必須遵循 Shweder 提出的一項文化心理學的基本原則：「一種心智，多種心態；普世主義，考量分殊」（One mind, many mentalities; universalism without uniformity）（Shweder et al., 1998, p. 871）建構出來的理論，既能說明人類共有的「心智」，又能反映某一特定文化中的「心態」。

基於這樣的前提，該書以「後實證主義」的科學哲學作為基礎，先說明我如何建構〈人情與面子〉的理論模型，並以之作為架構分析儒家思想的內在結構，再對以往有關華人道德思維的研究後設理論分析，然後從倫理學的觀點，判定儒家倫理的屬性，接著以「關係主義」的預設為前提，建構出一系列微型理論，說明儒家社會中的社會交換、臉面概念、成就動機、組織行為、衝突策略，並用以整合相關的實徵研究。從科學哲學的角度來看，這樣建構出來的一系列理論，構成了「儒家關係主義」的「科學研究綱領」（scientific research programme）（Lakatos, 1978/1990）或研究傳統（Laudan, 1977/1992）。

該書出版三年之後，其英譯本改以 Foundations of Chinese Psychology 之名出版（Hwang, 2012）。這本書的出版，是我研究生涯的一個里程碑。更清楚地說，《社會科學的理路》一書經過十年的實際應用（黃光國，2001），在我思想完全成熟之後，添加了二章，介紹「批判實在論」（Critical Realism），以及我如何用「多重哲學典範」（multiple philosophical paradigms），建構「含攝文化的理論」（culture-inclusive theories）（黃光國，2013），解決中國心理學思想的傳統和西方心理學傳統分裂的難題。

（二）《儒家文化系統的主體辯證》

　　2015 年從臺大退休後，我受聘於高雄醫學大學，分別在南、北兩地組織研究團隊，鼓勵年輕教師及研究生深入思考並討論「中西會通」的相關議題。最近綜合大家的討論，出版了一本書，題為《儒家文化系統的主體辯證》，從科學哲學的角度，全面回顧過去三十年間，臺灣心理學本土化運動中所出現過的五種「文化主體策略」。從該書的析論中，可以看出：本土心理學者所追求的主體，具有四層不同的涵意。第一是「儒家文化系統」的主體；第二是作為儒家文化傳統之「研究者」的個別主體；第三則是儒家社會中之「學術社群」所構成的「知識論主體」。第四則是心理學研究對象或「案主」之主體。

　　倘若我們酖迷於移植西方社會科學的研究典範，這樣長久累積的實徵研究資料，最後必然是支離破碎，看不出「儒家文化」的「主體」。相反的，如果我們把儒家文化傳統，看成是一種「文化系統」，「儒家倫理與道德的結構」可以說是支撐住華人生活世界的「先驗性形式架構」（transcendental formal structure），不管從哪個面向切入，最後都可以針對該面向所涉及的問題，以「關係主義」作為預設，建構出「含攝文化的理論」，並解答相關的問題。唯有達到這種境界，華人本土學者才有了真正的「個別主體」，他才能彰顯出其「文化主體」，他的研究對象或「案主」，也因此而有了「主體性」。

（三）文化傳統的分析策略

　　在〈黃光國難題〉中，陳復（2016）曾經提出一張圖，說明我對中華文化傳統的分析策略，我將它稍作修改後，列於圖 1-3。

　　這一張圖的意義是：建構實在論先區分「生活世界」和「微世界」；批判實在論告訴我們：如何以科學哲學作為基礎，分析生活世界中的文化傳統，以建構科學微世界；建構實在論則是告訴我們：如何以科學家所建

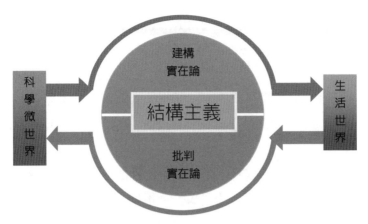

圖1-3　黃光國的文化分析的知識論策略

構的「科學微世界」，來觀察生活世界中的種種現象；而結構主義則是教我們如何找出文化的深層結構。

（四）建構實在論：兩種「實在」

　　建構實在論將「實在」分為兩種，一種是「實在自身」，另一種是「建構之實在」（constructed reality）（Wallner, 1994）。所謂「實在自身」（Wirklichkeit, actuality），是指「既予的世界」，也是我們生存於其間的世界。從生物學的意義而言，這是使吾人的生存得以可能的世界，沒有它我們便無法生存。我們稱此世界為「實在自身」（actuality），德文為（Wirklichkeit），其字面上的意義是指事物按自身來活動、運作，而其自身卻無須加以解釋。我們也無法予以解釋。此一世界或許有某些結構，這些結構或許是以距離、空間、因果性或時間作為其運作的基礎，我們卻無從知悉。我們對其特性所提出的都只是預設。

　　我們可以知悉的世界完全是建構的。我們只能理解我們自己所建構的東西，除此之外，我們不能理解其他任何東西。這個「建構的世界」，我們稱之為「建構之實在」（constructed reality）。我們與「既予世界」的關聯甚少，但我們每天都在處理建構的實在，建構的實在乃是我們的日常世界。

　　建構實在論區分「實在本身」和「建構之實在」的作法，很像康德的區分「現象」（phenomena）與「物自身」（thing-in-itself）。對於康德而言，各種不同科學的知識，都是以先驗性的理念（transcendental ideas）作為基礎，而建構起來的。它所指涉的對象，其本體（noumenon）雖然是超越（transcendent）而永不可知的，但我們卻必須假定它是實在的。

　　在康德哲學裡，「物自身」是一個限制性的概念。更清楚地說，我們的感官所看到、聽到的都只是「現象」，不是「物自身」。「現象」必須以「物自身」作為基礎，但物自身卻不在我們的感覺之內。不僅如此，我們用智性概念來建構知識，而物自身也在我們所形成的知識之外。

（五）批判實在論

　　我們可以用 Bhaskar（1975, 1979）所主張的「批判實在論」（Critical Realism）進一步說明：區分這兩種「實在」在科學活動中的重要性。「批判實在論」是印度裔哲學家 Roy Bhaskar（1944-2014）所提出來的。Bhaskar 的父親是印度人，母親是英國人，原本修習經濟，在準備博士論文階段，發現西方的經濟學理論並不足以解釋非西方國家的經濟發展，而深刻感受到：這根本不是經濟學的問題，而是理論建構的哲學問題。因此改行攻讀哲學，並提出「批判實在論」的科學哲學。

　　Bhaska（1975）將其知識論稱為「先驗實在論」。他之所以明確標示「先驗」一詞的主要理由，在於支持此一學說的論證方式，乃是「先驗論證」。所為「先驗論證」，是「從一個已經發生的現象，推論到一個持久性的結構」，或是「從實際上的某一個事物，推論到更根本的、更深處的、奠定該事物之可能的某一事物」。用 Bhaskar（1975, pp. 30-36）本人的話來說，所為「先驗論證」乃是一種「追溯論證」（reproductive argument），是「從某現象的描述、回溯到產生該現象之某事物（或某條件）的描述」。

　　在〈科學發現的邏輯〉中，Bhaskar（1975, pp. 144-146）曾經提出一張圖，說明科學發現的三步驟。古典經驗論的傳統（包含實證主義）僅止

於第一步，新康德學派的傳統看到第二步的必要，但它卻沒有像先驗實在論那樣，旗幟鮮明地說清楚第三步所蘊涵的意義。

從「批判實在論」的這三個步驟可以看出：科學哲學的發展曾經經歷過三次大的典範轉移（見圖 1-4）：「古典經驗論」（classical empiricism）以休謨（David Hume, 1771-1776）作為代表。這一派的思想家認為：知識的終極對象是原子事實（automatic facts），這些事實構成我們觀察到的每一事件，它們的結合能夠窮盡我們認識自然所必要的客觀內容。「知識」和「世界」兩者表面的許多點，有同構的對應關係（isomorphic correspondence）。

（六）先驗理念論

科學發現的第二步，是康德提出的「先驗理念論」（transcendental idealism），及大多數「後實證主義」者所衍伸出的各種不同版本。依照這一派的觀點，科學研究的對象是實在的，其「本體」卻是「超越」（transcendent）而不可及的，永遠不可為人所知。人類感關能知覺到的，

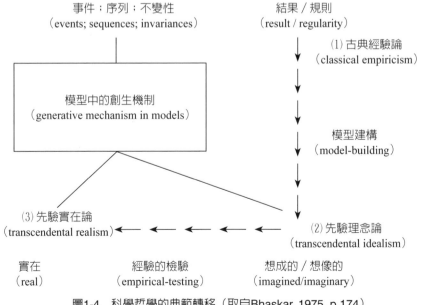

圖1-4　科學哲學的典範轉移（取自Bhaskar, 1975, p.174）

僅是表徵「實在」的現象而已（見圖 1-5）。由於實在的「物自身」永不可及，科學家從事科學活動的目標，是要用他創造的想像力（creative imagination），以「先驗的理念」（transcendental ideas）建構理論，描述自然秩序或模型。這種目標是人為的建構，它們雖然可能獨立於特定的個人，但卻不能獨立於人類的活動，所以必須經得起科學學術社群用各種不同的「實徵研究方法」來加以檢驗。

正是因為：科學研究對象的本體（即「物自身」）是超越而永不可及的，科學家所建構的理論僅是「接近真理」而已，不代表「真理」，它必須經得起科學社群的成員用各種不同的方法來加以「否證」（Popper, 1963），因此它的方法論立場是「否證論」，而不是「實證論」。

（七）「先驗的機制」

第三種立場是「批判實在論」者所主張的「先驗實在論」（transcendental realism）。它的本體論雖然也採取「實在論」的立場，但它卻認為：科學研究的對象，既不是「現象」（經驗主義），也不是人類強加於現象之上的建構（理念論），而是持續存在並獨立運作於我們的知識之外的實在結構（real structure）。科學活動的目標在於找出產生現象的「創生性機制」（generative mechanism），這種知識是在科學活動中產生出來的。依照這種觀點，科學既不是自然的一種「表象」（epiphenomenon），自然也不是人類製作出來的產品。「知識」和「世界」兩者都是有結構、可分化，並且不斷在變異之中的；後者獨立於前者

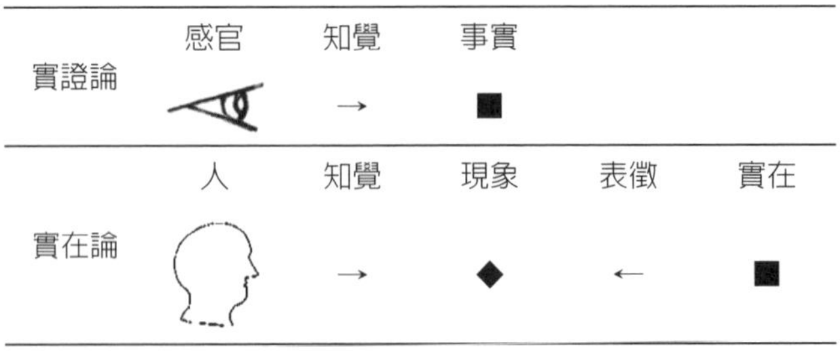

圖1-5　「實證論」和「實在論」的知識工作

而存在。

　　「批判實在論」所要追求的「創生機制」，其實就是費孝通所說的「機制」（或結構）。從批判實在論的觀點來看，我所建構的〈自我的曼陀羅模型〉（黃光國，2015；Hwang, 2011）以及〈人情與面子〉的理論模型（Hwang, 1987; 2012），都是一種普世性的「機制」，它是一種「先驗的實在」（transcendental reality），不論是哪一個文化中，都是可以適用的。

（八）「實證論」者的知識工作

　　費孝通非常了解，用「實證主義」或「科學主義」的方法，根本無法找出這樣的機制。為什麼呢？

　　從「科學哲學典範移轉」的角度來看（圖 1-4），「實證主義」是由古典經驗論的背景分歧出來的。實證主義者採取了「極端經驗論」（radical empiricism）的立場，認為藉由感官經驗所獲得的事實（empirical facts），就是唯一的「實在」（reality），科學家不必在「經驗現象」背後，追尋任何造成此一現象的原因或理由。實證主義者的這種「本體論」立場，讓他們相信：科學方法「證實」過的知識就是「真理」，因此他們在「方法論」上主張「實證論」，邏輯實證論者更旗幟鮮明地主張：「一個命題的意義，就是證實它的方法」（Schlick, 1936）。

　　李維倫（2017）曾經提出一張表，說明「實證主義」和「實在論」所主張之知識工作的差異。我稍作修改後，將之列於圖 1-5。

　　倘若華人心理學者受限於「實證主義」或「科學主義」的科學觀，不懂得如何建構「含攝文化的理論」，而只耽迷於命題的檢驗，即使是號稱「本土化」的研究，其結果跟盲目移植西方理論其實並沒有太大區別。

（九）「科學主義」的研究

　　一位任教於西班牙巴塞隆納的華裔學者 Lee（2011）深入回顧 Bond（2010）所編的《牛津版華人心理學大全》之後，一針見血地指出：「這本書沒有清楚的結構，除非仔細閱讀整本書的目錄，否則讀者很難看出這

本書包含有哪些內容，並辨認出針對某一特定議題的章節」（p. 271）。不僅如此，「整本書大多缺少理論，這些以議題取向的章節，對於關於華人所作的經驗研究發現，作了相當詳盡的回顧與報告，然而，只有極少數的幾章提出華人心理學的本土理論。」「儘管他們公開宣稱要推動本土研究，他們的水準大都停留在支持／不支持西方的發現，並且用諸如集體主義、權力差距之類的文化向度來解釋他們的發現。」尤有甚者，這本書中所引的研究大多以『中國和西方』二元對立的方式，來處理他們的研究發現，無法掌握現實世界中更為精緻的複雜性（pp. 271-272）。

四 本土社會科學的學術傳統

本文有關「實證論」和「實在論」的論述，可以看作是對於費孝通晚年覺悟之回應，旨在區分「實證主義」（或「科學主義」）之研究和「批判實在論」以追溯「創生機制」作為研究目標的不同。這樣的區辨可以破解「五四意識型」意識形態，但仍然沒有說明什麼是「理學進行交流的手段」。

最近，我又將綜合過去三十幾年的研究成果，撰寫了一本題為《內聖與外王：儒家思想的開展與完成》的書（黃光國，2018），以西方的科學哲學作為基礎，建構「含攝文化的理論」，說明儒家的倫理與道德，作為在「儒、釋、道」三教合一的文化中發展社會科學的基礎。

本書的主要論點為：先秦儒家主張的「仁、義、禮」倫理體系，是支撐華人生活世界的「先驗性形式架構」（transcendental formal structure），是華人與西方（或其他）社會根本的差異所在，它儲存在漢語系統裡，會彰顯在任何使用漢語進行社會互動的場合，是我們建構華人本土社會科學的「機制」，也是我們在華人社會中從事道德教育的基本素材，然而，華人追求「內在超越」的文化傳統卻無法將它轉化成客觀的知識體系，我們必需借助西方的科學哲學，建構「含攝文化的理論」，才有可能說明清楚儒家倫理與道德的特色。

（一）「關係論」的形成

　　儒家思想的內容，主要包含「關係論」、「天道觀」和「心性論」三大部分。歷史上儒家諸子對這三部分發展的步調並不相同。孔子是春秋戰國時期中華文化的集大成者。他周遊列國 14 年，68 歲時回到魯國，跟弟子一起寫易傳文言，希望把自己平日講學的內容，建立在堅強的形上學基礎上。但他沒還把話說清楚就過世了。所以子貢說：「夫子之文章，可得而聞也；夫子之言性與天道，不可得而聞也。」《論語・公冶長篇》

　　孔子逝世之後，曾參寫《大學》，子思著《中庸》，孟子提出「四端」之心，並跟當時的學者展開有關「心性論」的辯論，希望把儒家的「關係論」建立在「心性論」的基礎之上。可惜及至秦始皇焚書坑儒，相關問題的討論也因而中斷。

　　到了漢代，董仲舒將孟子的「四端」擴充成為「仁、義、禮、智、信」的「五常」，完成儒家「關係論」的初步建構。他希望把儒家的「關係論」建立在「陰陽五行」的「宇宙論」之上，但他這部分的思想並沒有被後世儒者所接受。

（二）「心性論」的開展

　　到了唐代，禪宗六祖慧能和《檀經》的出現，開啟了大乘佛教「儒、佛會通」的契機；中唐時期，韓愈提出「道統」之說，李翱著《復性書》，為宋明時期儒學的復興創造了有利的條件。這樣的發展並沒有解決孔子當年留下的難題。儒學第二期的發展，也因此分裂成為程朱一系的「理學」，和陸王一系的「心學」。

　　由先秦儒家諸子對「天道」抱持「存而不論」的態度，有關「心性」的討論，又是在走一條「內在超越」的路，它跟西方文化追求的「外在超越」，正好形成明顯的對比。「內在超越」的文化，並沒有辦法完成它自身，而必須藉助於「外在超越」的西方文化。

　　五四運動之後出現的「港、臺新儒家」是儒學第三期的發展，其方向即在於此。牟宗三窮畢生之力，企圖在哲學的層次上會通中、西；基本上就是想借用康德哲學的助力，解決「心學」和「理學」分裂為二的難體。

劉述先從朱熹當年提倡的「理一分殊」，看出中西會通需要精通「兩行之理」。所謂「兩行之理」中的「一行」，是指中華文化傳統；另「一行」則是指西方的科學哲學。《儒家文化系統的主體辯證》一書，說明我以「多重哲學典範」分析儒家文化系統的知識論策略（黃光國，2017）；這本《內聖與外王：儒家思想的發展與完成》則是要以一系列的理論建構，具體說明我的論點。

（三）「思源學會」

找從 2015 年目臺大退休之後，受聘於高雄醫學大學，即組織幾所大學的年輕學者及研究生，籌組「思源學會」，在各大學輪流舉辦讀書會。討論如何解決華人文化中人文及社會科學整合的相關議題。

「問題解決」的研究取向，一旦達到「理論建構」的目地，必然經得起學術社群的反覆辯証。任何一種學術傳統都是在「批判與辯證」中發展的，尤其像「本土心理學」這樣新興的領域，既要了解西方心理學的研究，又要了解自身的文化傳統對於相關的議題，必須經得起有不同學術背景的學者從不同的角度，反覆論證，直到雙方「視域融合」爲止。

爲了建立非西方國家中，本土「學術社群」的主體性，我特別鼓勵團隊成員將其研究成果，投稿到一個衝擊指數較高的國際電子期刊《心理學前衍》。該刊對外公開徵得的 17 篇論文中，最後有 11 篇獲得刊登，並由該刊出版一本電子書《東亞哲學與心理學：邁向修養心理學》（Shiah et al., 2017）。

這一切努力，已經吸引到國際學術社群的普遍注意。根據 Research Gate 的統計，黃光國教授掛在網上的國際論文爲 102 篇，被閱讀次數超過兩萬次。在 2016 年我們向科技部提申覆案時，我的著作被國際學術期刊引用的次數大約是 2500 次。2017 年 8 月，它躍升爲 3516 次。目前爲 4258 次。但《東亞哲學與心理學：邁向修養心理學》出版之後，其閱讀次數已經超過五萬次，我們可以預期其影響力會快速增加。

（四）「儒家人文主義」的自主學術傳統

　　從 Kuhn（1969）的「科學革命論」來看，這表示他所建構的一系列理論，已經邁入「常態科學」（normal science）的階段，將被國際學術社群廣泛引用，並建構出更多「含攝文化的理論」。因此，目前我們的研究團隊正在籌組「思源學會」，希望持續推廣「中、西會通」的知識論策略，把臺灣打造成華人自主社會科學的推廣中心。

　　任何一個學術運動，一旦找到了自己的哲學基礎，便是找到了自己的「道」，這個學術運動便已邁向成熟階段，而逐漸脫離其「運動」的性格，除非有人能找出更強而有力的哲學來取代它。華人心理學本土化運動邁向成熟之後，下一個目標就是總結其成功經驗，繼續推展社會科學本土化運動，其最終目標則是以儒家文化作爲基底，吸納西方近代文明的菁華，「中學爲體，西學爲用」，擺脫西方學術的宰制，建立「儒家人文主義」的自主學術傳統。

參考文獻

李維倫（2017）：〈華人本土心理學的文化主體策略〉。《本土心理學研究》，*47*，3-79。

周飛舟（2017）：〈「志在富民」到「文化自覺」：費孝通先生晚年的思想轉向〉。《社會》，*37*(4)，143-187。

金耀基（1983）：〈儒家倫理與經濟發展：韋伯學說的重探〉。《聯合月刊》，*25*，70-79。

徐冰（2014）：〈科學觀與中國心理學〉。《本土心理學研究》，*41*，73-92。

陳　復（2016）：〈黃光國難題：如何替中華文化解開戈迪安繩結〉。《本土心理學研究》，*46*，74-110。

費孝通（1948）：《鄉土中國》。觀察社。

費孝通（2003）：〈試談擴展社會學的傳統界限〉。《北京大學學報》（哲學社會科學版），*40*(3)，5-16。

黃光國（1988）：《儒家思想與東亞現代化》。巨流圖書公司。

黃光國（1995）：《知識與行動：中華文化傳統的社會心理詮釋》。心理出版社。

黃光國（2001）：《社會科學的理路》。心理出版社。

黃光國（2002）：〈從「現代性」到「本土化」：論「個人現代性」研究的方法論〉。《從現代到本土──慶賀楊國樞教授七秩華誕論文集》，頁41-82。遠流出版公司。

黃光國（2009）：《儒家關係主義：哲學反思、理論建構與實徵研究》。心理出版社。

黃光國（2011）：《心理學的科學革命方案》。心理出版社。

黃光國（2013）：《社會科學的理路（第三版）》。心理出版社。

黃光國（2015）：《盡己與天良：破解韋伯的迷陣》。心理出版社。

黃光國（2017）：《儒家文化系統的主體辯證》。五南圖書出版公司。

黃光國（2018）：《內聖與外王：儒家思想的開展與完成》。心理出版社。

楊國樞（2005）。〈本土化心理學的意義與發展〉。楊國樞，黃光國，楊中芳（編），《華人本土心理學》，頁3-56。遠流出版公司。

楊國樞、余安邦、葉明華（1991）：《中國人的個人傳統性與現代性：概念與測量‧中國人的心理與行為》。桂冠圖書公司。

葉啟政（1997）：〈「本土契合性」的另類思考〉。《本土心理學研究》，8，121-139。

瞿海源、楊國樞（1972）：〈中國大學生現代化程度與心理需要的關係〉。《中國人的性格》。中央研究院民族學研究所。

Allwood, C. M. (2018). Yang's global psychology and beyond. In press.

Bhaskar, R. A. (1975/1979). *A Realist Theory of Science*. Verso.

Bond, M. H. (2010). Moving the scientific study of Chinese psychology into our twenty-first century: Some ways forward. In M. H. Bond (Ed.), *The Oxford handbook of Chinese psychology* (pp. 711-715). Oxford University Press.

Dueck, A., Song, R., & Marossy, M (2018). Forgiveness in indigenous psychological research: A trojan horse, a western knockoff, or a traditioned sensibility? In press.

Guba, E. G., & Lincoln, Y. S. (1994). Competing paradigms in qualitative research. In

N. K. Denzin & Y. S. Lincoln (Eds.), *Handbook of qualitative research* (pp. 105-117). Sage.

Hwang, K. K. (1987). Face and favor: The Chinese power game. *American Journal of Sociology, 92*, 944-974.

Hwang, K. K. (2005a). From anticolonialism to postcolonialism: The emergence of Chinese indigenous psychology in Taiwan. *International Journal of Psychology, 40*(4), 228-238.

Hwang, K. K. (2005b). A philosophical reflection on the epistemology and methodology of indigenous psychologies. *Asian Journal of Social Psychology, 8*(1), 5-17.

Hwang, K. K., & Han, K. H. (2010). Face and morality in Confucian society. In M. H. Bond (Ed.), *The Oxford handbook of Chinese psychology* (pp. 479-498). Oxford University Press.

Hwang, K. K. (2011).T*he mandala model of self. Psychological Studiees, 56*(4), 329-334.

Hwang, K. K. (2012). *Foundations of Chinese psychology: Confucian social relations.* Springer.

Lakatos, I. (1978/1990). History of science and its rational reconstructions. *The methodology of scientific research programmes.* Cambridge University Press.

Laudan, L. (1977/1992). *Progress and its problems: Toward a theory of scientific growth.* Routledge & Kegan Paul.

Lee, Y. T. (2011). Review of the book the Oxford handbook of Chinese psychology. *International Journal of Cross Cultural Management, 11*(2), 269-272.

Liu, J. H., Li, M. C., & Yue, X. (2010). Chinese social identity and intergroup relations: The influence of benevolent authority. In M. H. Bond (Ed.), *The Oxford handbook of Chinese psychology* (pp. 579-597). Oxford University Press.

Lu, L. (2010). Chinese well-being. In M. H. Bond (Ed.), *The Oxford handbook of Chinese psychology* (pp. 711-715). Oxford University Press.

Moghaddam, F. M. & Hendricks, M.J. (2018). Psychology for the Global 99%. In press.

Popper. K. (1963/1986). *Conjectures and refutations: The growth of scientific knowledge*. Routledge & Kegan Paul.

Shweder, R. A., Goodnow, J., Hatano, G., Le Vine, R., Markus, H., & Miller, P. (1998). The cultural psychology of development: One mind, many mentalities. In W. Damon (Ed.), *Handbook of child psychology* (Vol. 1): *Theoretical models of human development*. John Wiley & Sons.

Schlick, M. (1936). Meaning and verification. *The Philosophical Review*, *45*, 339-369.

Staats, A. W. (1975). *Social behaviorism*. Dorsey.

Stotland, E., & Canon, L. K. (1972). *Social psychology: A cognitive approach*. Saunders Limited.

Yang, K. S. (2000). Monocultural and cross-cultural indigenous approaches: The royal road to the development of a balanced global psychology. *Asian Journal of Social Psychology*, *3*(3), 241-263.

Yang, K. S. (2005). The perspective of yuan in relationship. In K.S. Yang, C.F. Yang, and K.K. Hwang (Ed.), *Chinese indigenous psychology* (pp. 567-597). Yuan-Liou publishing.

Yang, K. S. (2012). Indigenous psychology, westernized psychology, and indigenized psychology: A non-western psychologist. *Chang Gung Journal of Humanities and Social Sciences*, *5*(1), 1-32.

Wallner, F. G. (1994). *Constructive realism: Aspects of new epistemological movement*. W. Braumuller.

Teo, T. & Afsin, B. (2018). S The impossible conditions of the possibility of an alter-global psychology. In press.

第二章　本土概念的理論作爲：基於人情、面子與關係研究的反思與探索

翟學偉

　　一個人的人生感悟同他的人生閱歷和生活遭遇是緊密相關的；同樣，一個學者的學術立場同他的研究選題與研究歷程也是緊密相關的。不同學者的不同學術立場雖然會受到其教育環境、師承及知識結構等方面的影響，但最重要的還是取決於其自身研究中所走過的溝溝坎坎。我的研究立場始於我從二十世紀 90 年代初開始的對中國人面子問題的研究（翟學偉，1995），然後逐漸擴展到人情、報、關係及權力等方面，並又進一步思考了中國社會的微觀與宏觀之間的關係問題（翟學偉，2011；翟學偉，2013），同時也免不了討論它們同儒家思想的深層次連接（翟學偉，2016a；翟學偉，2019a）。在這一過程中，面子研究自身曾經歷過從國民性（文化性格、文化模式）到互動模式的轉變，也經歷了從人類學深描到實證主義再到現象學，又到本土化的轉變，另外還經歷了從本土描述到西方的理論建構再返回到本土概念的轉換；除此以外，面子概念自身所經歷的研究變化是，如果它只作爲一個獨立的研究議題，會是一種表達；如果同人情、報和關係整合在一起，又是一種表達。因此，當一個研究者要面對如此之多的變換，並且他又要在其中表達自己的探究及其成果時，他的學術經歷一定與那些按部就班且始終如一地堅持實證立場的學者有很大的差異。在這裡，我打算把我的這一過程做一次總體性的反思與討論。

■ 一 本土化的問題

　　社會科學本土化自二十世紀 80 年代提出以來一直飽受爭議。原本這一爭議的範圍比較狹小，大致集中於部分心理學與社會心理學學者之中，而現在幾乎擴展到了社會學、管理學、法學、經濟學及傳播學等領域。但擴展的意思並非一定是被認可的意思，而是說隨著其影響力的擴大，爭議也在增多（翟學偉，2017；翟學偉，2018a）。表面上看，對於這一問題的爭論是社會科學中究竟存不存在所謂「中國的」或「有地方性差異」的知識，但其背後的完整表述應該是：在中國自己的思想、文化、學術或者歷史脈絡中是否可能產生某種符合社會科學規範的視角、理論和方法。

　　對於這一話題的討論，我們大致可以追溯到二十世紀 30-40 年代一批留洋回國的社會科學家那裡。但我認為，30-40 年代的討論與 80 年代以來的討論之間還是存在著很大的差異。前者討論的焦點主要集中於那些學成歸來的社會科學家們如何將其所學的學科運用於中國社會，即所學如何所用，也叫洋為中用的問題，而這一討論又是承續著洋務運動以來的「中學為體西學為用」的基本理念。由於自晚清到民國，中國政府開始派遣留學生前往歐美甚或有一批自費生前往日本學習西學知識體系，他們學成歸來後的歷史使命不單是要在課堂上加以傳授，還有一個如何重新認識中國，解決中國實際的問題。在此其間，學者們的困惑在於他們年幼時大都受過中國傳統蒙學的教育，乃至背誦過四書五經，現在需要轉換思路，以一種新的學科視角來重新看待現實世界，其當時的欣喜會遠大於疑慮。回看梁啟超（2004）、蔡元培（2010）、王國維（1997）、傅斯年（1999）、胡適（1991）、吳文藻（2010）、李安宅（2005）、潘光旦（2010）等學者的文章，便可以窺視出當時一大批學者都受到了這一洗禮。但 80 年代以來所宣導的社會與行為科學中國化則少有這樣的問題。這一時期的學者們從小即接受西方教育（所謂學校的正規教育，而非私塾教育），後來又考入大學接受了相關學科的系統學習和訓練，然後再去歐美深造回國從事教學科研。他們此時的處境及其由此而生的焦慮是對自己曾經堅信不疑的知識體系產生了動搖，也就是說，他們這個時候關注的不是轉化與應用的問

題，而是因平生所學與現實的落差，進而對知識再生產本身產生了疑問，希望通過反省與改變研究策略，對原本以為理所當然的知識進行修改、調整乃至創新（楊國樞，2004）。

　　眾所周知，即使在自然科學方面，知識體系也是要不斷推進和更新的，但其客觀性和實驗性以及研究物件所具有的物性特徵保證了發現規律的可能性。可這些在人與社會研究方面，卻存在諸多問題。如果說，這一方向的研究也一樣可以進行，那麼更多的依然是指人的物性方面（如生物和生理，現在具體到腦神經）。顯然，人與社會的複雜性不單是靠其自身的物性求得生存和發展的，更重要的是與環境、歷史、文化等發生的緊密聯繫，否則我們有關人的研究只能是神經學或生理學的，至多是社會生物學的。的確，西方的社會科學中很多理論正在朝此方向邁進，尤其是實證主義者堅持以模仿自然科學為己任，很難正視現實社會與文化的差異性或多元性。但其影響力如此巨大，其原因有二：一是在自然科學影響下，其學理上所持有的本質主義方法論。本質主義的主張最容易形成普遍主義的視角，也就是研究者在進入真實社會時採用的分析思維。他們以亞裡斯多德在《形而上學》中提出的概念定義上種的屬（a species of a genus）為基準，最終將任何複雜的社會或文化都化解為若干要素，導致原本存在差異的物件都將還原到一般性（共相）上去。比如我們原本想弄清楚中國社會與美國社會，但本質主義研究者認為，無論什麼社會反正都是社會（即「種」），而社會的基本要素就是人口、地理、群體（婚姻、家庭、組織、社區等）、階層、制度、結構及社會成員間的交往和流動等等（即「屬」），於是看似不同的社會在共相上都是一致的；又比如我們想研究中國人的心理與行為，但本質主義認為，並不存在什麼中國人、美國人、印度人、日本人等，無論哪裡的人反正都是人，其要素就是身體、生命、大腦、認知、人格與行為等。可見，對於社會文化的研究，一旦採取本質主義的立場，任何差異化都會被普遍化。對於這一研究路線，我們當然不能說它不對，而是想說這一研究方式顯然不能拿來作為我們從事本土化的基本理念，否則我們將無法走進本土化的研究。或者說，本土化是否可能，爭來爭去首先在於是否接受本質主義的立場。

　　的確，以本質主義立場出發建立起來的知識體系是顧及不到歷史、文化、環境與民族的差異的。但這一看似科學的學術立場在實際研究中往往又是一廂情願的，因為由堅持這一導向的學者所建立起來社會科學知識體系，即使聲稱具有普遍性，也擺脫不了以自己的文化和歷史作主軸。由此導致其間的更大危險是西方學者將含有相當多的自身的社會與文化特徵混入本質主義，進而導致西方的成了普遍的。而此時此刻的非西方社會的學者則在普遍主義的意義上把它們統統當作基本原理加以吸收，最終構成了今天社會科學的知識體系。而弔詭的是，西方社會科學內部卻為其普遍主義爭論不休。可在我們這邊則永遠是他們爭他們的，我們要做的就是轉述。於是乎，在我們的研究中，我們總是不厭其煩地引用他們的各種「真知灼見」；並在我們的課堂上頻頻地介紹述評。尤為可怕的是，熟練地掌握了這一套的學者們正主宰著的我們的學術共同體。也就是說，大凡能把西方學術娓娓道來的學者最容易成為我們學術界的核心人物，他們以研究西方什麼派、什麼學、什麼主義、什麼人物思想及生平自居。而本土化的重大意義就在於我們需要破除這一格局，讓社會科學中的一些視角、理論和方法從自己的歷史、文化與學術脈絡中成長出來。

　　另一個現實原因涉及人類自身的歷史走向。也就是說，任何一個活在真實社會中的人都有可能發現他所學習的理論和現實世界存在多麼大的差異，可為何他們依然如此強烈地信奉那些理論呢？因為現實世界的走向會告訴他們即便如此也不是理論錯了，而是現實世界錯了。從常理上講，原本一種社會中的人如何行動只涉及其內部的價值標準，也就是說他們如何行動僅僅受制於其自身的歷史演變、文化觀念、社會規範和利益訴求，故無所謂對錯之有。但西方理論依然能夠打動人心是它給非西方社會的人們帶來了這樣的認知，即當某一社會與文化的運行不符合某種相關理論時，要改變的不是理論，而是行動者自己，即使當下不能改變，面向「正確」的理論知道自己錯在哪兒也是值得鼓勵的。比如所謂現代化理論，它明確指出了現代性與傳統性的差異。當行動者意識到自己的生活方式因不符合現代化標準而被歸為傳統時，他們就會追隨這一理論。可他們所忽略的是，即使現代化進入中國人的生活，它所帶來的變化也不是一種單一的

社會文化（孔飛力，2014，中文版序言；柯文，2017a，頁107），而是新的多樣性代替了舊的多樣性（卡裡瑟斯，1998：35）。總之，西方理論給非西方社會的學習者留下的印象是，它們在任何時候都是正確的，毋庸置疑的。據此理由，非西方社會中的學者也就不再需要構建什麼新的理論了。追隨、評介以及在具體操作上照葫蘆畫瓢就已經擁有了無可爭辯的或至高無上的合法性，反倒是本土化研究成為了不受人待見的，不怎麼被看好的方向。當然，西方理論與方法所占據的正統地位，也離不開科研與學校體制（包括發表、出版與晉升等）的配合。正是後者促進和保證了前者的可能。

　　不可否認的是，社會科學效仿於自然科學，是為了期待自己想維持住其科學的純潔性。但它與自然科學不同之處在於，在有關人與社會的社會性和文化性方面，我們找不到類似於物性特徵上的齊一性（uniformities），也缺乏運行上的可重複性和預測力（儘管有許多社會科學家在力爭這一點的存在）。也就是說，不同社會與文化中的理想、價值、制度、規範、生活方式等不但不一樣，而且也難以具有不斷反復從而顯示其規律之可能。在西方社會科學內部，反對實證主義的學者認為，就社會文化而言，人們沒有辦法拿著一種社會的價值訴求來衡量另一種社會的價值訴求（如果必須如此，那只能帶來永無止境的衝突和殺戮）。不同社會文化中的宗教、意識形態與日常生活都在影響著自己的民眾。我們既不能把自己認為正確的強加於其他民族，也不能把其他民族認為正確的強加於自己；而歷史現象即使在某一時段有驚人的相似之處，也不能為此以為它是規律，因為人為的與突發的變數層出不窮，隨時會改變歷史的進程。雖說不少西方哲學家及學者意識到了這些問題，但他們依然認為，即使回到人與社會的層面，人類社會也會共用一些基本法則，而對於這些基本法則的研究就叫道德科學、精神科學或文化科學。他們認為這些後來一併歸於社會科學的內容還是可以在高度抽象意義上建立自己的知識體系的，只是他們不再企圖尋求齊一性和預測力，而是轉向去理解其內在的社會文化含義方面，此即詮釋學。詮釋學所反對的只是實證主義模仿自然科學想從外部觀察描繪世界主張，而指望從人自身的內在體驗出發，以獲得

對人與社會的理解。但本土化的研究顯然更進一步，其基本提問是，不同地域中人與社會都有自己的社會結構與生活之道，既然如此，我們就不能把解釋權授予其他社會文化中的學者按照他們的立場及其框架加以詮釋，而應交由本土學者自己來尋求答案。

可這裡引發出的一個問題是：許多西方學者認為，即使是各自的社會文化經驗不同，其知識體系也不應由當地人建立。其理由是當地人的經驗所連接著知識往往是當地人的信仰和巫術，而唯有西方社會科學家們用其理論和方法進入當地，才能獲得科學上的認識。雖然我不否認這樣的說法的確有很大的合理成分，但我的問題是，即使大家都來採取社會科學的視角及其規範，我們得到的理論和知識體系就應該一致嗎？比如有關「自我」，似乎有一系列高度抽象的或經驗性的自我理論，但回到文化中，這是哪種文化下的自我或者誰的自我經驗呢？至少從文化與自我關係的研究成果來看，現有的自我概念及其理論非常具有西方文化的特點或曰經驗性變異，而反過來說，不同文化中的自我經驗難道不會促成自我概念內涵的變化嗎（Markus & Kitayama, 1991；楊中芳，1991；翟學偉，2018b）？又比如社會科學家們討論的社會交往，也發展出許多社會學和社會心理學理論，但在經驗上，我們卻發現我們所經驗到的社會交往不是現有的社會學或社會心理學、文化心理學理論所能解釋的。那麼是維持現有的理論，還是挑戰現有的理論呢？本文下面重點要討論的關係、人情和面子及其涉及到的自我問題，將會比較清楚地呈現這一點。

二 本土化的選擇與困境

這樣一來，出於對於社會科學學科性質的不同理解，我們對其理論如何建立，就有了分歧。第一種觀點是不需要懷疑西方人建立的理論，它們基本上是正確的，我們的任務是學會如何運用（應用）這些理論。當然，結合自己國情，可以做點修補和檢驗；第二種觀點認為，理論不是由經驗過單一社會文化的學者建構的，而需要允許其他社會文化中的學者在其自己的經驗中形成理論；還有一種觀點認為，最好的學科體系應該是不同社

會文化中的學者共同建立理論完成的，唯有這樣才是普遍性的知識體系（楊國樞，2004）。其中，第一點在中國社會科學界最有市場，幾乎絕大多數學者、師生都歡迎這種觀點，其理論學說占領了中國大學教材與課堂教學的絕大部分，也充斥於大量的學術論文；第二點大體上會寄希望於本土化研究；而最後一點則是對理想學術的憧憬。對於這一學術憧憬，我認為或許只能停留於一種美好的願望之上。由於社會科學研究缺乏齊一性，進而其統一範式及大理論（結構——功能主義的衰落就是最好的證明）的產生基本是不可能的。學科內的不同的學派之間更多的是競爭關係，而不是融合與覆蓋的關係。另外還有一種提法不在本土化之列，而是認為研究本身就會產生新的理論。而無需討論本土化的問題。看起來後一說法的合理性在於它避開了對特定社會文化的限制，其本身也符合科學演化之事實。但我們是否想過，我們如此地依賴西方理論，一直滿足於照搬和臨摹，甚至堅信現有理論之正確，還有可能創新嗎？事實也是如此，本土化之所以值得提倡，是因為它能為學術創新提供現實道路與契機。於是，當我們放棄了前後兩種觀點之後，本土化顯然是一個可行的道路。學者們可以先建立一套適合於解釋自己社會文化的知識體系，然後再討論它對世界學術的貢獻。

可一旦啟動了本土化研究，則會遇到很多學理問題需要討論。其中一個尤為關鍵之處是，本土化研究必然遭遇的文化解釋。「本土」或「本土化」的含義，顯然包含著一種理論建構是有其文化內涵的，否則我們似乎沒有理由說明這個理論是本土的。本土化的研究不滿足於以往的那種以一些膚淺且大而化之的文化特點來說明一種具體的心理與行為。所謂好的本土化研究應該是強調其研究思路、視角、框架、過程與結論等都是從自己經驗到的文化中生長出來的，而非移植過來的。為了做到這一點，本土研究應該非常重視本土概念，因為本土概念的內涵一方面連接著本土社會與文化，另一方面還可以成為建構本土理論起點或者曰最小單位，從而實現其理論與社會現實之間的高度契合性（楊國樞，2004）。也就是說，本土的理論建構在策略上期待使用一系列的本土概念，這些概念可以來自中國思想經典或日常用語，比如孝道、中庸、緣分、人情、面子、倫、

報、送禮等；也可以來自本土學者自己的構建，比如差序格局（費孝通，
1985）、倫理本位（梁漱溟，2003）、情境中心（許烺光，2017）、關
係取向（何友暉，1991）、社會取向（楊國樞，1993）等等，但無論哪種
策略，其共同特徵卻都離不開同其他文化的比較，比如後者就尤其明顯地
對應了團體格局、個人中心、個人本位、個人主義、個人取向等。由此一
來，特定文化所構建出來的概念或者理論因其特定性，會導致其解釋的物
件與範圍受到限定，也就是說，諸如此類的概念或者理論的提出只是用來
解釋這一特定文化中的人群的。不可否認，這樣的努力方向在做文化心理
比較、文化人類學以及文化心理學時頗具特點，但在進行本土理論建構時
則昭示出它對其他人群的排斥，或者說不適於用來解釋其不同文化卻又在
行為表現上類似的人群。當然，從事本土研究的學者可以公開宣稱，本土
理論不需要解釋其他社會與文化。但其中尚無法回答的地方是，理論本身
的出發點應該是沒有文化限定的，它盡可能要最大化地解釋人類社會中的
同類現象。如果一開始就被特定文化所限定，那就等於承認了該理論因其
文化特徵而不需要被其他文化學者所接納，除非我們先要確定其他社會文
化特徵上與我們有諸多的一致性或相似性。這一點導致大量的研究都把個
人主義和集體主義作為兩個放大了的文化維度來從事各個地區的研究。

這一看似無需多慮的問題其實值得深思，因為同樣的情形也出現
於柯文（P. A Cohen）在歷史研究中所提出的「中國中心觀」所面臨的
各種學術挑戰，包括對中國文化內部之異質性的問題如何處理（柯文，
2017b）。我本人經常被問及的是：中國人的人情、面子與關係等概念是
（特定）文化性的，還是（一般）社會性的。比如所謂的中國人指誰？我
當然不能在民族或血統上定義為漢人（或許提出這個問題的人知道我不能
如此回答），也不能正面劃定為在中國生活的人，因為還有許多不在中國
生活的華人，也有許多在中國生活接受中國文化的外國人，當然也不能指
那些受到中國文化影響的人，因為不是中國人也會受中國文化影響，是中
國人則未必受中國文化影響。如果說中國人是一種文化定義，那麼我們能
接受儒家文化圈的概念嗎？中國文化能用儒家文化來定義嗎？本土理論的
解釋邊界與儒家文化圈內的社會文化相吻合嗎？事實上，我在討論中國人

話題的時候，從來也沒有包含日本人或韓國人。我最近的一項研究還想表明中國人與日本人的文化心理具有明顯的差異（翟學偉，2016b）。又比如面子是不是中國人才有的？以此可以接著再問下去，人情是中國社會才有的嗎？或者，只有中國人才講關係嗎？通常情況下，對於此類問題的抵擋，就是回到文化特徵上去回應，例如，什麼樣子的文化產生了面子、人情和關係。這即意味著沒有這樣的文化產生不了這樣的現象。但這樣回答非但不能令人滿意，反而導致更多的爭議，因爲我們還需要解釋爲何非此文化社會中的人們也有這樣的現象，又或者這一提問想質疑的是這些概念是不是一種文化特徵才可以解釋的。另有一種退而求其次的回答則是強調程度，比如我們可以說中國人更好面子、更講人情、更會搞關係等，或者用一種更爲廣泛的說法是，集體主義文化更容易產生這樣的行爲方式。如果說程度不同的說法可以成立，那麼難道我們所看重的文化解釋是用來說明程度差異的嗎？如果是，那就表明這些社會現象的發生還有比文化更基礎的東西，而這一點不正好需要又回到本質主義上去加以討論嗎？又或者當程度的解釋只是一種主觀感知時，還會遭到來自其他地區學者的反對，比如有人告誡我，美國人也一樣重視關係（其實這是一個含混的似是而非的挑戰）。而更難駕馭的地方在於，即使我們採取了特定文化解釋的方式，我們也無法獲得確切此種文化內涵和外延，更不敢說，一種中國人表現出的心理與行爲可以從儒家思想或其他思想流派中獲得解答，因爲這樣的解答往往不著邊際。由此，我們只能說，有文化解釋會比沒有文化解釋好，但沒法說提供了一種文化解釋就一定是合理的解釋。

可見，受困於一些尚未解決的學理問題，原本本土理論建構方面的努力一方面演化成文化性的闡釋，另一方面又有不少難以招架之處。而在本土化理論建構步履艱難之際，其發展出來的研究也隨之碎片化了。許多從事實證研究的學者僅滿足於對一個具體而細碎的本土文化假設進行檢驗。一開始，這類研究可謂是本土化的展開，但此方面研究增多後，就出現了類似於下面的這段議論：

……英國史家傑佛瑞・巴勒克拉夫（Geoffrey Barraclough）在論及

美國新經濟史家與新人口史家寫出的大量微觀研究時，曾警告大家：「正如老的實證主義者認為，『歷史的事實』一旦為史家蒐集，就會無形中嵌入為人們普遍接受的正確模式的看法，最後證明是一種假像一樣，目前確實存在著一種危險，即人口史家與「歷史計量學家」們（Cliometricians）的辛勤努力將在大量支離破碎的研究中白白浪費掉，無法取得任何概括性的或最終的成果。」（轉引林同奇，2017，頁 22）

這時，我們所取得的一些成績只是從事本土化的學者因不再承接西方某種研究，似乎也就和西方研究斷奶了。但與此同時，本土化的知識系統依然沒有搭建起來。理論與文化解釋上的困境估計也是黃光國目前遇到的問題，因為他的人情與面子理論（1988）、曼陀羅模型（黃光國，2011）及文化含攝理論（黃光國，2017，頁 157）等均不能算成是對本土社會與人進行解釋的理論。

　　當然，以上一系列的問題和困境並不意味著我們只好退回到西方知識體系中去，索性讓西方學者繼續給我們指明道路。其實我們也可以把同樣的問題拋給西方，只不過他們的做法與我們相反。我們的本土化是收縮式的，而西方理論則是擴大化的或殖民式的。他們能夠做到的是把自己的社會文化現象普遍化或普及化。可頗具諷刺意味的是，在這一普遍化的過程中，也有一個被中國學習者喝采的西方理論——擬劇論（戈夫曼，1989），竟然脫胎於中國人的「面子」概念。此時，我們難道不能從中得到這樣一個重要啟示：一個本土概念未必總是一定要貼緊或守住其原有的文化。所謂本土化或許未必一定指本土學者根據自己的社會文化提出的知識體系，而是指任何一個學者，只要他真正理解或認同於某種特定社會文化，並從中建構起那些符合社會科學研究規範的視角和理論，都應算在內。當然，這樣一來很容易把那些從事中國研究的西方學者也算進來，但我認為究竟什麼研究可以劃歸與本土化，這主要取決於這些學者是在用什麼樣的話語體系來言說。從現有的情形來看，大多數西方中國研究的學者們都傾向堅守西方中心論（即局外人的立場（outsider's perspective）），也就是說，他們僅僅以中國為物件而展開研究。而我這裡想表明的是，中

國不只是研究者的物件，而是一種可尋求的視角和方法，借用溝口雄三的話說，是一種「作為方法的中國」（溝口雄三，2011a）。在這一點上，我認為法國學者於蓮（F. Jullien）（2009）對於中國概念「勢」的研究、瑞士學者勝雅律（H. V. Senger）（2006）對中國人的「計策」研究以及日本學者溝口雄三（2011b）對中國人的公與私的研究，都是符合這一點的，而至於擬劇論是一種什麼樣的理論，我下面會做討論。

三　從社會統計到社會法則

　　當然，西方學者在如何建立理論及其背後具有何種科學哲學方面，為全世界學者樹立了榜樣，只是占據主導性地位的實證主義卻鮮有這樣的作為。實證主義最大優勢在於其提升了社會科學的經驗性、精確性和檢驗性，並寄希望於從中獲得預測性，從這幾點來看，它克服了思辨性、形而上學與及人文取向上的缺陷；尤為重要的是它所展示出的經驗性和檢驗性為如何有別於其他類型知識提供了重要的參考依據。而經驗與檢驗的關係則是，經驗性研究必須可檢驗，可檢驗的一定是經驗性的。

　　為此，實證主義社會科學家認為，研究文化、社會和心理行為等關鍵是要滿足既可經驗，也可檢驗。比如，如果我們概括出中國文化具有天人合一、內聖外王、君權神授、和合、君子人格或具有陰陽、五行、天命觀、氣、理、心性等概念，其經驗性與檢驗性就都沒有。又如美國公理會傳教士明恩溥（A. Smith）在《中國人的特性》（1998）一書中羅列出中國人性格有二十六個特點（以下特點後有些括弧裡的內容是另一個譯本《中國人的氣質》（2007）的翻譯），它們分別是：面子、節儉、勤勞、客氣（禮節）、缺乏時間觀念（漠視時間）、缺乏精確習慣（漠視精確）、好誤解人意（誤解的才能）、好兜圈子（拐彎抹角的的才能）、溫順而又固執（靈活的固執）、思維紊亂（智力混沌）、麻木不仁（神經麻木）、蔑視外國人（輕視外國人）、有私無公（缺乏公共精神）、因循保守（保守）、不求舒適與方便（漠視舒適與便利）、生命力頑強（生命力）、富有耐性與毅力（忍耐和堅韌）、知足常樂、孝順、仁愛（仁

慈）、缺乏同情心、好爭鬥（社會颱風）、重責守法（相互負責和遵紀守法）、相互猜疑、缺少信用（缺少誠信）、多神論、泛神論與無神論等，那就屬於有經驗性卻無檢驗性，因為作者在給出一個特點後所提供的只是幾個事例。據此，明恩溥在實證主義的意義上不能算是一個社會科學家，只能算是一個很優秀的社會觀察家。也就是說，如果沒有檢驗而只有事例，我們無法確認這些特徵的社會性意義，因為我們不知道它在多大範圍內屬實，甚至他概括出的溫順而又固執（靈活的固執）是一對矛盾，仁愛與缺乏同情心也是一對矛盾，又或者說，這些特徵我們也一樣可以在中國人的性格中找到他們的反面特徵及其事例，那麼哪一種為真，哪一種為假，就需要借助於統計和檢驗。而統計的精確性還可以獲得上述某種（某些）特徵（因變數）與個人社會屬性（引數），諸如性別、年齡、職業、受教育程度、收入、地區等之間的正負相關，進而可以更詳實地描繪什麼樣的人與什麼樣的心理或行為特徵之間是什麼樣的聯繫。這或許是實證主義征服許多研究者的地方。

　　社會統計的顯著優勢使得這一方法一度被用於國民性（也叫文化性格或文化模式）研究，這種研究很希望從統計意義上說明一個國民的性格特徵，於是國民性也成了眾數人格。可如此科學的研究方法為什麼會衰落呢？原因很多，其中一個重要原因就是我們這裡想獲得的不是一組國民經濟狀況的資料，而是一系列文化與心理的資料。有關後者，且不論我們的樣本有多大，抽樣上是否科學，我們先得在認識上知道一個國家／社會的文化是單一的還是多元的。如果相對單一，那麼從樣本推論總體的可能性還存在，比如本尼迪克（R. Benedict）的日本文化模式研究雖沒有採用統計，但在做了一番不做統計的辯解後她所描述出來的日本國民性特徵一樣獲得了成功，而對於研究中國國民性的學者來說，即使他們使用了社會統計卻依然難以獲得成功。或許，有學者（愛德華、斯圖爾特，2000）認為，即使一國民的文化是多元的，但還是可以找到其文化模式的，那麼他們的理由是什麼呢？因為他們發現在統計上占大多數中產階級是其國民性的主力。可遺憾的是，這兩點在中國都不存在，中國文化既是多元的，又沒有龐大的中產階級，那麼我們以什麼人為物件？一半對一半嗎？這一點

可以解釋為何迄今為止尚沒有出現以統計方法而獲得成功的中國國民性研究，大量的討論只能集中於無需經驗和檢驗的哲學、人文或人類學學科中。再者，且不論調查統計方法上的問題，即使眾數人格代表了大多數，難道少數人就不重要？我們知道，精英或者反對者從來都是少數，但不可謂不具有文化代表性。可見，我們有時借助於社會統計所得到的結論並不比優秀的社會觀察家高明多少。這時，我們反倒念叨起明恩溥的好來，雖然他對中國人的每一個特性只能給出幾個實例，但此書的經久不衰足以證明了作者的直覺和概括力勝過一些社會調查。正如明恩傅自己所說：

　　正是透過數量充足的此類事例，才可以推論出一個總的原則。這個結論或許會遭到質疑乃至反對，但這些被引用的事例卻不應被忽視，唯一的理由就是，這些事例是非常真實的，任何一種與中國人性格相關的理論，最終都必須仰仗於這些事例。（明恩溥，2007，頁5）

大凡從事本土化研究的人也許都經歷過對身邊事例的觀察與思考，只是為了要在形式上符合實證主義的研究規範，不得不回到其規範和程式當中去闡述，以此撇清自己與人文的或社會觀察者的差異。如果說英格爾斯（A. Inkeles）用六千份問卷研究三大洲六個國家的國民素質仍能夠獲得一定的成功，在我看來倒不是因為他的調查方法是有效的，而是他只關注他自己設定的傳統人與現代人的指標（唯名論的做法），致使他沒有落入文化模式的陷阱罷了（唯實論的做法）（英格爾斯、史密斯，1992）。

　　此時，我們也可以好好思考一下，觀察日常事例在社會科學方面究竟意味著什麼？而我本人因受維特根斯坦哲學的啟發，認為本土概念看起來反映了某種社會文化性格，需要用統計方法來獲得了解，但在根本上是一種語言的表達和使用。維特根斯坦的前期思想開啟了邏輯實證主義的道路，他認為，語言結構與世界結構是相對應的。如果世界的基本單位是事態，那麼語言的基本單位就是命題，基本命題描述基本事態，複合命題描述複合事態，即事況。據此，邏輯實證主義寄期望於通過命題語句來反映真實的社會或心理（問卷就是一系列的命題問答，研究者透過被問者的回

答統計，描繪出研究物件的總體情況）；但其後期思想認為，語句不具有與真實世界的對應關係，它們所連接的只是相應的生活形式。不同的語言所能表示的就是不同的生活形式，進而只有從語言的使用及其與生活形式的實踐中才能理解行為的含義（維特根斯坦，1996，頁 340-345）。一個本土概念在其他語言中找不到對應的譯法時，恰恰說明了其他社會文化中的人缺乏這樣的感受和體驗。這不是一個實證的問題，只是一個體會與領悟的問題。這時我們要做的不是對一些詞彙使用的詞頻進行統計，更不是說透過設計問卷來與被試進行問答填充，乃至於被翻譯成另一種文字之後又會水土不服，而是應該思考，這種語言及其語境與其生活形式是一種什麼樣的實踐狀況。

從這一點出發，本土概念之所以重要，除了實證研究外，應該同其本身所具有的文化內涵及其本土社會運行之間建立關聯。我們對於一種語言的掌握不是詞彙、不是詞頻，而需要從規則開始。失去了對語言規則的掌握，語言剩下的就是單詞，就會成為羅素（B. W. Russell）的邏輯原子主義，同樣，失去了對社會規則的探討，社會與心理的研究單位就在普遍化的同時原子化了。比如在「社會交換」與「報」這兩個概念之間，前者是無法也無需表達任何文化意味的概念，後者卻是表達某種文化意味的概念（楊聯陞，2008）。西方的交換理論試圖要在本質主義的意義上研究其基本含義，甚至還要還原到行為主義的操作性條件反射上去。這不禁讓我想起溫奇（P. Winch）說過的一句話：

　　我們若要去解釋羅密歐對茱麗葉的愛是如何影響其行為的話，那麼這種解釋方式，是否可以等同於我們可以用以解釋一隻耗子的性衝動是如何驅使其越過隔柵奔向性夥伴的行為的方式呢？（溫奇，2004，頁 81）

所以研究本土概念「報」，並不需要回歸於交換上的本質主義，而只需要追蹤到中國文化如何是在天人之際中建立其報應系統以及在人際網路中如何建立互報模式的（包括報恩與報仇）（文崇一，1995；翟學偉，2011b）就夠了。由此，啟用本土概念就等於獲得了一種當地的文化認知

圖景，而對這一認知圖景的理解往往得借助事例的指引。在這一方面，故事（包括歷史、文學、報導及地方誌等）發揮著極其重要的作用。故事或者事例不可以簡單地歸結爲定性研究，而應歸於敘事研究，否則一旦被當成定性研究，又將被定性研究的規範所束縛。故事和事例在通俗意義上就是舉例說明，舉例說明的最大優點就是它能給出文化情境下的劇情主線（story line），也就是有情節性、連貫性及完整性，進而經驗且鮮活地告訴人們一種相對抽象的文化理念及社會法則是如何運行的。或者說，事例是爲理解文化理念和社會法則服務的。一旦在某一本土概念及其背後的文化理念只剩下連篇累牘的闡述，那麼經驗性與可理解性就大大地減弱了。這也是我們爲何在讀任何一本哲學著作的時候，幾乎都有對其思想論證時的舉例說明。如果我們把這一方法反過來使用，也一樣可以明白，要想認識一種社會文化的特徵，可以從故事和事例開始，最後一步步接觸到該社會文化的核心。

是故，與國民性研究或者更大範圍的實證研究不同的地方在於，本土化的研究不總是要去尋求一種社會文化現象所反映出的人數及其統計學意義上的價值觀、態度與行爲方面的資料，而是要對一特定文化中的社會法則及其運行方式加以探討。這一轉向意味著，我們的經驗研究不在於獲得由多大規模的人口在多大程度上同意或不同意、採取或不採取什麼心理和行爲，而在於弄清楚該社會文化的預設、機制與原則是什麼。此時此刻，即使這個社會中有許多人未必遵守法則，甚至對此做出公開的厭惡或反其道而行之，但這都在表明探尋到這些規則的運行原理，是我們認識該文化中的人與社會之特徵的關鍵所在。

四　再論如何研究人情與面子

關係、人情、面子與權力是中國人最常用的本土詞彙，如果我們採取本質主義加實證主義的研究思路，那我們會如何做呢？我們首先會分解這些概念，比如關係可以被分解爲個體、互動、角色、期待、連帶上的強與弱等；人情被分解爲本能、情緒、情感、資源、禮物或交換等；面子被分

解為自我、面具、地位、自尊、光榮、虛榮、道德等。經過這一分解，普遍主義首先出現了，也即表明其實所謂人情和面子看起來是一個中國文化的概念，但其實質就是一些廣泛存在於各種社會文化中的相當普遍的心理與行為元素，由此我們再透過實證主義的方法對此做操作性定義，設計量表，製作問卷，進入抽樣、發放、回收，經過統計，我們就知道一個社會上的人在這些方面的現實態度與行為表現如何了。試問，以這種方式進行研究，我們能獲得多少對中國人與中國社會的了解？

維特根斯坦（L. Wittgenstein）在討論語言問題的時候提醒我們，組合中的要素不在於這些要素本身，而在於我們組合的方式，在於我們想說什麼，這就是語言遊戲，而語言遊戲的關鍵是必須找到其規則，否則即使知道這是一種語言，也不知道話該怎麼說，說了也不知其意。而知道話怎麼說是要聯繫到特定動作的，所以一個掌握語言的人無論是學習、參與還是觀摩，都是為了弄懂規則。（維特根斯坦，1998，頁 30-40）。現在我試圖以此思路來討論我們如何研究「臉面」。

首先，臉面究竟為何意在實證主義，詮釋學或者現象學那裡，都不會只表示一種含義，關鍵看我們想說什麼。如果我們說，臉面在中國文化語境中有「戲份」的含義，那麼實證研究的分解方式就不適用於此研究，而接近於詮釋學和現象學的擬劇論則可以繼續。戈夫曼的擬劇論就是一個詮釋學和現象學的理論，所以他敏銳地發現了「戲」的意義，構成了其理論的基本框架。但擬劇論缺少了什麼呢？它缺少的是對語言遊戲的認識。哈貝馬斯說：

根據維特根斯坦的理解，如何應用語言表達的語言遊戲的實踐，不是取決於孤立的目的行為主體所做出的個別目的行為的結果，而是取決於一種「共同的人類行為方式」。維特根斯坦稱「語言遊戲」為語言表達和非語言的活動交織在一起的那個整體。構成那種活動和語言行為關聯的東西，是主體際分享的生活形式中的先在的協調一致，或受體制和習俗制約的共同實踐中的前理解（Vorständnis）。（轉引張慶熊，2010，頁 199）

可見，要想眞正獲得對人情和面子的理解應當從獲悉其詞語使用開始。我們固然可以堅持認爲，戈夫曼（E. Goffman）不懂中文，不也一樣建立起了他的擬劇論；這是否說明撇開中國本土語境或文化情境，從中抽離出人類共有的，包括達爾文在進化論中都注意到的 face 意義，一樣可以建立其相對普遍性的理論呢？我認爲不是的。擬劇論所受到的 face 啟發而產生的一種所謂「普遍」理論應該歸屬於維特根斯坦的「家族相似性」，也就是說，擬劇論中有很多地方同中國人的臉面觀有部分的重疊性，但以此來解釋中國人的面子現象，則存在不少誤區。爲避免走入誤區，我還是需要回到本土的「人情」和「面子」上來。

在這一點上，黃光國是有警覺的，因爲他（1988）是把人情和面子這兩個概念放到了認識中國人與中國社會運行的核心位置，從而將我們的注意力不再集中於對人情和面子的實證研究方面，而率先轉向了社會法則方面。他的這一轉向提醒我們，本土概念是可以產生理論的，而非我們在研究本土社會文化現象時最後總是要回到西方理論那裡去；最後他還努力地將人情和面子與西方相關理論進行了一定的整合，從而使我們一方面看到人情和面子在中國人與中國社會中的基礎性（退回到 20 世紀 80 年代的華人社會科學研究的大背景中去，這是一個十分大膽的做法），另一方面尋找到了與西方相關理論銜接點。但以上這些肯定也不能掩蓋這個理論模型存在的一些問題。正如前文所言，這個模型的最大問題是出在如何看待西方理論方面。該模式的建立基礎是西方社會學理論中的社會交換理論，公平理論與社會正義論（黃光國，2009）。這意味著人情和面子模式看起來是一個本土的理論，但由於他沒有脫離本質主義的思維方式，所以他依然希望把人情和面子放在一種被誤讀的「普遍性」上面去建構。如果說這一點沒有被許多人看明白，是因爲如此複雜的理論模型比一般概念定義上所要求的種屬關係更加高級罷了。試想，一旦本土的理論的基礎部分是由西方這些相關理論奠基的，那也就意味著，人情與面子概念本身並無什麼理論價值可言，其理論性是借助於西方理論來支撐的，換句話說，如果我們把這一模型中的西方理論抽掉，那麼人情與面子模式也就隨之坍塌了。由此討論我們發現，黃光國總是在兼顧解釋人類社會行爲的同時又在解釋中

國人的行爲。比如他將原本屬於中國人的人情概念劃分成情感性關係、混合性關係和工具性關係，其相應的交往原則是需求法則、混合法則和公平法則。這樣的劃分在很大程度上已不能算作本土的人情法則了。此模式也成了由本土概念出發而又放棄本土性的模式，用他自己的話說：

　　……則〈人情與面子〉的理論模式，應當是一個可以適用於各種不同文化的普遍性理論模型。它是生物決定的，反映出人類社會互動的普遍心智。（黃光國，2017，頁 134）

這一理念致使楊國樞爲了眞正實現人情概念的本土化，又將此法則調整爲家人關係、熟人關係和生人關係，以及對應的原則是講責任、講人情和講利害（楊國樞，1993）。

　　我想，以上這些理論建構上的搖擺，都來自於我們對於文化性的疑惑，而尙沒有回到本土概念的語義探索方面。其實對於這一討論，維特根斯坦說得很直接：

　　當聽到中國人說話時，我們易於把他所説的話看做一種發音不清楚的咯咯聲。懂得中文的人卻認出這是一種語言。同樣，我經常不能覺察出一個人的人性。（維特根斯坦，2012，頁 3）

「臉面」的本意雖說是從帶有生理學意義的「面孔」引申出來的，但作爲一種轉喻，作爲局外人的戈夫曼，他所看到的框架是自我、面具、前後舞臺、表演、戲班及面向觀衆建立形象的一個完整過程，而沿著這個過程所建構的理論，便是「日常生活中的自我呈現」。可回到作爲局內人的我這裡，情況要複雜得多。臉面（face）的眞實含義在中國語言中分「臉」和「面子」（胡先晉（Hu, Hsian-chin），2006；Hu, 1944）（請注意不是胡先縉），前者的相同詞彙有：面目、顏、顏面、臉皮以及構成的許多短語用法，比如有何面目見……、無顏見……、沒臉見……、臉皮厚、厚顏無恥、丟臉、丟人現眼、露臉、有頭有臉、不要臉等；而後者可以組合成講

究面子、看在……的面子上、給面子、有面子、沒面子、抬舉、捧場、
抬愛、瞧得起或瞧不起等。至於臉和面子的關係，在「爭臉」和「爭面
子」、「賞臉」和「給面子」、「丟臉」和「丟面子」等方面，沒什麼差
異，但在「沒臉」和「沒面子」、「不要臉」和「不要面子」上又有較大
的差異。可見，臉面詞語的使用是有特定的文化語境的，而不能誤以爲這
些用法的意思都差不多。在我看來，能否從其語境中分辨出使用差異是
揭示中國人社會交往的關鍵。而當戈夫曼將這些差異合併成英文單詞 face
的時候，這些差異就自動消失了。臉面差異一旦消失，其理論只能從單一
的 face 語義分析中得到。而從中所建立起來的理論，其意涵也就回歸到
西方哲學、心理學、社會學及社會心理學所關注的「自我」上去。可回到
中國人臉面觀的實踐，人們在日常生活中所想表達的臉面生活不是自我的
問題。

　　解讀中國文化語境中的臉面觀需要圍繞「臉」和圍繞「面子」使用
法進行排比。在通過蒐集中國人的不同用法後（翟學偉，1995），我發現
中國提供給西方世界學術界的「面子」（face）概念，其實只接近於中國
字的「臉」之義，而它及其同義詞中的顏、面目或顏面，大都體現一單位
行動者之心理與行爲（包含道德禮節）的成功與失敗方面，這一點正好大
致與擬劇論中印象整飾非常近似，是一個體表演方面的隱喻表述，而另一
種作爲隱喻表述的「面子」更多的是用來表示交往中的關係狀況，比如他
人的贊許、高看或貶低等。從這兩個不同側重點可以看出，臉和面子的關
係其實構成了一個連續體，也就是說，一個人既可以透過優良的表現獲得
社會的高度評價，也會因卑劣的行徑被社會所唾棄（翟學偉，2013；翟學
偉，2016c）。可見，連續性的發生構成了臉面之間的統一性（或同質性）
與不統一性（或異質性）。當臉和面子的含義發生統一性或同質化的時
候，用 face 來表達是可行的，這就意味爲什麼擬劇論給人的印象是可以
解釋中國的臉面行爲；但此時被該理論忽略的正是兩者不統一或發生異質
性之際（這一忽略在語義上是因爲 face 表達不出這樣的含義）。對於這
一點，我們不能簡單地像胡先晉那樣乾脆把它們分開單獨討論。比如，她
把面子定義爲聲望、名聲或者榮耀，可是，我們一樣可以問道，哪一種社

會中的人會放棄對其追求呢？於是胡先晉只好反過頭來寄期望於所謂中國人臉面觀的重點是對臉的研究，而實際上戈夫曼正是在此將其匯合到其擬劇論中去的。可一旦我們把臉面的連續性作為探討中國人臉面觀的分析框架，便突然明白了中國社會運行的最大祕訣：即中國人更偏重於學會如何在臉的表現力不夠甚至沒臉的時候獲得面子，此謂「人情世故」的實質。或者說，如果有一種本土的關於人情和面子的理論模式，那麼這個模式的重點是什麼樣的社會機制推動了「臉」向「面子」轉移以及從中產生了什麼樣的權力遊戲。黃光國在其《面子——中國人的權力遊戲》（2004）的中國人陸版封面上寫了這樣一句話：「『總是要給點面子的嘛！』這是解開中國人權力遊戲密碼的重要術語。」是的，「給面子」的確是中國人權力的遊戲密碼，但他自己所提供的人情和面子模式並沒有解開這個密碼，為什麼？因為他所提供的模式太想融入西方社會學理論了，他想配的是一把萬能的鑰匙。

　　應該承認，戈夫曼的 face 研究（1955）和擬劇論也是對社會互動法則的探討。他也參考了明恩溥和胡先晉等人的作品，但他所能做的，只能在英語世界的語境及其語言遊戲中來尋求 face 的行為法則。可唯有走到中國人的語言、語境及所關聯到的生活形式，才能辨析出中國人在使用臉和面子中的微妙差異所帶來的這種臉面觀不是從「自我」出發的，也回不到「自我」中去，而是一個偏重「關係」的理論。或者說，只有在面子理論偏重於關係的討論時，才會引發出為什麼討論面子問題的時候要連帶討論「人情」的問題，而一旦人情也被翻譯成英文的情緒和情感，那麼人情的本土性也隨之消失了。可見，唯有理解了關係的重要性，再以面子原則來反觀「臉」在中國社會的表現，那麼「臉」含義也發生著微妙的變化。這時它也不再指個人的印象策略之得失（自我也不重要了），而可以理解為即使一個表演者的個人動機並不在意其行為舉止的得失，但依然必須為臉面而奮鬥，因為面子原則及其運行已經將一個人的成敗連接到其他相關者之成敗上去了。而迫於相關者所施加的壓力，一個人的臉面行為也更多的是在為相關者而奮鬥。由此，就可以理解什麼叫光宗耀祖，什麼叫為國爭光，什麼叫看在某某人的面子上就得做自己不想做的事情。

　　透過以上的探討，我們可以指明中國人面子理論的重點是：在一個重視關係的社會裡，一旦該社會的成員能夠區分出臉和面子差異，他所使用的表演策略很大一部分不是擬劇論給出的方式方法，而在於無論表演者表演得如何都要確保會有觀眾的掌聲，因為他深知，在一個講關係的社會，表演得好未必一定得到觀眾的喝采，反之，觀眾的喝采也未必表示表演者表演得好，關鍵在於表演者與觀眾之間建立了什麼樣的關係。如果他們事先構成的關係狀態或是親如家人，或是熟人，抑或是經過了打點，那麼他們也能頗具表演式地以觀眾身分前來捧場。反之，如果此人沒有人緣，即使他竭盡全力地展示自我形象，也很容易以失敗而告終。所以一個成功者在任何時候都需要有自家人、老鄉、老相識，同學、同事、戰友、好朋友乃至於掌權者等來抬舉他，即使缺乏這樣的關係，那麼請客送禮、花錢叫好也是需要的。此時我們如果只限擬劇論的解釋框架而不深諳於此，就會以為觀眾說「很好」就表明表演者演得好。在中國文化語境中，這顯然是太天真了。本土化的人情和面子研究想給出的一種理論框架是，在有的社會文化中，一個人擁有好人緣總是比他自己會表演更重要；一個人的成功更多地要靠給面子獲得，而非其出色表現獲得。此為本土人情與面子理論為社會互動、交換及正義理論所能做出的貢獻。

五　關係向度理論

　　當然，換一種角度理解，我們也可以說黃光國的理論建構或許志不在此，他的問題意識在於為什麼本土學者就不能建立一種更加廣泛的理論呢？而我本人面對人情和面子是不是中國人才有的此類質疑，也遇到了類似的問題，這些問題最終也需要通過理論建構來加以回應。為了構建一個相對宏觀或更加寬泛一點的理論，我自己的做法是首先把中國社會文化中的人情和面子現象整合到「關係」研究上去。可回到關係研究上，本土理論的研究難度就更大了，因為它在西方社會學也已經成為顯學，並有了「關係社會學」的說法，更不用說有關社會資本和社會網研究已鋪天蓋地地進軍中國社會科學界，大有取代中國學者對於關係研究的本土化之勢。

關係研究的國際化使得本土化學者面臨的新問題是，我們真地只能限定於文化的角度來解讀中國人的關係嗎？或這裡換一種提問是，西方學者所提供的社會網路理論，諸如強關係和弱關係（strong tie and weak tie）、結構洞（structural hole）、小世界（small world）及冪律（power law）等，可以解釋中國人的關係含義及其運行嗎？或許回到本質主義和實證主義軌道上來思考，我們有充分的理由認為可以。但由於我所堅持的本土理論是從本土社會文化中成長出來的，再加上我長期對人情和面子的思考，致使我堅持認為：從人情和面子研究銜接到關係研究，也一樣可以走出一種更加富有擴張性的理論模式。

　　以往的中國人的關係研究從思想層面進入社會科學層面，歷經了梁啟超（2004）、胡適（1991）、馮友蘭（2001）、潘光旦（2010）、梁漱溟（2003）、費孝通（1985）、許烺光（2017）、金耀基（1988）、喬建（1988）、黃光國（1988）、何友暉（1991）等一批學者的努力。回顧這一路下來的探索，這些概念大體上沒有脫離儒家文化、家族文化或者血緣與地緣上的解釋。現在我們需要向西方理論建構學習的地方是，那些原本從其社會文化中生長出來的理論是如何抽象到一般性上去的呢？此時，我認為家族、血緣、地緣及熟人社會等所想表達的一個含義就是人口的不流動。從人口的流動性上思考中國社會的關係特徵，我們可以將上述的所有不同概念都回歸到時空兩個維度上去，也即所謂文化意義上的血緣、地緣、家人、熟人等其實是一種人口的時空狀態組合，其時間性可歸結為交往的「長久性」和空間的人口不流動性（翟學偉，2011c）。據此，如果我們將這兩種維度加以邏輯分類，可以完整地得到人際間的四種組合方式（見圖 2-1）。

　　在這一圖式中，原本具有長久而不流動的中國人之「關係」（guanxi）含義，已經提升到一般性的社會交往上來。其中，時間性指交往者所認知到的交往時間上的短程或長程；而空間性指交往者在空間的移動狀況。時間性和空間性之間是相互套嵌的：時間上的短暫反映著空間上的移動，而空間上的不移動又反映著時間上的長久。而回到人的主體性上來看，空間上的移動或不移動會導致行動主體在客觀上產生交往的選擇面

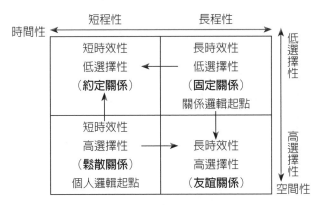

圖2-1　關係向度理論

大小，即如果個體在社會空間中頻繁地移動，那麼隨著其交往面的擴大，他的關係選擇性就會增加；如果他平生很少移動，造成其交往面很窄，他的選擇性也隨之大大降低。所以圖 2-1 中的空間性最終用選擇性高低來表示。這樣，我們得到了一個社會交往的四分圖。這裡需要說明的是，人際間的真實交往是非常複雜的，關係向度理論所能區分的交往類型卻是非常基礎的，只能算是韋伯所說的理想類型。

從圖中的單箭頭方向可以看出，社會發生交往的兩個最重要的邏輯起點是「鬆散關係」與「固定關係」。所謂「鬆散關係」是指交往者因彼此擁有短時效性和高選擇性而體現出其交往意願上的個體性特徵，也就是說，當一個人的社會行動在時空上是短程性和高選擇性的時候，說明他的生活方式可以由他自己來決定，他的生活世界是一個清晰的自我與他人構成的世界。他與他人之間是否需要親近或疏遠，是友誼或是敵對等，都取決於他本人的自我意識、人格特徵與價值觀。而「固定關係」是指交往者的交往意願為了能在長時效性和低選擇性中共存而無法實現由自我決定生活。他此時與重要他人的關係已經被綁定，他的生活世界會由許多人為他安排，當然他也處處需要顧及其他人的感受，甚至互相施加壓力，從而構成一種互相依賴的生活關系。這樣我們就可以在理論上假定，鬆散關係向度中的交往起點是從個人行動邏輯的演化，相應地，為了保證這一點，社會需要設置許多與個體相關的觀念、制度與法則，包括政治的、法律的、

倫理的、文化的及生活方式等等，以確保個人意志和空間的始終存在。而固定關係向度中的交往起點必須從關係開始，如果這點不能保證，那麼個體的意願將瓦解關係的建立。為了保證社會不回到個人，社會也會設置許多於此相關的觀念、制度和法則，以確保此生活不至於原子化。於是，前者構成了由自我、個體、人格及其所發生的社會互動而建立起來的世界，而後者構成了由自家人、親疏遠近、社會圈或地方網路構成的相依為命的世界。

當然，無論是「鬆散關係」還是「固定關係」，它們都可以從各自的向度進入到「約定關係」或「友誼關係」。只是因伴隨著各自的文化價值與社會規範的形成和影響，人們在其間所表現出來的行為模式及其由此導致的社會運行方式都有所不同。從鬆散關係進入的人所看重的是他的個人權利，所以他可以自由地加入俱樂部、社團、企業或工會等，即他可以在一特定時間選定或退出某個群體，亦可以根據自己的喜好向他人示好或者侵犯他人。而從「固定關係」進入「約定關係」或「友誼關係」的人，則會是以親疏遠近來優先考慮關係連接，比如建立裙帶聯繫，尋找同鄉會、商會及形成家族企業；或者在友誼關係中拉幫結派，或熱衷拜把子、稱兄道弟等。深入一步比較，我們還可以看到，鬆散關係中的個人至始至終都是我行我素，獨來獨往的；而固定關係中的個人則深受盤根錯節之關係的鉗制，並敏感於他人的評價。由此理論，我們可以看到，雖然社會的本質都離不開關係的構成，但因為邏輯起點不同，社會結構、社會形態、社會運行以及其間的文化觀念和行為方式等也隨之會不同，其間一個最為顯著的特點是前者更看重契約，後者更看重名聲。

以上的理論探討主要是邏輯的推演，當然也是以社會實際發生的情況作參照的。這時，如果我們據此理論回望中國社會文化特徵，便可以發現從時空上組合而成的固定關係與中國人的社會文化生活之間擁有高度的契合性關係，而以鬆散關係為起點演化出來的社會運行方式則更接近於西方社會，尤其是美國社會，當然從具體的社會生活環境而言，也契合於工業化、城市化與市場化的現代性社會。或許有人此時想反駁的地方是，難道西方人就不是生於家庭、長於家庭，就沒有父母親人，就不想與其家人廝

守？我在此想引用一下在美國影響較大的著作《心靈的習性——美國人生活中的個人主義與公共責任》中的幾段話來做一回應：

分離與個性化是整個人類必須面對的問題，但這並非美國意義上的走出家庭。在許多農民社會，問題是要留在家裡——與父母生死相守，一生崇拜父母，崇拜祖先……但對美國人來說，走出家庭是正常的期望；兒童時代在許多方面是走出家庭的準備階段。

主張自立的美國人不僅必須走出家庭，而且必須走出教堂。當然，這在字面意義上不一定發生：人們可以繼續留在父母的教堂，但正常的期望是，人們在青少年時期的某個時候，將自行選擇願意隸屬的教堂。如果這認爲僅僅是父母的意見，那是站不住腳的。相反，這一決定完全屬於自己的決定。……

……走出家庭從某種意義上說就是一次再生，我們自己給自己的再生。如果對家庭是這樣，對我們的終極界定性信念就更是如此了。不過這裡的矛盾在於，就在我們認爲最自由的地方，我們恰好受到了我們文化中主導信念的最大的壓抑。因爲一個強大無比的文化神話告訴我們，我們不僅能夠，而且必須透過隱秘的自我，在隔絕中確定我的最深刻的信念。

（貝拉等人，1991，頁82-95）

從這一現象再回到西方社會科學的知識體系中來看，其契合性內容當然更多地是關於心靈、自我、交往、契約精神、規章制度、市場或社會競爭與合作、公司運營和企業管理、人際侵犯或攻擊、社會資本與交換、愛情、偏好、興趣、親密關係及單身社會等方面。但中國社會文化根基不在這裡，自然也就不可能以此爲邏輯假設來展開對中國人與中國社會的研究。如果我們尋求到了中國社會的根基在於固定關係，那麼我們所照搬的許多西方理論而對中國人與中國社會所做的解釋，只能是貌合神離。原本，我們需要關注的重點是關係如何塑造了中國人的社會生活，包括其爲世代延續而考慮的婚姻、家族、生育意願、聚集而居與祭祖等，以及一人得道雞犬升天、連坐制度、江湖義氣、靠山及保護傘等一系列社會現象是如何發

生的，當然我們也可以關注因西方文化的進入，或者因社會的現代化，這樣的根基是如何發生動搖和改變的。

也許，這裡需要在理論上說明的一點是，關係向度上的時間長短如何限定，比如爲何個體加入公司或組織就一定歸結爲短程的，而建立友誼的就一定是長程的？或許更爲常見的情況是一個人加入公司的時間很長，但友誼時間卻很短。我的回答是，這裡所謂的時間性不是物理上的時間刻度，而是指人對時間的認知及使用上的主觀限定。也就是說，但凡一種能夠在關係上被定義的時間長度都叫短程性。比如一個人在一所高校的聘用年限爲二年或者指定退休年齡到 60 歲，那麼這二年或退休年齡都是被限的，它們應歸結爲短程性；但如果甲和乙彼此相識有了交往，卻沒有限定交往的時間，哪怕事實上在不到一年後就結束了，也歸結爲長程性。通常情況下，友誼、愛情及婚姻的締結都是不定義時間的，所以這些關係都屬於長程性。

有了關係向度理論，我們終於從邏輯（而不再糾纏於文化方面）上找到了人情和面子的發源地。也就是說，當長程性和低選擇性的時空條件不具備的時候，人情和面子的法則是無法運行的。也就是說，從社會機制上講，如果人與人之間的交往沒有了長程性，人情和面子幾乎就會消失。或許此時我們還是可以在鬆散關係中堅持認爲西方人也有臉面問題。但這個時候我可以清楚地回答，他們的臉面問題就是一個人的自我呈現問題，而非中國人所想表達臉面問題。反之，如果長程性再加上低選擇性出現，那麼人情和面子就是必要的，它會成爲社會運行的保障，並在自身的運行中走向成熟。所以，鬆散關係和約定關係所建立起來的社會法則本沒有人情和面子問題，其家族相似性的問題只是擬劇論所說的「印象管理」的問題；但從友誼關係開始，因爲長程性出現，那麼人情和面子的含義也出現了，熟人之間、友人之間爲了維護彼此的關係，其言談舉止中都需要顧及到這一方面的內容，但畢竟友誼關係還是可以破裂的，做不成朋友的人依然可以退回到鬆散關係或者固定關係中去。可是，生活於固定關係中的人們只能靠人情和面子來維持，因爲此種關係的破裂是沒有退路的。一旦其關係眞的破裂（中國話叫六親不認），那對所有人都是絕望的，顯然這不

是中國農耕及以家庭爲核心的文化所能答應的（但卻頻繁地表現於中國現代化的過程中）。因此，無論該社會中的個人如何強烈反抗，或是屈從、逆來順受，乃至於社會化到自然而然的地步，都只能表明人情與面子的核心地位。或許從中國人的意願上看，願意擔負人情債的人未必有那麼多，我們可以站在個人主義的立場上來理解他們，誰願意在生活中欠一屁股債呢？但話還是要說回來，不欠人情，不借此套牢彼此關係，靠什麼來維持關係的長久呢？結果人情顯然不是個人願不願意的事。西方人不希望講人情是鬆散關係不需要人情來維持關係。這是西方交換理論在個人基礎上提出的等價交換的依據，而欠人情則是中國人重視「報」的依據。如果關係可以兩清，報的文化土壤也就消失了。可見在中國社會文化中，退出人情和面子，就等於宣告退出關係，而退出關係又不是說此人回到了個人主義，由於中國文化中沒有這樣的邏輯起點，所以此人只能被定義爲一個無依無靠、舉目無親、孤苦伶仃的人。而在鬆散關聯式結構中，退出關係就意味著獨立、自強、自力更生，自我成長了。所以，所謂西方理論設立的人的現代化就是希望削弱固定關係，而建立人與人之間的鬆散關係。但我們很容易忽略的問題是，我們對於一種來自於課本上的個人主義就可以指導我們選擇鬆散關係的生活嗎？我們有沒有想過在一種原本就擁有鬆散關係的生活方式，和一個原本在固定關係中而又想轉變爲鬆散關係的生活方式，究竟有何不同。

　　關係向度理論的形成，已經不再是一個爲解釋中國人的關係而設的理論，也就是說，我這裡並不需要從文化內部來解釋什麼樣的文化產生了什麼樣的交往方式。因爲從時空維度上來理解人類社會建立是一種一般性維度上的考量，任何社會中交往方式都有機會出現四種或者更多種類型的關係。比如西方社會中的小鎮居民也長期居住在一起，人們之間也有類似的「固定關係」表現，反之，中國社會中也會有人四海爲家，或外出謀生，居無定所；或者，我還認爲，如果有一種約束機制將鬆散關係中的人群建立成固定關係，那麼即使我們沒有給他們灌輸中國傳統文化觀念，該人群也會逐漸建立起和爲貴、表裡不一、忍讓等一些可以用人情和面子所涵蓋的社會法則，反之，如果有一種社會制度（比如城市化、市場化、居住方

式、戶籍制改革等）讓固定關係變成鬆散群體，那麼平等或正義的法則也
就會浮現。當然，任何關係類型的改變，都很容易造成生活方式與價值觀
念上的張力。所謂文化的力量就在於，當它作爲一種凌駕於日常行爲模式
之上的信仰、價值觀念及生活習性時，積澱和傳承會產生路徑依賴，就好
比我們不能斷定單純靠固定關係的本身是否一定會產生「孝」的觀念和行
爲一樣，因爲固定關係中的文化價值如何孕育，如何確定走向也是由其中
的思想家、帝王的偏向及文化傳統所提供的，同時也需要複雜且持久的歷
史演變來呈現（翟學偉，2019b）。因此，雖然關係向度理論讓我們有了
認識中國人社會行爲方式及其運行的可能性，但如果需要討論其間形成的
文化問題，我們還是需要回到中國傳統文化，尤其是儒家思想來討論固定
關係是如何幫助其下的民眾樹立儒家思想的。

六 關係向度理論與儒家思想

　　從關係向度理論的角度來討論儒家思想，實際是考察儒家思想的根
基真的與固定關係相吻合嗎？一個理論的優勢就在於如果我們對於一種思
想的理解有了方向和邊界，就不再會不著邊際隨意發揮了。我認爲，當關
係向度理論提出後，我們再來了解儒家到底想表達什麼含義也就比較清楚
了。具體而論，我發現儒家完整的倫理體系的確是從固定關係出發的，所
謂「親親」的意思即是發生於「固定關係」中的情理關係，其他人倫都從
這一理念中派生而來（翟學偉，2019a）。例如，儒家最爲看重的關係也
叫「五倫」。《孟子‧滕文公上》曰：

　　……人之有道也，飽食、暖衣、逸居而無教，則近於禽獸。聖人有
憂之，使契爲司徒，教以人倫，父子有親，君臣有義，夫婦有別，長幼有
序，朋友有信。

在這裡，孟子認爲人與人的關係（也即人倫）幾乎都源自這五種關係，比
如長輩和晚輩、婆媳、師生、師徒等雖不在其列，但均可歸屬於父子一

倫；而同族、妯娌、同伴、同事、同窗、知己也不在其列，則都可以歸結
到兄弟或朋友一倫。由此，解讀五倫的關係就等於解讀了儒家對人倫的認
識以及由此而引發的運作方位。

　　從關係向度理論出發，我們看到父子、夫婦、長幼（兄弟）三倫都處
於「固定關係」之中，「君臣」一倫處於「約定關係」之中，而「朋友」
一倫處於「友誼關係」之中。由於五倫當中沒有陌生人一倫，表明陌生人
之間不構成倫的問題，除非我們可以含混地把天下人視為一家，所謂「四
海之內皆兄弟」，但這點除了反映出儒家想延展固定關係之外，並無實際
操作之可能。據此我將五倫放入關係向度理論，便能得到以下圖示（見圖
2-2）：

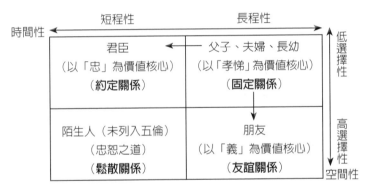

圖2-2　「五倫」在關係向度中的走向（翟學偉，2019a）

在這一圖示中，「固定關係」正好是其他關係的邏輯起點，這意味著其他
關係中的價值理念與行為方式都是由「固定關係」派生的。其中，君臣看
起來需要遵循的是「約定關係」的行為規範，但這一行為規範的源頭在於
「孝」的理念與行為，但畢竟已不再是固定關係，故存在著解約、辭職的
可能性；又由於君臣理念來自於父子，因此又會在忠的價值引導下努力做
到長程性和低選擇性。反觀朋友關係，情況就有所不同了，由於它處於
「友誼關係」中，進而擁有了親密無間和人情味，此時兄弟間的「悌」之
觀念也就演化成了「義」。就此，如果我這裡將關係向度理論放大到中國
歷史中來看，漢儒建立起來的「三綱」是對「固定關係」到「約定關係」

的強化，而原先墨家所看重的「義」逐漸演化成了「江湖」義氣，顯現了從「固定關係」到「友誼關係」的走向。

我們有理由認為，充分地討論「固定關係」如何運作，是理解儒家人倫的關鍵。首先，最為重要的一點就是儒家文化與農耕文化保持了高度的一致，都預設了關係先於個體而存在。在這樣的關係中，任何突出個體的觀念和行為都受到儒家思想的抑制，因為一旦放任個人與個性充分展示，將導致親親不再，妻離子散，家破人亡。由此，關係在任何時候都優先於個人，倫高於一切，並成為人之所以為人的一個標準。唯有如此，我們才可以理解為什麼孟子先說了一段「人之有道也，飽食、暖衣、逸居而無教，則近於禽獸。」個人身體上求得溫飽、安居看似是討論人的生活，而其實都是和動物一樣的生活，只有回到人倫上來討論人，才是人性的開始。

其次，關係的維持雖然在客觀上有理性計算的成分，但更多地被定義為情感的發生。這點本身無所謂合不合理，西方人有西方人的看法，東方人有東方人的看法。只是，從理論框架上看，當儒家對人的認識是從固定關係出發時，理性交往的觀念便難以推進，導致中國人會用貶義詞來加以貶低理性交往，比如斤斤計較，或計較個人得失，打小算盤及「清官難斷家務事」。等。可見，固定關係中的生活不是講道理的地方，也不是爭論的地方，所謂「家和萬事興」。我們固然承認，中國的家庭制度中也有嚴格的家訓、家規及家教這一部分，但它們大都不是用來催生理性交往的，而是用確保和諧與穩固的。那麼確保和諧和穩固的基礎在哪裡？那就是儒家在《禮記・禮運》上給人情下定義時的一個劃分，即何為人情：「喜、怒、哀、懼、愛、惡、欲」，何為人義：「父慈，子孝，兄良，弟弟，夫義，妻聽，長惠，幼順，君仁，臣忠」。

再次，固定關係的維繫不能單靠天然的血緣關係，否則也會分崩離析，這裡面最有效的方法就是必須要有一套秩序體系。而儒家學說及其實踐證明，等級序列遠勝於平等交往，因為後者很容易產生個人意志和自由。在儒家思想研究領域中，或許是受到後期儒家思想的影響（宋明理學），有太多的學者都認為儒家是一個弘揚道德的價值體系，強調的是道

德至上的原則，但依我所見，這不是儒家的本意。儒家所重視的是社會秩序，這一觀點與當時的社會已發生的「禮崩樂壞」有關。那麼，爲何儒家給後人留下了強調道德的印象？因爲在儒家思想的框架中，孔子只寄希望於用「道德」，而不是「法」來維護等級秩序。或者說，凡是用來維護等級秩序的道德都是值得肯定的，而那種只顧「潔身自好」、「獨善其身」或者有「自我修養」道德卻不值得肯定，至於以法來維護秩序主張，那也是必須反對的。所以《論語》從固定關係入手，提出了一系列這樣的思想。諸如「有子曰：『其爲人也，孝弟，而好犯上者，鮮矣；不好犯上，而好作亂，未知有也，君子務本，本立而道生。孝弟也者，其爲仁之本與。』」《論語・學而》；子路對潔身自好的評價是「欲潔其身，而亂大倫。」《論語・微子》孟子曰：「人莫大焉亡親戚君臣上下。」《孟子・盡心上》以及孔子的斷語是「道之以政，齊之以刑，民免而無恥。道之以德，齊之以禮，有恥且格。」《論語・爲政》。

　　當然，關係向度理論是從社會科學角度建立起來的，而儒家的言論則是相對散亂的並由於後人的不斷詮釋，已經發生了很大的改變。由此，我們不能苛求於凡是儒家對人倫的闡述都要準確無誤地套入到該理論框架中來解釋，比如在儒家思想中，「忠義」二字就會經常合在一起說。我們只能說，儒家人倫的基本運行方向是從固定關係的價值觀念向外延伸的，但不一定邏輯地指明它們一定屬於君臣還是朋友。至於儒家倫理所內在的關係特徵如何可能構成一種具有現代學科意義上的社會理論，我會另文加以論述（翟學偉，2020）。

七　結語

　　在本篇行文即將結束之際，我想概括性地闡明本文的基本觀點：本土化雖經歷了中國兩代學人的努力，但其差異性在於後者已經越過了如何洋爲中用的問題，而是著眼於從學科內部建立起一種地方知識，借此來改變西方社會科學一統天下的局面。如何更加有效地實現這一點，本文認爲需要從本土概念入手。這樣做一方面可以擺脫對西方理論與方法的依賴，另

一方面可以找到建構本土理論之可能。但隨之而來的問題是，本土概念所銜接到的社會文化，在其構建理論過程中會受到解釋上的限定，更爲困難的是這一限定本身的邊界在哪裡也含混不清，從而導致反對者的質疑。

本文認爲，本土化的重大意義在於思考如何從自身的（或特定的）社會文化及其歷史脈絡中獲得一種符合社會科學規範的視角、理論、概念或方法論與方法，並在其指導下從事具體而有效的經驗研究，從而建立起對當地人及其社會的說明、解釋乃至預測的知識系統。如何解決文化闡釋的含混問題不是靠實證研究可以解決的，而是需要從實證研究轉向對社會法則的探討。社會法則的研究在方法上所希望改變的地方是，一個地方社會文化的特徵不是由態度上的贊同與反對或行爲上的傾向與不傾向之人數多寡來決定的，而是由我們通過經驗生活（包括對語言、語境、生活實踐等）所發現的文化預設、生活原則及其運行機制來決定的。由此方法轉變，無論遵循此套法則的人數多寡，只要這樣的運行是有效的，就證明了此法則體現或者代表了此社會文化的特徵。這一轉換看起來涉及到西方實證主義、詮釋學和現象學之間的爭論，但本土化理論建構所要強調的是經由本土概念所具有的語言及其所連接的生活形式來實現。從具體研究方法上看，爲了獲得對於一系列本土抽象的價值理念或者基礎法則的可解讀性與可理解性，並可以從中看出其運行的具體步驟、措施與障礙，一種比資料分析更爲有效的方法是對事例和故事的陳述。舉例和講故事不是定性研究，而是敘事研究，其任務是獲得對法則的理解，反之，透過事例和故事也能尋求到法則及其運行的特點。

在中國社會文化及其歷史脈絡中，人情、面子與關係是認識中國人與中國社會的非常關鍵性的幾個概念。目前已有不少中國人文與社會科學家們都對此提出過自己的見解，也形成過一些與西方文化相對照的概念。但囿於文化闡釋的問題沒有討論清楚，又囿於這些概念在實證主義方法論的影響下，我們尚不能對此進行理論建構，而現有的理論建構又傾向越出文化的限定。據此，本文提出方法是梳理本土詞彙及其使用。比如透過對臉面詞語的蒐集排列與對照，我們可以看出臉和面子之間呈現的是一種連續體的關係。其中臉傾向指一個體所展示的自我形象，這一點接近於西方擬

劇論，但面子的含義則是指中國人所重視的關係狀況。在中國社會，臉面連續體中存在著臉和面子關係上的同質性和異質性兩種可能。由於人情和關係運作的影響，在中國人的臉面連續體中，面子原則顯得更爲突顯，而臉的展現隨即減弱，從而導致這一理論框架重點不在表演者自身，而在於表演者與觀眾之間的合謀，結果，本土的面子理論應該是一個捧場理論，而非自我呈現的理論。

臉面研究中所體現的人情與報的重要性可以提升爲關係方面的研究，進而我們在整合了這幾個概念之後有機會建立一個富有推廣性的本土理論。

富有推廣性的本土理論是爲了克服文化闡釋的局限性，而獲得理論建構之本身。本文指出以往有關「關係」方面本土概念上的基本文化意義是指家族、血緣和地緣等概念，這些概念的重點都是在說明人口不流動的社會特徵，那麼這一特徵其實可以回到時空維度上去討論。通過對此關係維度的模型劃分，我們可以得到人口不流動在時空上是指長程性和低選擇性關係組合，即固定關係，據此邏輯推演，我們還得到了鬆散關係、約定關係和友誼關係。此時，一種原本用文化解釋的理論已經轉化成了一種關係向度理論。我們從中可以找到以個人爲起點的邏輯線路和以關係作爲起點的邏輯線路。此時，本文想進一步表達的意思是，文化未必總是在因果關係意義上用以解釋個人的心理和行爲，反倒是對人與社會的不同邏輯預設可以推演出一定的文化特徵，當然這只是從理論假設上說的。回到眞實社會，我們發現以個人或者關係作爲社會的起點，都會有相應社會文化建制來爲此行動鋪平道路。當然，一種眞實的社會爲何要選擇個人或關係作爲其行動的起點，或許也可以再次回到文化來解釋，但也不妨回到人所生存與適應的環境中去尋求答案。

關係向度理論的提出，看起來已經跨越了文化的邊界，但作爲本土理論之一，仍在於它是從本土社會文化與歷史脈絡中成長出來的。如果不是通過對人情、面子與關係的長期研究和思考，我們或許會一直滿足於用符號互動理論、社會交換理論或者擬劇論，又或者是社會資本理論來解釋它們。而有了這樣的本土理論，我們也就有了理論上的競爭性，看到了本土

理論對世界理論的貢獻在哪裡。

參考文獻

孔飛力（2014）：《中國現代國家的起源》（陳兼、陳之宏譯）。三聯書店。

戈夫曼，歐文（1989）：《日常生活中的自我呈現》（黃愛華、馮剛譯）。浙江
　人民出版社。

文崇一（1995）：《報恩與復仇：交換行為的分析》。見文崇一，《歷史社會
　學：從歷史中尋找模式》。三民書局。

王國維（1997）：《王國維論學集》。中國社會科學出版社。

卡裡瑟斯，邁克爾（1998）：《我們為什麼有文化》（陳豐譯）。遼寧教育出版
　社、牛津大學出版社。

何友輝、陳淑娟、趙志裕（1991）：〈關係取向：為中國社會心理方法論求答
　案〉。見楊國樞、黃光國（主編），《中國人的心理與行為（1989）》。桂冠
　圖書公司。

吳文藻（2010）：《論社會學的中國化》。商務印書館。

李安宅（2005）：《〈儀禮〉與〈禮記〉之社會學的研究》。世紀出版集團。

貝拉等（1991）：《心靈的習性——美國人生活中的個人主義和公共責任》（翟
　宏彪等譯）。三聯書店。

明恩溥（1998）：《中國人的特性》（匡雁鵬譯）。光明日報出版社。

明恩溥（2007）：《中國人的氣質》（劉文飛、劉曉暢譯）。上海三聯書店。

金耀基（1988）：《人際關係中的人情之分析》。見楊國樞（主編），《中國人
　的心理》。桂冠圖書公司。

柯文（2017a）：《在中國發現歷史——中國中心觀在美國的興起》（林同奇
　譯）。社會科學文獻出版社。

柯文（2017b）：〈2010新版序言：對中國中心觀史學的進一步思考〉（張隆志
　譯）。見柯文，《在中國發現歷史——中國中心觀在美國的興起》（林同奇
　譯）。社會科學文獻出版社。

柯文（2017c）：〈中國中心觀：特點、思潮與內在張力〉（林同奇譯）。見柯

文，《在中國發現歷史——中國中心觀在美國的興起》（林同奇譯）。社會科學文獻出版社。

胡先晉（2006）：《中國人的臉面觀》（歐陽小明譯）。見翟學偉（主編），《中國社會心理學評論》，第二輯。社會科學文獻出版社。

胡適（1991）：《中國哲學史大綱（卷上）》。見姜義華（主編），《胡適學術文集・中國哲學史》，上冊。中華書局。

英克爾斯，阿列克斯、大衛H.史密斯（1992）：《從傳統人到現代人——六個發展中國家中的個人變化》（顧昕譯）。中國人民大學出版社。

張慶熊（2010：《社會科學的哲學——實證主義、詮釋學和維特根斯坦的轉型》。復旦大學出版社。

梁啟超（2004）：《清代學術概論・儒家哲學》。天津古籍出版社。

梁漱溟（2003）：《中國文化要義》。上海世紀出版集團上海人民出版社。

許烺光（2017）：《美國人與中國人》（沈彩藝譯）。浙江人民出版社。

傅斯年（1999）：《中國學術思想界之基本謬誤》，王中江、苑淑婭編：《新青年》。中州古籍出版社。

勝雅律（2006）：《智謀》（袁志英、劉曉東等譯）。上海人民出版社。

喬建（1988）：《關係芻議》。見楊國樞（主編），《中國人的心理》。桂冠圖書公司。

斯圖爾特，愛德華、貝內特，密爾頓（2000）：《美國文化模式——跨文化視野中的分析》（衛景宜譯）。百花文藝出版社。

費孝通（1985）：《鄉土中國》，北京：三聯書店。

馮友蘭（2001）：《中國之社會倫理》，《三松堂全集》，第11卷。河南人民出版社。

黃光國（1988）：《人情與面子：中國人的權力遊戲》。見黃光國（主編），《中國人的權力遊戲》。巨流出版公司。

黃光國（2004）：《人情與面子：中國人的權力遊戲》。見黃光國（主編），《面子：中國人的權力遊戲》。中國人民大學出版社。

黃光國（2009）：《儒家關係主義——哲學反思、理論建構與實證研究》。心理出版社。

黃光國（2011）：《心理學的科學革命方案》。心理出版社。

黃光國（2017）：《儒家文化系統的主體辯證》。五南圖書出版公司。

楊中芳（1991）：《試論中國人的「自己」：理論與研究方向》。見楊中芳、高尚仁（主編），《中國人·中國心》。遠流出版公司。

楊國樞（1993）：《中國人的社會取向：社會互動的觀點》。見楊國樞、余安邦（主編），《中國人的心理與行為（1992）》。桂冠圖書公司。

楊國樞（2004）：〈我們為什麼要建立中國人的本土心理學〉。見楊國樞，《中國人的心理與行為：本土化研究》。中國人民大學出版社。

楊聯陞（2008）：〈「報」作為中國社會關係基礎的思想〉（張曉麗譯）。見費正清（主編），《中國的思想與制度》，世界知識出版社。

溝口雄三（2011a）：《作為方法的中國》（孫軍悅譯）。三聯書店。

溝口雄三（2011b）：《中國人的公與私》（孫歌譯）。三聯書店。

溫奇，彼得（P. Winch），2004，《社會科學的觀念及其與哲學的關係》，張慶熊、張纓等譯，上海：上海人民出版社。

維特根斯坦，路德維希（1998）：《哲學研究》（李步樓譯）。商務印書館。

維特根斯坦，路德維希（2012）《文化與價值》（塗繼亮譯）。北京大學出版社。

翟學偉（1995）：《中國人的臉面觀》。桂冠圖書公司。

翟學偉（2005）：《人情、面子與權力的再生產》。北京大學出版社。

翟學偉（2011a）：《中國人的關係原理——時空秩序、生活欲念及其流變》。北京大學出版社。

翟學偉（2011b）：《報的運作方位》，翟學偉：《中國人的關係原理——時空秩序、生活欲念及其流變》。北京大學出版社。

翟學偉（2011c）：《中國人的關係向度及其在互聯網中的可能性轉變》。見翟學偉，《中國人的關係原理——時空秩序、生活欲念及其流變》。北京大學出版社。

翟學偉（2013）：《中國人的臉面觀》。北京大學出版社。

翟學偉（2016a）：〈倫：中國人之思想與社會的共同基礎〉。《社會》，5。

翟學偉（2016b）：〈恥感與面子：差之毫釐失之千里〉。《社會學研究》，1。

翟學偉（2016c）：《中國人的日常呈現——人情與面子的社會學研究》。南京大學出版社。

翟學偉（2017）：〈試論本土性研究的正當性與可行性〉。《管理學報》，5。

翟學偉（2018a）：〈社會學本土化是個偽問題嗎？〉。《探索與爭鳴》，9。

翟學偉（2018b）：〈儒家式的自我及其實踐：本土心理學的研究〉。《南開學報》，5。

翟學偉（2019a）：〈「親親相隱」的再認識──關係向度理論的解釋〉。《江蘇行政學院學報》，1。

翟學偉（2019b）：〈「孝」之道的社會學探索〉。《社會》，5。

翟學偉（2020）：〈儒家的社會理論建構──對偶生成理論及其命題〉。《社會學研究》，1。

潘光旦（2010）：〈說「倫」字〉、〈「倫」有二義〉。見潘光旦，《儒家的社會思想》。北京大學出版社。

蔡元培（2010）：《中國倫理學史》。商務印書館。

餘蓮（2009）：《勢：中國的效力觀》（卓立譯）。北京大學出版社。

Goffman, E. (1955). On face-work: An analysis of ritual elements in social interaction. *Psychiatry: Journal for the Study of Interpersonal Processes, 18*, 213-231.

Hu, H. C. (1944). The Chinese concept of "face". *American Anthropologist, 46*, 45-64.

Markus, H. R. & Kitayama, S. (1991). Culture and the self: Implications for cognition, emotion, and motivation. *Psychological Review, 98*, 224-256.

第三章　要不，換個腦袋想心理學研究？中庸思維作爲一條本土進路[1]

楊中芳

　　本文作者在從事中庸心理學研究的過程中，深深體會到沿用西方主流實證研究進路來構思問題或解釋結果時，常有「隔靴搔癢」、「很不到位」的感覺，從而沒有達到本土研究的主旨——「貼近老百姓生活」。在最近的一次，對 2011-2020 年她親自參與的中庸心理學研究的綜述中，更發現研究者在千遍一律採用主流進路來構思問題、設計方案以及分析數據後，所得到的成果及知識相當單一、貧乏（見楊中芳，本書第 5 章）。她認爲本土心理學研究確實有必要發展並推廣不同的思考進路，來充實這一領域的知識內涵。根據她從事中庸研究所累積的、對「中庸」作爲一套思維方式（方法論／認識論）的理解及心得，她曾建議將之作爲研究中國人社會心理的「另一條」思考進路（楊中芳，2008c）。本文是在該建議的基礎上，闡述中庸進路的構念，並列舉實例，針對當今社會心理研究課題中一個長期未能解決的議題——內在心理與外顯行爲的不一致性，給出另一個切入點，藉以緩解這一困擾，從而擴大研究構思空間及研究方向，最終得以豐富這一領域的學術成果。

---

[1] 本論文是作者跟據 2019 年 10 月在「本土研究營」群組中發表的一篇「讀朱利安《存有到生活》後感言」改寫而成。當年 3 月，她與該群組一起細讀該書，每週撰寫心得，最終總結出該感言。

■ 前言

　　心理學研究對華人學者來說，是一門外來的學問，我們是靠閱讀翻譯過來的教科書才知道什麼是心理學，以及要如何做心理學研究。在我們一開始做心理學研究時，大都是根據西方心理學課本所寫的來「畫葫蘆」，也深信研究思路，包括選什麼課題、要解決什麼問題、從什麼角度切入，以及用什麼程序來探尋答案等等，都只有一套。我們可稱之為西方主流心理學研究進路，簡稱主流進路。

（一）華人心理學研究者常遇的困擾

　　本文作者從事中庸心理學研究多年，也曾兩次針對相關研究進行了全面綜述（楊中芳，2010，2022a）。總結她的經驗及感受，指出本土研究者屢屢意識到一些中西文化在思考問題上的差異，這讓他們在沿用西方主流進路來做研究構思時，遇到瓶頸及困境：

1. 定義模糊性

　　中國語言中「字」的模糊性很強，必須加上另一個或多個字來給予較準確的定義。同時依不同的情境，其意義也不盡相同。這讓我們無法對許多構念下明確清晰定義，而主流進路則把清晰的定義視為第一要務[2]。

2. 觀念聯繫性

　　許多構念無法像在邏輯推理中那樣乾淨俐落的作二分切割。中國人的陰陽觀看似「二分對立」，但不是主流思維所定義的「斷裂式二分」，而是「一前一後的」、「藕斷絲連的」。這種聯繫性正是許多中國人思考的重點；例如，是什麼行動或是什麼力度，讓「陰」會質變為「陽」，或相反，以致錯失「成功」或「達到自己想要效果」的機會。

2　這也涉及到翻譯的問題。一個英文字，翻譯成中文，有時意涵與原文定義跟本不是一回事。

3. 「中」的價值觀

基於欲達到自己想要的效果，中國人注意到「過」與「不及」都不是最理想的行事準則。這與西方世界中人們要「永恆的前進，越進越好」的價值取向是大相徑庭的[3]。從中，人們注意到「退」（包括其他看似消極的行動，如忍、讓、等、避等）也可是一種「以退為進」的策略，具有積極的意義，從而是值得推崇的。

4. 人境合一性

中國人都感覺到，在日常生活中，許多事情不都是自己說了算，要首先看清形勢，配合外在情況作應對。因此，有如主流進路那樣，把太多的時間及精力放在視「自我」是一「實體」，人人都會自然地將這個「實體」表現於外，是與我們處理日常事件的想法及做法有差距的。倒不如把思考重心放在研究人們如何在實際事件中去「做」，亦即表現「實踐我」，會更貼切一些。也就是，把重點放在人們如何在所處情境中「收放」自己，以求過上自己想過的好日子。

5. 主體經驗性

什麼是「好日子」呢？這個「道理」不是靠數學／邏輯推算出來的，而是從人們身邊常做（實踐）的事件中「體察領會」出來的。像在中庸一概念中的「恰到好處」這一判斷行事是否成功的心理準則，是要行動者，及其周圍交往的關係人，憑主觀經驗的感覺與客觀理性分析的融合（「合情合理」）而得出。這與只透過認知評估得出的「生活滿意度」，是不一樣的概念[4]。同時，「恰到好處」並非「一蹴而成」，是要靠行動者通過反覆練習、體會修正來完成的。因此年齡及經驗應該受到研究的關注，但是主流研究在這方面並不重視，讓研究中國人心理的學者，感到意猶未盡。

3　同時，也把「進步」等同於向西方主導的個人主義價值觀及民主制度前進。

4　對這一點，稍後在講幸福感研究時，還會再做討論。

6. 方法辨證性[5]

中國人求知方法論，除了強調主體體驗之外，其所用的求知方法也與主流進路用的，源於古希臘民主辯論中的邏輯辯證法有別。中國傳統的辨證思維，是先在辨別熟悉事物的過程中找到自然的「道」，然後再向看似不熟悉的事物作推廣。有時，甚至可以對看似不著邊際的情況作遠距類比[6]。這一思維重點的來源是中國人相信「道」的無所不在，以及它的難以言明。許多時候，要靠另一種「求知」的過程，去把它引領出來。這與主流進路運用邏輯作類推是不可同日而語的。

7. 知識頓悟性

基於上述的中國傳統求知方法論，知識道理的察覺往往不一定是直線、漸進式的累積，還可以是跳躍式的「頓悟」。也可以說，是不把信息作立刻加工，容許它們同時存在、發酵，最終在某一個時間點，甚至相當偶然的情況下，讓人們「悟」出了這一普遍的「道」。

讀者可能已經注意到，上述這些特性與主流進路所用的思考路徑很多是背道而馳的。立論於「原子論」，主流進路首先要求切割，甚至有切割得越小越好的論點。當把問題切割到可以處理的小塊後，要將之「定義」清楚，再走下一步，去建立這些小塊與外顯行為之間的關聯性，而這一關聯性是建立在「因果論」的基礎上的。不管是研究物與物的關係、人與物的關係、人與人的關係或是人與情境的關係，都以類似的思考途徑來進行探究。希望從中得到的研究成果，是一些「普世規律」，從而可以放諸四

---

5 大部分學者，包括一些華人學者，都用「辯證」一詞，來定義中國傳統陰陽思維，只是前面加「中國」二字，表明它與西方哲學中的邏輯辯證思維不同。也有學者則加「素樸」二字，表明它是「簡單」的辯證思維，這是本文作者非常反對的。她主張用中醫理論中的「辨證」一詞來概要中國式的方法論會比較合適，但是直接用「陰陽思維」就更好。

6 田辰山（2016）曾指出中國領導者們如何將馬克斯的產業革命理論轉換成為中國農民革命的理論基礎，是靠中國式的「辯證思維」完成的。這種遠距類推與西方邏輯類推是迥異的。

海去加以推廣應用。這一思考進路不注重個體主體經驗的特殊性，也不認為知識是可以通過看似跳躍的程序來獲得。也因此，認為沒有通過邏輯推理而得到的結論，都是不「科學」的。

　　學術研究歷史證實這一主流進路，用於追求外界物理現象的科學探討很有用，也很成功，但是在用於研究「人」的行為時，則有其一定的局限性。特別在地域性的心理學研究中，常有「力道不足」，「未能抓到癢處」之憾。

（二）對困擾的應對／處理

　　上述這些在做華人心理研究時所帶來的困擾，星星點點，時常襲擊我們，令我們在做研究時不知所措，因為它們都不是我們讀的洋書本中告訴我們要去想的問題及方向。對這種困擾我們經常應對的方式，是把它們壓抑下去，繼續把中國人當西方人來研究（楊國樞，1993）[7]，用的還是當時認為是心理學研究唯一可以走的進路，去定義、去作二分切割、去求統計學上的交互作用、中介作用或調節作用。

　　直到上世紀 80 年代，由楊國樞先生帶領的心理學本土化運動的開展，華人心理學家才意識到自己在做研究的思考過程中，作了多大的扭曲。隨著過去 40 多年本土意識在心理學研究的覺醒及成長，大家開始思索，有沒有可能，我們可以換一條思考進路，以便能更貼切地理解華人的心理與行為。

（三）中庸思維作為一條新進路

　　本文就是作者響應楊國樞先生的號召及啟發，在尋找一條新的本土研究進路方面，所做努力的全紀錄。它包括：對中西文化思維體系對比所

---

[7] 「在日常生活中，我們是中國人；在從事研究工作時，我們卻變成了西方人。我們有意無意地抑制自己中國式的思想觀念與哲學取向，使其難以表現在研究的歷程之中，而只是不加批評的接受與承襲西方的問題、理論與方法」（楊國樞，1982）。這一句話，也是本書首頁，紀念楊先生的兩句重要語錄之一。

帶的啟發；她自己多年來從事中庸心理學研究的體會；中庸研究進路的建構；如何運用這一進路來反思當代社會心理學領域倍受困擾的議題。

接著，她借用現今學子們在社會心理學教科書中都耳熟能詳的研究領域，如自我、人格、社會認知、態度、智慧及心理健康等，逐一進行進路對比，旨在指出運用中庸進路，可以在現有的研究領域作不同的構思，從而啟發不同的研究方向。這樣不但可以提升研究的「本土契合性」（楊國樞，2008），同時豐富心理學的知識庫存。最後，她將建議一些，可以進入的新研究領域，以鞏固這一進路的理論基礎及實用力道。

總之，本文旨在提供一個案例，展示華人心理學研究的本土化，需要換個腦袋想問題。

二 尋找本土進路的歷史軌跡

（一）一場學術研討會的衝擊

在上世紀 80 年代，心理學研究的本土意識崛起之後，有志做華人心理學研究的學者開始反思，並尋找其他構思的切入點。2000 年，在香港曾舉辦過一次討論如何做本土研究的研討會。與會學者提出很多對主流研究進路的批判，建議了改進方向，以及闡述了若干其他研究取徑。會後多年本文作者（楊中芳，2008a）曾集結該次會議主要論文成書，命名「本土心理研究取徑論叢」。可以說，它是接應了楊國樞先主持編輯的「華人本土心理學」（楊國樞等，2005），對本土心理學後來的發展起了催化作用。

在這本有關要如何去做本土心理研究的書中，最熱門及具說服力的一條取徑是解構「西方主流進路」，或解除本地「大傳統」的思想束縛，用「小傳統」的、近距離觀察的「質性研究」資料來對本地人的活動進行「重構」。當時正值西方哲學界在批判主流科學哲學，走向新興詮釋哲學的浪潮。許多學者認為這是一條理想的本土研究進路，甚至是唯一的一條進路，一時蔚然成風。

　　然而，有鑒於心理學研究已經被主流進路所緊密包圍，所有的財力及人力資源都被「一套」獎勵制度所把持，像「解構與重構」這種帶有革命性「改頭換面」的進路，一時不容易很快地被大部分心理學學子接受[8]。逐漸地，它演變成心理學領域的另一塊「淨土」，與主流研究在認同上隔離，大家各做各的，有漸行漸遠、不相往來的趨勢。但是，這一進路經過這些年來的發展，已經走出自己的一片天地及研究規範，本書下冊有一半的論文是對這一領域的研究作總結及展望的。

　　另有些學者，包括本文作者，則主張要改變心理學研究的「一言堂」局面，需要時間及漸進策略。當然，一定要認清現有主流研究進路的缺點及侷限性，才能引發一些改變（楊中芳，2008b）。但是，是否可以採取一些比較緩和的、容易被接受的取徑，來達到這一目的？也就是說，一方面喚醒學者對主流進路壟斷的注意及警惕；另一方面激發一些「本土反思」，以圖在主流心理學的研究範式內，作較大幅度的構思改造。如此，可以讓本土化運動在心理學領域內部作較大範圍的展開，而不是脫離出去演變成另一個研究領域。

　　在這樣一個目的的驅使下，不少學者試圖，從傳統文化中，尋求與主流思維的分歧點，作為重新構思的起點。這樣的一條取徑可以讓一些仍然沿用主流進路思考構思的研究者，也可加入本土化的行列，令其研究成果更趨向「貼近」人民生活狀況，這當然也是向前邁了一大步。

（二）從中、西文化思維具體特點對比著手

　　最早，也是最容易「另闢蹊徑」的方法，當然就是從與他人的差異中去認清自己。所以，有志做本土研究的學子大多從這一方向開始。由於這樣做的人太多太雜，簡單整理如下。

8　在當時，很重要的一個困擾是，許多主流心理學者不知如何去評價採用這一新興取徑　　做的研究成果。

1. 早年中國哲學家的探索

早在上世紀 80 年代，當中外學術交流逐漸頻繁之際，不少中國哲學家被西方同行追問：中國哲學思維的特點在哪裡？當時許多中國哲學家，正如龐樸（1995）所述，是「被逼的」開始對中西文化思維的差異作思考。因此當時的比較，還是沿用相當粗糙的二分法。楊中芳（2008c）曾綜合他們的相關論述，給出了現代西方科學思維與中國傳統思維的五大對比：(1) 物化思維（西）/ 整體思維（中）；(2) 分析思維 / 全息思維；(3) 元素思維 / 陰陽思維，(4) 直線思維 / 融合思維；(5) 邏輯思維 / 態勢思維 [9]。

在這裡提出的許多名詞，會在後面的討論中一一說明。在此僅將「整體思維」與「全息思維」的不同，略加解釋。「整體思維」是指用一個高、大、遠的視野來看問題，可以看到整體與局部的關係，以及局部與局部的關係。「全息思維」，又稱有機思維，是指整體的運作是局部共同運作的協調組合。在聚焦於一個有機體中的任何一個局部時，都必須以整個體系給出的所有信息作基礎 [10]。

2. 中、西醫學理論思維對比

這是一種從「救命」的實用角度來看其背後理論基礎的比較法。西醫是沿用科學檢測先找出症狀的病灶，再針對這一病源作相應的處理及治療，是對症下藥。而中醫的理論多是由名醫跟據自己的經驗總結出來的症候群，給出一個病名（例如：消喝症），要消解症狀，是要去找出身體失調的地方作調理治療。兩者的主要差異在於以下 5 個對比：(1) 分析思維（西）/ 系統思維（中）；(2) 頭痛醫頭 / 頭痛醫腳；(3) 對症下藥 / 陰陽調和；(4) 藥猛、後遺症多 / 藥溫、後遺症少；(5)「依時、因人」效應小 / 效應大。

例如，中醫基本不以病灶本身命名，如心臟病、糖尿病等，因為症狀

---

[9] 態勢思維，又稱「氣」思維，是中國傳統思維的一大體系，至今未被心理學家所重視，內容詳見李志林（1990）、張立文（1990）等。

[10] 所以，「整體 / 局部」和「全息 / 聚焦」是兩組不同的概念。

都是身體整體功能失調的結果所致，症狀本身只是表徵而已。要治癒這些症狀是去找出，造成機能失調的原因（例如：火氣大）。而每個人可能都因發病的季節、自己特殊的體質等，引發不同的失調，要配不同的藥方來治理。

3. 跨文化心理學研究的對比成果

在跨文化心理學領域，多年來也有很多相關的思維對比研究。早年的研究，楊中芳（2008c）曾做過綜述，較新的研究，隨著「文化與認知」這一領域的快速發展，更是多如鱗毛。大致上，可以用 Nisbett（2004）著作為代表，作以下 4 個簡單的對比：(1) 線性思維（西）/「辯證」思維（中）；(2) 獨立個體思維／關係思維；(3) 原則思維／後果思維；(4) 因果思維／全息思維。

由於這些研究大多是沿用主流進路來審視兩地思維的差異，切入法是二分思維，如個人主義／集體主義。而且二分的基礎通常都是在邏輯上相反的構念。研究取徑也是典型的：先在主流文化中找到一個當地的本土關注點，如個人主義，設計出測量工具，然後再把在這一測量工具上得分低的人群，視為是具有，與主流文化特性在邏輯上正相反，如集體主義的一夥人。因此全世界許多不同文化，皆因在個人主義測量得分低而被同視為是集體主義者，雖然這些地區文化的「集體主義」差別甚大。因此這些找到的所謂「文化差異」，並沒有幫助貼切地了解，主流文化之外的其他地區老百姓行為的真正意義。

後來，固然有研究將，像「集體主義」分別加以定義，再泡製一些「集體主義」量表，但是這一做法，還是把整個「非個人主義」文化的蛋，用一個「集體主義」的籃子裝在一起。結果自然還是相當粗糙，得不出什麼更「貼切」的文化意涵。相關的評述詳見楊中芳（2001f）。

在做跨文化研究時，一個重要的問題是語言文字的誤解。例如，用以表達中國人思維特點的「辯證思維」（dialectical thinking）及「全面思維」（holistic thinking）與中國傳統沿用的「陰陽思維」及「全息思維」的意思出入甚大，本文下面會陸續說明。另一個造成巨大誤解的例子是，主流

「自我」研究中的「公我」與「私我」（一個是表現在外給別人看的我；另一個是內心眞實的我），與華人社會老百姓常用的「公我」與「私我」（一個是在群體中的「大我」；另一個是單獨個體的「小我」）也有天壤之別。這類的例子可謂不勝枚舉，它是用跨文化範式作本地文化理解時的一大困境。

（三）文化大思維體系作對比

以上的對比，在某個程度上，可以說，是零散的、片面的，很多是依據西方的哲學或科學思維爲主導的差異對比。缺點是，在對比了誰的眼睛比較大、鼻樑比較高、皮膚比較白之後，不僅沒有看到自己的全貌，反而得出眼睛大、鼻樑高、皮膚白的全球普遍審美觀點，從而造成其他文化老百姓對自我評價的傷害。下面的兩個對比，則從一個更高的角度，以文化各自的思維大系統，作爲對比的基礎。

1. 「人生追求」思維體系對比

法國古希臘哲學專家，朱利安（2004，2005，2013，2018），曾提出一個可以反思歐洲思維哲學起源及發展的研究策略：繞道中國。他拿與中國傳統思維體系的並列，來進一步了解歐洲哲學的源頭、特性及不足。他稱這一策略爲「迂迴／進入」。當然，對欲探索中國傳統思維的華人研究者而言，則可以反過來，藉著他的並列，看到中國文化思維的整體樣貌。

他主張在對比兩個文化時，不要單只從孤立的小處著眼，而是要在兩個文化自身的大系統、大格局中，來理解那些具體的、細小的不同，從而得以更深入地認識及理解一個文化的思維全貌[11]。他稱這些在大體系中看到的小的、具體的不同爲「間距」（朱利安，2013），藉以區別那些單由「小的、具體的、量化的」方式，所尋得的「用同一個量尺爲（標準）」所找到的「差異」。

---

[11] 不是像跨文化心理學的思維研究那樣，以西方主流「邏輯對立」的觀點爲歸依，作出的、以在邏輯上相反的「假想」特徵爲對比對象。

　　1998 年，朱利安在一本名為「聖人無意」的書中，用孔子的教學方式為引子，提出中國傳統崇尚「自然／實踐」的「**智慧思維**」體系，同時並列了西方崇尚「邏輯／理性」的「**哲學思維**」體系，詳細地給出了這兩個思維體系的間距。下面是摘自其中文譯本（朱利安，2004）的表 3-1（第112-113 頁）[12]。

　　在詳細查看了表 3-1 的對比之後，不難發現要徹底認識自身文化的思維特點，不但要對比與其他文化思維的間距，同時還要把支持這些特點運作的大體系「一鍋端」，才能有更深刻的認識。這個大體系包括人們所賴以籌劃生活的宇宙觀、人生觀以及價值觀。

　　朱利安在該書中指出中國人「智慧思維」的核心，就在「中庸實踐」。這是我們首次看到在中、西思維的對比中，出現中庸實踐思維這一概念。也可以說，中庸實踐思維在朱利安所述的中國傳統智慧思維體系中占了主導地位。

　　朱利安（2018）在其近期的一本著作中，把他上面提出的，以追尋「存有真理」的與以追求「生活智慧」的，兩種文化思維體系，用以下20 個間距來蓋括之：⑴因果（西）／形勢（中）；⑵主動出擊／主體順應；⑶ 個我自由的體現／虛位以待的自我修行；⑷誠意／信任；⑸恆心意志／堅持去做；⑹正向攻擊／出奇不意；⑺正面應對／旁敲側擊；⑻正面說服／間接影響；⑼尋求意義／融會貫通；⑽知識／默會；⑾制模量產／等待成熟；⑿啟示／協調；⒀突發事件／默化；⒁可指定性／恍惚；⒂寓意／暗示；⒃多義性／曖昧；⒄之外的差別／之間的關係；⒅平板／興發；⒆稍後再做／不推遲；⒇真理／資源。

　　他並指出，以上並列的兩組思維特性，各自在其體系中，都有一定的維繫功能。例如，在傳統「天、地、人」的宇宙觀中，「人」是占主導地位的，但是他或她是主動去「協調」自己，配合「天時」與「地利」的走勢而行，而不是任由「一己之意」（號稱「自由」）橫衝直撞。而「虛位以待」是指自己「懷虛若谷」的包容及接納，並由不斷地修養自己，來改

---

12 本文作者在原來的譯表上加了幾個黑體，及略加修辭，以令其意思更清晰一些。

表3-1　邏輯哲學（西）與智慧人生（中）思維體系的對比

邏輯哲學	智慧人生
固執於一種觀念（「意」）	沒有優先的觀念（無「意」） 沒有固定的立場 沒有個別的自我 使所有觀念都保持在同一個層面上
哲學有歷史	智慧沒有歷史 （你沒有辦法寫一部智慧的歷史）
解釋（證明）在不斷進步	話語在變化 （智慧需要一再**練習**，需要去「**品味**」）
普遍性	整體性 （聖人的每句話說的永遠是智慧的全部， 但每次都是從一種特別的角度上說的）
內在平面性（**將混沌分開**）	內在（**的混沌是**）資源性
話語（定義）	提醒人注意（鼓勵**去自行反省**）
意義	顯而易見，無需明說
由於玄妙而隱	由於顯而隱
認識	悟：意識到熟視無睹的，熟知不說的事物
啟示	「**中節**」
說出來	無可說
永恆的真理	順應時勢 （保持一致：與時勢完全融合）
主體存在的範疇	**進程**的範疇 （世界的進程，行為的過程）
自由	自然
錯誤	偏見 （被事物的一面遮住了，從而看不到另一面： 看到的只是「一隅」，而不是整體）
道路引向真理	道是通暢的、無所不在

變自己，從而融入宇宙運行之中。

　　其次如，傳統的「陰陽思維」，讓一些主流研究者認為是負面的思維特點，代表兩面性、妥協性及不徹底性。然而如果放在追求「生活智慧」

的大體系之中，它變成是「資源」，增加人們做人處事的思考靈活性。其他，例如，「恍惚」、「曖昧」等思維特點，讓行動者在「時、空」上都留有一定的餘地，來看明白、想清楚，再作行動抉擇。「出奇不意」、「旁敲側擊」、「間接影響」則增加了行動選擇的多樣性。

再如，中國傳統教育理念以「暗示」、「默會」、「融會貫通」、「等待成熟」、「默化」等方式來陶冶出個體的體知能力，間接地激發人們自行去思考要怎麼做的動力。同時，「不拖延」、「堅持去做」的反覆耐心練習爲成功的密訣。

以上這些對中國傳統思維的再認識，令朱氏認爲中國傳統對「思維」的構想，是將其視爲是「資源」，而不是去找「眞理」的工具，從而容許通過多方位、天南地北的「興發」，去激活想像力及各種可能性來應對生活。

換句話說，在中國傳統思維體系中，思維是爲實踐我們的人生追求服務的！

2. 由知識／方法論作生態／歷史的溯源對比

李美枝（2008）從中西文化在認識論／方法論（她稱之爲「格物致知」論）的比較中，提出了華人本土心理研究如何可以開拓一個新的研究進路。她從這兩個文化的生態環境、歷史、哲學思考的角度，很詳細的闡述了它們如何由對「格物致知」的不同關注點，走向對世界作不同方向的探研（見表 3-2）。她進而對比了西方科學研究方法的「實證循環」進程與中國實踐體知方法的「個體感通」進程。基於這一對比，她提出中國人的「生活」知識／方法論，並建議如何將之用在社會心理學研究構思中。更具體地說，她寄望於用「易老」的生活哲學之道，來研究中國社會心理中的「修己」以及「人際」之道。她的論述，對華人心理學研究者而言，不但是一趟「尋根」之旅，也指出了一條未來研究的進路[13]。

---

13 可稱爲「易老」進路。

表3-2　中西知識體系的比較（李美枝，2008，p.427）

	西	中
知識體系來源	古典希臘哲學	易經哲學
發源生態環境	商業海洋貿易城邦社會	仰天賴地的農業生計型態
思想中繼者	笛卡兒	儒家思想
世界觀	心物二元對立	陰陽乾坤交融
追求目標	無限的有與創造	有與無的和諧整體
實務影響	科學與科技	省時度勢安身立命
與自然的關係	宰制剝削自然	順應自然
生理歷程比喻	交感神經系統運作	交感與副交感系統的拮抗平衡
知識本質	知能的	智慧的
得知方式	分類解析	體驗感通

（四）由自身文化內部尋找靈感

1. 由中國文化史整理傳統思維精髓

　　龐樸（1995）在其著作的自序中，說了他想用中國自身文化史的方法來研究中國文化的「辯證思想」[14]。他敘述了他要這樣做的心歷路程，或多或少，反映了不少要尋找本土進路來研究中國人的心聲。

　　帶著以西方思想為普世思想的大認識，以歐陸理論為至上理論的重武器，闖進中國文化裡，按圖索驥，量衣裁体，上求下索，右突左奔，雖不免漫汗其形，支離其體，倒也不負苦心，時有所獲。不料，在喘息之後，慶功之餘，雖有可奉告了，卻又滋生出另樣的對不起之感——對不起自己祖宗大體系和深邃智慧的歉意。

　　1984-1985 年間，……於是下定決心，另起爐灶，重新摸索深藏於中

---

[14] 他這裡的「辯證思維」正是我在註 6 中說的，大陸學者可能受馬克思意識形態影響，至今喜歡用「辯證思維」一詞去捕捉傳統陰陽及中庸思維的精髓。

國文化的中國人的思維方法。

《一分為三——中國傳統思想考釋》即是他努力的成果。他認為中國文化思想的精髓即在於它有一套自己的宇宙觀，來認識及理解世界的萬事萬物。而審視天地之路不在於，如西方思維那樣是「一分為二」，而是「一分為三」。他認為儒家的「辯證思維」，亦即以陰陽思維為基底的中庸思維，就是反映了這「一分為三」的觀點。我們對「天、地、人」三者交融的論點，也是依它為據。從他的論述中，我們看到許多其他，在主流科學二分思維沒有想過的問題，值得我們深思，並去研究它們可能對我們自身思維的影響。

2. 「中庸」是指引「生活實踐」的思維

楊中芳（2008c）沒有從知識方法論，或文化史的高度去找突破口，而是從貼近現代華人社會生活的現實情況來找可能的本土進路。也就是說，她想用當代生活中，引導人們過上好日子的「俗民思維」，來看中國人的思維特性[15]。依據多年從事本土研究的體會，她發現，即使經過民國成立初期的「反中庸」浪潮，以及在當今已經十分「現代化」的華人社會裡，老百姓在日常生活中，仍然無時無刻不在運用中庸思維作為「做人處事」的基本原則。

於是她建構了一套「中庸實踐思維體系」（楊中芳，2010），在本書第 5 章中，有比較詳細的介紹，在此不贅述。它大致包括：有機全息思維（簡稱「全息思維」）；陰陽消長思維（簡稱「陰陽思維」）；運用「無過、無不及」（「恰到好處」）的待人處事原則；並通過反覆修己待人，讓自己的生活保持在「內外和諧」的心理狀態。

可以這麼說，運用中庸思維來導引生活，涉及一個過程——通過實踐優化及自我修養，逐步趨向個體生存的目標——「內外和諧」（「中」）的過程。而這，不正是心理學理應探研的內容嗎？如果我們不被主流心理

---

15 這個策略是出自 Bruner（1990）在 *Acts of Meaning* 一書中的論述。

學的「平板制式」思維（朱利安，2018）所綁架，心理學研究可以是去探看人們怎麼做（或通過什麼過程），令自己的生活過得更好一點。從這個「實踐」角度切入，華人本土心理學研究所關注的問題及研究方向會有很大的不同。

（五）小結

以上從幾個不同的角度，我們看到要尋找一個新的研究進路，必須把中國人，一路走來慣用的零星思維模式，放在一個大系統來審視，認識到它們之間的關係，才能看到它們的意義，從而找到作研究的重點及方向。

西方主流心理學研究進路，把重點放在個體行動前的內在思維定式，認為它是行動的主要原因。因而繞過行為本身，從個體內在思維的一些本質性、假設性的構念；例如，認知基模、態度及人格特質等，來研究它們對外顯行為的影響。楊中芳（2008c）曾問道：對華人心理的研究，需要走這樣的彎路嗎？既然我們的人生追求是過好日子、是去思考如何實踐，那是否可以把研究重點心就直接放在「行動」本身，放在人們如何思考、選擇及執行「合宜的行動」來處理當前面對的生活事件上？如何通過反省／修正，讓自己的行動能逐漸純熟、得心應手，從而更容易達到生活的目標──內外和諧？

不可否認的，在慣用傳統思維來應對生活問題時，並不會是一帆風順的，因為它是一個生活經驗累積的過程。但這一過程所涉及的問題及解決方法，是否能沿用現有主流心理學的認識論／方法論來找到答案呢？答案顯然是值得商榷的，因為這些都不是主流文化所關心的課題。所以，我們需要在自身文化找到自己的思維體系，來審視老百姓如何運用它來生活、解決問題等等。

基於以上對這些問題的思考，本文作者依據其近 20 多年從事中庸心理學研究的心得及經驗，提出了一條中庸研究進路，來認識中國人的生活世界、尋找研究問題、解答問題，並用實徵方式來驗證答案。

■ 中庸實踐思維作為一條本土進路

（一）中庸研究進路

中庸研究進路是指一條由「實踐」切入、關注人們如何去「生活」的思考路徑。它的重點如下：

1. 行動中心

在具體生活事件中，思考要「怎麼做」這個問題。行動前要思考哪些問題？要採取什麼行動？行動要達到什麼目的？什麼時候行動？力道要多大？等等。

2. 定位「我」：情境中心的有機全息思維（簡稱「全息思維」）

接著要審視的不是個體內在的本質，而是他或她「自己」在外界具體時空環境，以及在該環境所涉及的他人，中的「定位」。在西方主流進路中，對文化／社會／歷史脈絡所加諸於個體思維的指引與限制多不加理會，但是在中庸實踐思維體系中，受傳統「天、地、人」觀的影響，這些環境條件的確給行動提供指導及規範，是行動前必須納入思考的重要內容。

⑴局勢分析、掌握時機

把當下事件的性質及情況，放在更大的時空背景，去看它的來龍去脈，提供選擇行動的基礎。時間上，回顧過去、預測未來，才能找到目前自己的處境，以及找到最佳的時機去「做」，從而達到最佳行動效果。在空間上，沿用有機全息思維，注意力放在「牽一髮而動全局」的整體後果，從而個體行動，不再只是對他或她自己有影響，它涉及的面可大可小，必須視情境而定。

⑵聯繫（關係）判斷

「人」要放在「格局」中來看才有意義。個體是在什麼情境下與什麼人在一起，彼此的關係才能定下來。這樣的「定位」決定了選擇行動的基

本框架及規範，俗稱「格局」。而且，周圍所涉及的他人，也同樣地會用這個框架，來審視及評價當事人。

⑶**個體（「人」）的作用**

中國傳統的「人」觀，視「人」為維繫「天、地、人」三者和諧前行的動力。但是，「人」的重要性，不在它的「本質決定行為」，而在於它的「自主協調能力」。

⑷**個體（「我」）的動態性（時中）**

在與「天、地」交融和諧前行中，「與時並進、順勢而為、逆勢則忍」展現了個體的自主性及靈活性。

3. 認識世界：陰陽消長模式（簡稱陰陽思維）

中庸進路的第三個切入點是對具體事件本身的認識與分析。在中庸思維中，認識世界以及生活事件的框架是「陰陽二氣論」（蔡錦昌，1986）：

⑴**陰陽二氣**

不同於主流進路的二分元素思維，二氣思維是指陰陽為兩種「氣」所構成的態勢。其重點既不在於兩者的對立，也不在於兩者的同時存在，而是在於兩者「一陰一陽」的往返韻律。

⑵**「陰中有陽、陽中有陰」**

在這一運動過程中，兩者必定是藕斷絲連的關係[16]，而不是主流跨文化研究所說的「對立面並存」的「矛盾」關係。

⑶**「一陰一陽之謂道」**

這是一個認識過程，但與西方哲學的「正、反、合」辯證認識過程完全不同，「道」是存於「一陰一陽」的變化中，不是「一陰、一陽」之上的「真理」[17]。

---

[16] 這就我們常見的橫截面陰陽圖式。

[17] 所以本文作者堅持不能將「陰陽思維」等同於西方的「辯證思維」。

⑷「質」變研究

因此，陰陽互相消長思維的重點，不在於找兩者的平均或平衡點，而是要認識個體的行動如何能讓這一「質變」形成。

4. 體知最佳行動方案

透過事前慎思詳慮（豫）及事後反省／修正的循環操作，來拿捏「恰到好處」的行動方案及力道：

⑴體會／求證引發陰陽消長的關鍵行動。

⑵透過反覆練習、「琢磨」出行動的最佳力道（中道）。

（二）與主流思維進路的對比

基於以上對中庸進路的重點介紹，我們可以總結它與主流進路的間距於表 3-3。

表3-3　主流進路與中庸進路的對比

主流研究進路	中庸研究進路
本質（元素）主義（靜態）	行動（實踐）主義（動態）
個體心理主義[18]	天、地、人融合為一體
終極原則（真理）決定論	後果（成效）決定論
「非此即彼」斷裂式分類的原子論	「陰中有陽、陽中有陰」之陰陽互轉論
二元交互作用論	「人／境」二元一體論
匹配／適應論[19]	處世靈活論（時中）

從這一對比，我們可以呼應朱利安（2004）的論述：中庸研究進路是「追求實踐功效型」的；而大家所熟悉的主流進路則是「追求本質真理型」的思考路線。看過這一相互對照後，讓我們今後在作本土研究時，可以不必一定要削尖了腦袋地去把自己所觀察的現象，裁減成西方研究進路的模

---

18 心理主義是指認為行為主要是由個人心理因素，包括特質、認知、態度、喜好決定的。
19 在下文中解釋。

板，再去做研究。可以「**換個腦袋**」，按自身歷史／社會／文化所傳承下來的中庸思維脈絡，去梳理出生活中的現象及意義，再從中尋找我們最關注的研究課題，去構思及探研。

四 解惑

前面說過，要換用一個新的思考進路的原因之一，是現用的主流思路有其不能破解的問題。現在讓我們試試看是否能用中庸進路來幫助重新構思 一個一直困擾主流社會心理學的大問題——研究結果無力反映現實生活的真實情況。也就是說，主流心理學致全力研究的——主宰「外顯」行為的個體內在「本質」特性，與現實生活中人們真實顯現在外的「行為」一致性不高。雖然這一問題常年受到關注，並尋求解決之道，結果徒然。

（一）主流進路的困境

楊中芳（2001a）曾詳細論述了，在主流心理學研究中，經常出現的這個「不一致」問題。她深入討論了當今社會心理學領域幾個重大課題，在這方面所顯現的困擾。

1. 自我的自欺性及虛假性

主流自我研究進路，把「自我」當為一個「東西」或「對象」來研究，尋找其本質特性，並視其為個體行動的主要原因（楊中芳，2001b）。但是，受到「個人主義」文化價值觀的影響，實證研究所測得的「自我」往往「失真」，誇大了自己的正向能量及評價。研究者不斷地用理論重構或技術操作，想把「真實我」（真正影響行為的我）給挖出來，並且認為一旦把這「真實我」找到，它與行為的不一致，就會迎刃而解。結果，卻又陷入了「什麼是真實我？」的陷阱！

2. 態度與行為的不一致性

態度原本定義是「行動前的心理準備狀態」，但是實證研究經常發現

態度並不能預測行為。許多學者致力於解決這個問題，但成效不大。這也是「說、做」不一致的問題。

3. 人格的無常性及場依性

主流人格研究進路以發現及測量內在本質特性為主，邏輯是這些特質反映人們做人處事的「一般性」行為傾向。但是一個有好鬥性格的人，在日常生活中，也不是分分鐘在任何場合都鬥，因此他們的鬥爭行為的出現，又要經 2x2x2……的不斷地對情境作細分，直到這一人格特徵的「一般性」不復存在！最後，導致人格研究不得不把重心轉移到去建構特性（「格」）之間的關係，把「人格」中的「人」給丟掉了。這一現象，過去曾受到不少主流學者的批評及反省，但一直得不到改善（楊中芳，2001c）。

4. 價值與現實的無必然性

價值觀一直是主流社會心理學的一個重要課題。因為任何社會都寄望於人們做「他們認為有價值的事」。但是，人們認知什麼是好的、想要去做的，往往在現實生活中不一定能照做。人們只有在完全缺乏理性思考干預的特別「激情」狀況下，才會完全按心中想的去做。一般情況，人們是要通過一定的後果思考，才把想做的變成現實。而後果的思考往往涉及的因素太多，以致最終使兩者的不一致性反而成為必然。

5. 道德判斷與行為的斷裂

主流有關「親社會」行為的研究，總是放在對人們道德判斷及其發展的基礎上。這是因為西方學者認為個體內在的「道德判斷」會外顯成為親社會行為。因此將研究的關注點放在人們如何發展出判斷什麼是對的或錯的上，亦即用什麼原則來決定什麼是對的、什麼是錯的。然而受到「個人主義」價值觀的影響，最終不但把「道德判斷」變成由個體「自主」決定，而且親社會行為也不一定是這個決定的行為結果。一個人可以因自己的道德判斷而作「反社會」行為。這樣一來，道德判斷與其可能做出來的行為

就沒有了一定的聯繫。

6. 內外歸因的糾纏

在動機與成就的研究中，行動者的動力來自於他或她是否作「內」歸因。歸因這一認知過程，因此成為主流進路最關心的動機因素。不同的歸因會導致不同的外顯行為。人們只有在認為自己總是成功的原因時，才想去努力。但是，這樣的「內」歸因卻不一定引發努力，也有可能引發自責自棄的負面行為。同樣地，「外」歸因也不一定帶來是被動及怠惰。歸因與外顯行為也沒有一定的規律，對歸因的強調，可以說也是太過強調「自我」是行動唯一「原動力」的結果。

以上這些當今社會心理學研究困境的來源，可以歸結是一直沿用上述主流思考進路使然。這一思考路線從一開始就讓思想與行為分離為兩層。在前面表 3 中指出，西方的本質主義讓他們的研究者將注意力放在對個體內在穩定的特質（例如，自我、人格、態度、歸因、認知基模、道德原則思考等）的研究，認為把這些特質表現於生活之中是很「自然」、「想當然而」的事，也是「誠」的表現[20]，因而不是，也無需是研究的重點。即便特質與行動間沒有聯繫，也不是該不該去研究本質的問題，而是有沒有找到關鍵本質的問題。主流研究者深信本質是行動的「原因」，這是勿庸置疑的，問題是要找對真能影響行為的本質，因此要繼續「挖下去」、「找下去」，直到找到那個「決定性」的「本質」為止。

這樣的思維進路大大地簡化或忽略了人類生活在實踐過程中，面對不同及多變的情境時，會出現的行動抉擇及執行問題。同時，用「特質」來定型一個個體，是大大地低估了人們容納不同「特質」的潛力：同一個人在某一個情境可以顯現英勇果敢，而在另一情境卻可以表現得非常膽小怯懦。人們在必要時可以端出不同的特質來幫助自己去適應外在環境。所以對靜態特質的研究只看到了人類行為形成的一小部分而已。當我們換一個角度——用中庸思維來思考人的具體行動，不把思維與行動視為二分的獨

---

[20] 這與中庸以及其他儒家經典述及的「誠」，不可同「字」而語。

立單位，而視為人們做人處事的兩個必須一起審視的單位，問題可能不再是問題了。

（二）換個腦袋來思考——不再是問題

楊中芳、趙志裕（1997）在對「中庸實踐思維體系」在作初步構念化時，就曾這樣寫過的：

> 在西方社會心理學理論家多年來對態度與行為的不一致一直爭論不休，為「應然」如何能產生「實然」感到困擾之際，也許對中國人的中庸實踐思維的研究，可以對這些困擾及爭論帶來一些新鮮的空氣及啟迪。當人們用一套不同於西方現在主流研究的思維方式時，態度與行為的不一致、應然與實然的不相同，根本是自然現象，不值得大驚小怪[21]。

多年以來，本文作者一直試圖，就這些困境，用另一個思考進路去破解（楊中芳，2001a）。最終，她選用了「中庸進路」。這一進路的特點是：

1. 啟用思維與行動的單層結構

不向內找個體的本質構念，如自我、態度、看人知覺、自控歸因等，也不再視它們與行為有「直來直往」的關係，因而是行為的唯一原因。

2. 相信為行動服務的思考是值得研究的

看人們在處理日常生活事件時，如何思考自己的處境、找出可以解決問題的可行方案、關注各個方案可能產生的後果、執行方案時要注意的因素及問題等等。

---

[21] 這最後一句話，在楊、趙（1997）原文中沒有，是楊中芳（2001a）在其所編輯的《如何理解中國人》一書收錄該文時後加的（頁271）。

3. 行動是一個協調／融合的過程

「天、地、人」的宇宙觀，亦即事、物、人爲一體，令「個體」的作用是「調合」者。那麼就沒有必要在內控、外控的課題上糾纏。「人」有其自主性及主動性是勿庸置疑的，但這並不表示這主動性一定要用「直來直往」的方式，把自己的意念加諸外界，不顧具體環境條件。主動性可以是「人」的協調功能，把自然來自四方的所有力量加以整合。

4. 「人」是「謙卑」的

「人」不是「生來萬能」的，是需要通過修養去讓「天、地、人」作最有效、順暢的調合。

如果換用這一條中庸思考進路，我們不會「庸人自擾」地去擔心思想與行爲的斷層，因爲它們是「合而爲一」的。這一解決方案，看似一種「逃避」，根本沒有解決問題。但是，它不是逃避！而是說明，如果換一個角度來看心理學研究，把思維與行爲視爲一體，原來「心理與行爲不一致」的問題就不再是問題了。因爲個體在實踐中想的問題，不是「本質」（what），而是「行動」（how）。

五　溫故

在上面反覆介紹了兩種研究進路的內容及對比之後，換用新的中庸進路來思考現有心理學領域中的主要議題，我們可以去關注一些主流進路所沒有思考過的。這樣，心理學的知識得以被活絡及豐富起來。以下是本文作者沿用中庸進路，對人格／社會心理學的一些主要課題給出的另類思考建議。

其實，沿用中庸進路的全息思維，「自我」與「人格」是無須分爲兩個領域來研究的。不過，爲了便於大家做比較熟悉的討論，下面姑且依現有主流心理學慣用的領域分界，將它們分開來論述之。

（一）自我研究──換用「行動我」

　　現有主流自我研究，可以說是最具代表性的美國本土研究，也在心理學的分支中，被研究最頻繁、最詳盡的領域。這反映的是美國社會崇尚個人主義的「人」觀，認為「堅持」個體意志是引領走向過「幸福人生」的源頭。但也正因為如此，它也是一個最容易讓我們，通過審視它在研究過程中出現的問題，得以進行本土反思的領域。

　　主流自我研究原本以為「人」有了正面的特質，正向的自我評價，以及有了把成功向「內」作歸因的特性，或總稱為 hyper-ego 的特質，應該做什麼事都能順利成功，心理健康也應該是最好的。最近，張仁和（2022）的一篇對主流自我研究的綜述，發現事實上並非如此。於是研究者掉轉槍頭對準它的相反，hypo-ego，一種行事作風低調、具有關懷他人及社會公益的自我。同時，學者也組織團隊，深刻檢討什麼樣的自我才能有真正的心理健康。他們從酷愛自我表現的 noisy-ego，反過去研究安於隱藏自己的 quiet-ego。同時，他們也「定義」有 hypo 或 quiet 類別特性的人，是把思想重心放在他人，以及人際關係上的。當然，這些行為正是hyper 或 noisy 自我的「邏輯相反」。

　　主流進路對自我的思考，以及像上述的反思，在自我研究的歷史過程中，不勝枚舉，但也一直重蹈覆轍，沒完沒了。追根究底，在這個領域，主流心理學家所採取的進路是最典型的二分思維：先作二分切割，標出特質，定義得清清楚楚，預測它們與外在行為的因果聯繫。當找不到這個聯繫時，就走向對立面，再作二分，再去求證，如此一路纏鬥下去[22]。在這個領域浸泡多年後，楊中芳（1991，2001c，2021）曾多次對這一進路進行批判，認為是「歹戲拖棚」，呼籲換個戲碼來構思「自我」，不然真的沒有看頭了。

---

22 李美枝（2008）用比較文雅的名詞，叫「實證循環」。

1. 奠基於行動中的「我」

於是，楊中芳（1991）主張將對「我」分辨爲兩種「自我」與「自己」[23]。前者著重對「我」作爲「物」所作的靜態特性探討，這是主流自我研究所沿用的進路，也是主流人格研究所採用的進路[24]。「自己」則是指實踐中的「我」，是指在現實生活中，主動地爲要過上好日子（例如，要有一個寧靜的一生、刺激的一生、有成就的一生等），而努力去把事情做成時所呈現的「自己」[25]。這一個「自己」的終極目標，是學習融入具體的、變動的時空／社會／文化環境之中，逐步將自己轉化爲文化理想的、與「天、地」合成一體的「人」（Yang, 2006）[26]。因此她建議在換用中庸進路時，把研究的重點，放在研究人們在日常生活情境中表現出來的「行動我」（楊中芳，2022b）。

沿用主流進路，當發現人們經常不把眞實的自己說出時，有好一陣子，非常流行花盡心思要去找那個隱藏在個體下面的「內隱我」。如換用中庸進路，既然人們不想告訴別人（甚或自己）的「秘密」，又找不到它們在日常生活中表現的痕跡，那我們硬要去挖掘它幹嘛？挖出來又有什麼用？沿用中庸進路，我們感興趣的是：在同一個具體社會情境中，爲什麼有的人會這樣呈現自己，而在下一個情境中又會以另一個樣貌來呈現自己？爲什麼有人在這個「川劇變臉」的過程中，生活得愉快，如魚得水？而另一些人，則在「水深火熱」之中，冰火二重天，老認爲自己是爲「別人而活」的？後者的問題出在「不當的時機，選擇呈現擇不當的我」嗎？

---

[23] 這是她最早在其「自我」研究中所作的分辨，沿用中庸思維進路後，已將之稱爲「行動我」。

[24] 所以本文作者才主張將自我與人格合併研究。

[25] 「自我呈現」是楊中芳（2001c）早年建議的用詞。原可用臨場「自我表現」來表達這之，但因「自我表現」在中文中，有自我吹噓的涵義，故棄用，改用「自我呈現」。但英文中「自我呈現」被翻譯爲 self-presentation，其意思與中文的「自我表現」相同，故令她很困擾。近年，她已放棄跟隨西方進路去探研「自我」，改而用中庸實踐進路，稱之爲「行動我」。

[26] 她稱這個過程爲 person-making，中譯爲「做人」。

2. 審視在情境中的「我」

在沿用中庸進路的「全息思維」作「行動我」的思考時，行動者最關心的問題是，在一具體的情境中，要「怎麼做」。而這個問題的解答，有賴於自己在該處境中，給自己所作的「定位」。在定位後，就可找出大致可行的各種行動方案。

(1) 格局我

先了解自己所處情境是一個什麼樣的社交格局（如，飯局、求助局、求和局等等），從中得出大致的演出「戲本」，太離譜的行動會被認為是不合宜的。

(2) 差序我

再考慮在這個「格局」中，有多少人參與，自己與他們在「格局」中的關係，作為相互對待的基本準則。這時，費孝通（1947）的同心圓「差序格局」構想，變得很形象、貼切了。幫助人們選擇在目前所處的社交情境中，要選擇哪一差序層次的「大我」（或個己「小我」），做為「行動我」的主要考量，得出「可行」方案及規範。

(3) 運勢我

對自己所處的大形勢做評估，自己是在「盛勢」或在「衰勢」。我們常說的「形勢比人強」，表明看對形勢，自己的行動成功的可能性會增大。因此，對運勢的判斷幫助決定行動的選擇——盛勢要乘機滑行；衰勢要用「等、忍」的功夫。

(4) 陰陽我

容得下自己（及他人）的正負特性及評價，用之作為考量「怎麼做」的資源。這種被主流思維認為是「辯證思維」的思考，目的不在於，像西方主流進路提出的，去找「真實我」（Kernis & Goldman, 2006），而是讓自己在考量行動方案時，提供更多的可能性（資源）。知道自己要如何利用自己的優點、避開自己的缺點，以達到自己行動的功效。這個「陰陽我」是否是真實的，不是中庸進路的關注點，因此也不應是研究的重

點[27]。

⑸ **中庸我**

這是一個有協調功能的「我」。在處情中，可能有不同的「我」同時被啓動，各自需求有異，需要作協調找出最恰當的行動方案。同時，執行方案的力度也需作「中庸」的調度，以達到最佳效果。

⑹ **中和我**

最終讓自己處於「內外和諧」的心理狀態。亦即，在維持了人際和諧下，內心保持了「平和、愉悅」。

在對主流社會心理學研究中的「自我」這個課題，作了以上思考進路的轉變之後，下面我們可以順藤摸瓜，將其他幾個研究領域，作類似的重新思考。

（二）人格研究──換用「做人」論

在現有文化／社會心理學的研究，常用跨文化的切入點，借用西方學者編製的量表，來作性格特徵的對比，以了解自己的性格。例如，劃分自己爲「集體主義」或「互依自我」的一員，從而具有與「個人主義」或「獨立自我」相反的特質。難不成我們除了主流進路給予華人的這些標籤，就找不出其他特性來了嗎？

楊中芳（2001d）曾花了五年的時間，深入思考過要如何做中國人的本土人格研究。她認爲現在主流進路所做的「人格」研究，其實只能說是對人們具有的、一般性的、穩定性的心理特質（traits）的研究，應該叫作「性格」研究。因爲這類特質是靜態的，所以人們在現實生活中可以以各種型式表達之，從而對具體行動不具預測性是必然的，也是徒然的。她認爲要研究「人格」是要把重心從單獨的「人」放到「人／境」這個二元一體的單位上，從人們如何處理與環境及所涉及的他人之關係中，去找研究問題及方向。

同時，正如早期主流人格心理學家所指出的，人格研究不應停留在研

---

[27] 無怪乎，朱利安（2018）認爲中國人的思維特點之一是「重信、不重誠」。

究靜態的「人是什麼？」（being），而是要研究「人會演變成什麼？」（becoming），這就是涉及個人「修養」的問題。「人格」中的「人」才浮出水面。這時，研究「人格」就不必分為「自我」、「性格」或「德行」等，而是一起作綜合研究。為此，楊中芳（2001e）曾建議中國人的「人格」研究，要在人們如何學習「做人」的過程之中，去挖掘所需的心理機制[28]。

　　從中庸進路來思考人格研究，可以把重心放在個體如何掌握對什麼情境該呈現怎樣的「行動我」的課題上。例如，辨別不同情境該做什麼合適的「格局我」；察覺不同「運勢我」的敏覺度及應對；對自己「陰陽我」的認識及靈活處理；呈現「中庸我」的精準度；以及呈現「中和我」的技巧等等。本文作者認為，這些問題才是將「人」作為一個「行動者」要問的，以及要尋求解答的。

（三）社會認知——換用庫存論

　　社會心理學中，以「看人類別」與「行動類別」分開來做「配對」的思考進路，本文前面對比它與中庸進路的不同時已經說明過，也是成千上萬教人如何「與他人相處」的暢銷書的思維架構。在對「人」做了「性格群組」分類後，人們很自然地會把每類的性格群組形成一個叫「印象」的特質構念，並認為人們都會按此「印象」，以不同的行為方式（行動類別）來應對之。

　　這一思考進路令主流研究對「印象形成」過程非常關注。上世紀70年代流行起來的「信息加工」理論，是重點依據。這一理論是指人們在得到有關個別他人的特性信息後，會以加權方式作整合，最終形成對該個體的一個總體「印象」。一當印象形成了之後，再有新的（特別是相反的）信息進來，就會受到所謂的「認知一致需求」以及「認知失調」的情緒困擾，而去作重新加工，求得一個修改過的「印象」。

　　然而，有不少研究顯示，有關他人相互矛盾的信息，會同時存在，也

---

[28] 也見馮友蘭（1947）對中國人關心的哲學問題的討論。

沒有引起太大的不安，更不會馬上去糾正或作重新整合。對自己的有關信息及體會亦然。於是就有所謂「辯證思維」的提出，重點放在相互矛盾的信息同時存在，沒作加工整合。然而，這樣換用另一個名詞，並沒有偏離用信息加工過程來形成「印象」的理論基礎。只是「印象」是由「正、反、合」的過程取而代之而己。

如果我們用中庸進路，視有關他人的信息是為我們「用」時的「資源」，那麼這些資源不一定要早早加工做成「成品」，擺在腦海中。前面在講「人格」研究時已經說過，中庸進路趨向相信人們在不同的情境表現不同的行動，那麼，有關要選取他人什麼信息才能幫助作行動抉擇，是要依情況決定的。因此，用這一進路，我們可以提出「看人知覺」的庫存論。也就是說，有關他人的特性信息進來，我們可以不先加處理、作整合，任由它們游離存在，等到「用」時，再找出相關的（如果能找到的話），與其他環境因素一起幫助作行動抉擇的考量。依據這些想法，人們蒐集他人相關的信息時，有可能先放在一個大倉庫裡「庫存」，有正、有負，也有中性的。

在社會認知研究中，沿用主流進路，除了上述「印象形成」的「信息加工整合」過程外，還有「認知基模」（schema）、「人格理論」（theory）[29] 等均用與「印象形成」類似的「建構主義」理論為基礎來做研究，也都成為熱門的課題。這說明主流社會認知研究的「信息加工」進路是一個歷史的產物，潮流的產物。換用中庸進路，試試「庫存論」可以拓展思維空間。

（四）態度研究──換用「立場」研究

「態度」是主流社會心理學的一大「發明」。定義為「針對一個對象，在行動前的心理準備狀態」，又是一個形而上的本質構念！通常將這一構念分為三個子成分：有關該對象所有信息的總合，屬認知成分；對該

---

[29]「人格理論」是指人們會用「人的本性難移」或是「人是不斷發展進步之中」這樣有關「人」的形成理論，來影響自己對待他人的方式。

對象的正、負情感成分；正負行動傾向成分。這一個叫「態度」的構想與前面對「印象」、「基模」、「心理理論」的構思，都是如出一轍，只是那些構思更注重認知的組成及整合，而態度則比較關注情感／行為的面向。

因為加入了「行為傾向」這一成分，表明這一「態度」與「行為」必然有更緊密的聯繫。然而兩者的不一致性卻一直是個無法消弭的問題。研究者只有不停的在 2x2x2……設計下，增加更多的二分情境因素，看看是否能把兩者的相關提高一點。這裡，我們很清楚地看到，主流進路不但把「態度」的情與理分成兩個不同部分，而且把行為發生時的情境再做分別處理，這是沿用中庸進路不需要做的。因為陰陽思維的「理由情中得、情由理中生」，將情、理，混合在情境中一併處理。

如果我們用中庸進路，在行動前心中怎麼想、要怎麼做，甚至要如何「表（達）態（度）」，都與行動者當時所處的情境、自己的「定位」以及旁邊牽涉到什麼其他人有關。也就是說，「表態」本身就是一個「行動」！因此「態度」往往都必須從一個特殊的情境及一個特殊的角度出發，或代表某一「格局我」的觀點及利益。所以，與其叫它為「態度」，不如稱之為「立場」——站在某一個時空位置，來觀察／理解一個事物或事件，並形成一個總體的評價及行動方向。一當形成了「立場」，對隨後「行動」的預測力就會比較強，因為它是根據情境的需要而產生的想法及喜好。

一個人對一件事，有什麼情緒及衝動，以及「想」做什麼行動，都取決於當時當地的處境。其實最終做出來的行動，並不一定從態度的量化角度，是最喜歡及最想做的行動，但是卻是在那個情境下，「恰恰好」的行動。因此，從中庸進路來研究個體的行動抉擇，對個人「態度」的測量不是一個很「有用」的指標。態度與行動的不一致，應視為「想當然而」，而不是不斷地去找「中介或調節變量」！本文作者甚至主張放棄對「態度」的置喙，將重心放在研究「立場」。

（五）幸福感研究──換用「小確幸」論

西方主流哲學對幸福感（happiness）的關注源於古希臘哲學的享樂主義，認為人生追求的就是幸福感。所以這個課題在心理學領域倍受關注，視它為心理健康的一大指標。中國人對「幸福感」一詞是比較陌生的，它是一個現代化過程中由外引進來的名詞。一講「幸福感」，好像覺得有點玄，倒是近年來由日本引進的「小確幸」一詞，好像說到人們的心坎兒裡，自然地大大流行起來。因為「小確幸」講的是，人們在作一個行動時，如吃一塊蛋糕、聞一股花香、聽一支樂曲等，當下的愉悅享受感。這是人人都經驗過，而且很容易引起共鳴。

西方心理學研究認為「幸福感」是人生抽象的哲學追求；中國老百姓則希望人生過得很踏實的「順風順水」、「平安無事」。「福祿壽喜」一直是我們評定一個人的命好不好的標準[30]，其中「喜」是比較接近西方的「幸福感」構念──一種一般性的、愉悅的正面感受（feeling）。

現在西方心理學文獻不再用「幸福感」一詞，改用「生活滿意度」（well-being）。而且發現，在對它加以測量時，人們給的常常不是「即時」的心理體驗，而是中間摻雜了對過去、現在，甚至未來生活的評價部分，因此再將這一構念二分為「評價性的」（evaluated）以及「經驗性的」（experienced）兩種。前者重認知評估；後者重情緒感受。前者有些類似另一個幸福感指標，叫「生活滿足感」（life satisfaction）；後者則被稱為「主觀生活滿意度」或「生活體驗滿意度」。這裡，我想讀者已經不難看到，對「幸福感」或「生活滿意度」的研究進路與對「態度」的研究進路，也幾乎同出一轍。研究來研究去，又回到把一個形而上的心理構念，二分為認知的評價與情感的體驗。

對「幸福感」的研究會走上這條「老路」，這也是因為，用主觀生活滿意度來衡量全球多個國家的總體「生活滿意度」時，發現在有些物資不發達、生活很貧苦國家的老百姓身上測得的分數，並不比發達國家的

---

30 福應該是指兒孫滿堂；喜則是指快樂；有錢長壽自不可少。

差[31]。這樣，如果把滿意度一構念細分為二：一個與生活物質條件相關的滿意度和另一個心理體驗相關的滿意度，並且定義後者與生活的物質條件關係不大，就可以解釋這一「意外」結果了[32]。但是，這固然解決了部分問題，卻帶來新問題：那麼，那些在生活條件之外的因素是什麼？它們如何造就這一主觀經驗性的滿意度？

如果選用中庸進路，人們生活的目標是靠「自己」與「他人」及「環境」三者和諧共處而得。那麼，人們心中的幸福感或滿意度，可以說是來自「自己」能把這三者處理得「恰恰好」，而產生的平和及愉悅感。而且這種幸福感是由生活裡，不斷地處理日常事件過程中，逐漸累積出來的直接「感受」，無須通過認知的評價，也無須與生活條件的困苦度分開來看，因為也分不開[33]。個體自身慾望或生活條件的滿足都必須通過與環境的協調，才能通往個人生活幸福、快樂之路。這個協調即包括自己對自己的約束及修養，同時，也通過練習及反省，讓人們對自己每一次行動的評價，都以內心「和、悅」的主觀感受為標準。這不正是人們現在說的「小確幸」嗎？這個名詞對，從中庸進路入手來研究「幸福感」，描述得還真是滿「到位」的。

如果，在一個行動者處理完一件具體生活事件後，被問及：「你現在心情的平和／愉悅感受有多高？」人們只需想想自己現場的情緒體驗，反映在紙筆之上即可。但是如果是被問：「一般來說，你的正面／愉悅感受如何？」，人們還真可能會思前想後，把自己的一生作一個總體考量，再給出一個答案。所以本文作者曾建議用「小確幸」的經驗——喝一杯奶茶時的滿足／享受感，來研究「主觀幸福感」（楊中芳，2008d）。

這樣一想，我們用中庸進路來思考「當下」的「主觀幸福感」，應該還是行得通的。因為中庸實踐思維，強調行動方案的選擇要以行動者覺

---

[31] Diener（2000）開始對「主觀生活滿意度」做跨文化研究。Diener 等人（2010）是較新的總結。

[32] Diener & Seligman（2004）。

[33] 前面說過，從中庸進路切入，兩者還是「情中有理、理中有情」的關係。

得是「恰到好處」為準。「恰到好處」當然是一個心理感受的概念，如同「小確幸」。那麼我們可以在每次處理一件事後，當下即追問行動者對自己的處理是否感到「恰恰好」，亦即測量他或她感到「小確幸」的程度。我們可以預期，經常用中庸思維作為行事指導的人，當長年累積了一定次數的這種小確幸，就會有比較高的「生活體驗滿意度」。用這一進路來研究「幸福感」應該是值得一試的。

（六）智慧研究──換用「洽洽好」論

不少西方學者都確實認為智慧是引向生活滿意度的途徑[34]。智慧的意義很多，在哲學中是一大課題，可以講的很玄妙，不容易為一般人理解。但是，從另外一個意義講，它就是能把事情做出來、做好。過去，這裡說的「做好」，是指做對自己及社會而言利多的事。這正是主流心理學研究很關注的課題之一，主要是因為它可以用以解決本文一再提及的困境：思維（包括印象、態度、基模等）與外顯行為的不一致性。

在教育心理學領域，它一直是一大課題，因為研究者發現用「智商」為代表的能力（本質）指標，並不能代表在現實生活中，人們可以不用費力就能應用出來。如何培養把事情「做出來」是另一門學問（Grossmann, 2017）。近年來，在社會心理學領域，智慧研究也變得非常重要，因為有鑒於當前世界局勢日趨兩極化及暴力化，人們有可能把才能用於搞破壞，而不是行好事。於是「智慧」的研究又加入了個人道德修養的考量（Grossmann et al., 2020）。

西方主流進路當然是從，「要把能力應用在現實生活，需要什麼心理特質」這個角度來開始思考智慧。思考的方面不少，其中著名的一個群組是研究「智慧思考」（wise reasoning）的。這一群組，以 Grossmann 為首，找到一些思維特點，被認為是智慧思考的要件：(1) 願意妥協；(2) 對知識有限性的認可；(3) 靈活性；(4) 觀點對調；(5) 對「變」的認可；(6) 提出解決問題的方案（Grossmann et al., 2013）。

---

[34] 例如，Grossmann 等人（2013）。

如果讀者還記得前面對中庸實踐思維體系（楊中芳，2010）的概述，Grossmann 團隊得出來的上述重點，與該體系的內容有很多的相似之處。張仁和等（2014）曾對比了這裡列出的智慧思考特點，以及中庸體系中的思考重點。得出的結論是：兩者大致相仿，但中庸體系多出了一個「反省／修正」的過程。這一「協調優化」功能，是透過反覆推敲／練習，一方面掌握把事情「做成、做好」的竅門，同時也通過自我「推己及人」的道德修煉，把事情「做正」，亦即向親社會的方向走，從而解決前面所提的「聰明做壞事」的憂慮。

前面曾指出，朱利安（2018）認為中國傳統思維體系因為主要講的就是生活智慧──尋求具體事件的行動方案，來把日子過好，所以它本身就是一個有關「智慧」的大體系。由西方智慧研究得出來的研究成果固然很多，但缺乏一個整體觀。就以上述智慧思考研究的 5 點特性為例，看到的是「特點的集合」，看不到它們之間的思維聯繫是怎麼來的。沿用「中庸思維」進路，可以看到這些特點是用一條繩子串在一起的。容許「按圖索驥」去探索主流「智慧」研究沒有考慮過的課題，從而豐富智慧的光譜。

六　探新

當然，要建構一條新的研究進路，並普遍為學子採納，有一段很長的路要走。目前中庸進路的許多基本概念需要進一步釐清，思維路線需要建立基本框架。在本文中陳述的中庸進路，遠遠不夠精密及周全，有待進一步補充及完善。由於它涉及西方主流心理學研究未曾觸及，或觸及但有誤解的課題，需要去開發或「正名」。本文建議對以下幾個課題的研討是當務之急。因為它們構成中庸進路的核心，也是與主流進路最重要的分歧點。

（一）完形中庸認識／方法論

中庸認識／方法論是沿用中國傳統，由易經發展出來的陰陽思維體系。在這個課題上，一直以來都有好多誤解，有必要「正名」。這些誤解

的原因有很多是歷史的。例如，許多大陸學者，在「馬克思唯物辯證法」的薰陶下，傾向於用「辯證思維」來概括中國傳統陰陽思維[35]，也有因為要與西方的哲學概念交流，而稱之為「中國式的辯證思維」（田辰山，2016）；或「素樸辯證思維」（Peng & Nisbett, 1999）的例子。

如果要把中庸思維作為一個研究進路，我們就必須對其「如何認識這個世界」有一個清晰及一致的說法，才好走下一步。作者認為陰陽消長思維與「一分為三分」思維是傳統認識論的主體。它們包括：陰陽為二氣，「一陰一陽」如波紋前後出現，它們看似對立，卻相互有消長的聯繫。在兩者之間有個「中」道，是我們最珍惜的行事價值與原則。相關議題還可以作大範圍跨領域（哲學、國學、歷史）的探研，以便建立共識。

（二）進議中庸推論法

要把中庸思維發展成為一條研究進路，除了先確定這一進路的認識論，還要進一步討論推廣知識的方法論。也就是說，由熟悉領域認識到的「道」，如何推廣到不熟悉的領域。

田辰山（2016）曾試圖解釋為什麼馬克思的工業革命理論，可以被中國人用來作為農民革命的基礎，工人及農民的問題從表面看相似度很低，如用西方「邏輯類推」原理，好像有點牽強。他認為合理的解釋是中國人用不同於西方的推理思維來作「推廣」。他指出，源於易經的中國傳統「變通思維」是值得作進一步探研的。它並不是以情境的相似程度作為推廣之歸依，而是「從自己在所熟悉的情境中的『變化』體會出『道』，向不熟悉的情境推而『通』之」。最終，「變」與「通」的消長關係，得以總結出一個無處不在的「道」來。儒家思想繼承這一推論法，而有「子曰：吾道一以貫之」的說法。

侯健（2014）曾指出，《中庸》一書的「方法論」就是這「推而行之」。安樂哲、郝大衛（Ames & Hall, 2001）在翻譯《中庸》一書時，也強調這個由熟悉向不熟悉推廣的方法論。這是一個全新的領域，值得華人

---

[35] 如龐樸（1995）。

心理學研究予以特殊關注。

（三）深探權變思維

　　本文作者認為，在行動中體現「中」的狀態，一定要研究「權變」：依據不同情況，在不犧牲大原則下，對事情作彈性處理。這就是「因時制宜」，或「時中」的概念。這與我們在實現生活中常用的「靈活性」一詞，意思吻合。

　　孟子主張「執中行權」，他說：「執中無權，猶執一也」[36]。「權」是說我們在生活中做人處事，要將原則性與靈活性統一起來用。如果沒有「執中」這一堅持，靈活性就會喪失章法，變為妥協、鄉愿；如果沒有作「權」的處理，就會思想僵化，喪失應變能力。如何能即有原則性，又有靈活性，體現出「中」的平衡，應該不是主流進路中，所謂交互作用及配對理論（見表 3-3），所能涵蓋及解決的問題。有待我們進一步去討論、探究。

　　一個研究起點可以是，前面在講到的，沿用中庸進路來做社會認知研究時，曾提出過的一個推斷：為保留行動的靈活性，行動者對外在環境所給出的信息，不作立即「信息整合」處理，而是把信息「庫存」，為的是在不同的情境，可以援用未經整合的原始信息，給自己的思考增加多樣性，以達到自己想要做的。所以本文作者認為對「權宜變通」思維的探討，可以藉助像這樣的社會認知研究作開端，從而發展出有啟發性及創新性的理論。

（四）開發體知／頓悟研究

　　中國人的認識／方法論的特色一直被認為是主觀性強，靠行動者個人的經驗，通過反覆練習、反思／修正，把「做法」（或稱包括工藝、美術、文藝等的技藝）提升到最佳點。這個最佳點即是中庸的「中」點（黃克劍，2020）。然而主流思考進路對這一「反省／修正」過程的研究很

---

[36]《孟子》，盡心上篇。

少，也很不到位。例如，將這一過程視爲元認知（meta-cognitive）活動，也就是說，它是在超乎行動者之上的更高角度，理性地去審視及管控其行動。這一定義，已經看出它與中庸中的、將「自己」直接介入其中的「反省 / 修正」，是非常不同的。也因此，「中庸行動我」涉及一個自我修養的功夫，值得作特別鑽研。

至於「悟」字，可以作「領會」、「得到」、「理解」講、一般有漸悟與頓悟之分。上述的「反省 / 修正」可以視爲是「漸悟」的一個手法；至於「頓悟」，或許與前面所述把「信息」視爲是「資源」的想法，可以連在一起思考。有的人憑個人的天分、用心及經驗，可以作，對平常人而言，很不著邊際的聯繫，成功地解釋了現象，或引發創新。朱利安（2018）在論述中國傳統思維特性時，也特別提到「悟」是西方哲學思維中不重視的。因此目前在心理學研究中，它還是一塊不毛之地，值得華人社會認知研究者共同努力去開發。

（五）啟動曲線思維研究

與中庸實踐思維相關的，有另一項傳統思維特性，一直未被研究者注意及重視，值得我們在發展中庸進路時，將之納入。那就是，對「曲線行動策略」的考量，簡稱「曲線思維」[37]。

在中國傳統思維中，對「彎曲」，可以說，甚爲推崇，認爲行事最好不要「直著來」。老子說過：「曲則全、枉則直」[38]、「大直若曲」[39]。這種不主張「直來蠻幹」的價值觀，令我們的行事風格及策略是「委婉曲折」的、喜「走曲線」的，甚至打仗都以崇尙「出奇致勝」爲上策的（朱利安，2018）。現代社會常用的術語，如「曲線行事」、「曲線救國」、「曲線超車」等，雖然不一定有正面的意涵，但至少說明至今人們仍在「用」之

---

37 「曲」字有兩個義：其一是細小的意思；另一是彎曲的意思。「曲」的第一義，在代表
　　儒家思想的《禮記》及《中庸》的論述都很重要。不過在這裡，想討論的是其第二義。
38 《道德經》，第 22 章。
39 《道德經》，第 45 章。

為行動策略。

　　西方主流文化價值觀強調個體「直接了當地」的「充分」發揮「自我」，因此學者對曲線行動的興趣及研究不大。即使有，也多是以負面角度審視之。其實要做到委（婉）曲（折）行事，行動者需要做的是，對情緒的合理節制，對行動的和諧執行。而這正是儒禮的要義、中庸的精髓。我們想發展中庸思考進路，「曲線」思維應該是一個重要內容，值得我們多加研究。

　　本文作者認為，曲線思維通常包括：⑴退—「進道若退」[40]、「以退為進」、「退一步海闊天空」；⑵讓—「吃虧是福」；⑶忍—「小不忍則亂大謀」、「忍一時，風平浪靜」；⑷等—蓄勢待發、伺機而動；⑸繞—繞道超前；⑹避—走為上策、躲過一時、等待轉機；⑺放下—不被情緒卡住。現有的本土心理研究中，以對「退」及「忍」的論述最多[41]，其他幾項其實也都可以從中庸進路切入作深入的探研。特別是，將「曲線思維」放在「抉擇行動方案」這一階段，作為增加行動資源的一套「庫存」。

七　總結

　　本文介紹了，以「中庸實踐思維體系」為基底的一條「追求實踐功效型」的研究思考進路。如果充分予以構建及研發，可以成為一條與西方主流心理學所採用的「追求本質真理型」，分庭抗禮的研究進路。經由這一條思考進路，所作的本土研究，以及所建立的知識體系，正如楊國樞（1993）所說，是「用華人自身的思維方式及價值體系，來理解華人生活現象的心理意義」。本文列舉多項主流社會／人格心理學領域[42]的重大研究課題作示範，試圖說明，採用中庸進路，可以從不同的角度下手、關注

40《道德經》，第 41 章

41 例如，黃曬莉等（2008）；林瑋芳（2022）有關「忍」的研究。林以正等（2007）有
　關「退」的研究。

42 在這一中庸思維研究進路中，社會與人格心理學不會分開來看，但在此為協助讀者理
　解，作了權宜處理，順從了目前主流心理學界對人格與社會作分開的慣例。

不同問題，做出截然不同的結果，像是「換了個腦袋」在思考。

　　雖然在本文中，從不同角度，不厭其煩地去說明這條進路的可行性，但是與它相關的研究還很少，有待進一步加強及鞏固，才能說服本土學者採納。本文撰寫的目的，在於引發本土研究者的關注，願意去嘗試研究它、使用它及推廣它。在中庸心理學研究領域，楊中芳（見本章第 5 章）曾指出，有一些研究者在構思時，已經在朝這個方向「換腦袋」了，是一可喜的現象。作者希望見到在社會心理的其他研究領域，也能有類似的進展。最終，讓中庸進路成為華人社會本土心理學研究構思的首選。

　　根據朱利安（2018）的論述，西方主流思維的一個特點，就是思維的「制式化、平板化」。在本文簡述的許多心理學的研究領域中，我們也清楚地意識到這一「一而再、再而三」的思考模式。如果我們能如朱氏所言，發揮中國人傳統思維中重「興發」的特點[43]，將西方研究及教科書中所包括的內容及論述，或是先擱置一邊，或是進行反思，再發揮我們「變」及「通」的思維特長，去找尋更多的新思路，那就更能豐富我們對自己的理解，從而擴大知識內涵。

　　凡事開頭難，要付出被人批評、嘲笑、壓抑、排擠的代價。但是開關新的心理學研究思路，讓後進學者不再受「一言堂」的束縛，本文作者認為是本土心理學研究者的使命。

參考文獻

田辰山（2016）：《中國辯證法：從易經到馬克思主義》（蕭廷中譯）。北京大學人民大學出版社。（原著出版年：2005）

朱利安（2004）：《聖人無意：或哲學的他者》（閆素偉譯）。商務印書館。（原著出版年：1998）

朱利安（2005）：《〈經由中國〉從外部反思歐洲：遠西對話》（張放譯）。大

---

[43] 朱氏提出的第 18 點，見第 79 頁的列舉。

象出版社。（原著出版年：2000）

朱利安（2013）：《間距與之間：論中國與歐洲思想之間的哲學策略》（卓立、林志明譯）。五南圖書出版公司。（原著出版年：2012）

朱利安（2018）：《從存有到生活：歐洲思想與中國思想的間距》（卓立譯）。東方出版中心。（原著出版年：2015）

李志林（1990）：《氣論與傳統思維方式》。學林出版社。

李美枝（2008）：〈格物致知的中西取徑與心理學進路〉。見楊中芳（主編），《本土心理研究取徑論叢》，頁403-433。遠流出版公司。

林以正、黃金蘭、李怡眞（2007）：〈進退之間的拿捏：由忍的情境變異性探討華人自主與和諧的辯證關係〉。臺灣大學人文社會高等研究院主辦「東西思想文化傳統中的「自我」與「他者」學術研討會」宣讀之論文，臺北。

林瑋芳（2022）：〈華人文化下的忍〉。《華人本土心理學30年：自我、人際與家庭篇》，頁259-282。五南圖書出版公司。

侯健（2014）：《推而行之——「中庸」英譯研究》。科學出版社。

張仁和（2021）：〈平衡與和諧：初探自我寧靜系統之特性與機制〉。《本土心理學研究》，56，177-243。

張仁和、林以正、黃金蘭（2014）：〈西方智慧研究新動態與中庸思維的關係〉。見韋慶旺、楊中芳（主編），中庸心理學研究——II，《中國社會心理學評論》，8，212-225。

張立文（1990）：《氣》。中國人民大學出版社。

費孝通（1947）：《鄉土中國》。鳳凰出版社。

馮友蘭（1947）：《中國哲學簡史》（涂又光譯）。五南圖書出版公司。

黃克劍（2020）：〈中西「中庸」觀之比勘——一種對價值形而上致思路徑的尋索〉。《東南學術》，1，45-56。

黃囇莉、鄭琬蓉、黃光國（2008）：〈忍的歷程與自我之轉化〉。《本土心理學研究》，29，3-76。

楊中芳（1991）：〈試論中國人的「自己」：理論與研究方向〉。見楊中芳、高尚仁（主編）：《中國人、中國心——人格社會篇》，頁93-145。遠流出版公司。

楊中芳（2001a）：《如何理解中國人——文化與個人論文集》。遠流出版公

司。

楊中芳（2001b）：〈「自我概念」研究的「以偏概全」問題：對過度依賴西方評定量表的反省之四〉。見楊中芳，《如何研究中國人——心理學研究的本土化論文集》，頁195-211。遠流出版公司。

楊中芳（2001c）：〈我的「自我」探索：一個本土研究者的自述。見楊中芳，《如何理解中國人——文化與個人論文集》，代序。遠流出版公司。

楊中芳（2001d）：〈西方社會／性格心理學及文化／性格研究的危機及反省——為研究「中國人的性格」尋找啟發及靈感〉。見楊中芳，《如何理解中國人——文化與個人論文集》，頁61-104。遠流出版公司。

楊中芳（2001e）：〈試論如何研究中國人的性格〉。見楊中芳，《如何理解中國人——文化與個人論文集》，頁151-204。遠流出版公司。

楊中芳（2001f）：〈中國人真的是「集體主義」的嗎？——試論文化、價值與個體的關係〉。見楊中芳，《如何理解中國人——文化與個人論文集》，頁107-150。遠流出版公司。

楊中芳（2008a）（主編）：《本土心理研究取徑論叢》。遠流出版公司。

楊中芳（2008b）：〈從主流心理學研究程序看本土化的途徑〉。見楊中芳（主編）：《本土心理研究取徑論叢》，頁161-186。遠流出版公司。

楊中芳（2008c）：〈中庸實踐思維研究——邁向建構一套本土心理學知識體系〉。見楊中芳（主編）：《本土心理研究取徑論叢》，頁435-478。遠流出版公司。

楊中芳（2008d年4月20-22日）：〈我們是不是可以換一個腦袋來構思幸福感？簡述中庸思考架構〉。廣州大學主辦「中國心理學心理學教學工作委員會和人格心理學專業委員會學術年會」宣讀之論文，廣東。

楊中芳（2010）：〈中庸實踐思維體系探討的初步進展〉。《本土心理學研究》，*34*，3-165。

楊中芳（2021）：〈換一條進路走走看！——評「平衡與和諧：初探自我寧靜系統之特性與機制」一文〉。《本土心理學研究》，*56*，245-252。

楊中芳（2022a）：〈中庸心理學研究：起源及現狀〉。《華人本土心理學30年：本土研究取徑及理論》，頁155-232。五南圖書出版公司。

楊中芳（2022b）：〈從疫情控制看中庸行動我的應急靈活性〉。《心理學

報》，*54*(9)，1-19。

楊中芳、趙志裕（1997，5月29-31日）：〈中庸研究初探〉。「第四屆中國人的心理與行為科際研討會」發表之論文，臺北。後編入楊中芳（2001）；《如何理解中國人》，頁269-287。

楊國樞（1982）：〈心理學研究的中國化：層次與方向〉。見楊國樞、文崇一（主編）：《社會與行為科學研究的中國化》，頁53-188。中央研究院民族學研究所。

楊國樞（1993）：〈我們為什麼要建立中國人的本土心理學？〉。《本土心理學研究》，*1*，6-89。

楊國樞（2008）：《華人本土心理學與華人本土契合性》。五南圖書出版公司。

楊國樞、黃光國、楊中芳（主編）（2005）：《華人本土心理學》。遠流出版公司。

蔡錦昌（1986）：《拿捏分寸的思考——荀子與古代思想新論》。唐山出版社。

龐樸（1995）：《一分為三——中國傳統思想考釋》。海天出版社。

Ames, R. T., & Hall, D. L (2001). *Focusing the Familiar: A Translation and Philosophical Interpretation of the Zhongyong.* University of Hawaii Press.

Bruner, J. (1990*). Acts of Meaning. Cambridge.* MA: Harvard University Press.

Diener, Ed (2000). Subjective Well-Being: The science of happiness and a proposal for a national index. *American Psychologist, 55*(1), 34-43.

Diener, E., Helliwell, J., & Kahneman, D. (Eds). (2010)*International differences in well-being.* Oxford University Press.

Diener, E., & Seligman, M. E. P. (2004). Beyond money: Toward an economy of well-being. *Psychological Science in the Public Interest, 5*(1), 1-31.

Grossmann, I., Na, J. Y., Varnum, M. E. W., Kitayama, S., & Nisbett, R. E. (2013). A route to well-being: Intelligence versus wise reasoning. *Journal of Experimental Psychology: General, 142*(3), 944-953.

Grossmann, I. (2017). Wisdom and how to cultivate it: Review of emerging evidence for a constructivist model of wise thinking. *European Psychologist, 22*(4), 233-246.

Grossmann, I., Weststrate, N. M., Ardelt, M., Brienza, J. P., Dong, M., Ferrari, M., Fournier, M. A., Hu, C. S., Nusbaum, H. C., & Vervaeke, J. (2020). The science of wisdom in a polarized world: Knowns and unknowns. *Psychological Inquiry*, *31*(2), 103-133.

Kernis, M. H., & Goldman, B. M. (2006). A multicomponent conceptualization of authenticity: Theory and research. *Advances in Experimental Social Psychology*, *38*, 283-357.

Nisbett, R. E. (2004). *The geography of thought*. Free Press.

Peng, K., & Nisbett, R. E. (1999). Culture, dialectics and reasoning about contradiction. *American Psychologist*, *54*(9), 741-754.

Yang, C. F. (2006). The Chinese conception of the self: Towards a person-making perspective of the self. In U. Kim, K. S. Yang, & K. K. Hwang (Eds.), *Indigenous and cultural psychology: Understanding people in context* (pp. 327-357). Springer.

第四章

思想伏線與學術承續：華人本土心理學探索的濫觴

鍾年

一 人物選擇與問題提出

在十九世紀末二十世紀初科學的心理學傳入中國之際，正是中國社會經歷巨變之時。所謂「時勢造英雄」，我們僅從知識的產生和傳播的角度看，這時既是中國傳統學術透熟的時期，也是西方學術批量湧進的時期，兩種因素相互作用，造就了一批學貫中西、博通古今的傑出人物。這是一個學術綜合的時代，也是一個產生綜合性人才的時代。特別值得一提的是，這些傑出人物往往沒有學科的局限，他們中的許多人並不是專門意義上的心理學家，但是他們確實研究過討論過心理學方面的問題，留下了不少我們今天還應該重新面對的成果。

概略地檢視中國近現代思想史學術史，這樣一些傑出人物我們起碼可以舉出梁啟超、王國維、孫中山、魯迅（周樹人）以及蔡元培、梁漱溟、朱光潛、潘光旦等人，他們從不同管道不同程度接受到西方的心理學知識，並且由於他們自身豐厚的中國傳統文化的素養，使他們自覺不自覺地將兩種學術傳統結合起來，發展出一些融匯中西的心理學思想。他們當然不是我們所說傑出人物的全部，但他們確實是很好的代表。對於上述諸人，本文作了一個大致的區分，用兩部分的內容加以討論。其中梁啟超、王國維、孫中山、魯迅為一組，蔡元培、梁漱溟、朱光潛、潘光旦為一組。

為什麼要分別討論？當然有一個原因是篇幅，八個人的內容放在一起，會使體量顯得臃腫，但還有一個更重要的原因是他們對心理學的態

度，本文是以他們對心理學的自覺意識爲標準的。人物的排列上，也沒有完全依照出生年代的先後。在第一組裡，梁啟超、王國維、孫中山、魯迅等人的主要興趣不在心理學學科的構建，而是對心理學知識的運用，套用魯迅的話說，其態度是「拿來主義」。第二組的蔡元培、梁漱溟、朱光潛、潘光旦等人則起碼在某一時期對心理學這個學科（或分支學科）有濃厚的興趣，他們在心理學學科的構建上有著重要的貢獻，從下文的敘述可以看出，甚至稱他們是中國心理學或某些心理學分支學科的創始人也不爲過。

我們在這裡不是對上述諸位前賢的學術思想做全面的討論，這方面的討論在學術界已如恒河沙數、難以計量，本文只是對他們與心理學有關的工作做一番爬梳總結，這方面的總結在以往的研究中遠沒得到重視。在對他們的心理學工作的總結中，我們也會有略有詳，所詳者，是與心理學本土化的、中國化的、中西結合的、古今貫通的等方面有關的內容。通過這樣的努力，本文想表明，今天華人本土心理學的研究工作並不是無源之水、無本之木，而是淵源有自的。在科學心理學隨著西學大潮湧入中國之時，中國知識界的一批先覺者便熱情地擁抱了這門誕生於西方的近代科學，並很快去尋找這門學科與中國傳統學術的相似相通之處。他們的反應或許更多是自發的，不像二十世紀中葉以後的中國心理學者那樣更有自覺，但他們的工作即便是放到今日之知識格局中，其學術成就和思想光輝依然難以掩蓋。

二 梁王孫魯的探索

（一）梁啟超

梁啟超（1873-1929），字卓如，號任公，又號飲冰室主人。廣東新會人。光緒舉人。中國近代著名的政治活動家、啟蒙思想家、教育家、史學家和文學家。梁啟超對於心理學的認識與應用，或可涉及教育心理學、社會心理學、佛學心理學、學習心理學、藝術心理學、個性心理學等，不

過，以學術自覺的標準來討論，除了佛學心理學外，其他各門心理學分支
梁啟超並沒有從心理學角度的自覺研究。本文認為，梁啟超對於心理學的
貢獻主要表現在跨學科的努力上，特別是心理學在歷史研究中的應用，以
及以佛學心理學為切入點的融匯中西的努力。

　　心理學與歷史學結合，可以產生出歷史心理學和心理史學這樣的交
叉學科，歷史心理學是心理學的分支（Kren & Rappoport, 1976），心理
史學則是歷史學的分支。梁啟超是一位史學大家，他之關注心理學，還是
想用心理學來幫助研究歷史，所以他的工作在心理史學的範圍。筆者曾在
一篇文章中提到：「在歷史學研究領域，史學家很早就對心理學研究發生
興趣。比如德國的歷史學家對時代精神、民族精神的研究。法國年鑒學派
的創始人布洛赫專門講過這樣的話：『一切歷史事實都是心理事實』。中
國的大學者梁啟超寫《歷史研究法》時專門談到──下面我用了一點斷章
取義的手法──『歷史為人類心力所造成……史家最重要之職務在社會心
理』，這是梁啟超先生在大約一百年前說的話。可見中外史學家都很重視
研究人類的心理尤其是社會心理、文化心理。」（鍾年，2008b）我國歷
史學界權威性的看法認為：

　　中國史學界接受、研究和運用心理史學的研究方法，最早是在二十
世紀 20 年代末。著名學者朱謙之、何炳松具有譯介之功，梁啟超則較早
嘗試使用心理史學的方法。實際上，梁啟超一貫重視探討人物的心理狀
況，他早期側重於用直觀理性去分析個人人格和民族性格。早在 1902 年
梁啟超就對過渡時期的人物的心理狀況加以研究，歸納為三種特性，即冒
險性、忍耐性和選擇性。我國臺灣學者孫隆基指出，梁啟超在二十世紀初
年曾受到法國心理學者呂邦（Gustave Le Bon）的「國民心理學」與維爾
康特（Alfred Vierkandt）的「自然種族和歷史種族」說之影響。二十世紀
20 年代又受到杜裡舒（Hans Driesch）的所謂「智識線」理論──社會心
理推動文明進化的理論的影響，按照這一思路，梁啟超曾對心理與文明的
關係發表了獨特的看法。（陳其泰、宋學勤，2005）

這裡提到的呂邦，是法國早期著名社會心理學家，群眾心理學的提倡者。在二十世紀上半葉，他的著作就翻譯介紹到中國，產生了相當的影響。

正因為有這樣的認識，梁啟超對歷史的把握、對歷史學家的要求，都與心理學掛上了鉤。他把個體與群體、個性與共性聯繫在一起考慮，提醒歷史學家注意探究它們之間轉化、演進的機制與規律。他在《中國歷史研究法》中討論歷史因果時向歷史研究者揭示了歷史的一個大祕密，同時也提出了歷史研究者的一項根本任務：

> 吾曷為向研究歷史之人曉曉陳此義耶？吾以為歷史之一大祕密，乃在一個人之個性何以能擴充為一時代一集團之共性？與夫一時代一集團之共性何以能寄現於一個人之個性？申言之，則有所謂民族心理或社會心理者，其物實為個人心理之擴大化合品，而複借個人之行動以為之表現。史家最要之職務，在覷出此社會心理之實體，觀其若何而蘊積，若何而發動，若何而變化，而更精察夫個人心理之所以作成之表出之者其道何由能致力於此，則史的因果之祕密藏其可以略睹矣。（梁啟超，1995，頁156）

這段文字，讓人似乎都能窺見梁啟超寫作時的激動神情，他自覺從心理學路徑入山窺見了大寶藏，驚喜得全無防備之心，逢人便和盤托出這大祕密。

梁啟超對歷史和歷史研究的如此認識，在《中國歷史研究法》中得到了反覆論說。例如，他寫道：「歷史為人類心力所造成，而人類心力之動乃極自由而不可方物，心力既非物理的或數理的因果律所能完全支配，則其產生之歷史自亦與之同一性質。」（梁啟超，1995，頁151）他還寫道：「凡史跡皆人類心理所構成，非深入心理之奧以洞察其動態，則真相未由見也。」（梁啟超，1995，頁163）

中國心理學史的研究者也注意到了梁啟超的這本書及書中對心理學的重視。趙莉如是較早研討梁啟超心理學思想的心理學者，她在評述梁啟超心理學思想時寫道：「梁啟超在其史學著作中，經常用『心理』、『心

力』的概念，特別是在《中國歷史研究法》一書中，對如何用心理學的知識觀察研究民族心理、社會心理方面有所闡述。他在 1923 年 6 月 3 日為中華心理學會作過題為《佛教心理學淺測》的專題講演（從學理上解釋『五蘊皆空』），後來發表在《心理》雜誌上，對佛教經典進行心理分析。」（趙莉如，1984）其實，除了「心理」、「心力」，梁啟超還使用「人心」、「心」等詞指稱人們的心理活動。如前所述，梁啟超心理學思想方面最值得注意的，是他把個體與群體、個性與共性放在一起思考，試圖發現它們相互作用、相互轉化的機制。例如前引梁啟超所說歷史的大祕密「乃在一個人之個性何以能擴充為一時代一集團之共性」，關注一個人的個性，是西方科學心理學的立足點，而關注時代、集團的共性，則是中國人思維的特色，本身就是中西學術、中西思維結合的表現。

梁啟超對於心理學的貢獻，我們還可以提到心理學名稱的確定。西方的 psychology，如何變成了中國的「心理學」，這中間尚有一些需要考訂的細節，但我們知道，梁啟超思考過這個問題，而且以梁啟超在當時知識界的地位，他的思考對於心理學名詞概念的選擇以及傳播，其作用非同小可。我國心理學史研究者現在公認的看法，是他對「心理學」的譯名確定有貢獻：

因為當時心理學和哲學的譯名混淆，還沒有統一的譯法。梁啟超對此明確加以區分。他說：「日人譯英文 psychology 為心理學，譯英文之 philosophy 為哲學。兩者範圍截然不同，雖我輩譯名不必盲從日人，然日人譯此，實頗經意匠，適西方之語源相吻合。」他不同意《新世界學報》把「心理學皆論哲學」。他說：「且既以 philosophy 冒此名，則於 psychology 又將以何語譯之。此吾所不敢苟同也。psychology 與 ethics 即倫理學皆為 philosophy 中之一門，吾以為宜立哲學一門，而以心理倫理皆入之，似為得體矣。」梁啟超在心理學和哲學的譯名的區分和統一譯法上起了一定的作用。（楊鑫輝、趙莉如，2000，頁 86-87）

在這裡，梁啟超明確了心理學與哲學的不同譯名，實際上起到了區分二者

的作用。由於梁啟超的影響力，使得心理學的譯名得以流傳。

梁啟超對於心理學的另一個貢獻，是提倡佛教心理學的研究。前已提及，他在 1923 年應邀爲中華心理學會作過題爲《佛教心理學淺測》的專題講演，該講演成文後發表在《心理》雜誌上，後被主編張耀翔作爲重要文章收入《心理雜誌選存》由上海中華書局出版。在講演的一開頭，梁啟超就提出：「我確信：研究佛學，應該從經典中所說心理學入手；我確信：研究心理學，應該以佛教教理爲重要研究品。」（梁啟超，1990，頁 28）他接著說：「佛家所說的叫做『法』。倘若有人問我法是什麼？我便一點不遲疑答道：『就是心理學』。」（梁啟超，1990，頁 29）梁啟超對於佛教心理學的研究，當然只是初步的探討，但其開創性的功勞不可不記取，正如有學者評論的：「梁啟超以現代心理學概念爲基本框架來分析佛教心理學思想，將佛教與心理學聯繫起來，爲研究佛教與心理學開闢了新路徑。」（汪鳳炎，2008，頁 600）應該說，這種新路徑的開闢，還不僅僅是方法論意義上的，這在思想觀念上，是融合中西的努力。佛教心理學的研究在中國雖歷經坎坷，終於還是漸漸發展起來，近年更有洋洋80 餘萬言的《佛教心理學》著作問世。（陳兵，2007）有趣的是，梁啟超還提倡過鬼神心理學的研究：「然則史中記許多鬼神之事，吾儕指爲不近情理者，安知他日不發明一種『鬼神心理學』，而此皆爲極可寶之資料耶？」（梁啟超，1995，頁 135）可惜到目前爲止，鬼神心理學的討論也只是在中國主流心理學未曾浸潤之處泛起些零星浪花。

（二）王國維

王國維（1877-1927），字靜安，號觀堂，浙江海寧人，中國近代著名學者。1903 年起，王國維任通州、蘇州等地師範學堂教習，講授哲學、心理學、邏輯學等，著有《靜安文集》。王國維從事心理學教學的具體情形，現在尚不清楚，但他是中國最早的心理學教師卻確定無疑。正因爲王國維本人從事教育實踐，教授過多門學科，對在教育學裡面心理學的作用有充分認識，對於心理學的學科地位，王國維也有自己的意見和看法。

　　在西方心理學的進入中國之初，心理學科在教會學校、師範學校和一些普通高等學校的產生和發展，為心理學從通習科、選修課逐漸向專業課過渡打下了基礎。王國維是較早提出設立心理學專業課的人士，1906 年他在《奏定經學科大學文科大學章程書後》中表述了把心理學設置為專業課的想法。王國維指出：「分科大學章程中之最宜改善者，經學文學二科是也已。……其根本之誤何在？曰在缺哲學一科而已。赴歐洲各大學，無不以神、哲、醫、法四學為本科之基本。日本大學，雖易哲學科以文學科之名，然文學科之九科中，則哲學科蔚然居首。」（王國維，1989，頁824）王國維的具體設想如下：

　　各科所當授之科目如左（下）：一經學科科目。一哲學概論，二中國哲學史，三西洋哲學史，四心理學，五倫理學，六名學，七美學，八社會學，九教育學，十外國文；二理學科科目。一哲學概論，二中國哲學史，三印度哲學史，四西洋哲學史，五心理學，六倫理學，七名學，八美學，九社會學，十教育學，十一外國文……四中國文學科科目。一哲學概論，二中國哲學史，三西洋哲學史，四中國文學史，五西洋文學史，六心理學，七名學，八美學，九中國史，十教育學，十一外國文；五至八外國文學科科目。一哲學概論，二中國哲學史，三西洋哲學史，四中國文學史，五西洋文學史，六中國文學史、七心理學，八名學，九美學，十教育學，十一外國文。（王國維，1989，頁 823-829）

王國維在大學課程中把心理學作為專業課設置的觀念是超前的，到了1913 年，中華民國教育部頒布的大學規程中，王國維的部分設想變成了現實，《中華民國教育部頒布的大學規程》規定：大學文科哲學門的中國哲學類和西洋哲學類均開設心理學。（劉毅瑋，2006，頁 96）

　　王國維在心理學方面的貢獻，最引人注目的是他翻譯西方心理學著作的功勞。自從張耀翔在《中國心理學的發展史略》一文中認定王國維翻譯的《心理學概論》是「第一部漢譯心理學書」後，長期以來中國心理學史領域接受了這種觀點，將王國維確定為我國最早的心理學著作翻譯者。

晚近有學者將顏永京翻譯海文（J.Haven）的《心靈學》一書稱為「我國的第一部漢譯心理學書」，而王國維翻譯的《心理學概論》在其後，所以算不得「第一部」。此說尚有可商之處。因為海文的《心靈學》撰寫時間在科學心理學誕生（1879 年）以前，其書名是《心靈哲學》（Mental philosophy），與嚴格的科學心理學著作尚有距離。另外，從影響的角度看，王國維翻譯的《心理學概論》、《教育心理學》等書對中國心理學的發展有更大和更直接的作用。需要指出的是，王國維這兩本譯著中所用的中文術語，不少已與今天通用的心理學詞彙接近，這一點與顏永京翻譯海文的《心靈學》大不一樣。

王國維對於心理學各個部分的貢獻，可以提到文藝的心理學，提到他運用心理學知識去分析文學藝術作品，例如他那本著名的《人間詞話》。說到《人間詞話》，人們就會想起「意境說」（王國維原文「境界」），有研究者認為這是王國維文藝心理學思想的最大貢獻，可謂集中國語言藝術意境說之大成（汪鳳炎，2008，頁 602-605）。還有學者評價道：

> 就把意境作為情與景、心與物、主觀與客觀的統一這一基本理論來說，王國維的「意境」論與中國美學和文藝心理學的傳統觀點是一致的，它的貢獻在於在這些統一關係中突出地強調了創作主體和審美主體的能動作用，擴大了「意境」論的內涵。（劉偉林，1990）

筆者想指出的是，「意境說」透露出王國維綜合中西的努力，值得做更深入的研討。王國維的思想深受康得、叔本華等人的影響，他又曾翻譯過若干西方心理學的著作，在他這裡已經能看到結合中西學術資源構築文藝心理學的初步嘗試，當然這項工作的真正完成，還要到他的後輩朱光潛那裡。

（三）孫中山

孫中山（1866-1925），名文，字逸仙，廣東香山（今中山）人，旅居日本時曾化名中山樵，「中山」因而得名。孫中山與心理學的關係，最

可提出的是其國民心理建設的思想，將心理學提到一個極高的高度，一直
到現在都難以達到；而國民心理建設作為一個運動，又將心理學知識運用
到了國民的日常活動中，也可以稱為實踐的心理學。國民心理建設為什麼
在他的眼裡那麼重要，是因為他認識到國家現象的背後，是人們的心理活
動。換句話說，孫中山在某種程度上把國家視作心理學上的一個概念，所
以國家建設，就等同於心理建設了——「國家政治者，一人群心理之現象
也。是以建國之基，當發端於心理。」（孫中山，1986，頁 214）「一國
之趨勢，為萬眾之心理所造成。」（孫中山，1981，頁 169）

　　因此我們也就不難理解，孫中山會將「心理建設」置於建國方略的首
要地位。心理建設是《孫文學說》的一部分，《孫文學說》原擬包括卷一
「行易知難」、卷二「三民主義」和卷三「五權憲法」，但後兩卷未能完
成，僅卷一部分於 1919 年春夏間出版，後編為《建國方略之一：心理建
設》。在建國方略之《心理建設》中，孫中山寫道：

　　夫國者人之積也。人者心之器也。而國事者，一人群心理之現象
也。是故政治之隆汙，系乎人心之振靡。吾心信其可行，則移山填海之
難，終有成功之日；吾心信其不可行，則反掌折枝之易，亦無收效之期
也。心之為用大矣哉！夫心也者，萬事之本源也。滿清之顛覆者，此心成
之也；民國之建設者，此心敗之也。（孫中山，1986，頁 159）

在這裡，孫中山指出了人類心理的巨大力量，以為這是「萬事之本源」，
在百端待舉之時，抓住了這個關鍵，可收綱舉目張之效。本文同意「孫中
山重視『萬眾之心理』、『人群心理現象』的作用，尤為卓越」（郭齊
勇，2001，頁 271）。我們的社會在近幾十年的發展中，物質文明建設飛
速進步，精神文明卻相對滯後，由此引發許多問題，讓人們再一次看到
「心理建設」的重要性。筆者近年與國內心理學界同仁共同發起了「心理
學與中國發展」論壇，探討大國崛起過程中的大國心態問題，提出「作為
一個正處在上升中的大國，公民的社會心態如何，決定著中國將以何種方
式來影響世界，也決定著中國的和平崛起能否得到世界認同」（《心理學

與中國發展論壇宣言》，2001），在一定意義上，可以視爲是對孫中山「心理建設」思想的繼承。

　　與「心理建設」的思想相關聯的，是孫中山的「知難行易」說。知行關係是中國古代思想中一對重要的範疇，有「知易行難」、「知難行易」等不同說法。孫中山堅持「知難行易」，是與他對心理作用的強調相一致的。既然心理那麼重要，對其認識把握就不是一件簡單的事情。回想我國近百年的歷程，也不難認識到，觀念的變革是如何困難，同時也看到了觀念一旦改變所產生的作用力是如何巨大。有學者曾指出孫中山的「知難行易」說學術意義並不特別：

　　　孫中山積極主張「知難行易」說，本意並非要在知行關係的哲理探討方面有所作爲。實際上，他的有關論述並不嚴密周全，從學術意義上分析，也並無特別之處。重要的是孫中山想通過鼓吹「知難行易」說，從解放思想入手，動員廣大民眾，積極行動起來，投身現代化建設。「故先作學說，以破此心理之大敵，而出國人之思想於迷津，庶幾吾之建國方略，或不致再被國人視爲理想空談也。夫如是，乃能萬眾一心，急起直追，以我五千年文明優秀之民族，應世界之潮流，而建設一政治最修明，人民最安樂之國家，爲民所有，爲民所治，爲民所享者也。」立足於解放思想，孫中山強調，勇於探索，敢於冒險，是推進國家現代化所必須的心理準備。（何曉明，2005）

因爲孫中山的主要身分不是學者而是革命家，這就決定了他的學說是行動的理論。事實上，提出「知難行易」說，正是孫中山推行「心理建設」、開展國民性改造的重要手段或途徑。「孫中山的可貴之處，在於他看到了物質和精神的辯證關係，看到了精神的能動作用，認識到了物質建設必須思想領先的道理。特別是在長期處於封建專制束縛下，廣大國民思想僵化，想有所爲而不敢爲的情況下，這一思想的提出，對於振奮國民的首創精神，萬眾一心去建設祖國，起到了非常重要的積極作用。」（朱小玲，1996）

　　從本文所論主旨考慮，孫中山的「知難行易」說不論是否嚴密周全，其探索意義十分明顯。中國傳統的知行思想與新興的科學心理學理論相結合，是「知難行易」說產生的基礎。有人據此認為孫中山的知行學說表達的是認知心理學的思想，所以專門提出「孫中山的認知心理學」的概念（李紹昆，2007），只不過相關的論證過於簡略。筆者以為，說某人有某種心理學，首先應該他本人提到某種心理學的名稱，這是名；還應該看他在這名下面討論了些什麼內容，這是實。名實都有了，才好說確實有這麼回事。有時候即便名有了，也不見得有其實，如前文討論過的梁啟超的佛學心理學。所以，穩妥的說法，還是說孫中山有政治心理學、認知心理學等方面的思想，而不說他有政治心理學、認知心理學。雖然如此，並不妨礙我們將孫中山的「知難行易」說視為一種心理學本土化的努力和嘗試。

（四）魯迅（周樹人）

　　魯迅（1881-1936），原名周樹人，字豫才，浙江紹興人，中國近現代著名文學家、思想家和革命家。他在寫作中使用過很多筆名，其中「魯迅」最為人知，到後來他的本名反而較少被人提及。魯迅對中國人的影響實在是太大了，不過，中國的心理學史裡倒是至今還沒有認真討論過魯迅，這應該還是以主流心理學尺度衡量選擇人物的結果，也不排除是覺得魯迅目標太大，不易把握吧。其實，魯迅的許多觀點，放在社會心理學、文化心理學甚至本土心理學框架下審視，都是很有趣味的事情。

　　與孫中山類似，魯迅與心理學的關係最為密切是對國民性問題的關切和討論。一個國家或民族因外力壓迫而感到危機時，最容易對自己的國民性、民族性開展反省，中國近代以來屢遭外國列強入侵正提供了對國民性反思的條件。十九世紀末到二十世紀初，一批有識之士將中國與世界強國比較，發現差距，求其原因，認為不外乎國民性的不同。當時，很多人認為中國人是一盤散沙（魯迅即稱中華為「沙聚之邦」），非改造國民性不足以振興。前文所述辛亥革命時期孫中山提出「心理建設」，也是意圖從治療國人性格上的病態入手而立國強邦。筆者在一篇談到中國國民性研究的文章裡寫道：

在這一時期關於中國國民性的議論中，以魯迅先生的見解最為深刻，影響也最大。早在日本留學時，魯迅就開始思考三個互相關聯的問題：「一、怎樣才是最理想的人性？二、中國國民性中最缺乏的是什麼？三、它的病根何在？」魯迅當時認為，「歐美之強」，「根柢在人」，「人立而後凡事舉」，「人既發揚踔厲矣，則邦國亦以興起」。因此，魯迅一生便以立人、改造國民性為己任。魯迅的議論，主要偏重在民族劣根性上，其「意在復興，在改善」。他的《狂人日記》、《阿 Q 正傳》等作品就是在批判中國人落後的國民性。魯迅在其一系列著述中，無情剖析了國人自私、狹隘、守舊、愚昧、迷信、散漫、浮誇、自欺、奴性、崇洋諸種心態，對中國國民性做了較全面的清理。（鍾年，1996）

對魯迅國民性思想的研討，在中國學術界是一個久盛不衰的話題，所發表的書籍文章汗牛充棟。「早在魯迅生前，這一問題就引起了研究者的興趣，蔡元培、許壽裳、茅盾等先後在這方面有過重要論述，但較為細緻深入地展開研究討論，還是到建國以後」（鮑晶，1982，頁 415）。可惜這些研究基本上都與心理學工作者無緣，多是其他學科領域的專家做出的。

有意思的是，我國心理學界對魯迅的研究十分缺乏，而魯迅對心理學卻是青眼有加的。魯迅的國民性思想，就與心理學的理論有直接關係。在一段引用甚廣的文字中，魯迅在進行國民性思考時提到了法國著名心理學家 G. Le Bon 及其著作。這段文字是魯迅在 1918 年 11 月 5 日發表在《新青年》上的《隨感錄三十八》一文中所寫的：

民族根性造成之後，無論好壞，改變都不容易的。法國 G. Le Bon 著《民族進化的心理》中，說及此事道（原文已忘，今但舉其大意）──「我們一舉一動，雖似自主，其實多受死鬼的牽制。將我們一代的人，和先前幾百代的鬼比較起來，數目上就萬不能敵了。」我們幾百代的祖先裡面，昏亂的人，定然不少：有講道學的儒生，也有講陰陽五行的道士，有靜坐煉丹的仙人，也有打臉打把子的戲子。所以我們現在雖想好好做「人」，難保血管裡的昏亂分子不來作怪，我們也不由自主，一變而為研

究丹田臉譜的人物：這真是大可寒心的事。但我總希望這昏亂思想遺傳的
禍害，不至於有梅毒那樣猛烈，竟至百無一兔。即使同梅毒一樣，現在發
明了六百零六，肉體上的病，既可醫治；我希望也有一種七百零七的藥，
可以醫治思想上的病。這藥原來也已發明，就是「科學」一味。只希望那
班精神上掉了鼻子的朋友，不要又打著「祖傳老病」的旗號來反對吃藥，
中國的昏亂病，便也總有痊癒的一天。祖先的勢力雖大，但如從現代起，
立意改變：掃除了昏亂的心思，和助成昏亂的物事（儒道兩派的文書），
再用了對症的藥，即使不能立刻奏效，也可把那病毒略略屏淡。如此幾代
之後待我們成了祖先的時候，就可以分得昏亂祖先的若干勢力，那時便有
轉機，Le Bon 所說的事，也不足怕了。（魯迅，1995a，頁 116-117）

　　國民性或曰民族性的研究，曾經有一段時期在全世界都很盛行，這
是從人類學與心理學交叉的領域中發展出來的研究（鍾年，1996）。在早
期心理學的諸種理論中，人類學家對精神分析最感興趣。精神分析學者重
視人格問題的研究，強調早期經驗在人格形成過程中的關鍵作用。而人類
學家則想弄清個人是如何接受文化的，文化又如何經過個人傳到下一代，
這樣，他們就在心理學的人格研究領域找到了自己的興趣點。所謂國民性
或民族性，「是指在文明國家內通常的人格類型（the average personality
type）。據 Robert Redfield 所下的定義是『一個民族（people）的民族性，
或它的人格類型，乃是見於該社會中的一般人的類型』」（《雲五社會科
學大辭典 · 人類學》，1971，頁 204）。魯迅對國民性問題的關注，比
這個時間要早，這是從中國自身實際生發出的問題。「魯迅『改造國民
性』思想的提出，是他從中國現實的真問題出發的，絕不是某種外來思潮
的移植。」（錢理群，2002）

　　因此，魯迅對國民性的思考，主要不是純學術的，更多的是為了中國
的現實。這就決定了魯迅更關心國民性的改變。他既已指出國人自私、狹
隘、守舊、愚昧、迷信、散漫、浮誇、自欺、奴性、崇洋等諸種病態，而
且主要是從民族劣根性來討論國民性，當然就希望這樣的國民性有朝一日
可以改換。「所以此後最要緊的是改造國民性，否則，無論是專制，是共

和，是什麼什麼，招牌雖換，貨色照舊，全不行的。」（魯迅，1995b，頁 367）應該說，魯迅一直還是抱有希望的，在《忽然想到（四）》中，他寫道：

難道所謂國民性者，眞是這樣地難於改變的麼？倘如此，將來的命運便大略可想了，也還是一句爛熟的話：古已有之。……幸而誰也不敢十分決定說：國民性是決不會改變的。在這「不可知」中，雖可有破例——即其情形爲從來所未有——的滅亡的恐怖，也可以有破例的複生的希望，這或者可作改革者的一點慰藉罷。（魯迅，1995a，頁 159）

這與《隨感錄三十八》的態度是一樣的，魯迅總能看到光明，用今天心理學的語言說，這是積極的心理學。

有研究者從關鍵字的角度梳理魯迅思想，發現在他的《文化偏至論》、《摩羅詩力說》、《破惡聲論》等文章中，基本概念都是「心」，含義相同或相近的還有「自心」、「自性」、「我性」、「此我」、「精神」、「神氣」、「本原」、「本根」、「根柢」、「精神生活」、「內部之生活（主觀之內面生活）」、「仁義之途，是非之端」、「神明」、「神思」、「人心（近世人心）」、「神思新宗（新神思宗）」、「反觀諸己（內省諸己）」、「性靈」、「理想」、「情意」「情操」、「情感」、「主觀」、「主觀性」、「主觀傾向」、「主觀意力」、「內」、「淵思冥想」、「自省抒情」、「內曜」、「自有之主觀世界」、「心靈」、「神」、「旨趣」、「大本」、「靈明」、「靈府」、「中心」、「初」、「所宅」等等，諸概念極其龐雜，然有自身邏輯可循，因而提出魯迅思想是與中國傳統「心學」有聯繫又自有特點的新的「心學」：

魯迅的「心」究竟怎樣，可從不同角度探索，這裡只想提出一點：魯迅的「心」以中華民族幾千年的「心學」（由精英和俗眾共同書寫的心靈體驗的歷史）爲依託，不過在他身上，又最能看出中國傳統心靈體驗方式的現代轉換。魯迅憑其心的掙扎，把在別人那裡呈現爲赤裸裸的概念形態

的思想理論問題轉換爲活生生的「直剖明示」的文學問題——心靈體驗、心靈判斷、心靈取捨的問題，在「古今中外」激烈交戰、幾乎無路可走的絕境，開闢出自己的道路——心的道路。（郜元寶，2000）

這套新的「心學」與如今宣導的中國文化心理學以及本土心理學，實有莫大關係，值得中國的心理學者做進一步深入的研究。

與國民性問題的討論相關，魯迅涉及到許多細節問題，他的一些觀點對後來的心理學研究尤其是本土心理學的研究幫助甚大。例如面子問題，如今是本土心理學或中國文化心理學討論的核心問題之一，魯迅的思考已經成了這方面討論的重要思想資源。魯迅寫過不少與「面子」或「臉」相關的文字，在《且介亭雜文》裡，專門有一篇〈說「面子」〉：

　　「面子」，是我們在談話裡常常聽到的，因爲好像一聽就懂，所以細想的人大約不很多。但近來從外國人的嘴裡，有時也聽到這兩個音，他們似乎在研究。他們以爲這一件事情，很不容易懂，然而是中國精神的綱領，只要抓住這個，就像二十四年前的拔住了辮子一樣，全身都跟著走動了。……但「面子」究竟是怎麼一回事呢？不想還好，一想可就覺得糊塗。它像是很有好幾種的，每一種身價，就有一種「面子」，也就是所謂「臉」。這「臉」有一條界線，如果落到這線的下面去了，即失了面子，也叫作「丟臉」。不怕「丟臉」，便是「不要臉」。但倘使做了超出這線以上的事，就「有面子」，或曰「露臉」。（魯迅，1995b，頁 64）

魯迅關於中國人「面子」或「臉」的論述，被一些從事本土心理學研究的學者注意到，在他們那裡的「面子」研究，就是以魯迅爲起點的（佐斌，1997；汪鳳炎、鄭紅，2008）。魯迅還有其他許多關於中國人的論述，都有可能作爲本土心理學或中國文化心理學研究的題目。

出於國民性思考的需要，魯迅還極力宣導翻譯史密斯的《中國人的氣質》，這是一部談中國國民性的著作。史密斯（A. H. Smith）是美國傳教士，中國名字叫明恩溥，他前後在中國居留五十餘年之久。1890 年他

積在中國傳教多年的見聞和感受，以「中國人氣質」為總題，在上海的英文報紙《華北每日新聞》上發表了一系列文章，後結集成書，即《中國人的氣質》。這本書對魯迅的文學創作和國民性批判產生了深刻而持久的影響，直到他逝世前 14 天，魯迅還念念不忘——「我至今還在希望有人翻出斯密斯的《支那人氣質》來，看了這些，而自省，分析，明白那幾點說的對，變革，掙扎，自做功夫，卻不求別人的原諒和稱讚，來證明究竟怎樣的是中國人。」（魯迅，1981，頁 626）

三 蔡梁朱潘的探索

（一）蔡元培

　　蔡元培（1868-1940），字鶴卿，號孑民，浙江紹興人，中國近代著名民主革命家、教育家、思想家，新文化科學運動的開創者和領導者，也是中國現代心理學的先驅和宣導者。他曾是清光緒進士、翰林院編修。1907 年赴德留學，留德期間注重實驗心理學和美學的學習，曾進萊比錫大學實驗心理學研究所，對各官能感覺的遲速、視後遺像、發音顫動等進行實驗。蔡元培在北京大學校長和中央研究院院長任內，直接推動心理系、心理研究所的設立，積極提倡和發展中國的心理科學。

　　蔡元培對心理學的貢獻頗多，我們首先可以看看他對「心理」和「心理學」的認識。蔡元培對心理內容的認識，涉及到我們今天所說的知情意三分法，他指出：

　　心理有三方面，意志不能離知識與情感而單獨進行。凡道德之關係功利者，伴乎知識，待有科學之作用。而道德之超越功利者，伴乎情感，待有美術之作用。（高平叔，1984，頁 248）

為了更生動形象地作出說明，他還用打比方的方式談到知情意：

以心理學各方面衡之，軍國民主義毗於意志；實利主義毗於知識；德育兼意志情感二方面；美育毗於情感；世界觀則統三者而一之。（高平叔，1984，頁 248）

這些看法，與今天心理學的認識大致相同，而他提出「世界觀則統三者而一之」，則又試圖在分中尋合，是一種整合的努力。他講「科學之作用」、「美術之作用」，又表達了科學知識應該在實際中應用的理想。

心身關係是心理學理論中的基本問題，蔡元培對心身關係也有自己的看法。他認為：「身心兩方面決不可偏廢，而且不可不使為一致調和。」（高平叔，1984，頁 412）這又是整合的努力，相對於西方心理學的「分」，這是有中國文化特色的「合」。我們知道，現代心理學中一直有這方面的爭論，批評者認為心理學把人割裂為各個部分，只有人格心理學還可以看到一點整體人的影子。

蔡元培在心理學方面的貢獻最值得一說的，是他在中國心理學體系化上的努力。有研究者指出，蔡元培對推動中國現代心理學的建立所做的工作，最為後人記憶的是他在心理學體制化方面的努力，其中有兩件大事是中國心理學史要牢牢記憶的：

一是在擔任北京大學校長期間，於 1917 年支持陳大齊在哲學系創建了我國第一個心理實驗室，後又成立心理學系；二是在擔任中央研究院院長期間，於 1929 年宣導創建我國第一個心理研究所。這樣，既有培養心理學人才的教學機構，又有專門研究心理學的科研機構，為中國現代心理學的建立奠定了人才與組織基礎。（楊鑫輝，1998）

蔡元培所做的這兩件大事均產生了深遠影響。如上所述，在他任北京大學校長之初，便支持陳大齊在哲學系籌建了一個僅有一間房子的心理實驗室，開設實驗心理學的課程。這個實驗室雖然十分簡陋，卻創下了一個心理學的中國第一。

在中央研究院院長任上，蔡元培領導下的中央研究院心理研究所研究

方向偏重理科，按照他在萊比錫大學學習期間所看到的科學心理學的模式運行。1934 年 1 月《中華教育界》雜誌刊登了蔡元培院長起草的一份工作報告《國立中央研究院之過去與將來》，報告的第九部分是關於心理研究所的科研工作：

　　【九、關於心理研究所者】（一）修訂皮納智力測驗。（二）研究食品對於學習能力之影響。（三）研究大聲驚嚇對於習得能力之影響。（四）研究輸精管隔斷之各種影響。（五）漢字橫直寫速率之比較。（六）幼稚園兒童之遺忘曲線。（七）白鼠之合作行為。（八）人腦皮層的生後發展。（九）中國人之大腦皮層。（十）鉀、鈉、鈣各鹽對於豚鼠大腦皮層司動區之影響。（蔡元培，1990，頁 15-16）

可以看出，這些研究側重於實驗心理學和生理心理學，研究的題目與當時國際心理學界無大差別。報告還有關於將來的計畫，包括各項動物心理的研究、大腦皮層的研究、漢字學習遷移的研究、編輯心理學名詞、調查歐美著名心理學機關之工作狀況等。值得注意的是，在當前的研究和將來的計畫中，漢字橫直寫速率之比較、中國人之大腦皮層、漢字學習之遷移等項研究，關乎中國國情，可以視為中國本土心理學的最初嘗試。有研究者注意到蔡元培在中西融合方面的思考：

　　蔡元培直接論述西方心理學與中國傳統文化結合的文字極少，但從一份講演要點可知有此方面的思想。他在 1927 年寫的《真善美》的講演提綱中寫道：「心理學（性理，唯識，口口之輪回說）」很顯然，這裡的「性理」是宋明理學的思想，「唯識」指玄奘創立的「萬法唯識」宗的思想，「輪回說」是印度佛教思想。從這個要點中我們不難看出，所列「心理學」當然主要是他在德國留學時學習的西方心理科學，括弧裡面的話則表示他主張將中國傳統文化和印度佛學中的「性理」、「唯識」、「輪回說」等思想納入其中，結合起來。（楊鑫輝，1998）

　　蔡元培在心理學跨學科交叉方面的努力也是貢獻突出的，因為他本人長期從事教育管理和科研機構的管理，日常工作中會接觸各個學科，使得他具有廣闊的視野和對各門學科的充分了解。其實，他在德國留學期間，就很注意多學科的學習，他所仰慕的馮特，就是一個富有多學科知識背景的通人。正如有學者指出的：

　　蔡元培「素有志教育之學」，在萊比錫大學，他從康得、黑格爾、哈特曼等德國古典哲學入手，兼及西方倫理學，在廣泛深入的層面上探求德國近代教育及教育學的理論，而西方美育、心理學的學習又為他把握西方近代教育的精髓提供了一個全新的視角，為他後來成為中國近代大學教育的先驅和楷模準備下最豐厚的條件。（胡小林，2005）

在蔡元培的思想中，一直有綜合心理學、美學、倫理學等學科的企圖。我們還可以提到蔡元培所鍾情的民族學、人類學，早在萊比錫大學學習期間，他就十分重視「民族心理學」一科的學習，這門課由馮特講授，而民族心理學是馮特花了二十年時間傾心建構的一門心理學分支。蔡元培在擔任中央研究院院長期間，曾設立了一個民族學組，親自擔任主任，積極領導開展我國民族學的研究。蔡元培曾談到：「民族學的材料，固然有一部分屬於自然科學範圍，而大部分是關於各民族的心理，所以德國馮特有『民族心理學的建設』，這可見民族學與心理學的關係。」從中透視出他建構民族心理學、綜合心理學與民族學人類學的設想（蔡元培，1959，頁261）。

　　對於蔡元培在心理學貢獻上的總體評價，本文同意有研究者這樣的說法：

　　作為中國知識界的卓越先驅，蔡元培的心理學思想和實踐對中國心理學乃至中國近代社會發展都產生了廣泛而深遠的影響。他在德國留學時，曾經學習馮特的實驗心理學和哲學。這段經歷影響了他的心理學思想和實踐活動。在他的教育生涯中，他一直很重視心理學的發展和應用。他是現

代心理學積極的宣導者和扶持者，在北大創建了心理學系，建立第一個心理研究所，重視心理學人才的培養。關於心理學的性質，他繼承了其師馮特的觀點，認爲心理學採用了實驗科學方法，因而具有自然科學的性質。作爲教育家，他重視心理學在教育上的應用，提出了五育及完全人格教育心理思想、按照兒童發展規律進行教育。這些廣泛而深刻的教育心理思想至今仍有指導意義。美育是蔡元培思想中的一大特色，其中也包含了豐富的心理學基礎。他主張以美育代替宗教，提出將西方心理學同中國傳統文化相結合。他的心理學思想對現代教育有深刻的啟示。（楊媛，2006）

與學者的身分相比，蔡元培更是一位實踐者，他的所有心理學活動的中心，就是要運用心理學知識服務於中國社會。重視實用，是中國人傳統的態度，以實用爲出發點，中國人不排斥任何可用的東西，所以三教可以合一，而不必對立。蔡元培的實用態度，也使得他更寬容，可以「兼容並包」。

（二）梁漱溟

　　梁漱溟（1893-1988），原名煥鼎，字壽銘，祖籍廣西桂林，生於北京，著名學者、社會活動家。梁漱溟在心理學方面的主要工作，集中在他傾畢生之力所撰寫的《人心與人生》一書中。梁漱溟先生《人心與人生》一書的重要性，我們可以從他自己的評判來看。美國著名漢學家、《最後一個儒家》的作者艾愷 1980 年拜訪梁漱溟先生，當談論到其一生學思精華所在時，梁漱溟先生回答道：「我的思想、主張，都在那一本書裡頭——《人心與人生》。」（梁漱溟，1993，頁 1166）可見《人心與人生》一書在梁漱溟先生的心目中，以及在他的整個學術著述中占有極爲重要的地位。

　　據梁漱溟在該書後記中介紹，《人心與人生》於 1974 年文革期間寫成，但實際在二十世紀 20 年代初，他就有志於此書的寫作以糾正《東西文化及其哲學》的重大錯漏，此後多次作「人心與人生」的講演，有講詞記錄保存下來。另外，在 1934 年爲鄒平山東鄉村建設研究院諸生所講的

「自述」中，亦多次提及《人心與人生》的寫作。（梁漱溟，1987）從全書的風格看，某些篇章確實似乎寫作於不同時代，有層累及拼接的痕跡。

用梁漱溟先生自己的話說，他對心理學的研究並沒有初始的計畫和研究動機，只是在探究中國問題和人生問題時「誤打誤撞」出來的。梁漱溟先生最初的目的是為了闡發儒家的倫理學，從這個目的出發，他對心理學產生了興趣。梁漱溟先生認為，「心理是事實，而倫理是價值判斷，自然返求的第一步在其所說事實，第二步乃在其所下判斷。」（梁漱溟，1989，頁327-328）

一些研究者試圖重新構建梁漱溟的心理學體系，提出了從心理發生的動力、身心關係的活動機理、知識構成的方法、心理發展的條件、心理保健方法、學習心理學思想、對心理科學的理解等方面把握梁漱溟的心理學思想（柳友榮，2000）。這些研究是頗具啟發性的，讓我們從中窺見一位長期以來被忽略的中國心理學家的形象。不過，筆者更同意從整體角度去認識梁漱溟，因為梁先生自己就承認他不是一個學問家，因為他從少年期就受到父親的影響，「恥為文人，亦且輕視學問，而自勉於事功」（梁漱溟，1984，頁260）。對於現代科學發展的細微處，梁漱溟的把握或有不到位的地方。而人心與人生是學術上根本性的大問題，思考這樣的問題，正是梁漱溟的強項。

有學著看到了梁漱溟《人心與人生》是在構建他的大心理學體系：

當今之世，科學與哲學分途，自然科學與社會科學分野而梁先生卻以心理學為核心，為樞紐串聯科學與哲學、社會科學與自然科學，純理科學與應用科學於一體，透徹地揭露人生心理學的實質，為他的中國文化，西方文化與印度文化的界定尋根添據，為新儒學大唱讚歌。（張海鐘，1995）

確實，與當今科學心理學發展的趨勢相比較，尤其是與心理學理論的小型化趨勢相比較，梁漱溟的「人心與人生」理論是可以稱之為「大心理學」的。

　　本文以爲，梁漱溟用「人心與人生」這樣的標題，就是很有中國文化特色的，他是在強調心理與生活的不可分割，也想說明我們對人類心理的認識，只有放在人生這個大背景下才可能獲得真解和正解。我們想說，梁漱溟如此思考人類心理問題，是符合中國人思維傳統的有價值的一種途徑，在一定意義上可以糾正西方心理學長期以來造成的偏頗。

　　文化心理學家近年研究發現，在注意和知覺模式上，中國人更關注環境、更喜歡探究事物間的關係；在解釋模式上，中國人會將注意力集中到包括環境在內的更廣闊的時空脈絡（Nisbett, 2003, pp.44-45）。一批多年研究中國人心理的學者將自己的著作命名爲《世道人心》，他們在「序」裡寫道：「『世道』與『人心』原是中國人慣用的詞彙，世道指一般的社會生活或風尚，人心則指人們的心理傾向或心理活動。用更淺白的現代話語來說，世道就是社會，人心就叫心理；世道人心也可以說是現今人們所稱的『社會心理學』。」（何友暉、彭泗清、趙志裕，2007，頁 1）「世道人心」確實是一個表達中國人對心理認識的好詞，筆者想補充的是，「世道人心」也是一種思維方式，它強調結合「世道」來認識「人心」，也就是考慮社會文化背景來審視「心理」和「心理學」。錢穆先生講中國心理學時特意拈出「天地良心」一詞，認爲「無此天地，無此良心。非此良心，亦將非此天地」（錢穆，1986，頁 71）。說的也是要結合「天地」（時空脈絡）來把握人心。人心與人生正與上述思維方式相通。

　　梁漱溟的思考正是「天地人心」式的，在《人心與人生》一書中，專門有「自然與人、人與自然之間的關係」這樣的章節，還分兩章重點討論了人的性情、氣質、習慣、社會的禮俗、制度。梁漱溟寫道：

　　爲了講明人心與人生，有必要分從性情、氣質、習慣、禮俗、制度，這幾方面來談一談。人類生命既由其個體和群體之兩面所合成，在個體便有前二者，而離開後二者群體生活亦便無可能。習慣則居於個體群體之間爲其仲介。對於這五者加以分析，有所明瞭，則人生也，人心也，便都不難了然於胸。（梁漱溟，1984，頁 149）

這種思想極具中國特色，而以習慣爲中介的想法更是值得注意，這樣就將個體心理與社會運轉勾連了起來，一些現代心理學難以吃得透、說得清的問題由此或許可以得到解決。

　　我們還可以從文化心理學角度來梳理梁漱溟的心理學思想。已經有人注意到梁漱溟的文化心理學思想，認爲他的文化三路向說第一次把中國文化納入世界的構架中加以平等地討論，其文化心理學則給文化三路向說提供了心理學依據；梁漱溟提出了中國文化理性早啟，而理性則是開啟西方人精神家園的鑰匙；了解梁漱溟文化心理學的思想對於研究新世紀的文化問題具有深刻的意義（李振綱、宋薇，2000）。筆者以爲，梁漱溟的心理學思想主要表現爲一種文化自覺，以這種自覺放到心理學上面，乃至放到其他學術上面，就是綜合中西方文化，構築一種圓融通貫的學問，在心理學方面，就是文化心理學。在實踐層面，梁漱溟宣導鄉村建設，先後在河南、山東等地從事社會改造的實踐。他一生致力於中國傳統文化和儒家學說的研究，以尋求中華民族自救之路。

　　對於心理學的學科性質，梁漱溟有自己獨到的看法，他認爲心理學在所有學科中是一門特殊的學科。筆者在《中文語境下的「心理」與「心理學」》一文中寫道：

　　由心理學的物件可進而討論心理學的學科性質，如果說前者是「內外兼顧」，後者就是「文理並重」。有意思的是，這裡的「內外兼顧」和「文理並重」均可以在中文語境對「心」的理解中找到根據。研究中國人心範疇的學者發現，心範疇具有主體與客體相統一結構、主體與本體相統一結構、心理氣相統一結構等特質。新儒家的代表梁漱溟正是在繼承傳統的意義上指出「心理學在一切學術中間原自有其特殊位置也。心理學天然該當是介居哲學與科學之間，自然科學與社會科學之間，純理科學與應用科學之間，而爲一核心或聯絡中樞者。它是最重要無比的一種學問，凡百學術統在其後」。（鍾年，2008c）

梁漱溟說這樣的話，眞是給心理學長面子，於是「凡百學術統在其後」這

句話也成了研究梁漱溟思想的心理學者特別喜歡引用的一句話。筆者想指出的，梁漱溟在這裡主要不是在判斷心理學的優劣好壞，而是從心理學的研究物件出發產生的感悟。因爲「講到人，離不開人心」（梁漱溟，1984，頁 2），是人心的重要，讓梁漱溟說到心理學的重要，而梁漱溟的理想，正是要建立一套學術體系來好好研究一下這個如此重要的人心。

（三）朱光潛

朱光潛（1897-1986），筆名孟實，安徽桐城人，著名美學家、文藝理論家、翻譯家。朱光潛與心理學的關係十分密切，僅他撰寫的心理學方面的著作就有《文藝心理學》、《變態心理學》、《變態心理學派別》以及博士論文《悲劇心理學》等多種，即便是專門的心理學家，恐怕也不見得比他出版的心理學著作多。我國著名心理學家高覺敷先生在爲朱光潛所著《變態心理學派別》作序時說：

孟實先生雖算是文學和心理學間的「跨黨」分子，然而他在心理學上對國人的貢獻，實超過於一般「像煞有介事」的專門家之上。譬如我們現在都知道佛洛德，但是介紹佛洛德的學說的，算是他第一個。我們現在已習聞「行爲主義」，但是介紹「行爲主義」的，也是他第一個。我們現在已屢有人談起考夫卡和苛勒，但是評述完形派心理學的，又是他第一個。讀者只須查問《留英學報》、《東方雜誌》及已停刊的《改造雜誌》，便可證明孟實先生在心理學方面的努力了。（高覺敷，1930，頁 3-4）

但是，對這樣一位於心理學貢獻良多的人物，中國的心理學史著作卻從來不曾給他相應的地位。

朱光潛對於心理學的貢獻，首先應該提到的是他在心理學分支學科構建的功勞，具體來說主要是文藝心理學。朱光潛大約在 1929 年入倫敦大學讀書，據他回憶：「同時在巴黎大學註冊，偶爾過海去聽課，聽到該校文學院長德拉庫瓦教授講《藝術心理學》，甚感興趣，他的啟發使我起念寫《文藝心理學》。」（朱光潛，1982，頁 8）果然，此後朱光潛便

傾注了大量精力從事《文藝心理學》的寫作。該書從 1929 年開始撰寫，到 1931 年前後寫成初稿。據朱光潛自述，1933 年回國後，曾在「北京大學中文系和由朱自清任主任的清華大學中文系研究班開過課，後來我的留法老友徐悲鴻又約我到中央藝術學院講了一年的《文藝心理學》」（朱光潛，1982，頁 9）。後經多次修改和增補，《文藝心理學》於 1936 年定稿，由開明書店出版。

《文藝心理學》從名稱上看就是一部心理學的書。該書共分十七章，在這本書中，朱光潛試圖運用心理學的觀點解釋美感經驗，透過評述討論西方的文藝心理理論，將文藝創造與文藝欣賞納入心理學的研究範圍。具體來看，朱光潛在書中論述了美感經驗中的形象直覺、心理距離、物我同一、美感與生理等問題。他借用了西方文藝心理學中的「移情」說、「距離」說、「直覺」說等來解釋文藝現象，但他並沒有停留於此，值得注意的是他溝通中西學術的努力，他將中國古代文論的觀念融入到他的文藝心理學體系中，形成了自己有特色的理論觀點。我們不妨說，《文藝心理學》一方面是將心理學運用於文學藝術領域的交叉性成果，另一方面也是試圖融通中西學術的交叉性成果。

《文藝心理學》出版後產生了巨大的影響，它成了一個標誌性事件、一個里程碑。我國研究文藝心理學的學者指出：「文藝心理學是一門既古老又年輕的學科。我國古代的文藝思想中包含了豐富的文藝心理理論，但是文藝心理學作為一門獨立學科出現是在上個世紀。1936 年朱光潛的《文藝心理學》問世，成為我國現代文藝心理學形成的一個重要標誌。」（宗波，2006）與此同時，朱光潛的「文藝心理學」課也成了品牌課程，給眾多學子留下深刻印象。當代著名學者季羨林先生當時在清華大學聽過朱光潛的「文藝心理學」這門課，他滿懷深情地回憶道：

　　這一門課非同凡響，是我最滿意的一門課，比那些英、美、法、德等國來的外籍教授所開的課好到不能比的程度。……他介紹西方各國流行的文藝理論，有時候舉一些中國舊詩詞作例子，並不牽強附會，我們一聽就懂。對那些古里古怪的理論，他確實能講出一個道理來，我聽起來津津有

味。（季羨林，1986）

我們前面主要討論的是朱光潛在心理學分支學科構建上的貢獻，循著季羨林的思路，我們還可以指出朱光潛在心理學方面的另一項貢獻，那就是對心理學的中國化。例如，在《文藝心理學》裡面，作者大量介紹和討論了西方的文藝心理學研究，卻一直保持著相當的清醒，時時不忘用中國的材料與西方的理論對照，也時時不忘綜合各方面的材料構建中國畫的理論。正如朱自清在〈《文藝心理學》序〉中指出的：

> 書中雖以西方文藝為論據，但作者並未忘記中國；他不斷地指點出來，關於中國文藝的新見解是可能的。……書裡有不少中國的例子，其中有不少有趣的新穎的解釋……都是入情入理的解釋，非一味立異可比。（朱光潛，1982，頁 328-329）

有研究者注意到朱光潛中國人的思維方式在文藝心理學理論創新中發揮的作用：「朱光潛獨具慧眼，以華夏學者的別樣眼光，瞄準了在『心理距離』、『直覺』、『審美意象』等學說之間，確乎流動著某種『此處無聲勝有聲』或『沉默是金』的親緣性。」（夏中義、曹謙，2006）

樂黛雲在一篇文章中結合許多學者的研究，對朱光潛在融匯中西方面的貢獻做了一番評價：

> 朱光潛正是如張世祿先生所說，用西方文藝理論，與中國原有的文論參合比較，又以中國詩歌作為實例來衡量證驗、融會眾說、擇長舍短；同時亦補正西方學說的缺點。他始終是以中國文化、中國現實為出發點。義大利威尼斯大學漢學系主任馬利奧 · 沙巴蒂尼教授（Prof.Mario Sabattini）說：「朱光潛的《文藝心理學》是移植西方美學思想之『花』，接中國道家傳統文藝思想之『木』。每逢克羅齊觀點與道家文化思想上發生抵悟時，他總是毫不猶豫地擯棄克羅齊的理論，或者對其加以必要的修正。」如果他說的「道家傳統文藝思想」是泛指中國傳統文藝思想，我想

他說的是對的，朱光潛正是試圖用這樣的方法來促進中國文藝理論的發展。（樂黛雲，2010）

中外學者的一致意見，應該是對朱光潛融匯中西努力的最好肯定。確實，西方的理論在朱光潛那裡都能夠找到中國思想的對應，例如「審美直覺論」與靜觀自得、「心理距離說」與超然物外、「移情說」與物我同一等。因此，朱光潛的文藝心理學理論，是中西融匯的極好標本。

　　與前面的敘述相聯繫的，還可以提到朱光潛在跨學科上的努力。用高覺敷先生的話說，朱光潛是一個文學和心理學間的「跨黨」分子。「跨黨」分子的最大好處，就是沒有多少自己學科的私心，也少了很多專家的狹隘，可以較為公正地看待各個學科以及一門學科中的各幫各派。

　　由他看來，心理學在現在還是一種意見分歧莫衷一是的學科。各派學者都很有理由攻擊他人的主張，可都沒有理由掩護自己的缺點。因為這個緣故，所以他在心理學上是徘徊的，懷疑的，不輕易表示態度的（可參看他的關於完形派心理學的論文，登《東方雜誌》），也因為這個緣故，所以他對於心理學各派都予以相同的注意，不分厚薄。以「專家」自傲或自欺的學者，往往明於一家之說而昧於他家之說。所以先必有孟實先生的不偏不倚的態度，然後才夠得上著《變態心理學派別》。此書對於變態心理學各派，可算是列舉無餘。（高覺敷，1930，頁4）

這樣的胸懷，對於綜合心理學已有的成果是極為有利的。所以，很有可能朱光潛先生在無意之中就完成了心理學的專門家無法完成的工作。

（四）潘光旦

　　潘光旦（1899-1967），字仲昂，江蘇寶山縣（今屬上海市）人，著名社會學家、優生學家、民族學家和教育家，也是著名的翻譯家。由於研究興趣的關係，也由於私人交往的緣故，筆者對潘光旦先生的作品十分關注，曾幾次在報刊上為新出版的潘光旦著作寫書評。當四卷本的《潘光旦

選集》（潘光旦著，潘乃谷、潘乃和，1999）出版時，筆者以《以人爲中心——〈潘光旦選集〉讀後》爲名發表了一篇書評：

關於潘光旦先生，有一則人們樂於提及的眞實故事。1922 年，梁啟超先生在清華學校講授「中國五千年歷史鳥瞰」，課後，收到班上學生潘光旦交來的名爲《馮小青》的作業。閱畢此文，梁啟超爲潘光旦的非凡才華所激動，忍不住提筆批道：「對於部分的善爲精密觀察，持此以治百學，蔑不濟矣。以吾弟頭腦之瑩澈，可以爲科學家；以吾弟情緒之深刻，可以爲文學家。望將趣味集中，務成就其一，勿如鄙人之氾濫無歸斗。」《潘光旦選集》的頭一篇文章，就是《馮小青》，並附有梁啟超先生批語的手跡。潘先生在「敘言」中提到，對於梁先生的讚賞嘉許之詞，「深用自愧，仰自茲不佞於學問一途，略知自勉者，梁先生有提挈之力焉」。事實的發展證明，梁啟超先生確實有識人的慧眼，而潘光旦這個學生也果然沒有辜負老師的厚望，終爲頗有成就的一代大家。（鍾年，2000）

這確實是一段學術佳話，當年的師徒互動頗具傳奇色彩，晚輩學者對於這故事只能悠然神往了。不過，這段故事裡面也透露出一些有意味的資訊，例如潘光旦奇絕的選題、梁啟超動情的嘉許、專一和氾濫的對應、科學與文學的分途等。

潘光旦確實是一個通才，他自己一輩子也在提倡通才教育。當年他在美國留學的時候，就很注意吸收各方面的知識，包括心理學的知識。梅貽寶先生與潘光旦先生都是清華壬戌級同學，二人同班 7 年，同寢室 4 年，「情同手足，引爲知己」。梅貽寶在美國留學期間，於 1926 年到哥倫比亞大學住了一個學期，當時潘光旦先生與吳文藻先生（著名社會學家、冰心的丈夫）在那裡同住，大家一起往來甚密。據梅貽寶先生回憶：「當時美國社會學大師湯瑪斯（W. I. Thomas）與行爲派心理學創始者華生（J. B. Watson）都在紐約新社會研究所（New School of Social Research）開夜班講學，我們幾個同道中國學生以爲機會難得，每週結伴進城一次去聽講。」（梅貽寶，1999，頁 105）這樣的青春歲月，這樣的同學友情，也

同樣令人羨慕。

　　正是站在「通」的立場上，潘光旦爲人便有了博大的胸懷，做事也具備宏闊的視野。他也承認，在今日的情勢下求學問，已經很難要求一個人上知天文，下識地理，還能中通人事，但我們依然可以有融通的態度、多學科的觀照：

　　　只要我們求學問的時候，作觀察與解釋的時候，不把自己的一種學問當作唯一的學問，自己的觀察法與解釋法當作唯一的觀察法和解釋法，也不把別種學問、別種解釋與觀察忘記了，抹殺了或小看了，我們便算盡了人事。（潘光旦，1997，頁 18）

這和上文剛剛討論到的「跨黨」分子朱光潛何其相似，再放大一些，本文所討論的這八個人在這問題上都是何其相似。

　　對於後學者，潘光旦一直鼓勵他們多學些東西。他對學生回憶在美國受到的通才教育，他說：「關於通才教育（Liberal Education），美國教育是這種東西，清華實行的也是這種東西。譬如我在美國學的是遺傳學，可是心理學、文學、哲學，我都念。」（郭道輝，1999，頁 97）對於學習社會學的同學，他也教導他們要有廣博的知識基礎：「所以在未學社會學以前，對於自然科學及其他科學應有相當準備。尤其是心理學、生物學，要特別讀得多。」（雙日，1999，頁 46）這些談話，他都把心理學放在顯要的位置。

　　認識到心理學的重要性是與潘光旦的人生經歷有關的，他還在清華做學生的時候，就閱讀了厚厚的多卷本《性心理學》，並從此發願要將這書翻譯成中文，讓更多的國人能享受這知識的盛宴。費孝通先生在《重刊潘光旦譯注靄理士《性心理學》書後》介紹道：

　　　靄理士是從生物學和心理學的基礎上，對人類兩性關係進行科學研究的先驅者。他盡了畢生之力，披荊砍棘，終於突破了傳統的愚昧所設下的重重障礙，在西方奠定了人類兩性之學的基礎。爲社會上推廣性的教育提

供了科學教材。他真不愧是一個「最文明的英國人」。接住這個火把，把它傳到中國這片土地上來的，就是潘先生。他在抗戰歲月裡，以「傳經」的精神，克服一切生活上的困難，終於把這本巨著翻譯成平順易讀的漢語，猶恐讀者陌於中西之別，以他平時研究的成果，列舉有關的中國資料來為原文注釋。字裡行間充分流露了他諄諄善誘的功夫。什麼力量推動著他這樣孜孜不倦地埋頭苦幹的呢？這裡可以看到的是他對國家、對人民的一片忠誠和熱愛。他把一生貢獻在強種優生的研究上，勤於耕種，不問收穫。正是這種精神是我們國家昌盛、民族優秀的保證。（費孝通，1987）

性心理即便在二十一世紀的今天也還是敏感話題，何況當年。所以潘光旦先生和靄理士一樣，也是「終於突破了傳統的愚昧所設下的重重障礙」，才玉成此事的。

談到潘光旦對心理學的貢獻，最值得說的便是譯注靄理士的《性心理學》。潘光旦的翻譯是沒話說的，著名作家張中行一輩子讀書無數，是眼界極高的人，可在他眼裡，潘光旦翻譯的《性心理學》給滿分都嫌少。「我的經驗，譯品，連出於林琴南、嚴複之手的也算在內，必有多一半不及格。可是潘譯的這本《性心理學》卻可以得特高的分數，即不是一百，而是一百多。」（張中行，1989）

潘光旦譯注的《性心理學》，尤可注意的是他在翻譯過程中根據中國文獻和事例所作的近十萬言的注。書中有些較長的譯注可有數千字之多，簡直就是一篇小論文。《性心理學》的譯注主要有以下內容：一是對中國古代性文化史的梳理，以性心理學的角度彙集了中國古代文獻以及風俗習慣中的有關事例，所援引的文獻材料遍及經史子集，尤以稗官野史的資料見長。二是用西方性科學的成果（包括性生理學、性心理學、性社會學等）來對照中國古代的性文化觀念，力圖使中西學術資源達成某種程度的會通。用潘光旦的話說，就是「相互發明，或彼此印證」（潘光旦，1987）。前者的貢獻是材料的，後者的貢獻是理論的，有了豐富的材料，再加上新銳的理論，中國的性文化心理學就呼之欲出了。

其實，潘光旦的譯注是一個富礦，還遠遠沒有開發。所有的注釋

中，有一個特殊的，是關於同性戀的文獻，因爲資料較多，潘先生將其作爲附錄，即《中國文獻中同性戀舉例》。這份資料，已經成了學者研究中國同性戀問題的重要參考文獻，例如王小波、李銀河等都曾從中獲得過啓發。其他許多注釋，也都有這樣的功效，筆者在《女性與家庭：社會歷史和文化心理的追問》一文中就寫下了下面這段文字：

　　潘光旦先生在爲英國學者藹理士（Havelock Ellis）的《性心理學》作注解時從前人筆記中抉發出幾則反映寡婦心理活動的珍貴材料，讀來令人觸目驚心。如清青城子《志異續編》卷三介紹「一節母，年少矢志守節」──

　　　每夜就寢，關戶後，即聞撒錢於地，明晨啓戶，地上並無一錢。後享上壽。疾大漸，枕畔出百錢，光明如鏡，以示子婦曰：「此助我守節物也！我自失所天，孑身獨宿，輾轉不寐，因思魯敬姜『勞則善，逸則淫』一語，每於人靜後，即熄燈火，以百錢散拋地上，一一俯身撿拾，一錢不得，終不就枕，及撿齊後，神倦力乏，始就寢，則晏然矣。厯今六十餘年，無愧於心，故爲爾等言之。

這位節母，用勞損肌體的方法，來抑制身心的衝動，最終得以安心辭世。但我們卻不能安心，因爲我們並不認同無人性的貞節觀，從這篇節母的自白中，我們讀出了禮教的冷酷與殘忍，看到了禮教對女性的摧殘。（鍾年，2008a）

凡此種種，都有待後人進一步總結。

　　潘光旦還有一項值得注意的研究是國民性討論。在那樣一個時代，關心國民性問題的人很多，但沉下心來踏踏實實做相關研究卻不容易。潘光旦在同輩人中，這方面的成果是突出的，他發論文、寫專著、翻譯國民性及民族性作品（包括魯迅也十分關心的美國傳教士史密斯所寫的《中國人的氣質》）、在報章雜誌上作時評。有學者指出，潘光旦在國民性研究方面頗有建樹，其中包括將人們通常翻譯的「適應」改爲「位育」。「在解釋國民性的形成問題時，許多學者注意到適應（adaptation）現象。適應

這一概念在人類學中是指：⑴基因頻率的變化，在一個特定環境中生活的群體由此獲得生殖優勢；⑵心理及社會文化的變化，在此過程中個體的健康和幸福得以提高。」（王建民，2002）然而，潘光旦的「位育」並不僅僅是一個詞語的翻譯，實蘊涵著一套中西融匯的理論。

費孝通先生很早就注意到潘光旦的「位育」思想並將其放到潘光旦理論的核心地位。費先生說他一直想尋找潘光旦思想的核心，「最後還是從他親人所編的他的文集《尋求中國人位育之道》上得到一絲靈感，悟識到新人文思想的關鍵的詞就是『位育』兩字，『位育』是潘老師全部思想的核心」（費孝通，2001）。我們來看看潘光旦自己是如何說「位育」的。

「位育」，不錯，是一個新名詞，但卻是一個舊觀念。編者要在此引經據典，證明這個觀念和「位」「育」兩個字的出處，也許要挨迂腐陳舊的批評。但自所謂新式的學校教育發達以來，許多大學生連《大學》《中庸》都沒有讀過，卻也真令人失望！《中庸》上說：「致中和，天地位焉，萬物育焉。」有一位學者下注腳說：「位者，安其所也；育者，遂其生也。」所以，「安所遂生」，不妨叫做「位育」。（潘光旦，1997，頁1）

有趣的是，「位育」是一個名詞，同時又是一套理念。有研究者指出：「直至今日，我們還是將 adaption 譯為『適應』，而潘先生早在那時就對這一譯法提出置疑，他認為，這一譯法只強調了主體或個體對環境對歷史的被動適應，而忽視了其積極主動的一面。所以他提出一個位育的概念來代替『適應』這種譯法。」（李全生，1997）該作者緊接著說，位育之道至少超越了以下幾種對立——個體與社會的對立、靜態與動態的對立、社會性與生物性的對立、傳統與西方的對立。筆者以為，這種超越，與潘光旦求通的心態有關，是融會中西學術的企圖，而這種企圖的滋生，一定程度上又與中國人的思維方式有關。前文討論梁漱溟思想時曾經提到中國人「天地人心」的心理學觀，「位育」的觀念便很好地體現了這種思維方式。

四　共同特點與缺環接續

　　當我們把梁啟超、王國維、孫中山、魯迅、蔡元培、梁漱溟、朱光潛、潘光旦等人放到一起論述的時候，不難發現在他們與心理學的關係方面有一些共同點。僅從個人的立場看，這些共同點是不容易說清楚的，恐怕還是要在他們所處的時代背景中尋找原因，這項工作應該是另一篇文章的內容。在此，先將他們主要的共同點梳理如次。

　　一個突出的特點是他們將自己的研究思考與中國的社會文化相結合，這個特點正好可以回應本文要討論的第一個大問題。本文所討論的梁啟超、王國維、孫中山、魯迅、蔡元培、梁漱溟、朱光潛、潘光旦都當得起「學貫中西、博通古今」這八字評語。他們在這方面探索，按照前文挂一漏萬的梳理，可以提到梁啟超的佛教心理學構想、王國維的「意境說」、孫中山的「知難行易」說、魯迅的新的「心學」、蔡元培中西心理學融合的思考、梁漱溟的「人心與人生」理論、朱光潛的文藝心理體系、潘光旦的「位育」觀念等。按照我國現代著名心理學家張耀翔先生的意見，認為王國維是最早兼通中西心理學的人物，「融合古今、貫通中外心理學」（張耀翔，1983，頁216）的苗頭在他那裡已可看出。上述諸人在各自的學術領域都十分注意將西方學術中國化，在心理學方面可以梁漱溟為代表，他的《人心與人生》是一部典型的中國文化心理學，西方的現代科學心理學被他用中國式的思維中國式的話語娓娓道來，西方的知識服務於中國的理論構建。還有朱光潛、潘光旦的文藝心理學和性心理學，在季羨林、張中行等人眼中，都是中國化的範本。而且在上述八人那裡，我們還可以看到這方面追求的繼承關係，例如許多研究者都指出從王國維的《人間詞話》到朱光潛的《文藝心理學》是有內在脈絡可尋的。

　　另一個突出的特點是他們的跨學科性。上述諸人，就是要寫一個最簡單的介紹，我們也會發現很難用一個稱號或一種學科來界定他們。前述梁啟超為潘光旦批改作業，認為潘光旦既可作科學家，也可作文學家，但最好還是走「專」的道路：「望將趣味集中，務成就其一，勿如鄙人之氾濫無歸耳。」潘光旦應該還是聽從了任公建議的，他成了某些方面的專家，

不過這「某些方面」還是太多，而且潘光旦作爲教育家，依然對通才教育情有獨鍾。其實，從梁啟超等人的實際成就看，跨學科非但沒有阻礙他們對具體問題具體學科的洞見，反而能使他們站在更廣闊的視野高屋建瓴、縱橫捭闔地議論風生。今天我國的心理學家（也包括其他各科專家），在專業化上是越走越遠了，但他們的理論高度和觀念深度，又有幾個可以與梁啟超等人相提並論？

還有一個特點是他們中的許多人都關心中國人的國民性問題。這應該是那一代優秀的中國人耿耿於懷、念念在茲的一種情結，自鴉片戰爭以降，從國民性上尋找中國落後挨打的原因是一個潮流。幾乎在他們每一個人那裡，都可以發現國民性方面的論述，尤以孫中山有關國民「心理建設」的思想和魯迅對國民性的批判更加影響深遠。有時候，他們在某一個細節上也表現出驚人的一致性，例如魯迅和潘光旦都對美國傳教士史密斯所寫的《中國人的氣質》一書十分關注，大力向國民推介甚至親自翻譯，希望大家通過借助別人的觀察來更好地認識中國人。國民性研究與討論也成了心理學應用方面的一個恆久話題。

如果說將自己研究的問題與中國的社會文化相結合是本土，跨學科性是會通，關心中國人的國民性問題是應用，那麼「本土」、「會通」、「應用」這三點，既是梁啟超等人的特點，也可以視作他們的追求。本文所討論的梁啟超等人，一方面，他們都有自己的思想理論，可以稱得上是優秀的學者，另一方面，他們也都幾乎親身參與社會實踐，是卓越的社會活動家。套用中國古代的知行學說，他們稱得上是知行合一的學界精英、國家棟樑。對於中國的心理學界，也包括中國的整個學術界，目前依然繞不過去的，還是「本土」、「會通」、「應用」這樣的問題。所以，梁啟超等人對心理學的認識與運用，實在是中國心理學思想的寶貴財富，值得認眞總結。

寫到這裡，上述前賢在心理學方面的思考尤其是本土化的努力已經作了交代，但這些交代恰好可以回應另一個問題。在中國心理學史的研究中，很長一段時間有「兩個階段」的說法，即中國古代心理學思想史和中國近現代心理學史的二分，認爲這兩大塊之間沒有多少聯繫，前者根源於

中國傳統，後者派生於西方學說。這樣一來，中國心理學史就有了斷裂，構成了類似於生物演化史上所說的「缺環」。當前中國心理學史研究領域的代表性人物燕國材教授在其《中國心理學史》的開篇即談到「中國心理學史發展的兩個階段」，認爲中國古代心理學思想史和中國近現代心理學史「可以說是中國心理學史的兩個獨立分支，前者不是後者產生、發展和形成的基礎，後者也不是前者發展的繼續」。（燕國材，1998，頁 3）到了二十世紀初，「我國的心理學突然拋卻古代心理學思想的傳統，開始自覺地接受西方心理學的影響」（燕國材，1998，頁 606）。作者在這裡用了「突然」二字，就是斷裂、「缺環」的意思。

　　這樣一個問題是早就存在的，在最初撰寫中國心理學史的時候就困擾著人們。1980 年代國家教育委員會委託編寫第一部系統的《中國心理學史》，主編是著名的老一代心理學家高覺敷先生，副主編是燕國材、楊鑫輝。「這本教材分前後兩部分。前一部分論述我國古代的心理學思想的演變。後一部分論述我國近代怎樣開始把西方的心理學引進來並得到一定發展而成爲我國現代的心理學的情況。……這兩部分論述的內容是顯然有所不同的。」（潘菽，1986，頁 1）

　　不過，本文的寫作，倒是讓我們產生了如下疑問：中國心理學史上的這個「缺環」是眞實存在的嗎？或者僅僅是因爲我們資料的缺乏而顯現出一段空白？還有可能是我們帶著有色眼鏡或判斷問題的標準、尺度不統一？對梁啟超、王國維、孫中山、魯迅、蔡元培、梁漱溟、朱光潛、潘光旦諸位前賢的研究表明，近代以來，在西學東漸的大潮之下，作爲一種回應，中國人對「心理」和「心理學」有過不少討論，可惜這些討論甚少進入中國心理學史研究者的視野。其原因，大概與 1920 年代以後中國心理學走上以「科學性」爲終極追求的旅程有關。中國的心理學最初有著本土化的、中國化的、中西結合的、古今貫通的等多種可能性，這時候卻被西方的、科學的、實證的一種結果所代替，站在這種結果回頭望去，研究者的眼光便帶上了選擇性。於是，從某種意義上說，中國心理學史（我想所有的「歷史」都大致相似）的表述就成了今天科學心理學者「選擇性記憶」的產物。

參考文獻

《心理學與中國發展論壇宣言》（2008）。見載彭凱平、鍾年（主編），《心理學與中國發展——中國的心理學向何處去？》。中國輕工業出版社。

《雲五社會科學大辭典・人類學》。臺灣商務印書館。

王建民（2002）：〈論人類學研究的綜合性取向——從潘光旦先生學術生涯談起〉。《中央民族大學學報（哲學社會科學版）》，3，5-10。

王國維（1989）：〈奏定經學科大學文學科大學章程書後〉。朱有瓛（主編），《中國近代學制史料》（第2輯上冊）。華東師範大學出版社。

朱小玲（1996）：〈孫中山國民心理建設思想初探〉。《南京師範大學學報》，1，30-35。

朱光潛（1982）：《作者自傳》。見《朱光潛美學文集》（第1卷）。上海文藝出版社。

佐斌（1997）：《中國人的臉與面子——本土社會心理學探索》。華中師範大學出版社。

何友暉、彭泗清、趙志裕（2007）：《世道人心——對中國人心理的探索》。北京大學出版社。

何曉明（2005）：〈〈建國方略〉三論〉。《光明日報》，4月12日。

李全生（1997）：〈位育之道超越了什麼？〉。《讀書》，11，19-20。

李振綱、宋薇（2000）：〈梁漱溟文化心理學述評〉。《河北大學成人教育學院學報》，3，6-8。

李紹昆（2007）《中國心理學界》第八章。商務印書館。

汪鳳炎（2008）：《中國心理學思想史》。上海教育出版社。

汪鳳炎、鄭紅（2008）：《中國文化心理學》。暨南大學出版社。

肖川（2000）：〈蔡元培教育思想的現代詮釋〉。《教育發展研究》，12，53-55。

季羨林（1986）：〈他實現了生命的價值——悼念朱光潛先生〉。《文匯報》，3月14日。

宗波（2006）：〈中國現代文藝心理學回顧〉。《文藝研究》，2，20-27。

柳友榮（2000）：〈再論梁漱溟心理學思想〉。《心理學報》，*4*，470-475。

胡小林（2005）：〈從萊比錫大學到北京大學——蔡元培的教育里程〉。《學術論壇》，*10*，138-142。

夏中義、曹謙（2006）：〈朱光潛美學的「照著說」與「接著說」——以〈悲劇心理學〉和〈文藝心理學〉為例〉。《學術月刊》，*10*，88-94。

孫中山（1981）：《孫中山選集》。人民出版社。

孫中山（1986）：《孫中山全集》（第6卷）。中華書局。

郜元寶（2000）：〈為天地立心——魯迅著作所見「心」字通詮〉。《魯迅研究月刊》，*7*，49-62。

高平叔（1984）：《蔡元培全集》，第2卷。中華書局。

高覺敷（1930）：〈高覺敷的序〉。見朱光潛，《變態心理學派別》。開明書店。

張中行（1989）：〈一本譯著的失而復得〉。《讀書》，*3*，137-141。

張海鐘（1995）：〈評梁漱溟的大心理學思想〉。《殷都學刊》，*1*，88-90。

張耀翔（1983）：《心理學文集》。上海人民出版社。

梁啟超（1990）：〈佛教心理學淺測〉。見載燕國材（主編），《中國心理學史資料選編》（第四卷）。人民教育出版社。

梁啟超（1995）：《中國歷史研究法》。華東師範大學出版社。

梁漱溟（1984）：《人心與人生》。學林出版社。

梁漱溟（1987）：《我的努力與反省》，灘江出版社。

梁漱溟（1989）：《東西文化及其哲學》。見《梁漱溟全集》第1卷。山東人民出版社。

梁漱溟（1993）：《答美國學者艾愷先生訪談記錄摘要》。見《梁漱溟全集》第8卷。山東人民出版社。

梅貽寶（1999）：《清華與我（五）》。見載潘乃穆（等編），《中和位育——潘光旦百年誕辰紀念》。中國人民大學出版社。

郭道輝（整理）（1999）：《潘光旦談留美生活》。見載潘乃穆等（主編），《中和位育——潘光旦百年誕辰紀念》。中國人民大學出版社。

郭齊勇（2001）：《孫中山的哲學思想》。見吳劍傑等（主編），《孫中山及其思想》。武漢大學出版社。

陳兵（2007）：《佛教心理學》。南方日報出版社。

陳其泰、宋學勤（2005）：〈梁啟超與心理史學〉。《天津社會科學》，5，124-128。

陸信禮（2002）：〈梁漱溟的「人類心理學」及其理論意義〉。《心理學探新》，4，3-6。

費孝通（1987）：《重刊潘光旦譯注靄理士《性心理學》書後》。見靄理士原著（潘光旦譯注）：《性心理學》。三聯書店。

費孝通（2001）：〈想起潘光旦老師的位育論〉。《西北民族研究》，1，1-2。

楊嬌（2006）：〈蔡元培的心理學思想及其貢獻〉。《中國地質大學學報（社會科學版）》，6，77-85。

楊鑫輝（1998）：〈蔡元培在中國現代心理學史上的先驅地位與貢獻〉。《心理科學》，4，3-5。

楊鑫輝、趙莉如主編（2000）：《中國近現代心理學史》。見《心理學通史》第二卷。山東教育出版社。

趙莉如（1984）：〈梁啟超的心理學思想評述〉。《江西師範大學學報（哲學社會科學版）》，1，29-32。

趙莉如（1996）：〈心理學在中國的發展及其現狀（上）〉。《心理學動態》，1，24-29。

劉偉林（1990）：〈王國維的文藝心理學體系〉。《學術月刊》，1，47-53。

樂黛雲（2010）：〈朱光潛對中國比較文學的貢獻〉。《社會科學》，2期，頁163-169。

潘光旦（1987）：〈譯序〉，見靄理士原著（潘光旦譯注），《性心理學》。三聯書店。

潘光旦（1997）：《尋求中國人位育之道：潘光旦文選》（上）。國際文化出版公司。

潘光旦著，潘乃谷、潘乃和選編（1999）：《潘光旦選集》（共4冊）。光明日報出版社。

潘菽（1986）：《序言》。見高覺敷（主編），《中國心理學史》。人民教育出版社。

蔡元培（1959）：《說民族學》。見高平書（主編），《蔡元培選集》。中華書

局。

蔡元培（1990）：《國立中央研究院之過去與將來》。見燕國材（主編），《中國心理學史資料選編》（第四卷）。人民教育出版社。

魯迅（1981）：《魯迅全集》（第6卷）。人民文學出版社。

魯迅（1995a）：《魯迅選集》（第2卷）。人民文學出版社。

魯迅（1995b）：《魯迅選集》（第4卷）。北人民文學出版社。

燕國材（1998）：《中國心理學史》。浙江教育出版社。

錢理群（2002）：〈在〈魯迅改造國民性思想研討會〉上的發言（提綱）〉。《魯迅研究月刊》，5，14-15。

錢穆（1986）：《現代中國學術論衡》。嶽麓書社。

鮑晶編（1982）：《魯迅「國民性思想」討論集》。天津人民出版社。

雙日（1999）：《園內學人訪問記：社會學系教授潘光旦先生》。見載潘乃穆（等編），《中和位育——潘光旦百年誕辰紀念》。中國人民大學出版社。

鍾年（1996）：〈人類心理的跨文化研究〉。《中南民族學院學報》，1，45-50。

鍾年（2000）：〈以人為中心——〈潘光旦選集〉讀後〉。《博覽群書》，3，41-42。

鍾年（2008a）：〈女性與家庭。社會歷史和文化心理的追問〉。《武漢大學學報》，2，263-269。

鍾年（2008b）：〈跨學科與心理學研究〉。《湖北大學學報》，3，16-18。

鍾年（2008c）：〈中文語境下的「心理」與「心理學」〉。《心理學報》，6，748-756。

Kren, G. M. & Rappoport, L. H. (1976). *Varieties of psychohistory*. Springer Publishing Company.

Nisbett, R. E. (2003). *The Geography of thought: How Asians and Westerners think differently...... and why*. The Free Press.

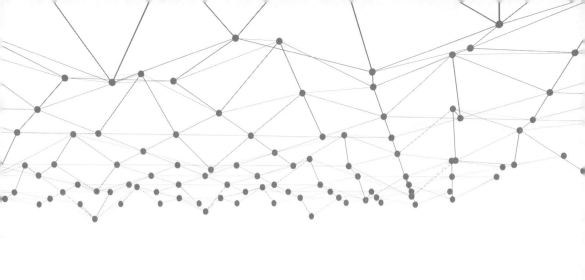

◆第二篇

傳統思維心理學研究
的案例

（楊中芳主編）

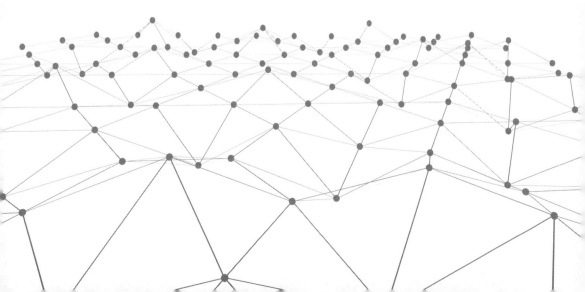

第五章

中庸心理學研究：源起、現狀及展望

楊中芳

馮友蘭（1940b）曾在他「貞元六書」的《新世訓》一書中，開宗名義就說：「人都是要生活，其生活必多少依照一種規律。猶之乎人都思想，其思想必多少依照一種規律。……人不必皆明白這些規律，所以其依照之不必皆是有意（識）[1] 底。我們亦須要一門學問，發現這些規律，將其指示出來，叫人可以有意地依照著生活，使其生活本來多少照這些規律者，或能完全依照之。這門學問，可以教人如何生活，所以它所講者可以說是生活方法。……以上所說關於生活方法底意思，《中庸》已大概說過。我所說的生活所依照底本然規律，《中庸》名之曰道。」

中庸心理學研究就是想把中國人生活方式的規律發展成一門學問。

中庸心理學研究是本文作者在探尋如何將華人心理學研究本土化的道路上，所作的一個嘗試。初心並不在於復古——這通常是許多人對本土心理研究者的誤解，而是在於探研一套看似仍然在當今（此時此刻）華人社會中運轉的思維方式、價值觀以及行動策略。25 年來，中庸心理學研究已經逐漸受到研究者的關注及參與。它正在發展成一套解釋中國人做人處事的文化釋義系統，並作為研究本土生活智慧、人際關係、企業管理以及心理健康／治療等應用心理學的理論基礎。本文除了簡述其發展歷史，綜述其最近 10 年（2011-2020）的發展現狀之外，還建議一些未來的探研方向。

---

1 括號內之文字為本文作者所加。

一 緣起

對「中庸」這一傳統概念的研究與討論，可以從許多角度（學術領域）切入，目前成果無可計數。但是中庸心理學研究，可以說是始於楊中芳與趙志裕（1997）提出將「中庸」這一至今仍爲老百姓沿用的傳統概念，進行心理學構念化，作爲研究架構。他們並構想它爲一套「實踐型」思維方式，稱之爲「中庸實踐思維」。當時，作者們在開篇即引述了白魯恂（Pye, 1968）的名言：

「中國人沒有『做什麼』（what）的問題，只有『怎麼做』（how to）的問題。」並指出：「他的言下之意是，中國人都知道應該以道德作爲做人處事之準則，禮義廉恥也背得滾瓜爛熟，但是遇到具體情境到底要如何根據這些大準則去做，則是一個令人頭痛的問題。而也正是在這裡，才牽涉到儒家思想的重點——自我修養的問題。」（頁 269）

接著，作者們把爲什麼要用「中庸實踐思維」這一課題，作爲我們嘗試做本土研究的一個開端闡明如下：

「西方社會心理學在探索人類行爲的前因時，往往把重心放在行爲前個人對事理「對／錯」的判斷上。亦即西方學者認爲一個人在決定了什麼是對的及什麼是錯的之後，他就會按著對的去做事。根據這個想法，一個人的「態度」及行爲必然有一致性，而一個人的行爲自然地是反映一個人對涉及事件的判斷及態度。至於行爲的後果則是一個人在做自己認爲是對的事件時，所必須付出的代價。而願意接受這個代價的人都被認爲是有責任心、有骨氣的英雄[2]。

在這樣一套思維架構下生活的人（包括研究者），可能不容易理解爲什麼中國人經常不能痛快站出來表達自己的判斷及態度，總是畏首畏尾；

---

[2] 作者註：在 2020 年的抗疫事件中，美國人堅持不戴口罩的心理，就是：戴不戴口罩是個人的抉擇，不戴染病死了，也是自己的選擇。

也不容易理解中國人經常做出言行不一致的事，總是言不由衷、行不由己。在嘆惜中國人貪生怕死、慣常說謊、沒有勇氣之餘，本文想探索一下另一個可能性，並用之來描述及解釋中國人的思考與行爲。

那就是，中國人是在用一套與西方人慣用的思維架構不同的架構在思考社會事件及問題。

在注重人際和諧的中國社會裡，人們的行爲的決定因素有可能並不放在自己對什麼是對的、什麼是錯的判斷上。而是將重點放在決定了對、錯之後，如何在保持人際和諧的基礎上，來把自己認爲是對的做出來。在這個思維架構中，一個人將其選擇行事途徑之思考集中於自己的行爲選擇所可能帶給周圍其他人的影響之上，務必令自己的最終選擇，能維繫周圍之人際和諧。

這種以人際和諧爲目標，注重自己行爲後果的思維架構，可能使我們在思考要「如何」去做時：(1) 不衝動地採取即時行動；(2) 顧全大局，全面考慮所涉及的人、事；(3) 強調自己行爲對全域中其他人所產生的後果；(4) 採取中庸之道，以對大家來說，皆合情合理的途徑來行事。在這裡，我們簡稱這樣的一個思維架構爲「中庸實踐思維」。

在用這樣一套「中庸實踐思維」方式來理解中國人在具體情境中的行動，我們很容易地就理解爲什麼他們吞吞吐吐，猶猶豫豫，言行不一致（被認爲是慣性說謊）、甚至哀哀怨怨、悲悲切切……

所以對中國傳統「中庸實踐思維」的研究，將具有深刻的理論意義，讓我們從另外一個，不同於西方主流的角度或架構，來看人們具體行爲背後的意義。」（頁 269-271）[3]

以上這些話固然是 20 多年前的舊話，但已清楚地道出了兩位作者爲什麼當初要選「中庸」作爲進入本土研究的試金石。那是爲了要在華人生活的歷史／社會／文化脈絡中，尋找一套釋義系統，用之來更貼切地理解老百姓的行爲現象及其背後的心理意義。也就是說，他們試圖走向楊國樞

3　頁數爲在收錄於楊中芳（2001）《中國理解中國人》一書中出現的地方。

（1993）爲華人本土心理研究定下的藍圖：將華人當華人來研究的心理學。

　　本文撰寫的目的，就是想看看這 25 年前即已定下的研究目標，如今走到了哪裡？在簡述其歷史發展，及綜述了現有的相關研究之後，指出它們的問題及不足，並建議一些未來研究的方向。

二 中庸心理學研究的發展與推進

（一）篳路藍縷

　　這條「中庸之路」走得眞是很艱辛！因爲它是逆勢而上的努力。眾所周知，當今在華人社會教授心理學的老師及學習的研究生都面對了「出版或出局」的壓力[4]。要寫「速成」的文章，又能在英文期刊發表，就必須在西方主流刊物裡，找西方學者看得懂、有興趣的題目；用他們根據其自身文化理念所編製的量表，施用於華人受試者；再用他們的審稿標準來修改自己的研究報告，務必放入像「個人主義—集體主義」或「獨立自我—相依自我」這樣的跨文化釋義架構之中。這樣，才能讓外國審稿者看得懂「你在說什麼」，這才能登上版面，達成指標。

　　在這樣一個大背景下，中庸心理學研究者是逆行者，研究成果有先天不足及貧血的現象。由於這個傳統概念對西方主流學者來說，是一個很陌生的概念，所以有關中庸的研究，先要被翻譯爲像 the doctrine of the mean，這樣的古希臘哲學概念之後，才能被理解。隨後又硬把它與矛盾、衝突、妥協等西方辯證思維裡的構念，連繫在一起才能形成被人接受的理論。這時中庸已經失去其原汁原味，變成了一個跟心理學關係不大的哲學問題，因而也很難令主流心理學刊物認爲它是值得做研究的心理學課題。

　　由於與它相關的論文不能令 SCI、SSCI 指標向上衝，也不能引起國內外撥款機構的青睞，令之成爲重大課題資助項目，這一領域一直無法得到充裕的研究經費補助。這樣，很多中庸研究者只能讓自己的碩、博士生

4　國家教育主管單位用一刀切的數量指標，扼殺了任何有心做本土研究的幼苗。

為達到作正式論文前的出版要求，做一些簡單、粗糙的小型研究，主要是拿兩個量表，找一些不花錢的學生受試，求一下相關，在沒通過專家評審的刊物上發表，以獲得繼續追求學位的資格。

因此在本文的研究綜述中所列舉的文章，坦白說，品質參次不齊。但我卻幾乎「照單全收」！我的理由是：在現階段，中庸心理學研究正在起步，我們要先「兼容並蓄」，以求吸引更多的年輕學子進入。成了氣候之後，更求精進。另一個理由是，這些研究由於沒有經過太多層「主流研究進路」的過濾，我們反而可以看到最原始的研究構想及數據，或許從中可以找到遺珠，成為未來可以進一步探研的本土現象。

最近十多年，隨著中國國際地位的提高，像上世紀 80 年代的日本[5]，開始有主流學者注意到，一些中國本土概念可能成為將來的研究熱點。畢竟中國的企業員工及消費者占世界人口的比例越來越大，對這些人的研究不可忽視。另一方面，華人商業界在應用西方主流管理理論二、三十年後，發現有「不那麼貼切」的感覺，本土化運動在這些應用領域有了一定的覺悟與進展。然而，在廣泛的心理學領域，仍在 SCI、SSCI 等指標的主導下運作，令本土研究仍處於邊陲地位。

直到最近幾年，特別是 2020 年疫情爆發之後，全球一體化（西化）的理想破滅，國際競爭局勢的迅速成長。先在產業界看到「照抄」或「拿來」的應用模式，屢屢「被卡脖子」。學術界也逐漸認識到，泱泱大國的心理學不可以再是，如楊國樞（1993）所說的那樣：「將華人當美國人或西方人來研究」的心理學了。這才讓本土研究得到久旱的甘霖。

（二）慘澹經營

楊中芳與趙志裕（1997）的「中庸實踐思維」研究始於，1996 年由香港中文大學社會學系所主持的「儒家思想的現代意義」研究資助項目中的一項子計畫。接著，2002 年楊中芳得到廣東中山大學 985 工程人才引

5　1982 年 F. Rothbaum、J. R. Weisz 與 S. S. Snyder 提出的 secondary control 的概念就是受到對日本文化的細心觀察得來的靈感。

進撥款計畫的資助，與系裡幾個同事[6]，聯合臺灣幾所大學的同事[7]，帶領研究生，繼續了這項課題的研究。在這 20 多年來，不斷地透過不同的場合及舉辦各種學術活動，努力讓它存活在心理學界的視線之內，哪怕只是在外圍邊緣[8]。

三 2010-2020年研究概況[9]

　　10 年前，本文作者曾經做過一次中庸相關論文綜述（楊中芳，2010）。韓悅（2019）曾搜集了近十年與中庸相關的實徵研究報告論文，作了一個元分析。在這兩次綜述的基礎上，本次綜述涵蓋論文 140 篇，來源包括下列幾處：

1. 網路搜索得論文 89 篇。
2. 「第四屆中庸心理學研討會」後出的論文集中的論文 29 篇（楊中芳、韋慶旺，2014；韋慶旺、楊中芳，2014）。
3. 2018 年「第五屆中庸心理學研討會」上報告的論文 11 篇。
4. 網絡搜索得學、碩、博士論文 11 篇。

　　為減少內容的龐雜性，在這次綜述中，同屬於中國傳統思維特性；如，集體主義、關係主義等的研究，都沒有包括其中，除非它們涉及與中庸相關的討論。

　　在這 140 篇論文中，有 38 篇為綜述或論述性論文；102 篇為實徵研究報告論文。整體來說，由這些論文看出中庸心理學研究是在緩慢地成長中。正如楊中芳（2010）在上一次綜述時，對未來研究方向所推薦的，最近這 10 年的中庸研究的確有朝應用方向，如企業管理及心理健康等領域前行的趨勢。同時，研究樣本種類也隨之更趨多樣化，不再只以大學生為

6　黃敏兒、王飛雪、高瞻、林升棟、王軼楠、郜智敏、韋慶旺等。

7　林以正、黃金蘭、朱瑞玲、汪曼穎、葉怡玉、孫蒨如、周麗芳等。

8　包括中庸心理學專題論壇、研討會、出專集、開研究工作坊及培訓班，及經營中庸研究營網群等。

9　本文作者感謝張曙光、韋慶旺、韓悅、張仁和提供相關文獻搜索。

主。研究設計也趨多元化，有實驗研究，有前／後測對比，有一般人與病患（或救助者）對比，更有中庸思維培訓組與控制組的對比等等。研究單位也有從清一色的單一受試，加入了各種工作或家庭雙人組，或以多人爲研究單位的案例。

四　論述型研究綜述

　　論述型論文是指非實徵研究報告的論文，在本次綜述中共有 38 篇。內容非常多樣性。有些是比較具有針對性的；例如，對中庸一詞及相關概念的釋義或再議（如，彭國華，2013；孟琢，2011；韋慶旺、鄔玉婷，2014；楊宜音，2014 等），中西哲學對「中」概念的比較（黃克劍，2020），中庸之道的現代轉型與管理學應用（孫健、田星亮，2010；黎紅雷，2013）等。有的則是對現有中庸研究的評述（梁果等，2012；傅緒榮、孫慶民，2013）；以及對現有測量工具的評析（徐慧金、鄒智敏，2014）；也有提出了測量中庸思維的新研究方法（如，廖冰、徐家運，2012）。還有兩個涉及元分析的綜述（鄒智敏、蕭莉婷，2014；韓悅，2019）等。

　　還有一些是概述性的論文，內容有關介紹中庸研究的（李昱霈，2011）；員工中庸思維研究的（楊飛，2016）；中庸與創新意向研究的（Wang & Yu, 2014）；中庸型領導的影響力的（曲陽，2014）。更難得的是，也有在探索如何用心理學裡最前沿的腦、認知知識及技術來研究中庸思維之基本心理歷程的論述（羅勁、劉玉，2014）。

　　最後，再有 7 篇是提出具體中庸研究計畫者（李婕寧、周麗芳，2018；魏新東、汪鳳炎，2018；林以正，2018；黃鈴鈴、鄒智敏，2018；楊欣林、鄒智敏，2018；陳其錦等人，2018；黃統斌、鄒智敏，2018）。

　　在這些論述型論文中，有三個議題比較突出，在此略加闡述。

（一）中庸能不能做實徵或實證研究？

　　這一問題的起源是中庸研究的「第一問題」：中庸到底是什麼？回答

這一問題事體重大，牽涉甚廣，我會在本文後面不同論述點提出來不斷地討論。目前只先指出，這「第一問題」大家的理解都不一樣，有部分人認為「中庸」涉及的是個人道德修養的問題，而每個人修行的「中道」都不一樣，所以無法求取「平均數」、「標準差」等，因而不能依現有西方主流研究進路的做法進行實證研究。

在本次綜述的文章中，有數篇在討論這個問題。例如，劉昌（2019）指出中庸是儒家思想中的一個屬於應然的價值觀念。中庸實踐對於多數人而言是不可能達到（或是無法實現）的理想，意味著以大量樣本為基礎開展的中庸心理實證研究，存在著嚴重的內在悖論，從而令這些研究並非真正的中庸心理學研究。汪鳳炎（2018）也從實踐的角度提出，中庸思維多停留在理念層面，真正將其落實到行動中的人很少，能夠達到高水準的中庸思維者更是少之又少。大部分人行的都是「假中庸」，它的施用弊大於利，其中危害最大的是將鄉愿式思維當作中庸思維。

這兩位作者提出的觀點是有關理想（價值）與現實（實踐）之間差距的問題。本文作者認為中庸的價值可以由社會變遷的角度做實徵研究；依中庸價值在現實生活中的體現則可以是另外一個值得作實徵研究的課題。後者視研究者所持有關「文化—個體」之間關係的理論而定。有關價值與實踐的討論會在下一節（三）中再展開。

李鑫（2015）從認識論的角度來看，認為中國的傳統哲學的志趣在於天人合一、在於求善，不願也不能用來求真求知，因此傳統哲學不可以用來直接指導（但可能啟發）求真求知。他更指出儒家意義上的「中庸」可以用「即、又」（both-and）來表示，就是「兩頭兼顧，兩端的各種好處都要佔有，而其壞處卻都不沾邊」，說明它的不求真不求知。鞏見剛等人（2018）曾針對李鑫所提的論點進行交流，認為李鑫的論點是出於對傳統文化及「中庸」的片面認識及理解[10]。韋慶旺與鄔玉婷（2014）也指出「即、又」只是行「一分為三」的一種型式而已。

另外一些反對做「中庸」實證研究的人，則是從方法論的角度來理論

---

[10] 我覺得這也已經不是片面認識，而是完全的誤解。

的。他們認爲採取本土研究進路就是要放棄實證研究進路！這是涉及最根本的，要如何進行華人心理學本土化的重大議題。許多學者認爲作本土研究就是不要掏空歷史／社會／文化的脈絡；而西方主流實證主義研究進路的重點正是將本土概念加以純化或淨化，或稱「去脈絡化」，到可以相互比較的地步。這正是「掏空」！因此許多提倡做本土研究的學者認爲，這種掏空後做的研究不再是本土研究了。

　　早年爲這一爭議，還曾經開過一個研討會，會中論文被集結成書（楊中芳，2008b）。在該次討論中，本文作者曾表明她的立場，認爲實證研究不是完全不可以做，但是不要太早地「去脈絡化」、太快地去做「跨文化」比較。重點是一定要在自己的文化脈絡中把現象看清楚、想明白，知道自己想回答什麼本地老百姓關心的問題，再去做「有的放矢」的精準實證研究。她的觀點是，目前心理學的實證研究還在其「科學發展」過程中的「描述性」階段，實證研究是作爲進一步詳察、分析及理解的工具，而不是用之去追求「眞理」（楊中芳，2008a）。

　　對這個問題，我認爲讓大家有一個統一的立場，是不現實的。因爲正如陳來（2019）指出的，由古至今，學者對中庸一詞的詮釋至少經過四次大的轉變，而一般民眾的理解當然就更不用說了，大家各取所需，意義相距甚遠。在這一次的綜述中，我們不斷地看到這一鴻溝。不過，時不時大家在一起各自舒發一下己見，看似誰也沒說服誰，然後回去各自幹各自的活兒！但事實上大家在回去後，再次思考或再發表己見時，可能已經受到這些「雞同鴨講」的影響，令自己的論述更趨向「合而不同」的「一家」精神。所以，我贊成多做這樣的討論，用朱利安（2015）的語言，它的影響是潛移默化的。

（二）中庸智慧的源頭 —— 陰陽如何平衡？

　　李平（2014）曾提出，中庸一書固然被認爲是子思匯集上古時期哲學思考之大成的著作；並且它是一套生活實踐的智慧結晶，但是要更深入地理解這中庸之道，應該上溯至其源頭到道家陰陽學說。他提出人們如何在陰陽之間求取平衡，是我們做人處事遵循的法則，也因此應該是我們

研究現今中國社會現象——包括企業管理領域——的思考重點（李平，2016）。對於怎麼樣才是平衡，他的看法與李鑫（Li, 2018, 2019）很不一樣，後者給出很多不同想法。

本文作者也認為心理學研究，對華人陰陽如何取得平衡的探討實在太少，以致一直被主流心理學視為與悖論思維（paradoxical thinking）[11]或辯證思維（dialectical thinking）[12]為同義。這是因為它們也都涉及到，兩個對立面的思考及相互影響。然而，西方主流思維中所指涉的對立面是邏輯上相互矛盾的面相，與中庸思維中的「陰中有陽、陽中有陰」，以及「一陰一陽」的「相互消長」概念，其實是完全不一樣的概念，因此以為陰陽平衡，也如悖論或辯證思維一樣，需要「同時」將共存的矛盾用創新型的整合來加以化解及統一，是有待商榷的。

中庸的「平衡」是「執兩用中」，而這一詞的意思，與我們日常說的「搞平衡」，是有差別的，如果我們不多花一點時間作更深入的理解「用中」的陰陽平衡觀，以及由它而產生的平衡術，那我們的研究將永遠被西方二分思維套著脖子，走不出去。林以正（2014）用「先退後進」、「外圓內方」，以及「外柔內剛」原則來看華人做人處事的「執兩用中」策略，是一個很好的開始。

（三）換用中庸進路來審視世事

較早楊中芳（2008c）曾建議，本土研究者擱置用西方主流研究的「本質論」及「二分」架構來思考問題，改用中庸實踐思維架構來看華人的生活世界及現象。在最近的 10 年間，確實看到有研究者開始嘗試這樣做了。例如，王軼楠（2010）用中庸架構提出了探討自我的新視角；韋慶旺與郭政（2014）、楊宜音（2014），以及彭文會與黃希庭（2015）等，都提出如何用中庸思維架構來看中國人生活中的幸福感；侯凡躍等人（2018）則用之解釋了中國人審美的「主客相融」現象，等等。這是一個

---

11 這裡是指一種導致矛盾的命題。通常從邏輯上無法判斷正確或錯誤，故稱為悖論。
12 這裡是指一種以對立統一規律等動態發展的角度來觀察和分析問題。

非常可喜的現象。跳出西方主流研究進路，從實踐的角度看人們如何應對生活，是走向本土研究的一個重要里程碑。有關將中庸實踐思維作爲一套心理學研究進路，本文作者有另文詳述（楊中芳，2022）。

五　實徵研究中的「中庸」

前面說過，中庸心理學研究，一直以來，都被其「定義」，這「第一問題」，所困擾及制肘。這對做實徵研究來說，當然是一個致命的打擊。尤其在用主流的研究進路來思考問題時，「定義」是至關重要，甚至是最重要的一個環節（朱利安，2015）。如果不先將定義搞清楚，許多人立馬「扭頭走人」，認爲不值得再多看一眼、多說一句。

「中庸」，正如中國語文中所有的字詞一樣，其模糊性是很高的，將之定義清楚不難，但要大家都同意是唯一的定義，根本是不可能的任務。必須視情境，以及認知者自己的背景及立場，去理解之。但是這個困難，我認爲並不是完全不能解決。如果每一個人在做研究的時候，都能把他或她自己心目中對中庸一詞的想法講清楚、說明白（我稱之爲構念化），然後再依之去研發或沿用適當及精準的研究工具，可以減少許多目前的混亂現象（楊中芳，2008a）。

很不幸地是，遍觀現有的 100 多篇實徵論文，幾乎大家都走了「本末倒置」的路徑：不管在前言中如何解釋「中庸」是什麼，在選用研究工具時，大都沒有按自己所定義的，去製作或沿用測量工具，僅用了以下即將列述的 4 個量表之一（有時，之二）。大家都知道，每一個量表的編製者對中庸這個名詞都有其自己的想法（構念化），這樣，中庸的「定義」，無形中就被這幾個量表的編製者所綁架！

所以在對大量研究進行綜述前，有必要先看看本次綜述論文中最常用的這 4 個測量工具是什麼，以及對其背後對中庸的構想作一番梳理。好在，它們都同出於一個原始的中庸構念化及測量，令列述的工作稍微容易一點。現在先介紹一下這一原始量表。

（一）中庸原始構念化及測量

　　楊中芳與趙志裕（1997）將「中庸實踐思維」構想成是一套有關要如何行動的思考程序——指引個人在做人處事時，注意什麼要點，思考哪些因素，用什麼準則來選擇行動方案，以及要達到什麼目標。首先，它是一套帶有價值（或稱偏好）取向的決策過程，再則，它包括了一個事後「反省／修正」的「優化」過程[13]。

　　楊、趙中庸實踐思維量表——由於楊、趙認爲「中庸」帶有「價值取向」，他們最先編製的第一個「中庸實踐思維」測量工具是一個「迫選式」的價值量表[14]，旨在從受試者的「二選一」抉擇中，探看其價值偏好。受試者被要求在兩個反映不同價值取向的信念陳述句中，選擇一個自己比較贊同的句子，並給出贊同該句子的程度。兩句中的一個是反映某種「中庸」價值思維（樣題：「事情發生時不要急於採取行動，先靜觀一下事態的發展再說」）；而另一個句子則反映的是某種「非中庸」[15]的思維（樣題：「處理事情，要當機立斷，免得節外生枝」）。

　　這一量表原有 16 題，旨在測量 8 種信念／價值取向：天人合一、陰陽並存／互轉、靜觀其變、後果思考、以和爲貴、顧全大局、不走極端、恰如其分。前兩項是與文化所持的宇宙觀／認識論有關；接著三項給出思考的重點，要冷靜、採取任何行動要考慮後果、主要是不要破壞人際的和諧氣氛；最後三項是要管控好自己、讓自己不僅只顧自己、不走極端，還要做到與環境維持「恰恰好」的融和關係。

　　稍後的實徵研究發現該量表的內容跨度很大，加上用的是迫選式測題，其信、效度的計量學數據都不甚理想[16]。仔細研判這些測題之後，覺

---

[13] 本文作者們原用主流認知心理學的「後設認知」構念，後來融入傳統「體知」的概念，將之稱爲「優化」，令自己的行動更趨向「中」的理想狀態。

[14] 作者們認爲不用迫選方式，很難測量「價值」。唯有當人們面臨選擇，才看得清孰重孰輕。

[15] 近於華人社會現代化後，人們所持有的價值取向。

[16] 有關迫選題量表的記分，以及與自陳萊克式量表（Likert scale）記分的比較，長年是心理計量學的一個課題。Xiao 等人（2017）的論文是一個最近的例子。本文因篇幅限制，

得有必要將其內容進行篩減及重新修訂。於是，楊中芳（2010）一方面進一步將這一「中庸實踐思維」作更完善地構念化成一個思維體系，稱之為「中庸實踐思維體系」（將在本節（九）中闡述）。另一方面，也參與了用心理計量學標準，對這一原始量表進行修訂的工作（黃金蘭等，2012）。這一黃、林、楊量表將在下面（二）中的第 3 項作介紹。

（二）後續四個常用中庸量表

從上面這一原始量表發展出來，最為下面要綜述的研究者使用的有四個：

1. 中庸思維量表（以下簡稱吳、林量表）

吳佳輝與林以正（2005）將楊、趙的構念化加以簡化，把重心放在「團體中大家有不同意見時」，個體「由多個角度來思考同一件事情，在詳細地考慮不同看法之後，選擇可以顧全自我與大局的行為方式」（頁255）。根據這一構念化，他們編製了一個 13 題自陳式量表，亦即要求受試對一個形容自己實踐中庸的陳述句（樣題：「做決定時，我會考慮各種可能的情況」）作符合度評定。量表包括三個維度：⑴ 多面性：多方面思考問題；⑵ 整合性：做決定時整合自己及大家的意見；⑶ 和諧性：著重以和諧的方式處理意見衝突。該量表的信、效度數據都令人滿意（吳佳輝，2006a）。該量表的三個維度得分的相關在 .50 左右，所以有時也可以合併成一個總分來使用。它是本次綜述的論文中被採用最多的測量工具。

2. 中庸行動思維量表（簡稱趙氏量表）

趙志裕（2000）將原始楊、趙的構念化加以濃縮成，在「處理具體事件時」，人們考慮「如何行動」的三個主要價值面向：⑴ 感知方式——顧全大局及認清複雜的互動關係；⑵ 行動目標——中和；⑶ 行動執行——

_____

不在此討論。

執中（辭讓、避免偏激）。這一量表是一 14 題的迫選式工具。也就是說，它和原楊、趙量表一樣，也是在測量中庸思維中的價值取向。趙氏在其研究報告中指出，該量表主要呈現一個主要因子，因此以總分為計。

3. 中庸實踐思維信念 / 價值量表（簡稱黃、林、楊量表）

黃金蘭等（2012）將原有楊、趙量表的 16 個「迫選題」進行修訂。用因素分析及心理計量學的一些指標為基礎，對原量表進行篩減，成為一個 9 題迫選式量表。後經楊中芳、林升棟（2014），用因素分析法反覆測試後，認定該量表基本涵蓋兩個主要成分：⑴ 拔高視野——對世事有看高看遠的全面認識，以及有陰陽消長觀；⑵ 自我收斂——以和為貴；不放縱自己走極端；以忍、讓、退等收斂手段為處事策略。由於這個量表的計分方式比較複雜，一致性信度係數並不很高。在鄒智敏、蕭莉婷（2014）的一個小型元分析中，包括了 14 個用此量表為工具的實證研究，結果顯示此量表之一致性信度係數在 .59 致 .77 之間，樣本量的大小是唯一的一個影響係數大小的因素。這一問題一直是此量表未能被廣泛使用的原因之一[17]。

4. 中庸實踐思維自評量表（簡稱楊氏實踐量表）

楊中芳與陽中華（2014）有鑑於楊、趙量表為一測量個人信念 / 價值之量表，而價值與實踐之間仍然存在不少差異（見下面（三）的討論），故決定編製一個自評式的實踐量表，用以測量人們對自己在平日實際生活中做符合中庸價值之行動的程度，特別是關於實踐中庸價值不當時，可能遭遇的心理困擾。該量表共 25 題，包括四組子構念：沉著克制、多方慎思、事後反省及迷惘委曲（樣題：「事情想太多、太複雜，令我感到迷惘，不知所措」）。信度檢驗得到內部一致性係數在 .60-.85 之間。效度方面，與正向家庭功能評定有符合預期的顯著正相關。

這一量表有兩個特點：其一，它是唯一的一個工具包括了探測中庸思

維構念化中，有關「過與不足」之間作「度」思考的量表。它反映了人們作「反省／糾正」的心理歷程（樣題：「對做過的事，我會斟酌自己是做得太過分了，還是不夠」）。其二，它也是唯一的一個工具探測了中庸思維可能帶來的負面心理後果（樣題：「覺得世事瞬息萬變，我很難掌握自己的方向」）。這一量表與吳、林量表同爲實踐自評式量表，但測量的內容相似度並不高。吳、林量表沒有測量沉著克制、事後反省及迷惘委曲；楊氏量表沒有測到吳、林量表的整合性、和諧性。

李子萱等（2018）曾對一個大學生樣本，同時施測了吳、林量表及楊氏實踐量表。提供了一個機會探看這兩個實踐型中庸思維量表之間的關係。結果發現楊氏中庸實踐思維與吳、林量表的相關結構是：多方愼思及事後反省與吳、林的三個因子都有不同程度的顯著正相關，反映它們都與思考有關。但是沉著克制與迷惘委曲則都只和吳、林的多方性有顯著正相關，與整合性及和諧性則沒有顯著相關。這一結果顯示，兩者如共同使用，可覆蓋更大的實踐思考重點。

（三）中庸價值與實踐

以上這四個量表，看似相似，但其作答方式，反映的卻是兩類構念：價值與實踐。從心理學的角度來看，價值與價值實踐是有差別的。一個人永遠可以聲稱自己具有某一價值，但在實際生活實踐層次，並不一定能身體力行。即使能力行，也不一定做得到把該價值表現出來，甚至在實踐過程中會出現「心有餘而力不足」的現象，令自己進入迷惘委曲的狀態。

依據此一立論基礎，我們可以說，吳、林量表，以及楊氏實踐量表，都屬於「依自己實踐的情況」作答的自評式量表，每一個測題句大多以「我」開頭，或以「我」爲主詞，受試給出的是自己的行爲符合測題中描述的程度。而趙氏量表及黃、林、楊量表則均爲價值量表，反映的則是「理應」或「最好」這樣做的層面。

在這次對中庸論文進行綜述過程中，遇到幾個研究，同時包括了價值及實踐自評這兩類型的中庸量表，從而容許我們看看價值與實踐的關係。楊中芳與林升棟（2012）的一個研究中，發現黃、林、楊價值量表的總

分和吳、林實踐量表的三個子量表之得分的相關爲：多面性，.22；整合性，.379；和諧性，.273。

楊中芳等人（2014a）用 856 個成人樣本，求取了黃、林、楊量表的兩因子及楊氏實踐量表四因子的相關。結果發現，拔高視野與三個實踐自評因子得分有顯著正相關，但都不高，在 .15-.22 之間；與迷惘委曲則如預期有顯著負相關。另一因子──自我收斂與多方慎思和事後反省有略高的顯著正相關；但與迷惘委曲沒有顯著相關。這後一結果表明，人們的自我收斂並沒有帶來委曲迷惑 [18]。

高瞻與李炳潔（2014）用 112 個憂鬱病例爲樣本，發現吳、林量表的意見整合總分與眾多 SCL-90 自評憂鬱症狀沒有相關，但與黃、林、楊的價值量表中的自我收斂則有顯著負相關，尤其在人際關係敏感度、偏執、強迫症及精神症等方面的相關甚高。這一結果表明，自我收斂價值透過在人際關係的自律，令其與人相處較融洽，從而與抑鬱症的負向關係顯著。

鄭淇等（2014）用 583 大學生樣本，所做的有關大學生中庸思維與寬恕傾向的研究中，同時用了吳、林量表，與楊、趙最早的信念／價值量表，得到這兩個量表的總分相關爲 .51。但吳、林量表得分與寬恕傾向得分無顯著相關；而楊、趙量表與寬恕傾向得分有顯著正相關（.25）。可能這是因爲寬恕與一個人能不能整合不同意見的關係不大，卻與一個人在與他人交往時要自我克制、與人和諧相處有關。

以上這些研究表明，價值量表所測的與實踐型的自評之間關聯性都不是很高。研究課題的內容本身與選用什麼量表之間的關係也是複雜的，在解釋中庸研究的結果時，必須更具體地弄清楚，用的是哪一個測量工具，它測的到底是價值還是實踐自評，以及它們測的是什麼內容，才能知道研究結果要如何解釋。不能再是一股腦僅用「中庸思維」這個大帽子扣在所有研究結果之上，做更細緻化的探討是重點。

---

18 本文作者用「全息」來取代常用的「全局」或「全域」，是因爲「全息」不只是指看問題的全面性，還有其「有機性」──全域各單元間的相互牽動關係。

（四）現代人們心目中具中庸特性的人

　　在前面的綜述過程中，曾涉及一些批評，有關用傳統儒家經典中說的「中庸」來作實徵研究的基礎是太脫離現實了！在現實生活中，一般老百姓，雖然時不時也在喊中庸，但基本上他們認識的中庸，與這些理想相距甚遠。

　　這一反對的聲音，不得不讓我們想去看看，一般老百姓心目中的中庸是個什麼樣子。最容易探討這一問題的方式就是直接去問生活在華人社會的老百姓，讓他們自行去描述，在其周圍認識及來往的人群中，哪些人他們認為具有「中庸」特點，以及為什麼他們這樣認為。從他們的答案中，我們可以找出「庶民」的定義。

　　不過，在未綜述這些「庶民」想法之前，必須在這裡先指出，「理想與現實」有差距，並不成為不研究中庸的理由，除非研究者仍持早年「文化─個體」關係的「刻模論」──什麼樣「文化」的大餅，就刻印出什麼樣「個體」的小餅。當今學者，包括本文作者，大都採用「人們生活在文化中」的理論。該理論認為，文化價值與人們現實生活中如何「實踐」或「應對」這些價值可以不是同一回事。也就是說，按照「中庸」價值去作的行為，與老百姓在這一價值強烈指引下作的「應對」行為，應該分開來看。甚至，可以說，生活中的實踐或應對，都應該是中庸心理學研究的重心。

1. 成人學員心中的「中庸」

　　杜旌與姚菊花（2015）採用了一個包括371個MBA學員的成人樣本，用開放式問卷問：「你認為什麼是中庸？」請受試寫20個詞條。結果用文本分析可歸入5類特性：⑴執中，包含不走極端、折中、不偏不倚等；⑵與環境保持一致（簡稱「一致」），包含大局觀念、注重平衡與和諧；⑶慎獨自修，謹慎低調等[19]；⑷消極成就，包含平庸、隨大流等；⑸消

---

[19] 這裡用的慎獨與《中庸》一書原意：「莫見乎隱，莫顯乎微，故君子慎其獨也。」好像有出入，可能是對慎獨的通俗理解。

極規避，包含明哲保身等。

　　進一步作因素分析後，得出一個最核心的因素是由 (1) 及 (2) 綜合而成的「執中一致」，指的是個體用「中」以保持與周圍情境互動時的一致性。這個結果與本文前面所述的各項中庸理念相近，倒是後三項特性反映了人們在實踐「執中一致」的價值之時，卻也反映了不少實現的「權宜之計」——收斂、低調、規避、明哲保身。而這些特性，可以說，都是前面所述那些反對把中庸當成理想來研究的學者們，所說的「假中庸」。

②　企業界心中的中庸領導

　　辛傑與屠雲峰（2020）請 6 位國學與管理學領域的專家和 21 位企業管理者進行結構化訪談，並用開放式問卷，得到 672 份數據，對其中 336 份答案做探索性因數分析，另外 336 份答案做驗證性因數分析。從中整理出中庸型領導的 5 個特性：合度用中、整體和融、至誠化人、權變通達、包容接納。並用之編製了一個 25 題的中庸領導量表（樣題：「我的領導說話、做事在分寸感上總能恰到好處」）。該研究報告指出量表具有較好的信度與效度。

　　這裡找到的 5 個特性與前面杜旌、姚菊花的結果，可以說是大異其趣。除了合度用中、整體和融，其他三項都比較新。「至誠化人」、「包容接納」好像是前面所講過的中庸構念化中都沒有提及的。但是因為此研究的對象為企業領導，以華人領導有家長作風的特色，要作道德表率，所以得到這一結果也是意料中的。另外，權變通達的特點也是在前面的 4 個中庸量表中沒有見的，它應該與領導處事的「應變能力」有關。至於包容接納是與管理及激勵員工有關，兩者理應是任何領導的要件。這個研究說明，對不同的生活領域及不同生活或工作經驗的人，中庸特性的內容也不盡相同。

③　大學生心中的中庸自我調控

　　大學教育中的學生適應及管理問題應該也可以是中庸應用研究的重點。所以也有幾個自製的相關量表出爐。李啓明（2011）編製的中庸實踐

思維量表，包含 22 題，內容包括在人際、事件、自我三個區塊的中庸實踐思維，用之來研究它與社會適應的關係。徐圓圓（2012）傳承林升棟（2005）的「即 A 又 B」的陰陽並存自我概念，自編了一個大學生中庸自我問卷，包括適生調控、陰陽思維、外在平和體驗、內在適度體驗。研究作了各年級得分比較，發現大一比大三有差異，前者中庸分較高，大專院校高於重點及普通高校。衝突應對策略方面，高中庸自我者多選擇合作方式解決人際衝突。這兩項研究都把中庸與自我內外的調適連在一起。

劉俊（2011）自編大學生中庸思維量表，包括和協性、變通性、多面性及折中性。也作了得分比較，發現大一比大三高、出自城市比出自鄉村高、大學生幹部高於非大學生幹部。中庸思維總得分與積極應對、積極情感，和生活滿意度都有顯著正相關，表明他的研究主要是從大學生的社會適應來構思的。但是為什麼這裡有兩個研究都發現大一的學生的中庸思維都比大三的學生高，是一個值得進一步探討的問題。是大一時候比較「順從」文化價值；到大三時則比較會「應對」文化價值嗎？

4. 中庸與處世的圓滑性

黃克劍（2020）曾指出，孔子固然首先提出「中庸」一詞，但他並沒有對這個詞作太多的描述及解釋，總是以舉例（舜、顏回等）的方式，要其弟子從學習中自行去「體悟」中庸是什麼、要怎麼做。正因為這種言簡意賅的教學方式，留給儒門後進，以及現代生活中的老百姓，很大的詮釋及實踐空間。黃氏指出，即使在南宋朱熹生活的時代，人們也有同感而作同樣的「應對」。他摘錄朱言：「今人說『中』，只是含糊依違，善不必盡賞，惡不必盡罰，如此豈得謂之『中』！」黃氏認為，「賞善罰惡皆『不必盡』，即是苟且於善惡之間，如此在善惡間的『含糊依違』則必致『中』或『中庸』被褻瀆為圓滑世故之辭。」（頁 46）。他進一步指出：「中」或「中庸」在近世往往被詮釋為隨機性的調和，或騎牆式的「折中」，都是很普遍的現象。

由此可見，中庸的被視為「圓滑」不但由來已久，而且也由來有自。它可能與其「以和為貴」的價值觀相關，從外表行為看，總是想在人際之

間作製造和諧的推手，但是內心恐怕還是要把握「擇善而固執之」的自主堅定立場，才能是真正的中庸之道（林以正，2018）。李華香（2005）以大學生爲樣本，詢問有關人們在解決人際衝突時的行爲表現，得到了三個與中庸相關的特性：圓滑性、克己性及自主性。這一結果反映這種「外圓內方」確實是人們心中「中庸」做人處事風格。但是要如何將之與「滴溜滑」的公關高手區分開來，是很值得研究的課題。

（五）中庸實踐思維體系的建構

楊中方（2010）在尋思如何做「中庸」心理學研究的過程中，體會到它的博大精深，與中國文化深層結構的盤根錯節，抓拍它成一套深埋於中國歷史／社會／文化脈絡中的實踐思維體系，命名爲「中庸實踐思維體系」（簡稱「楊氏中庸思維體系」）。之所以稱之爲思維體系，是因爲它包括 5 個層次，共 10 個板塊的相關構念。她還繪製了一張構念圖（簡稱「楊氏中庸構念全圖」，見頁 176），將這些構念舖陳開來，並用線條或箭頭連接成爲一個大體系，作爲日後中庸心理學研究的路線圖。現將這 5 個層次、10 個板塊分述如下：

1. 「集體文化」層次

反映的是華人集體生活的歷史／社會／文化脈絡。包括有傳統文化的「陰陽、五行自然運行」的認識觀、「天、地、人合一」的宇宙觀，以及「一分爲三、以中爲美」的價值觀（龐樸，1995）。

2. 「個人生活哲學」層次

在第一層的集體文化脈絡裡生活的每個人，或多或少都會有一些相似的理念，有關人生的目標、要如何理解／看待世事、要怎樣來過日子等。這些有關「生活哲學」的想法包括在 3 個構念板塊之中：（A）看人論事觀：全息與陰陽消長思維；（B）生活終極追求：「內外和諧」的狀態（「處中」）；以及（C）處世原則：處理日常大小事的指引，如顧全大局、不走極端等。

3. 中庸實踐思維的核心層次之一：擇前思考

這是楊中芳、趙志裕（1997）最初提出的「中庸實踐思維」構想的核心部分。是用個人在作「具體行動思考」時的 3 個階段性的構念板塊來表達之。（D）擇前審思（慮）：沉著冷靜地釐清當前形勢的脈絡、找到關鍵思考要點；（E）策略抉擇（略）：拿捏最佳（洽到好處）行動方案（「用中」）；（F）執行方式（術）：選擇最能達到維持內外皆和諧的做法來解決問題（「中和」）。在（D）（E）（F）這 3 個階段的思考中，一些華人耳熟能詳的指導原則浮出水面；如，審時度勢、多方權衡、後果思考、合情合理等等。

4. 中庸實踐思維的核心層次之二：事後反思

這是楊、趙初始中庸實踐思維構念化的最大特色。它是具體行動後進行「反省／修正」的「優化」過程，包括 2 個同時進行的構念板塊：（G）對剛處理過的事情進行「過」或「不及」的評估，找出偏離，以備下回合作修正；（H）則是從道德修養的層面，反省／修正自己的思考，向「盡己之心為人、推己及人」的方向精進，逐漸將「他人」納入「我」的界限之內。如此，（G）和（H）兩者相輔相成地構成了儒家「中庸」的重心——和諧處世及道德修養。

5. 心理健康層次

是有關運用中庸思維為指引，採取了「中」的行動方案後，對行動者所產生的心理效果。可分兩個構念板塊來看：（I）處理特殊事件後的立即心理效果（簡稱行動後果）。它可以用「恰恰好」來描述之。這個心理「效標」也可以用一般俗語，如「無怨無悔」、「問心無愧」、「心安理得」等來表達。如果在處理一件事之後沒有這些效果，中庸思維者就會促發上述第 4 層次的「反省／修正」過程；（J）長期心理效果——是行動者日積月累實踐中庸之道後，所養成的一種「安適愉悅」的穩定心理狀態。它也應該與在「個人生活追求」層次中的（B）終極追求——「內外和諧」心

理狀態相呼應。

　　這樣一個中庸實踐思維體系構念全圖的特點，是它的宏觀性、層次性及過程性。研究者可以在這個大的架構下的 5 個層次、10 個板塊之間進步比較細緻、精準的研究。例如，在同一層次的不同構念板塊之間做聯繫研究：在（A）中的全息思維與（C）中的顧全大局之間求相關；也可以找一些跨不同層次的構念板塊來做鏈接研究：例如，在（A）中的全息思維與在（D）中的審時度勢之間求相關。

　　在作了像上述這樣「有的放矢」的精準實徵研究之後，再將研究結果鉤回到這一構念全圖的大架構之中，去作整合研究。如此，我們不再是「在中庸的大海中任意下鉤撈魚」，各鉤各的，而是把大家的努力扭成一股力量，讓中庸心理學研究能更穩健成長。

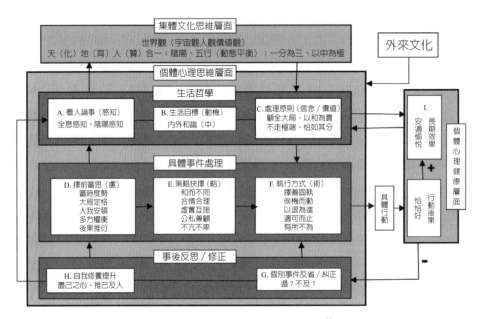

圖5-1　中庸實踐思維體系構念全圖[20]

---

[20] 原始圖出現於楊中芳（2010），後經多次修改。

六　具體實徵研究綜述

　　由於這次綜述的實徵論文所涉及的面很廣、很雜，本文是按下面的思路來整理的：⑴首先是對具有中庸思維者的認識研究，亦即他們是什麼樣的人，基本社會人口特徵是什麼等；⑵他們在基本心理機制上有什麼特性；⑶具有此一思維者在個人生活上受到什麼影響，亦即中庸思維對個人的直接作用為何；⑷中庸思維在兩個心理變量之間扮演了什麼樣的間接角色：中介作用，還是調節作用；最後，⑸再對一些特殊、但有趣的、值得進一步探討的研究作一番焦點介紹。

（一）中庸思維作為主要變量

1. 誰是比較具有中庸思維者？

　　韓悅（2019）曾對 2010 年以後的中庸研究作了一個元分析，提供了一個憑借數據來做的扼要總結。她找到 325,465 個獨立樣本作為研究物件，分析了性別、年級、生源地等因素的不同水準，在中庸思維得分的差異。同時也對中庸思維與部分心理健康及組織管理變數的相關進行元分析。結果是，大學生樣本中，大一與大二學生之間、大一與大三學生之間、農村與城市生源之間，存在顯著差異。

　　楊艷培與鄢欣言（2016）用了 553 個不同職業群體的樣本，其中包括學生 288 多人，糾紛調解員 131 人，其他職業成員 134 人。發現用吳、林量表所測得的中庸思維強度各不相同。其中糾紛調解員得分最高。而其中工作 5 年以上的 65 人與 5 年以下的 69 人在中庸整合性上分數有差異。在其他人口變量上，年齡差異不大；文化程度愈高得分愈高。以上這個研究顯示，教育程度、職業及工作經驗，特別是有關調解人際糾紛的工作經驗，影響了中庸思維的出現。

2. 少數民族樣本

　　李子萱等人（2018）用在重慶兩所大學中就讀的 200 名藏族、200 名

彝族及 173 名漢族大學生為樣本，作了一個跨民族中庸思維研究。這些少數民族的學生「漢化」的程度是比較高的，所以並不一定代表其原出民族的特性，而是代表某種程度漢化的少數民族學生與漢族的差異。用的是吳、林量表，發現一致性信度係數都不算高（.44-.66）。作驗證性因素分析，發現少數民族學生的因素結構與漢族有些差異。半漢化少數民族學生的第一因子為整合性，第二為和諧性，第三為多方思考；對漢族學生來說，第一因子為多方思考，整合性第二，和諧性第三。

這個結果表明對少數民族學生在漢族為主的生活環境裡，與大環境差異的整合是重要的，可能是具最大挑戰的，因此個別差異比較大。對漢族學生來說，思考問題的周全性是比較有個別差異的。在第二個子研究中，研究者深入訪談了 19 名哈沙克族及 20 名蒙古族學生，看看他們如何適應在以漢族居多的大學裡的生活，特別是飲食的問題。同學們適應不同文化環境的方式由參與到隔離不等。這一有關飲食適應上的差異很具體及普遍，可以是未來研究中庸融合的一個很鮮活的本土題材，值得多加利用。

3. 憂鬱病患樣本

高瞻等（2014）比較了正常人與憂鬱病患之間在黃、林、楊中庸信念／價值上的思維差異。結果發現在對量表逐題得分進行比較分析時，兩組在以下的測題上存在顯著差異：(1) 遇事要沉住氣不要衝動；(2) 以大局為重，不要只顧自己；(3) 有忍讓饒人之心。這一結果好像反映憂鬱患者對控制衝動、考慮別人，以及用忍讓作自我收斂，這三方面的價值觀與正常人有所不同。這一結果顯示由缺乏全息觀及自我管控所引發的不良人際關係，可能是憂鬱的一個源頭。

（二）中庸思維的內在心理歷程：知覺、腦／認知及情緒活動

1. 社會認知結構

張仁和等（2014b）讓一大學生樣本對一些與中庸思維相關的實驗材料作三個社會認知層面（溫暖、能力、高／低激發正向情緒）的評定。中

庸實驗材料包括圖片 3 張及詞語 9 個；另外再加入 7 個強調當代社會變遷的對照組材料。結果發現受試認為中庸材料，相較於社會變遷材料，更具溫暖及能力感，也有較高的低激發正向情緒，和較低的高激發正向情緒。同時，評定者本身的黃、林、楊中庸思維水平，加強了他們這樣評定的結果。

　　李子萱等（2019）從另一個角度研究了大學生的中庸思維與社會認知基本維度中的能動性與社群性之間的關係。能動性是指大學生的社會活動是聚焦於問題，並以成就為目標；社群性是指社會活動是基於聚焦人際關係，以和諧為目標。結果中庸思維高者，社群性高於能動性。而社群性高／能動性低者，中庸得分最高，而不是兩者都高者。這一結果反映中庸思維與處理人際關係的重要性。

2. 全息思維

　　只有一個研究將中庸思維與視覺資訊處理能力連在一起。Chang 與 Yang（2014）在臺灣用了 130 個樣本，做了兩個實驗研究，結果發現用吳、林量表測得的高中庸思維者，視覺資訊處理的範圍比較大，能力比較強，更能同時平行處理由很多來源給出的資訊，因此可以說是採用了比較全域的、有彈性及有效率地的知覺處理方式及策略，來應對外在世界提供的資訊。

　　黃金蘭等人（2014）在實驗室中，先用情緒詞來促發中庸思維，然後探研「全息思維」的作用。結果發現情緒詞促發這一操作，令黃、林、楊量表測得的高中庸者，在認知作業中，展現顯著的「整體優先」特性。但如果將作業前的情緒促發取消，這一優先現象消失。這一結果似乎說明即使是高中庸思維者，其「全息思維」也必須在特定情況下才會被啟動。那麼，除了情緒詞可以促發中庸思維之外，還有什麼其他手段可以達到同樣效果，則有待進一步探討。有可能吳、林量表所測的「當團體中大家有不同意見時」，是另一個促發機制。

3. 陰陽思維

林升棟（2014）研究發現有較強的陰陽消長感知者，傾向於感知自己同時具有看似對立的人格特質，亦即有陰陽自我感知。同時，陰陽感知強者，較能在看過有關一個陌生人的負面描述後，仍然預測該人還會作出正面行為的可能性。作者指出華人慣性陰陽消長思維是「正轉負」，唯有用「負轉正」這一反慣性思維才能更有效地測得個人的陰陽消長思維。

林瑋芳等人（2014）請大學生樣本書寫故事時，分析其文本，應用轉折詞的頻率為測量陰陽消長思維的工具，來探看人們採取陰陽轉念的時機。結果發現中庸思維者的轉換思維與心理適應能力的關係，是受到轉換時機影響的。亦即，在悲傷打擊中要快速作「抽離」轉念；但在喜事臨門時則要先體驗一陣美好心情再作「思危」轉念，才能維持良好心理適應。

孫蒨如（2014）用故事完成法研究陰陽思維時，發現這一思維的重點並不在於對立雙方的同時存在，而在於在遇到極端事件時能啟動轉折思維（轉念）。她用自編的「未完成故事」，要受試將故事接下去完成，再作文本分析，確定陰陽轉折次數及方向等。結果也發現當面對正或負的極端事件時，「正轉負」的次數較「負轉正」來得多。同時，轉折次數多者，較不易作出極端判斷。

4. 長程思維

余思賢等人（2010）曾研究過一個與中庸思維有關的思維取向──長期取向，與心理健康指標的關係。作者們定義長期取向為個人從廣闊的時間視域中詮釋當下經驗的取向。用他們製作的一個「長期取向量表」，施測於一組大學生樣本，發現量表中有關「未來取向」的部分（樣題：「預估事情未來的轉變，讓我體悟什麼才是現在該把握的事情。」）與中庸思維構念內含的「全息思維」的兩個主要向度，「注意範圍」與「因果關係」，有顯著正相關。這一結果顯示，對未來形勢發展的關注，與個人把注意力放在整體局面，以及重視事物的因果關係有相連的現象。

5. 情緒活動

汪曼穎等人（2014）想看看當中庸思維被四種不同的情緒性刺激（高激發正或負；低激發正或負）促發時，具不同中庸思維程度的受試在注意力、記憶及情緒處理方面有什麼不同。結果發現黃、林、楊量表測得的高中庸思維者的注意力不受情緒刺激性質的影響，但是他們的記憶卻在低激發情況下出現正向情緒偏誤。而低中庸者，與老年人樣本得到的結果相似：在注意力上，出現對低激發負向（相對於正向）情緒刺激的注意力有不能脫離的困難。這一研究說明高中庸思維者可能透過避免對負向情緒刺激的注意力，來達到調節情緒致「中」的狀態，並借之獲得對低激發正向情緒刺激的較佳記憶。而低中庸思維者較容易停留在負向情緒裡、無法抽離。

張冬梅（2016）用了 3 個學生樣本，探看中庸思維對促發情緒反應的影響。結果發現，吳、林中庸思維水準顯著影響情緒識別與體驗：高中庸組對正向高激發情緒圖片識別力強，反應比低中庸組快且準。同時，他們對積極事件的情緒體驗得分高；對消極事件則比低中庸者低。他們對正向情緒圖片的強反應說明，中庸思維對積極情緒有更大的增強作用。最後她也發現中庸思維可以透過實驗操作被促發，但是只有黃、林、楊量表得分高者的實驗組與對照組有差異，在用吳、林量表測得的中庸思維上兩組沒有找到差異。這一結果與前面黃金蘭等人（2014）的結果，有相似之處，似乎說明具中庸價值者有待適當情境來促發，才會束諸行動。但是高中庸實踐者，則不待這種促發。這正是中庸價值與中庸實踐的不同。

曾韻與程樂華（2018）研究了人們同時能感受兩種以上情緒現象的能力與中庸思維的關係，特別是同時感受相反方向情緒的能力（具多維度趨避情緒空間）。結果發現黃、林、楊中庸思維者，比較具有這種情緒識別能力，他們也比較以符合中庸的原則來處事。

以上這幾個研究說明。中庸思維與人們情緒處理的關係是顯著的、穩定的，但是還有待更具體的去探討是什麼機制讓它發揮作用的：是對情緒的敏感度？控制能力？還是處理情緒的靈活度？下面綜述的一些研究給出

了一些線索。

6. 自主性

自主性在心理學是指行動的動力是來自行動者內心意願（自控），而非「為他人而做」（他控）或「被利誘而做」（利控）等。林以正（2014）注意到，中庸做人處事的指引；例如，要為他人著想，用「退」、「讓」、「忍」來處理人際衝突等，都反映出看似不自主的軟弱行為。這是不是表示中庸行動者的行為動機缺乏自主性，而更多地是受制於他人或外力呢？他讓 342 名大學生填答了一個衝突處理量表及一個測量自控／他控／外控的自陳式動機量表，結果發現黃、林、楊中庸思維高者，在解決衝突時，會試著綜合考慮很多不同的因素，找最佳折衷點。但是這兩者的正相關是透過自主動機的中介，表明中庸思維與自主性的正向相關，才是中庸行動的動力。這一結果與李華香（2005）及杜旌和姚菊花（2015）的自主性研究結論相同。杜、姚的研究指出人們心中的中庸行為是與被動的從眾行為不同。「中庸思維」表現的是「個人主動感知環境，預測未來變化，並進行自我調整，以配合環境的做法」。

7. 人格特徵

出乎意料地，對中庸思維者的人格特徵的研究並不多。葉曉璐與張靈聰（2012）考察了黃、林、楊中庸思維與 5 大人格特徵的關係，發現高中庸思維者比較具有嚴謹、又隨和的人格特性，無視或沒有察覺這兩個特性有不能同時存在的問題。這一結果與前述林升棟（2005）的研究結果相互呼應。

總結以上對高中庸者心理機制的研究，我認為非常關鍵，是我們要具體理解中庸思維如何影響行動的一個必然要碰觸的課題，不可迴避。可惜，這方面的研究太少，樣本太小，又偏重大學生樣本等因素，還沒有累積足夠的依據來下定論，從而也不容易進入深層探討。將來必須借重更多認知及腦科學、情緒研究學者的專業知識及合作，才能更細緻地了解中庸思維的基本心理機制。

（三）中庸思維作爲自變量：中庸思維如何影響行爲？

1. 降低自我矛盾衝突感

　　王飛雪、劉思思（2014）發現當受試的兩個看似對立的特性（如，積極性與消極性）被同時啟動時，所產生的自我不一致及衝突感，會因中庸思維，透過整合性思維過程的中介，而降低。黃、林、楊中庸思維促發了整合思維去作協調，從而降低了對自我認識的衝突感。這結果與前面所述的幾個與自我描述相關的研究都有相似的結果（如，林升棟，2014；葉曉璐、張靈聰，2012）。這些與陰陽觀相關的自我研究應該是發展本土自我理論的基礎[21]。

2. 增加購買新產品意向

　　Sheng 等人（2019）透過對 456 個消費者的網上調查，探討中庸思維如何影響消費者購買綠色產品的意願，結果發現兩者的正相關，是透過生活方式的特性：價格意識、引領潮流能力、對長遠產品技術發展及發明的意識等三個因素爲中介的結果。這一結果表明至少這三個因素的後兩個，可能與中庸思維內涵的對全面動態走勢的敏感度有關，值得進一步探討。其實，中庸思維與消費行爲的關係研究，應該是很有潛力的一項本土研究，因爲消費及購買是與人民生活息息相關的，可以做研究的題材很多，可惜本次綜述僅此一篇。

3. 提高員工創造力／變革行爲／創業意願

　　Yao 等人（2010）的一個研究，找了 273 上級主管—員工組合爲樣本，探測了中庸思維、員工創造力兩項自評，與主管對該員工的創新行爲的評定，三者之間的關係。結果發現趙氏量表的高中庸思維員工，其自評創造力與主管對該員工的創造行爲評定沒有相關；低中庸思維者，兩者有顯著正相關。作者對這一結果解釋是，高中庸者容易做「妥協」，因而在工作

---

21 自我是心理學研究的重要課題，由於篇幅關係，在本文不作討論，將另行以專著論述。

上不需，也不求創新。但是這一說法似乎並不能解釋爲何自評與領導評之間會沒有相關。難道高中庸者自認爲自己的「妥協」是一種創意嗎？這一研究結果確實很難找到合理的解釋，一直以來引發不少討論。

　　高中庸思維者的創造力自評到底受到什麼機制的牽制，讓該自評與（主管評定的）現實的表現沒有關聯？是員工對自己的創造力受中庸思維影響產生誤判？還是高中庸者與其主管間的人際關係因素起了化學作用，影響了兩人的評定？可惜，10 年過去了，這一研究結果沒有被重複再驗[22]，所以這些疑問至今沒有解答。不過，這一研究的一個可貴之處在於，它用了主管的評定爲效標來考驗自評創造力的效度，像這樣一個設計是當前中庸調查研究中最缺乏的。大部分現有研究都是以自評數據爲主，這一研究結果已經說明這種自評的效度是有待商榷的。

　　張光曦與古昕宇（2015）研究了「中庸思維—員工滿意度—員工個人創造力」三者的關係。發現吳、林量表中的整合性與和諧性與員工個人創造力有正相關。反映需要作策略整合或人際和諧處理時，需要創造力的加持。廖冰與董文強（2015）研究了在知識型員工中，中庸思維對個體創新行爲的影響。發現組織和諧在兩者間部分起了中介作用。這一研究與早前的另一研究結果相似（胡新平等人，2012），說明企業人際環境對中庸思維與創新行爲正向關係的重要性。但爲什麼人際環境好，員工的創造力就能發揮出來，是值得進一步研究的問題。

　　杜旌等人（2018）嘗試探索中庸價值理念對創新的影響。將創新細分爲漸進式和激進式創新。以 32 個團隊 167 名員工爲研究對象，探索中庸的「執中一致」價值取向對兩種創新行爲的作用。結果顯示員工中庸價值取向顯著抑制激進式創新。但是在高中庸氛圍情境下，中庸價值取向對漸進式創新有顯著促進作用。

　　Zhou 等人（2019）用了 EEG 的技術來探研中庸思維中的兩個型式與 RAT（remote association thinking）的關係，RAT 通常被認爲是與創新的

---

22 這裡充分反映當前中庸研究的特色，都是一次性研究，沒有後續追蹤，令問題無疾而終。

神經活動有關。以 36 個學生為樣本的研究結果發現，在啟動了具有整合性的「即／又」（either-or）思維時，RAT 的活動比在啟動具有折衷式的「不／不」（neither-nor）[23] 思維時要強，表明前一類的中庸思維與創造力的關係比較大。這個結果很有趣，跟在前面討論到陰陽消長思維時的「正轉負」慣性思維，有異曲同工之處。在這裡，華人的慣性思維似乎是思考「即／又」的整合，而不習慣考慮，像「不亢不卑」這樣的「不／不」整合。當然，更重要的問題是：為什麼中庸思維的整合思考能促發創造力？這是一個需要好好想一想的問題。

　　楊海（2019）：將中庸思維細分為三個內涵來思考它們對創造力的影響：陰陽消長思維、和諧觀及全域思維。作者把創造力分為兩個維度：流暢力和獨創力。當實驗組操弄了陰陽消長思維後，相比對照組，在流暢力維度上得分顯著要高；在獨創力維度的表現上也較高，但差異沒有到達顯著。顯然陰陽消長思維所引發的「轉念」，活躍了人們的思考空間，從而增加創造的機會。

　　在測量和諧觀時，將和諧觀分為兩個維度：避免分裂和促進和諧。結果發現兩者與流暢力沒有顯著相關。但避免分裂和獨創力則呈現顯著負相關；促進和諧和獨創力則沒有顯著相關。在對全域思維和創造力的研究中，它與流暢力和獨創力之間都沒有顯著相關。

　　這一研究結果深入剖析了中庸思維的不同面向，與創造力的不同維度之間比較複雜的關係，更細緻地找到中庸思維對創造力產生正及負向影響的可能途徑，部分回答了前面一些研究所引發的一些問題，展現了中庸心理學研究向更深層次探索的努力，值得讚賞及鼓勵。

　　吳士健等人（2020）發現吳、林中庸思維與員工創造力的正相關是透過知識隱藏（當收到他人的知識請求時，有意保留或隱藏知識的行為）為

---

23 在該文中，neither-nor 被稱為是 eclectic，有待商榷。該字在英文中有不表態，騎牆派，也帶有沒有「創意」或「主見」的貶意。其實在中文中的「不／不」，不一定是這個意思。例如，「不亢不卑」是一種很正面的、很有主見的中庸思維。重點不在「不／不」，而在「不 X 不 Y」中的 X 及 Y 是否有陰陽對立的意思。如果有，才符合中庸的意思。

中介，中庸思維與知識隱藏有負相關；而後者又與創造力有負相關，表明具中庸思維者只作合理程度的知識隱藏，從而導致與創造力有正相關。同時另一個變量，知識心理所有權（個體感知到某一有形或無形的事物是屬於自己的）卻調節了中庸思維與知識合理隱藏的負相關，知識所有權概念越強的員工，中庸思維對知識合理隱藏的負向影響越弱。

杜旌等人（2014）探研了中庸思維與員工的變革行為的關係。員工變革行為是指員工順應、參與企業變革的行為。結果發現，當員工具有高變革認知時，中庸價值取向對員工變革行為有顯著促進作用；當團隊中存在高同事消極約束時，中庸價值取向對員工變革行為有顯著消極作用。這顯示中庸價值取向影響員工變革行為是依據情境（團隊氣氛）不同而變化的。

另一種創新是指大學生願不願畢業後去創業。李星星與卜正學（2019）將創業分為創業意願及創業激情兩方面來研究，發現吳、林中庸思維與大學生創業意願有顯著正相關，並且良性競爭態度（指為自我實現而產生的一種積極主動性的競爭）在中庸思維與創業意願之間有中介效應。中庸思維與創業激情之間的交互作用對於良性競爭態度和大學生的創業意願都具有顯著的正向影響。

以上這幾個研究結果讓我們看到，目前中庸思維與創造力或創新行為關係的研究是零星的、多樣的、複雜的。有的與員工思考轉換能力相關，有的與其對知識的開放性有關。還有的與人際關係製造的和諧工作環境有關。甚至還有發現中庸思維可以是一把雙刃劍，一方面有增加創造力的可能性；另一方面也可能減低獨創性。其作用背後的歷程還需要進一步細探，並找出關鍵點，作「有的放矢」的研究，而不是在黑暗中打靶，打完即走人。

4. 增加員工建言行為

段錦雲與淩斌（2011）提出高中庸思維員工有可能使用「顧全大局式」建言的構想。這裡顧全大局是指員工注重根據具體情境所得來的回饋，來修正自己的建言行為，從而實現了建言目的，並且維持了整體工作環境的和諧。他們推斷，這樣的員工在建言時，會更加謹慎地判斷主管的意圖，

而不會輕易表達自己的觀點以免「犯上」。爲此，反而是建言的對象——主管「從善如流」的德行，才是影響這類顧全大局式建言成功與否的關鍵。這裡所述的顧全大局式的建言行爲，其實是指具中庸思維員工的靈活性，善於見機行事，不輕易盲動。

　　王曉婷與王萍（2017）研究了用吳、林量表測得的中庸思維與兩種建言行爲（促進型與抑制型）的關係。結果發現員工感覺到組織支持，強化了中庸與促進型建言行爲的正向關係，以及弱化了中庸與抑制型建言行爲的負向關係。

　　Qu 等人（2018）從另一個觀點來看建言行爲，提出了和諧建言（harmony voice）的構念——在符合工作團隊的整體氛圍（包括態度，行爲及規範）下，提出的建言。也就是說，不把建言行爲看成是由主管與建言者兩人的特質來決定，反而是工作團隊氛圍這一環境因素是重要因素。結果發現用趙氏量表測得的中庸思維與建言行爲的正向關係，確實受到工作團隊整體氛圍是增進性的，還是阻礙性的影響。增進性氛圍加強了中庸思維與建言行爲兩者的正相關；阻礙性氛圍減弱了兩者的正相關。

　　以上這幾個與建言相關的研究都發現與中庸思維有正相關。但是，一個是與員工的建言方式有關；另一個是與建言的性質相關；還有一個是與工作環境的氛圍有關。它們看似不相關連，但實與中庸思維中的全息思維、見機行事的靈活性，以及自我依情境作收放調控等，都有一定的關連。

5. 提升組織或員工績效

　　劉巧虹（2016a）請 247 公務員用吳、林量表評定了他們主管的中庸思維，然後研究了這一變量與受試對組織文化認同，與主管溝通滿意度之間的關係。結果發現主管中庸思維和與主管溝通滿意度的正向關係，是透過對組織文化認同的中介而來。而員工自己的現代性—傳統性又調節了兩者的關係。可惜在這一研究中，員工自己的中庸思維沒有被提及。不過，在另一個研究中，劉巧虹（2016b）進一步發現，員工自身的中庸思維，透過與主管溝通滿意度的調節，與工作績效之間有正相關。這兩項研究的

綜合結論是員工評定主管的，以及自己的中庸思維都能影響其工作效率及
人際溝通。

陳建勳等人（2010）研究了中庸主管對組織績效的影響，如何受到組
織文化本身的特性所中介。他們將組織文化分為：利用導向（包括從事提
高效率、複製、提煉和實施）、探索導向（著重發現新的組織實踐，以及
新的技術、事業、流程和產品等），以及兩棲導向（利用和探索導向同時
用）。結果發現以上三種組織文化導向在吳、林量表測得的中庸思維與組
織績效之間，都起了中介作用，反映這一組織文化特性沒有對主管與績效
的關係產生影響。

Ma 等人（2018）發現企業家的中庸思維與他們進入創新行業的績效
的正相關，是透過關係網的中介產生作用的。技術及市場環境波動意識在
中庸思維及關係網之間則起了調節作用。照理說中庸思維的內涵之一是對
環境走勢的敏感度，為什麼環境波動意識是起調節作用，而非中介作用，
是一值得再深入探討的課題。

何軒（2014）曾指出，家族企業並不一定只有感情治理的特色，其實
它是以情理並重的中庸模式進行管理的，所以值得把中庸思維研究引進家
族企業研究之中。他建議編製適用於研究家族企業管理的中庸量表；研究
中庸思維在家族意圖／代理人治理之間的調節作用；以及多個代理人之間
的中庸合作模式等。家族企業是華人企業的一大特色，它內中所涉及的許
多特殊問題，可能都需要用華人傳統的中庸智慧來解決，所以是一個值得
中庸研究者關注的課題。

6. 促進人際適應／家庭功能／心理健康／幸福感

這方面的研究課題比較多樣化，但是結果卻比較一致。

(1) 情緒處理靈活性

高瞻等人（2013a）及高瞻與李炳潔（2014）研究了情緒調節靈活
性在中庸思維與抑鬱症狀之間可能起的中介作用。結果發現用易曉敏
（2010）編製的自陳式「情緒調節靈活性量表」測得的靈活性確實中介了
黃、林、楊的自我收斂得分與 SCL-90 量表得分的負相連繫，它與前者呈

更強的顯著正相關；與後者則呈更強的的顯著負相關。這一現象在自我收斂與焦慮症狀之間的作用最為明顯。

黃敏兒等人（2014）研究了中庸思維透過情緒調節，對安適幸福感的作用。他們將情緒調節靈活性分為認知評估與情緒表達兩個部分來測量（易曉敏，2010）。結果發現前者在吳、林量表所測的整合性與幸福感兩者中間起了中介作用；而後者則中介了中庸整合性與社會支持感的正向關係。這一研究說明中庸思維透過情緒在不同層面的靈活處理，提升了人們的心理健康。在情緒發生之初能作出靈活轉念，把正向情緒延長，負面情緒減低，從而令自己不受壞情緒之累，從而增加了安適的幸福感。這一結果與前述林瑋芳、黃金蘭等的研究結果相呼應。同時，到了真的有負面情緒產生需要抒發時，又能靈活地作情緒表達，不令人際和諧受到太大的影響。

Yang 等人（2016）用 8178 大學生，做了一個有關中庸思維與心理健康的研究。發現吳、林中庸量表得分與焦慮及憂鬱均呈負相關。與自尊及生活滿意度的相關均為正向，因為樣本很大，所有相關雖然數值不大，但均呈顯著性。郭軼等（2016）在研究憂鬱症患者的吳、林中庸思維和心理健康之間的關係時，發現應對效能起了中介作用。中庸思維能夠改善個體的應對效能，從而促進心理健康。不言而喻，應對效能與處事靈活性有一定的關係。

李啟明、陳志霞（2016）以自編的中庸實踐量表探研了中庸思維與社會適應的關係。該量表包括人際、事件及自我三個面向的中庸實踐；社會適應則包括情緒適應、生活滿意度、自我適應、人際關係適應、學習適應、擇業適應和校園生活適應。結果發現心理彈性（力量、韌性、樂觀）和情緒重評，在兩者之間起了中介作用。這裡，心理彈性及情緒重評，與前面所述的情緒調節靈活性有共通之處，足以說明中庸思維透過應對靈活性，增加了社會適應能力。

以上這一系列的研究似乎都同時指向中庸思維的一個重要作用；那就是，增加做人處事的靈活性及效能性。而這一作用是透過用將視野拉高、推遠；適時做思維轉念；以及情緒管理來達成的。這裡難得地見到一些研

究「殊途同歸」得到相似的結論，因而很令人鼓舞，可以再接再厲地做下去。

(2) 自我調控

高瞻等人（2013b）同時選用了黃、林、楊量表及吳、林量表，施測於 112 例憂鬱病患，探看中庸思維與臨床症狀 SCL-90 指標，以及貝克憂鬱量表得分之間的關係。結果發現，黃、林、楊量表的自我收斂得分與吳、林量表總分呈顯著正相關；與大部分 SCL-90 指標呈顯著負相關；與貝克抑鬱得分呈顯著負相關。

在另一研究中，陽中華等（2014）探看楊氏中庸實踐自評對心理健康的影響。結果發現該量表中的沉著克制與心理健康症狀指標（SCL-90）呈負相關，中庸實踐的負面因子迷惘委曲得分則與那些症狀指標均呈正相關。至於多方慎思與事後反思這兩個事前／事後思考因子則僅與少數指標有相關。其中一個有趣的結果是，事後反省與強迫症有顯著正相關，表明事後做反省，並不一定只帶來正向的糾正及改進，有可能也帶來負面的執著、不脫離。這一點與前面汪曼穎與林淑菁等人有關情緒處理的研究有相同結論，值得合併作深入探討。

陽中華與楊中芳（2014）用 400 個家庭的樣本，探看了中庸思維對家庭功能評定的影響。家庭功能包括 7 個方面：問題解決能力、溝通明確性、家庭角色分配明確性、情感表達程度、情感投入程度、行為規範管控，以及總體評價。結果發現黃、林、楊中庸得分與楊氏中庸實踐自評得分，對家庭功能評定和臨床症狀指標（SCL-90）評定，以及生活滿意度得分，都有綜合預測力。但是楊氏實踐自評得分的預測力比較更強一些。更有趣的一個結果是，當中庸思維得分被剔除之後，家庭功能評分與另兩個心理健康指標的淨相關都不再顯著。這一結果顯示中庸思維和家庭功能自評，對家庭成員的心理健康起了關鍵的共變作用。

楊程雲（2018）研究了中庸思維與情緒智力（自我調控，熱情，堅持性及自我激勵能力）之間的關係。結果發現，自我意識起中介作用。吳、林中庸思維高者，自我意識也高，與情緒智力的正相關也高；其中私我意識（關注有關自己的感受）的中介效應大於公我意識（關注別人對自己的

看法）。

　　從以上幾個研究結果似乎看到中庸思維對家庭功能或心理健康所起的作用主要是透過對自己的約束、克制及收斂得來，特別是對情緒的調節。至於多方思考及事後反省固然有增加家庭功能評定的正向效果，但事後過多的思考，也出現有反效果。

　　⑶ **幸福感**

　　杜旌與劉芳（2014）基於 325 名企業員工的實際調查資料發現中庸價值取向對員工幸福感有正相關，員工的組織公正感與組織關懷感起部分中介作用。研究結果支持了作者所定義的中庸價值取向中，所內涵的集體主義思維 [24]，促進員工感知到組織的公正和關懷，進而提升員工幸福感。

　　李姣（2016）研究了吳、林中庸思維、金錢態度、幸福感之間的關係。中庸思維與幸福感有正相關，對金錢的焦慮感是兩者之間的一個中介變量。中庸思維者透過低金錢焦慮增加了幸福感。

　　⑷ **集體主義價值**[25]**、助人、原諒行為**

　　杜旌與姚菊花（2015）認為高集體主義導向的員工遵從集體規範、維護集體和諧、關注團體中他人的利益。因此，具有這一價值取向者的行為表現，會是比較謙虛、願意助人及肯原諒他人。在這一理論基礎上，他們研究了中庸思維的重中之重——「執中一致」這一核心價值與上述集體主義價值行為的關係。結果發現雖然中庸思維與集體主義價值取向有顯著的正相關，但是中庸思維能更有效地解釋中國員工的助人行為。而另一個變量——人際和諧導向，則調節了中庸思維與集體主義行為的正相關。顯然中庸思維中的重人際和諧是促發了集體主義中的利他因素。

　　葉曉璐與張靈聰（2014）用投資博奕決策和人際交往決策，來探研它們與中庸思維的關係。結果發現在投資回報方面，中庸思維高者願意作長遠考慮、願意為長遠利益付出更多、也考慮他人的投資回報、不保守不冒

---

24 類似「全息」認識觀及「顧全大局」價值觀。
25 有些學者傾向於把華人文化中的利他、助人及原諒視為是「集體主義」價值的行為表徵。

進、但在自己應得的利益前也不退縮。這一結果表明，中庸思維具長、遠視野、保持人際及自我需求的平衡。

在涉及人際交往兩難困境的決策方面，研究者曾加入了一項調查詢問受試，在決策後的心理平衡程度，結果發現高中庸者在處理事件後的心理平衡上，受到故事情境的影響比較大，可能是因爲他們比較更注重與情境保持一致。這一研究的亮點，是它注意到了抉擇後的心理狀態，這是其他研究沒有關注到的。但它卻是施用中庸抉擇後的一個重要心理效標——有沒有達到「恰到好處」的心理效果。有關這一心理效標，將在本文後面再作討論。

馬偉軍與馮睿（2012）研究了大學生的中庸思維與他們具個人主義色彩的利己歸因偏好及自我增強（self-enhancement）行爲的關係。結果發現中庸信念價值沒有產生任何影響。曾藝敏（2015）研究中庸思維與網路利他行爲（支持／指導／分享／提醒）及現實利他行爲（責任心尊重及關心他人）的關係，都得到顯著正相關。與現實利他行爲的相關高於與網路利他行爲。

畢重增（2018）基於在當今社會巨變的時代，關係流動性很大，從而影響了人們的人際交往自信，研究了它與中庸實踐思維的關係。結果發現楊氏實踐自評得分，透過三個途徑爲自信提供心理資源：客觀自我評價、取得社會成就、建立良好人際關係環境。

王慧與張靈聰（2018）調查了住宿舍的大學生 611 人，問他們在宿舍內有人際衝突時如何解決。大部分受試表示，是用合作或順從的方式解決，比較少數用競爭或迴避方式。在被問及他們目前在內心欲望需求（滿足個人需求）與外在順從需求（個人行爲與社會要求一致）之間所處的平衡狀態時，認爲自己目前處於具中庸特色的「外內平衡」者，在用一個「宿舍人際關係」診斷工具所測得的「困擾」得分最低。而且，他們更多地選擇以合作、而不以競爭，來解決人際問題。那些認爲自己是「內外不平衡」者，則多採取迴避方式解決問題。

綜合上述研究結果發現，中庸思維作爲一個自變量影響人們生活作業，大多是透過另一個變量爲中介。那就是，靈活地處理情緒及人際問

題，透過自主地去作自我調控，以「收放自如」來達到內心與人際的和
諧。這一中介變量促使中庸思維與利他行為、正常家庭功能、心理健康及
幸福感等都有正向關連。這讓我們可以把靈活性視為是一重點研究對象。
當然我們也不得不警惕，由於大家使用的研究範式及數據分析工具都雷
同，所以大家得到的結果也極其相似。這一點下面在對現有研究作總評時
會再提出來評論。

（四）中庸思維的中介功能

　　有關中庸思維在兩個主要研究變量（自變量及依變量）之間可能起
的中介作用的研究並不多。曾維希等人（2013）得出認知重評透過啟動
中庸思維，實現對情緒的有效調節。這一結果與前一小節中，黃敏兒等
（2014）的結果相似。耿紫珍等人（2020）在研究上級給出的發展（改進）
型反饋與員工創造力之間關係時，發現用吳、林氏量表測得的中庸思維中
的多面性、整合性及和諧性都起了中介作用。發展型反饋越多，越促發中
庸思維的思考，從而越能增加員工創造力。同時，員工感到組織對創新的
高度支持，增加了中庸思維的中介力度。

　　以上兩個研究中，不管是認知重評或是對反饋意見的思考，都促發
並透過中庸思維中的多方思考、整合及協調，對情緒控制或工作效力有所
提高。如果仔細想，重評與反饋意見思考都與「反省／修正」有一定的連
繫。值得在將來的研究中把中庸思維作細分，從而更細緻地探看它的中介
作用。

　　有關中庸思維作為中介變量的研究，本文作者認為首要重點要放在研
究什麼因素或手段可以促發中庸思維，以及促發了中庸思維中的哪些具體
內涵；例如，是全息思維、陰陽轉念或是自我收斂等等，然後再與自己有
興趣研究的自、依變量掛鉤。也就是說，要更精準地找出中庸思維能發揮
其中介效果的機制。目前大部分的研究太過於集中在用一個中庸量表測量
個人的總體中庸思維取向，對其內涵的子構念（詳見前述「楊氏中庸思維
體系」）關注有限，這是本文所綜述研究的一大缺失。這可能是由於研究
工具的缺乏所致，有待進一步推出更多細化的研究工具。另外，一個重要

的研究方向是探討促發中庸思維的情境因素，從而讓中庸思維的中介作用得以更加彰顯。

（五）中庸思維在自、依變量之間的調節作用

在這次的綜述中，有不少研究是在探研，中庸思維可能對研究者感興趣的兩個主要（自、依）變量之間關係所起的調節作用。也就是說，中庸思維所扮演的角色其實是「配角」，主要是看它對兩個「主角」關係有沒有加強或減弱的作用。甚至可以說，中庸思維往往是兩個主角找不到相關時的一個救星！

1. 工作壓力與心理健康

周麗芳等人（Chou et al., 2014）研究 406 企業員工的工作壓力源（挑戰性或障礙性）與員工幸福感（情緒耗竭或工作滿意）之間的關係。發現如果壓力源是障礙性的，黃、林、楊的中庸實踐思維在這些壓力與情緒耗竭或工作滿意度之間都起了調節作用。如果壓力源是挑戰性的，這一調節作用不顯著。

楊中芳等人（2014a）接續上述周麗芳等人的研究，用了中國 307 個員工及臺灣 394 個員工為樣本，探討了中庸價值及實踐自評，如何影響員工工作壓力源與心理健康指標（情緒耗竭，生活滿意度及內心安適感）之間的關係。在這個研究中加入了一個新的壓力源——人際壓力。在剔除了社會讚許因素的影響之後，三種壓力源（挑戰性，障礙性及人際性）與中庸實踐中的「迷惘委曲」都呈現很高的正相關。人際壓力帶來的情緒耗竭最大，產生負面工作滿意度及安適感。中庸實踐自評中的多方慎思及事後反省，這兩個事前及事後思考維度，都發揮了調節作用，兩者都「強化」了人際壓力與心理健康之負向效果。

這一「意外」的結果很有趣，反映了在華人社會中，人們在職場中最常感受的一種壓力是人際的。在抬高了視野，注意到了人際關係的陰陽複雜性之後，如果再添加過多的思考及憂慮，會令人們的心理健康變得更差。這一結果，耐人尋味，終於看到中庸思維並不是對心理健康都有正向

影響！值得繼續追蹤研究。

　　李原（2014a）將員工因工作與家庭兼顧所引起的感受，分為負向的衝突感與正向的促進感兩種。然後研究了 219 名員工的中庸思維對這兩種感覺的影響。結果發現用趙氏量表所測得的中庸思維總分，在工作過荷評分與工作─家庭衝突感之間的關係起了緩衝調節作用。在工作承諾與工作─家庭促進感之間的關係起了增益作用。李原（2014b）在另一個研究中，用了 664 員工樣本，發現用黃、林、楊量表所求出的兩個中庸思維因子：拔高視野及自我收斂，在壓力生活事件與主觀幸福感之間都起了正向調節作用。

2. 人際交往中寬恕意願與表達自信

　　呂美禎等人（2015）研究了吳、林中庸思維在冒犯嚴重程度與寬恕意願之間所起的作用。結果發現高中庸思維者，不僅對於不嚴重的冒犯，有較高的寬恕意願；對嚴重冒犯行為也有同樣的意願。而低中庸思維者對後者則沒有這種意願。但是，一個有趣的結果是，中庸高分者雖然傾向於對冒犯嚴重者給予寬恕，但卻不傾向自我寬恕。這一對自律的堅持，說明了他們的寬恕意願是針對原諒他人的善意。另一方面，畢重增（2016）的研究卻發現中庸思維調節了遵循規則與自我表達自信的正相關，高中庸思維者傾向於突破規則的藩籬，靈活地去表達自己，從而更有表達自信。這個結果說明，中庸思維引發的自我表達靈活性，增加了自我發揮的自信。

3. 組織特性與創造能力

　　組織特性包含的內容很多，領導型態、與下屬溝通程度，以及組織整體和諧氣氛，開放程度等。創造能力包括創造力、創新發明以及創業行為等。姚艷虹與範盈盈（2014）研究了員工中庸思維和「組織差序氛圍」（偏私對待、相互依附以及親信角色等），在個體─組織匹配與創新行為的關係中所扮演的角色。發現無論在「個體需要─組織供給」匹配，或是在「作業要求─個人能力」匹配方面，楊、趙中庸思維都在匹配與創新行為之間的正相關起了正向調節作用。相反地，「組織差序氛圍」則對兩者

的關係有負向調節作用。

周暉等人（2017）研究了員工感覺到的差錯管理（犯錯會受到責罰）氛圍對員工創新行為的影響。在低差錯管理氛圍下，員工不會擔心受罰，可避免其產生恐懼心，因此可以提高創新行為。研究發現吳、林中庸思維對差錯管理氣氛與員工創新行為的關係具有調節作用。對於低中庸思維員工而言，兩者的負面關係更明顯。可能的解釋是吳、林量量表中的多方思考降低了差錯管理帶來的思維拘束感，從而增加了思維空間去創新。是否真是如此，還要再研究。

沈伊默等人（2019）發現當主管存在「辱虐性」管理時，員工通常會因感受到自己與上司的心理契約被破壞，而降低了創造力。有中庸思維的員工會減低這一契約被破壞感，因而降低對創造力的負面影響。這一結果與上述周暉等的研究結果雷同。

以上這幾個研究都指出企業組織環境對員工創業力有一定的影響，而中庸思維，或增強了寬鬆及匹配環境與創造力的正向關係，或減弱了嚴格挑剔環境與創造力的負向關係。

4. 領導型式與組織公民行為

孫旭等人（2014）研究發現中庸思維在「心情—行為」的連繫間發揮調節作用。對用吳、林量表測得的高中庸思維者而言，壞心情帶給組織公民行為的負向影響較弱；而對低中庸思維者而言負向影響較強。同時，對高中庸思維者而言，壞心情對任務績效產生的影響會被減低；而對低中庸思維者正相反。為何會是這樣，值得推敲。張軍偉與龍立榮（2016）發現吳、林中庸思維對服務型領導與組織寬恕氛圍、員工人際公民行為之間的正相關有正向調節作用。

5. 領導型式與建言行為

馬鵬與蔡雙立（2018）在家長式領導的條件下，吳、林中庸思維正向調節上司支持感與建言行為之間的正向關係。高中庸水準的員工更容易在上司支持感的作用下提出促進型建言。楊飛（2016）在一篇綜述員工中庸

思維研究的論文中指出，中庸思維在家長式領導與員工沉默之間起調節作用。中庸思維會減弱家長式領導對員工沉默行為的正向影響。這兩項研究似乎都顯示，可能高中庸思維的員工基於靈活性強，懂得抓時機，做恰如其分的建言，從而令兩者的負相關降低。

張亞軍等（2017）研究了中庸思維在謙卑型領導（具有自知局限、低調行事、追求進步、欣賞他人、崇尚使命，以及超越自我等特質）與抑制性建言行為之間關係所起的作用。結果發現吳、林中庸思維負向調節了謙卑型領導與員工抑制性建言之間的正向關係。員工中庸思維越高，謙卑型領導與抑制性建言的正向連繫越低。但是中庸的調節效果，不及經由建言效能感在兩者之間所起的中介效應。這一負向調節結果是個意外，耐人尋味，是因為高中庸思維者，不會因為領導的風格影響他們的抑制性建言嗎？為什麼會是這樣？

6. 員工性格、組織氛圍與建言行為

卿濤與劉崇瑞（2014）研究了員工主動性人格（善於識別有利機會，並採取主動行為改變環境）與其向領導建言行為之間的關係。發現領導—成員交換頻率是中介變量，而中庸思維則調節了這一中介變量的作用。這一結果很意外，也很有趣，有主動性格者，本屬善於見機行事者，為何會透過高中庸思維才增加了與領導交換頻率，從而影響了建言？顯然有見機行事的個性並不等同於中庸思維所帶來的良好人際關係互動。這一點值得再深入探討。

趙可汗等人（2014），在高新企業中，研究了405位團隊員工和主管，來探討什麼因素可以抑制「團內關係衝突」對「團內資訊深度加工」的負面影響。結果發現員工的中庸思維，與其自評的領導／員工資訊交換程度，是兩個調節變量。當團隊成員中庸思維總體水準高時，團內關係衝突對資訊深度加工的負效應被顯著抑制；當團隊成員感知到與領導資訊交換比較頻繁時，該負效應也顯著地被抑制。同時，高中庸思維員工因對待與上級之間的關係比較謹慎（見機行事），從而導致領導／員工資訊交換程度與建言行為的正向關係比較強。

以上這幾個研究似乎顯示，中庸思維或是透過與領導的良性溝通，或是避免與同事有衝突的互動，來幫助營造有利於建言的寬鬆氣氛。同時，對出言時機及後果的掌握也很關鍵。這些結果似乎都與中庸思維帶出的靈活性有關。

總結以上有關中庸思維作為調節變量的研究，大致集中在兩個方面：⑴ 與生活／人際壓力與心理健康之間關係，以及 ⑵ 企業組織文化與創新／建言／溝通之間的關係。在 ⑴ 中，作用大多在於增加處理應急事件或情緒的靈活性，以及自我收放的調控上。在 ⑵ 中，其作用則在增加企業領導／員工或員工間溝通或情感，以及對自己行為後果的預期上。這些結論均符合大部分中庸理論及研究的預期。也有幾個「意外」或不能解釋的結果，引發深入追蹤的必要。

（六）特殊群體研究

這裡所謂的特殊群體是指他們的職業或處境令他們更容易涉及施用中庸思維來解決人際問題，從而更突顯了中庸思維如何在現實場景產生作用。

1. 調解員研究：工具理性及中庸理性的融合

前面提過，楊艷培與鄔欣言（2016）曾研究了 131 位社區糾紛調解員，發現他們在用吳、林中庸思維上的得分比大學生及其他職工的都高，而且從事該職業的工作時間越長，其得分越高。這些結果似乎說明，職業性質令他們更具整合不同歧見的能力，因此是值得特別研究的群體。

鄔欣言（2017）曾指出當代的糾紛調解員必須在傳統中庸理性（張德勝等人，2001）與現代工具理性之間求取平衡。她認為中庸是一種實踐理性，要求人們在處理衝突時，要追求一種平衡，即是「情」與「理」之間的平衡，也是衝突各方之間的平衡。但是現代人多用的是工具理性來處理日常生活，從「畏爭」到「敢爭」，權利意識覺醒，道德意識弱化。再加上，情理之外還有法律作後盾，令中庸理性變得沒有那麼「好用」。她在對湖南湘潭、郴州兩地 20 多名優秀調解員作訪談中，討論了中庸理性如

何受到現代性工具理性的挑戰，不能充分發揮其作用。例如，調節員的威信及調節成效是視他或她能不能為村民辦些「實事」來決定的。不過，該文作者最終結論：儘管傳統的中庸理性受到了工具理性的衝擊，但在民間糾紛解決中，中庸理性仍然發揮著它的效力，常常能夠解決工具理性所不能做到的。

趙靜與楊宜音（2017）在法院處理一件土地糾紛案件時，實地觀察調解員在調解過程的技巧，注意到調解者首先具有一種對全域的深刻認知，從而為尋找一種整合性的方案提供條件。其次調解者具備一種轉化他者的能力，能夠將兩極背馳的、各方以利益最大化為原則的當事人們，「拉」向一種對大家而言「恰到好處」的中庸狀態。這一研究用實例說明中庸思維中的三大要素：全息思維、陰陽互轉思維及協調致中。

2. 法庭當事人的中庸思維及反中庸思維

趙靜（2017）在某地區實地觀察／調查法院內當事人、法官與律師互動解決衝突的過程。透過案例分析發現在法律領域的中庸思維，是在認知上具有全域性，動機上具有自我節制性，並在行動上展現出一種較為靈活的行為方式。但是有些當事人則持「反中庸」的思維，在認知上帶有片面性，動機上只關注自身利益，在行動上比較不靈活，並且容易過激。而持有這兩種相反思維者，在糾紛應對過程中的表現都不相同，從而影響了衝突的走向與結果。這與上面鄔欣言的論點及經驗非常相似。只不過是鄔氏用中庸理性／工具理性；趙氏用了「中庸」/「反中庸」思維作對比。

3. 以家庭夫妻為單位研究

楊中芳與陽中華（2014）用了 400 個家庭內夫婦雙人組的數據，研究了夫妻兩人中庸思維的配合度與他們對各自中庸實踐的自評，以及對家庭功能評定的影響。結果發現，夫妻的中庸思維差異比較小的夫婦，雙方各自對自家的家庭功能評定都是最好的。其中對妻子的家庭功能評定的影響大過於對丈夫的評定。而夫妻的中庸思維差異對家庭中的子或女的影響比較小，但對女兒的影響比對兒子大。另外，夫妻在楊氏中庸實踐自評差異

的效應，比在黃、林、楊中庸信念／價值差異的效應更大。這結果再次反映中庸價值與實踐並不是完全對等的概念，實踐更接地氣。

張思嘉等人（Chang et al., 2020）用深入訪談法研究了 8 對新婚夫妻婚後作自我調節的目的及策略。基於傳統文化對夫妻關係規範的壓力，夫妻雙方會採取兩種「和諧」相處之道：一是「虛和諧」；另一是「實和諧」（黃囇莉等人，2008）。前者是與對方的家庭維繫表面的禮尚往來，在對方面前也盡量壓抑內心負面情緒，表現外表和諧；後者是真誠的履行與對方家庭和好相處之道，以及與對方維繫良好的感情交流。夫妻不管在求虛和諧或實和諧的關係時，都會用到一些中庸思維價值，如以和為貴、不走極端等，來作自我調節，以達到夫妻和諧相處的目的。因此夫妻相處之道在於雙方能否在「虛」、「實」之間靈活運用以保持和諧。這個研究是本次綜述中，唯一一個探討了人際關係中，虛與實的中庸之道。

4. 求助家庭的父母

彭敏等人（2016）在一項比較研究中，用了 40 個普通正常家庭樣本，以及 40 個因子女問題行為前來做家庭治療的求助家庭樣本。比較的是這兩組樣本的家長在中庸思維上的差異。採用了黃、林、楊量表中的兩個中庸因子（拔高視野及自我收斂），以及楊氏實踐量表中的四個子構念（多方慎思、沉著克制、事後反思及迷惘委曲）。結果發現，一般家庭的父母，相較於前來做家庭治療的父母，在中庸價值得分都比較高，顯示他們看問題比較全面，行動比較自我約束及注重協調。

在中庸實踐方面，求助家庭父母的迷惘委曲自評比較高分，這一結果可能是導致這些父母在家庭功能中的內部溝通、情感介入、行為控制三項自評得分都比較負面。而在中庸價值方面，自我收斂得分與其在自身家庭功能自評中的「行為控制」（家庭成員共同應對生活事件的管控能力）的問題評分有負相關；拔高視野得分則與「角色分配」（家庭正常運作中是否建立職責分配模式）的問題評分呈接近顯著的負相關。這一研究結果表明，兒童出現心理與行為問題極有可能與家庭中父母親如何運作及相處有關，而他們的中庸思維又扮演了一定的角色。

　　華人日常生活的重點多放在家庭，夫妻相處是與兩個聯姻的大家族的整體相處有密切關係，其中涉及的人際關係面很大、很廣。也正因爲如此，它是研究中庸思維的好課題。看來中庸思維中的拔高視野及自我收斂，以及自我協調的靈活性都可以在這領域得到更多的研究題材及檢驗機會。

（七）中庸訓練／干預研究

　　Yang 等人（2016）研究了一個涉及八週的團體心理干預課程的效果。兩組團體治療組成員（各 30 人）均爲有輕微憂鬱症狀者，經隨機分配到中庸干預組或控制組，兩組的團體治療師爲同一人。中庸干預組的操作包括：在首兩次治療中對中庸思維作了強化認識；在之後幾次治療中，在與團員作例常 90 分鐘團體治療之前，先用 20 分鐘討論一個有關如何用中庸思維（或非中庸思維）來解決一個假想問題的案例。作完團體治療之後，鼓勵團員回去後用中庸思維來幫助解決日常生活中出現的問題。在控制組，治療師則只給予例常團體治療所用的「支援性」討論。結果中庸干預組的憂鬱症狀相較有得到減輕。

　　郭軼等人（2017）在憂鬱症患者中，隨機分爲兩組（各 40 人），在基本藥物治療之上，一組給予中庸思維訓練，另一組給予一般健康教育講課。5 個月後，測量學生在情緒穩定性，以及社會適應力的變化。中庸訓練組運用了認知領悟、自我管理、反思內化、評估與強化等四個步驟進行干預，每 2 週 1 次，每次與被試進行晤談 50-60 分鐘，共 10 次，前 8 次干預以個體爲單位，後 2 次干預以團體爲單位，總干預時間爲 5 個月。結果顯示，與干預前做比較，兩組的情緒穩定性和社會適應力評分均有顯著改善效果。但是干預後兩組之間在情緒穩定和社會適應的比較則有顯著差異，實驗組的得分比對照組高。

　　以上兩個干預研究顯示，中庸思維穩定情緒波動、增強社會適應，減少臨床症狀的作用是可以透過學習及訓練來增強的。這說明，中庸思維，

有如西方社會流行的「正念」思維（mindfulness）[26]，是可以透過訓練課程加以強化及推廣的。

（八）「楊氏中庸思維體系」的效度檢驗

楊中芳與林升棟（2012）針對楊中芳（2010）提出的 5 層次、10 板塊的「中庸實踐思維體系」進行第一次效度檢驗。用的是一個 128 人的學生樣本，主要的結果是，同層次的橫向變量之間，以及跨層次的縱向變量之間大部分都有預期的正向連繫。

楊中芳等人（2014b）進行了第二次的效度檢驗時，加入了一些新的指標：⑴ 將黃、林、楊中庸價值分用拔高視野與自我收斂兩個因子來探究；⑵ 楊氏中庸實踐量表，包括了沉著克制、多方慎思、事後反省以及迷惘委曲四個因子；⑶ 把人生目標分為中庸「恰到好處」目標或是圓滿「八面玲瓏」目標，以區別華人對生活的兩種基本追求；⑷ 員工處理工作壓力困擾方式，用的是邵愛國（2003）編製的員工中庸行為量表，包括和諧性、克己性及圓融性；⑸ 為了探討社會讚許因素可能對研究結果帶來的偏誤，也加入了一個俗稱「測謊題」的社會讚許量表。

這次的檢驗是用了一個包括 307 人的成人員工樣本，結果顯示，正如預期，社會讚許得分與大多部的量表得分相關都很高，獨與黃、林、楊量表的兩個因子的正相關顯著但不高。這與該量表在修訂時，特別處理過社會讚許這一問題有關。在控制了社會讚許因素之後，大部分的結果都與預期符合。

其中最值得關注的結果是，事後反省一變量得分與中庸人生目標、多方慎思及趨勢掌握，都有很高的正相關，與生活滿意度有低度的顯著正相關，表明在事前與事後的兩種思考都是中庸思維的重要一部分。但事後反省的「雙刃劍」效果（見前述「中庸思維對自我調控的影響」），再次出現：與事前沉著應對有低度負相關；與消極應對、迷惘委曲以及工作情緒衰竭等負向心理指標都有低度但顯著的正相關。這些結果再再反映，事後

---

[26] 又稱「止觀」，本文隨多數人的翻譯。

反省可能是一個較複雜的概念，什麼時候它起正面作用，什麼時候起負面作用，值得再作推敲。

　　以上所述的這兩次檢驗研究用的樣本不同、分析的重點也不同，但是結果卻很接近。似乎都反映了「中庸」及「大學」二書中所言的「豫」及「定」的重要性[27]。事前沉著應對，克制情緒、冷靜地把問題從多方角度看清楚、想明白，是中庸思維中首要的一步，沒有把這一步做好理順，想太多、太雜，都造成負面心理後果。

七　當前研究評議

　　楊中芳（2014）在總結第四屆中庸心理學研討會時，曾寄望這一領域從「初期階段」跨過「門檻」進入下一個比較成熟的「發展階段」。在遍讀這裡綜述的 140 篇實徵研究論文後，本文作者認為，到目前為止，中庸研究質量只能說還停留在「初期階段」，尚未跨過「門檻」。下面給出如此評價的理由。

　　這十年的中庸研究，數量增加很多，樣本在數量及性質上都有擴大化的跡象，不再是以少數大學生樣本為主，而是包括了不同層次的企業員工，一般成人，家庭成員，以及特殊人群（少數民族、糾紛調節員、求助病患及家庭等）。對這些樣本的研究讓我們對中庸思維的運作有更寬廣、更多樣的認識。希望這一趨勢會繼續下去。

　　韓悅（2019）對過去 10 年中庸研究的元分析讓我們看到，在企業管理及心理健康這兩個應用領域的研究報告最多，而且結果也最豐碩。甚至，杜旌與段承瑤（2019）已經將組織管理中的中庸研究集結成書。這是本文作者樂見的前進方向（楊中芳，2010），因而倍感鼓舞。畢竟中庸思維是一套實踐思維，它如何影響人們在處理管理學或健康學的問題，從而增加企業效率及心理健康，本當是研究的重中之重。

　　然而，細觀這裡綜述的研究，會發現它們有以下幾個隱憂：

27《大學》：「知止而後有定，定而後能靜，靜而後能安，安而後能慮，慮而後能得。」

1. 研究方法以問卷調查為主——雖然有一些研究用的是田野觀察法、深入
   訪談法、實驗法、對比法、文本分析法等，但是大部分研究都是用問卷
   法。

2. 研究數據以自評為主——問卷是當場、帶回或在網上自行填寫的。這一
   操作受到社會讚許傾向的影響不容忽視。因為中庸思維是在華人社會
   被推崇的實踐價值，不免會受到受試想要得到社會讚許的動機影響，令
   結果有偏正向的反應。沒有處理好這一可能的偏差，自然影響了中庸研
   究的效度及可信度。在本次綜述中，僅有一個研究對這個問題加以處理
   （楊中芳等人，2014b），這是一個很令人擔憂的現象。

3. 測量工具罐頭化——不管是哪方面的研究，也不管是自變量或依變量，
   本次綜述的研究所用的測量工具多是來自翻譯的現成西方量表，其構念
   化並非出自自己對本土個案的觀察及研判，而是將西方學者的二分邏輯
   思維照搬，本土化的深度不言而喻 [28]。

4. 數據分析的單一化——幾乎所有的研究都用同類多元方程式統計分析軟
   件。

5. 以致研究結果也如出一轍，不斷地以中介作用或調節作用坐收 [29]。

　　簡單地說，這些研究有如同出於一個工廠的生產線！成品的寫作樣式
極其相似，只是課題內容不同而已。然而，內容又「五花八門」，看似有
關聯，但是又因跨度很大，彼此的連貫性很弱，非常碎片、零星。例如，
找到中庸思維與幸福感之間有相關的研究有兩個（見前述「中庸思維對幸
福感的影響」），但是一個得出組織公正感與組織關懷感為中介變量（杜
旌、劉芳，2014）；另一得出對金錢的焦慮為中介變量（李姣，2016）。
這樣的研究不知要做多少個，以及要等到何年何月才能幫助我們看到中庸
思維是怎麼對幸福感產生影響的。因為這兩者之間可以有三千八百個轉折

---

[28] 這些測量工具中，僅有吳、林中庸思維量表為本土量表，在 100 篇實徵研究中，至少
　　47 篇用了該量表。其中有 37 篇用之為測量中庸思維的唯一工具，大多數為企業管理領
　　域的研究。

[29] 什麼統計軟體得出什麼研究結果，這是自然的、必然的。

（中介或調節變量），那目前這些結果要怎麼解釋？又怎麼與其他研究連接？所以這一次的綜述，可以說，做得非常辛苦，但卻無法從中得到太多有用的啟示。

不過，這一問題也絕對不是只有在中庸心理學研究領域才有，遍讀各大心理學期刊，我們會發現無數類似的研究成品。都是為「出版或出局」所逼出來的東西，用「制式化」來形容之，一點不為過[30]。從事本土心理學研究，沿用這樣的習慣就更是不可取了。因為心理學的本土化，就是要在自身歷史／社會／文化脈絡中深挖生活現象的心理意義。如果只是換了一個本土名詞或傳統概念，還是做同樣的罐頭研究，那我們的中庸心理學研究一定會停滯不前，跨不過本文作者說的「門檻」（楊中芳，2014）。

這次綜述還發現了另一個現象，就是對中庸思維本身的基礎心理歷程研究做得實在太少。大多數綜述的研究，興趣都放在探看中庸思維「會不會」起作用這一問題上，不管是直接作用，還是間接的中介或調節作用。這固然是受到統計分析軟體的限制所致，但是在找到這些作用後，大家額手稱慶，快快地去寫論文出版之餘，一定不要忘記去問那個更重要的問題：這些作用是「怎麼來的？」。

這就要研究者針對自己有興趣研究的課題，事先多下些功夫去探研分析，到底中庸思維的哪一些特別的部分，例如，全息思維，會起什麼樣的作用。不要讓含有「中庸思維」四個字的現成量表給「忽悠」過去，到頭來，找到了相關，還不知是從何而來。前述「楊氏中庸構念圖」製作的用意，就是想給研究中庸思維者一個路線圖，幫助作更精準的中庸心理學研究。這一研究領域實在不能只停留在現在這一罐頭工廠的階段了。

在這一次的綜述中，也看到不少研究者編製了不少適用於不同人群，不同工作性質的中庸思維量表。希望未來的中庸研究能依不同研究內容，針對不同的研究對象，使用不同的測量工具。甚至在同一個研究中，使用至少兩個或以上中庸思維測量工具，才會讓我們更細緻及有信度地去理解中庸思維的作用。

---

[30] 甚至現在還有書出版專門教學生如何製造這種成品，而不是去找值得研究的問題。

綜述了這麼多研究後，可以總結出中庸思維的幾個主要心理要點：

1. 全息認識觀——把視野放大、放高，把自己及他人同時放在特定的「格局」去思考；並且把時間向度拉長、拉遠，掌握形勢的動態軌跡及走向。

2. 陰陽消長發展觀——陰陽思維的重點不在於「對立者同時並存」，而在於它們相生相剋的互繫關係，以及由此所帶來的，不同於直線思維，的轉念思維。

3. 情緒靈活處理——行動前要冷靜以對，儘量不讓情緒立刻變為衝動，要及時作轉念，以求減少心情波動；必要時，依情境只作適度舒發，免於破壞人際和諧。

4. 自我收放協調——其意義及重心是放在，對自己依情境做適當的收斂與釋放，以「合宜」為度，務必使自己在不同的情境下與情境保持和諧一致。

5. 事後總結反省——這一構念的提出，觸及了「中」的動態操作。它是在「過」與「不及」之間「琢磨、拿捏」的過程，去「度」出一個「恰到好處」的點來。這一構念的提出，不但考慮到人們生活經驗的累積，同時它也是如何掌握及體現「中」的「優化」途徑。

這 5 個要點中，第 1 至第 4 點在這次綜述的研究中都有看見它們的影子。唯獨第 5 點，「事後反省」，自從楊中芳與趙志裕（1997）在其原始中庸思維構念化中將之提出之後，一直未能引起太多的關注。但是張仁和等人（2014a）在一個對比中、西對「智慧」之構念化的研究中指出，現今西方主流熱門的智慧研究，在構念化上與楊、趙中庸思維的構念化，有許多相似之處；唯獨前者包括了「事後反思」這一子構念，是後者所沒有顧及的。這一點反映出，代表中國傳統實踐智慧的中庸思維中的這一事後反省機制，值得深入好好研究。因為它在全球智慧研究的特殊性，將使它的研究成果對普世智慧心理學作出特殊貢獻。

八 未來研究建議

　　根據上面的評議及剖析，下面建議幾個未來的研究方向，提供後進者參考。

（一）探研「中」的意義及實踐效標

　　本文在一開始就已經指出中庸心理學研究的首要問題就是，研究者對「中」的理解各不相同，也因此對於人們的行動是否達到「中」的標準，亦即實踐效標，無法確定。眾所周知的是，由於中文字的意義模糊性──與不同的字連接，就成為不同意義的「詞」。江曉梅（2016）曾匯總了所有「中庸」一書的英譯本，發現連翻譯同一本書，各家都只捕捉到中庸意義的一部分而已。她在綜合了各家的「中庸」的譯本之後，認為中庸一詞的主要含義有三：處中、時中以及中和。本文作者認同這一看法，但加入一個「執（用）中」的意涵。下面試圖從這四個「中」的心理學意義，來建議如何往下做中庸研究，亦即尋找「中」的實踐效標。

1. 處中

　　這裡的「中」，是指個人內心處在沒有世間雜事所造成的情緒干擾的「初始」生存狀態。這也是中庸思維者生活及生命追求（在「楊氏中庸構念圖」第二層次的 B 構念板塊中）的理想；同時，它也是中庸實踐思維行動者，在現實生活中，累積了一定的做人處事經驗後的長期心理狀態──「平和安適」（在「楊氏中庸構念圖」中的 J 板塊）。它與體系中的 B 板塊──「內外和諧」是相對應的，甚至可以說，B 與 J 板塊的對比，反映了人們有沒有做到「處中」的狀態。或者，用西方主流研究常用的測量術語，它是中庸思維運作成功與否的效標。它是人們從實際生活經驗中悟出的身、心、靈之安頓程度，馮友蘭（1940b）稱之為「恬愉」。李怡真（2009）曾編製了一個「安適感」的量表，希望能捕捉到這一種追求「沉靜、從容、舒適、安逸、愉悅」的感覺。未來研究的方向，是將「平和安適」的心理狀態作為「處中」的主要標誌。

2. 時中

「時中」是指對於不同生活情境，要做到的「中」都不一樣。也就是說，處理每一件事情，對每一個人而言，其做到「恰到好處」的「點」都不一樣。因此，這裡的「中」，指的是個人在處理每一個處境之後，感覺「恰恰好」的心理狀態。這一點點亮了中庸思維的一個關鍵。那就是，「中」是動態的，不但是隨行動者所處的「情境」在變動，而且在每一個情境中的「我」也會隨之收放。因為行動者在「天人合一」宇宙觀的指引下，是要「順勢而行」的。這本身已經和西方主流思維，認為行動者自身「我」的特質（人格、態度或價值）是相對穩定的，是外在行動的「主宰」的靜態構想不同。

然而，這個「恰到好處」卻是一個「曖昧不明」的概念，很難捕捉它的意思，沒法「定義」清楚，只能憑感覺，有點像西方主流思維研究構想的「主觀幸福感」那樣。只不過，它是更具流動性的。朱利安（2015）曾指出，中國人的思維主觀性或主體性很強，靠自己的體驗來了解事情。這樣，我們也許可以編製一個測量「主觀恰到好處」的量尺，作為行動者每次實踐中庸抉擇後的效標，反映其內心體驗及感受。前面所述，葉曉璐與張靈聰（2014）的研究有做過這樣的嘗試，可以接續。甚至，除了「恰到好處」之外，還有許多其他華人常用於描述「時中」心理狀態的同義詞；如，「無怨無悔」、「問心無愧」、「心安理得」、「晚上睡得著覺」等作成一個綜合量尺。

3. 執中

這裡的「中」，是指「用中」，做到「以中為美」，有被認為是一種「中庸理性」（張德勝等人，2001），也有人稱之為一種「（合情）合理理性」[31]（丁原明，2004）。更多的人則理解之為一種求取「平衡」的動作。但是中庸思維中的「平衡」，不是在任何情況下進行的「平均、折

---

[31]「合情」為本文作者添加的。

中」做法[32]。其先決條件是「陰陽的消長互轉觀」，這是許多中庸研究者，包括本文所綜述的不少研究者，都沒有注意到的先決條件，以為只要有兩個不同立場，也不管有沒有對立，更不顧會不會互轉，就要做所謂的「調和」與「平衡」，令它們一致。

　　這是對中庸思維的「執兩用中」最大的誤解。在討論「抉擇策略」（「楊氏中庸思維體系」的 E 構念板塊）這一思考過程時，曾列出了俗語常用的「用中」之道；如，合情合理、公私兼顧、虛實並濟、合而不同等等。它們都是以陰陽消長互轉為基礎的「平衡」之道，這是今後做中庸研究時需要特別注意的區別。這樣也可以擋住許多人把圓滑、狡滑、和稀泥、不徹底、求妥協等，與中庸攪和在一起（馮友蘭，1940a）。

4. 中和

　　這裡的重點在「中」與「和」的共存。亦即個人內心與人際和諧的交融狀態。做法是透過不斷地自省以求達到處世智慧與個人道德修養的雙向提升。在「楊氏中庸思維體系」的「事後反省／修正」一層次，正是想處理這一層意義。特別是兩者的相互影響的思維過程。處世智慧是對當時正在處理的個別事件，作「過」與「不及」的反復修正，求取達到「恰到好處」的心理狀態（「楊氏中庸構念圖的 G 構念板塊）。這一智慧的提升，它除了靠行動者的生活經驗，也靠另一種的反省過程。那就是，力圖透過完善「盡己之心為人、推己及人」等道德思考來培養「大我」思維（構念圖的 H 板塊），從而提升了前面對個別事件的反省層級。所以，在此建議在未來的中庸心理學研究中，加強對這兩種反省之間相互影響的研究。

（二）對現有研究構念作本土反思

　　在前面對現有研究的評議中，曾指出大部分實徵研究的變量都是「借用」西方主流研究的二分構念化模式，以及測量工具。王登峰（2012）在提倡人格研究本土化時，曾指出、像在測量中國人的「開放性」人格特

---

32 這也是為什麼我不喜歡用「平衡」或「陰陽平衡」這兩個詞。

徵時，如果只是根據西方的理論構想來編製測驗，實際上有可能完全「驗證」西方的理論構想。但其內容結構卻與中國人的實際開放性特點相去甚遠（王登峰、崔紅，2006）。這一點，本文作者非常認同。

同理，在研究中庸思維的作用時，如果還是一味地沿用西方主流研究所給出的構念化以及測量工具，來做自己的研究，那我們很難得到什麼大不了的「不一樣」結果。根據這次的研究綜述，看來的確是如此。本文作者認為，這些研究結果對於幫助我們瞭解在中國生活環境中的問題意義有限。

下面就以在這次綜述有關企業管理的研究中，最熱門的兩個課題，創新行為及建言行為作例子，來說明本土思考的重要性。

1. 建言行為

建言行為是研究中庸思維的好課題。在華人注重「尊尊、親親」的社會結構（黃光國，2009）脈絡下，向領導進言或諫言都屬逆向行為，路徑是充滿荊棘的。這與在西方崇尚自由發言的社會裡，做建言是無法同日而語的。所以，在華人社會盛行的中庸思維應該是，可以對如何能成功地作建言有一定影響的。然而做這樣的研究需要本土研究者擺脫當前主流思維的枷鎖，找到新的視角來看這些行為，其思考難度是比較高的。

在這次的綜述中，確實有幾篇開始作了這樣的嘗試。例如，陳文平等人（2013）曾對企業組織中員工的建言行為作了一個本土脈絡的社會心理剖析，很細緻、有啟發性。他們認為在華人企業組織中，不容易做任何型式的建言，特別是冒進式的[33]。本文作者認為，在傳統價值觀的指導下作冒進式建言確實是比較困難的。但是，建言是否是冒進的，其實與建言者本身是如何去思考、選擇及執行建言有關。如果不把重點只放在，上級領導類型或組織的寬容氛圍等外圍環境因素上，而是把重點放到建言者本身，去看他或她如何依中庸思維的引導來實踐建言行動，令其即能成功建

---

[33] 這一詞用的人很多，但意義不甚明確。是指建議的提出很突兀？或是指諫言——規勸不要做某些事？

言、又能維繫好與領導的關係。這可以是建言行為研究的新思路。

其中，高中庸思維的員工因為採用全息思維所帶來的行動靈活性，可以是一個好的開始（段錦雲、凌斌，2011），研究高中庸思維者如能隨時隨地尋找最佳時機（領導比較會接受的時機）說出自己的建議，就不會有冒進的問題；如能在沒有得到好的回應時及時見風轉舵，就不會造成積怨；同時如在建言成功後又不過分地突顯自己的功勞，都可能是員工能否成功建言的可能由來，值得我們往下探研。

2. 創新行為

在許多人的理解中，中庸思維就是兩者取其中，是一個求平均、平衡、維穩的動作。這些描述都與西方主流思維構想中的斷裂式的創新，背道而馳，因此也公認中庸思維是阻礙創新的。

創造一詞在西方哲學體系中是一個非常重要的構念，源於其神本位的宇宙觀，以及「人」導向的思維，是一個「由無到有」的過程。所以一直以來西方主流思維，對「創造」的定義就是從無到有的「新」。這一構想就令「創造力」必須是一種與「舊」的斷裂後的「重生」。因此不管在矛盾思維或辯證思維——這兩種被認為是與創新有關連的思維方式中，對立的兩方是邏輯上對立的、切斷的、然後再來看它們如何產生「全新」的整合（Paletz et al., 2018）。在用這樣一個構念化來做跨文化研究，自然得不到什麼「意外」的結果（Leung et al., 2018）。

然而，中國傳統的宇宙觀是「天人合一」的，人的行為是在生生不息的互動中，依勢而行，從而是在融合的動力下去創造。傳統思想中的陰陽觀也是「陰中有陽；陽中有陰」的「藕斷絲連」構念，與西方主流思想中的「斷裂」是不相容的。在這陰陽消長的世界觀中，我們看不到矛盾及斷裂，看到的是相生相剋，因此找不到斷裂式創新的理由，而是去創造更多的融合可能性。無怪乎 Wang 與 Yu（2014）在綜述了目前中庸思維與創新意向之間的相關研究後，結論這些研究並沒有澄清兩者的關係。6 年過去了，創新的研究比以前更精緻了（隨著西方在這方面研究的精緻化；例如，二分為漸進式及激進式創新；流暢性和及獨創性兩面相），但是如果

不對創造力這個概念做深入本土探討，很難有什麼我們本土研究可以貢獻的地方。

安樂哲與郝大衛（Ames & Hall, 2001）在英譯《中庸》一書時，把「誠」字譯為「創造力」（李偉榮，2020）。大家都知道，誠是中庸實踐的功夫學，是指人們必須透過學習修養來「悟道」，也就是要拋開現有現象的束縛，以致可以「騰出想像空間」去推廣「道」，到一些看似完全不相銜接的現象之中。這可能也是孟琢（2011）從訓詁學的角度來看「誠」的「凝聚充實」涵義。亦即，在想像不到的地方，去找到「連接點」，從而體驗「道」的無所不在。這種想像力恐怕不是斷裂式的，但也不似西方主流二分構念化中的「漸進式」的創新。或者我們可以稱之為「悟知式」的吧！我寄望對創造力有興趣的朋友可以從這樣一條本土進路來開展有關創造力的思考及研究。

（三）擴大對中庸思維基本心理歷程的研究

前面說過，這次綜述讓我們警覺到，對中庸思維如何影響生活的心理機制及途徑知道得太少。僅有的數個研究已經讓我們看到，有中庸思維者在知覺、記憶、腦神經活動、情緒反應及調節各方面，都顯示與沒有該思維者有所不同。這些初步研究結果，鼓勵我們多與心理學其他領域的學者進行交流及合作，借助他們的知識及研究經驗和方法，取得更有針對性、更深層次的研究資料，從而對中庸思維的作用有更細緻的理解。

從本次的綜述中，有以下幾個課題已經浮出水面，可以是進一步研究的起點。

1. 中庸執行功能

早前有見華人學者陳楚橋（Chan et al., 2004a; Chan et al., 2004b）對精神分裂病患的研究，發現病患缺乏解決問題的能力與其腦部主管執行功能的部分有直接關連。他的研究啟發了對中庸思維作為執行功能促發者的研究。既然中庸實踐思維被構念化為一個有「反省／修正」功能的體系，那麼具有中庸思維者會在處理事件時，更有機會促發腦部主管執行功能的

神經活動。對這一假設的探討，可以是一個很好的研究課題。晚近主流腦科學對情緒管理的腦定位及功能研究（Dixon et al., 2017）也可以是一個科際合作的研究項目。

2. 陰陽消長互轉

　　陰陽思維看來是華人認識論的基礎，以陰陽共存為先決條件，但重點不在並存，而在兩者的互繫，並且在宇宙運行的過程中，有相互消長轉換的現象。這些重點在過去的不少有關社會認知的跨文化研究中，都沒有被講清楚。並且，經常只用「陰陽共存」這一靜態的特徵，來「以偏概全」，從而抹殺了陰陽觀所可能帶來的動態效應。例如，在本文前面的綜述中，已經看到它可能經「轉念」思維，對人們的危機思考及情緒處理起緩和作用。其他如，對「趨勢」思考的影響等，就是可以深入發掘的研究題材。

3. 處世靈活性

　　除了陰陽的消長互轉，增加了華人在做人處事時的思考豐富程度，從而增加了行動的靈活性之外，在全息思維的引導下，促成依「情境」變化而作的自我展現；以及在中庸思維的引導下，協調了自我的收放運用，也都可能產生「隨機應變」的能力，值得研究。前面綜述的研究中，已經看到不少有關在情緒控制中的認知重評過程，或是人際交往中的兩極情緒敏感度，或是領導的權變通達，或是自我管控的「收放自如」等，都可能促成中庸行動者具有較高的靈活處事及應急能力，值得做更深入的探研。

（四）對「退、等、忍、讓、不爭」等行動策略的研究

　　如果我們查看西方主流心理學的研究，大部分都持有「向前衝」的取向，正向心理學是最切題、最熱門的例子。現在幾乎沒有哪一個心理學系不在推廣正向心理學。儘管最近些年，一些主流研究已經朝相反的方向在

思考，有沉默自我（quiet ego）、弱化自我（hypo ego）等構念的出現[34]，強調的是「正向自我」的反面（張仁和，2021）。但是基本上還是跳不出西方哲學二分思維，「不是左、就是右」的糟臼，是靜態的特質分析。

然而，一些華人心理學家對「退、等、忍、讓、不爭」等的本土探討（例如，林以正等人，2007；黃囇莉等人，2016），都發現這些現象有「動態」的一面，每一個概念背後意義繁多，應該是本土研究的一大資源。首先，這些概念都必須和它們的對立面放在一起看；再則，必須放在中庸實踐思維的架構下來思考才能看出它們背後的意義。

就以「退」為例，我們常用的「以退為進」一詞，充分說明它是退、也是進的意義。首先，它是應對現實處境、維繫人際和諧的一種權宜之術：一方面用退來爭取「穩贏」，另一方面用對方的同情、回報反應，來爭取達到自己想要的功效[35]。再則，退也是一個思考手段，讓自己「退一步、海闊天空」，可以促發全息思維及大我思維，從而影響做人處事的抉擇（張仁和，2010）。因此它又是一種啟發中庸思維的手段。最後，「退、等、忍、讓、放下」都是自我收斂的修養功夫，是儒家由「毋意、毋必、毋固、毋我」[36]走向「無我」的功夫學，可以作為「自我」的研究課題。

（五）中庸生活智慧 —— 體知研究

簡單地說，智慧就是人們如何把心中知道的或構想的，在現實生活做出來、做出成績來。生活智慧就是如何把日子過得有成就，而中庸生活智慧是把成就定為是內心的「中和」。朱利安（2006）指出中庸的做人處事實踐是華人生活智慧的精華；方同義（2003）：中庸是連接「道、術」間的智慧橋梁。目前海峽兩岸的智慧研究相當活躍（如，楊世英，2008；汪

---

[34] Wayment & Bauer (2008)；Brown & Leary (2016).

[35] 2021 年 2 月臺灣聯華電子公司總經理，王石，曾在報刊上談「退一步」賺更穩策略，即是一個最新的例子。

[36] 論語，子罕篇。

鳳炎、鄭紅，2014 等），但是還不見有將中庸思維視為是研究思考架構（進路）的案例。

前面曾提過，張仁和等人（2014a）的研究指出，中庸實踐思維包涵了西方「智慧」心理學研究沒有涉及的反覆「反省／修正」過程，從中尋找「天時、地利、人和」配合得「恰恰好」的交匯點。這是因為中庸是「實踐」思維，重點放在個人從「身體力行」中所累積的經驗。不像現有主流智慧研究，把重點放在對有智慧者本身特質的靜態觀察。這樣，要採用中庸進路做智慧研究，可能要對傳統「體知」的概念有更多的認識。

儒家的「體知」過程主要是針對道德修養而言的（杜維明，1987）。但是中庸實踐思維的在「過」與「不及」之間反覆動態「求中」，可以是在日常生活裡的體知過程。例如，工藝匠師，繪畫家、文藝演出者等的透過反覆練習琢磨出「要訣」是最形象的例子。而且，完美不是在「極端」，而是在「恰恰好」。這種透過苦練去「悟」出道理的過程，可能是未來本土智慧研究的努力方向之一，也是一個可以與西方智慧研究對話的窗口。

（六）尋找適合的中庸課題及研究對象

中庸思維在華人社會生活中固然可謂「無所不用」，但是在策略上就不得不做出一些選擇，找一些重點，來做密集式的探研。前面提過的員工建言行為、創新行為、以及家族企業中的管理問題等，都是好課題，值得在構思方面朝本土的方向改進。

在上一小節討論中庸體知研究時，提出對技藝高超人士的訪談，理解他們如何把自己的思維、技能與外界環境的條件調配成一個最佳組合。目前在書市裡充斥在商業上成功人士的自傳，它們也可以在經過適當的挑選後，作為研究素材。另一個很好的中庸研究對象是「儒商」的研究（何軒，2010），探看企業家如何可以把經營賺錢與貢獻社會結合到恰到好處，令自己更「心安理得」，也不會讓公眾覺得是在「搏宣傳」。

再有，就是前面講過的，有些人群特別容易進入兩難困境或人際衝突處境，是天然觀察及研究中庸思維的場所（李婕寧、周麗芳，2018）。家

庭裡夫妻關係（Chang et al., 2020）、職業婦女的工作 - 家庭壓力（李原，2014a），庭內外調解人員（趙靜、楊宜音，2017），社區糾紛調解員（楊艷培、鄔欣言，2016）、派出所員警、街道管理員等，都是研究如何做到「合情合理」，或「恰到好處」的資源。

其實，在華人日常生活的各個領域，幾乎都可以套用中庸實踐思維的架構來理解之、並用之引導行為抉擇。例如，交友有「虛實並用」的思考、作官有「公私兼顧」的思考、作父母有「軟硬皆施」的思考、做人有「外圓內方」的思考、和解有「和而不同」的思考。這裡每一個主題都可以作專題，召集有興趣者，共同探研之。

2020 年全球新冠疫情爆發，讓我們直接目睹許多的兩難困境，都可能會促發人們用中庸思維來解決生活難題，因而是做中庸研究的資源：是先救年輕人還是老人；是先救經濟還是人命；是先救失業還是窮人；企業捐款要多快、多少及捐到哪裡，才是「恰恰好」，不帶給人「搏宣傳」的反感；援助他國要何時何量才是「恰到好處」，不被認為是炫耀或制度輸出等等。可以做研究的材料實在太多了！

此外，老百姓在應對疫情期間，如何做到在參與全民防疫與滿足個人（生活／自由）需求之間，做到「恰到好處」、甚至「遊刃有餘」，去做令自己的生活更豐富的創新。這些都可以是我們研究中庸思維的好題材。

總之，中庸心理學研究，除了制定量表來測量什麼人是具有中庸思維者之外，可能更重要的是，要在老百姓的現實生活中尋找開啟中庸思維運作的鑰匙。

（七）開發中庸訓練課程

在這次的綜述中，我們看到兩個有關進行中庸思維訓練的研究。這種按照中庸實踐思維理念，與課程設計者共同開發中庸思維訓練課程，是一個很好的推廣／研究中庸思維的方向。正如本文開篇引用馮友蘭的話那樣，一般民眾每日營營碌碌，做人處事，不到用時，不會想到自己在啟用什麼思維作指引，到要用時又可能著慌想不到要怎麼啟用。所以增加大家對中庸的認識、並放在思考的備用箱最上面，遇事可以隨時拿出來用，應

該是一個值得關注的課題。中庸訓練班一方面可以推廣人們認識中庸思維；另一方面借助這一可控的密集訓練環境，可以比較嚴謹地去探研中庸思維的作用機制及效度。訓練課程可以包括設計出一套增進全息思維、陰陽消長思維的作業，或遊戲式的強化練習等。這些課程的對象可以是小孩或成人、一般民眾或求助者。

九　前景與展望

　　中庸思維研究原只是作者嘗試做本土心理學研究的一個起點。在過去這 25 年的鑽研過程中，卻發現它是華人社會老百姓生活中做人處事的常用思維，從而把它整理成一套解釋華人生活現象的「文化釋義系統」。用它來理解及解釋當前華人社會出現的行為現象，倍有「貼切感」，一點不覺「過時」。這一「貼切感」正是楊國樞（1997）提出用以判定本土研究的標準—本土契合性。這讓我倍感幸運，在我尋覓做本土研究的道路上，好像中了大獎！

　　從本文的綜述，我們看到這一研究領域逐漸受到關注，研究品質也在緩慢提升，預計它的發展潛力是可觀的。特別是，從這一領域的研究經驗中，體會到了中西文化在思維方式上的差距，從而看到它有潛力發展成一套與西方主流研究思維不同的進路，提供研究者另一個思考選擇，從而讓世界的求知方法及知識體系不再只是「一家之言」（詳見本冊第 3 章，楊中芳，2022）。

參考文獻

丁原明（2004）：〈「中和」：理性與價值相統一的「合理理性」〉。《孔子研究》，*4*，14-24。

方同義（2003）：《中國智慧的精神——從天人之際到道述之間》。人民出版社。

王飛雪、劉思思（2014）：〈中庸思維對自我一致性和自我矛盾衝突感的影響〉。見楊中芳、韋慶旺（主編），《中庸心理學研究—I，中國社會心理學評論，第7輯》，頁131-152。

王登峰（2012）：《心理學研究的中國化：理論與策略》。中國輕工業出版社。

王登峰、崔紅（2006）：〈中國人的「開放性」——西方「開放性」人格維度與中國人的人格〉。《西南師範大學學報（人文社會科學版）》，*32*(6)，1-10。

王軼楠（2010）：〈中庸視角下的自我研究探析〉。《山東師範大學學報（人文社會科學版）》，*4*(4)，51-57。

王慧、張靈聰（2018年1月20-22日）：〈平衡需求：中庸的一種表達方式——平衡需求與大學生宿舍關係研究〉。廈門大學主辦「第五屆中庸心理學研討會」宣讀之論文，廈門。

王曉婷、王萍（2017）：〈中庸思維、組織支援感對知識型員工建言行為的影響機理〉。《經營與管理》，*9*，50-53。

曲陽（2014）：《中庸型領導對組織領導力發展的影響及演化機制》（博士論文）。南開大學。

朱利安（2006）：《聖人無意——或哲學的他者》（閆素偉譯）。商務印書館。

朱利安（2015）：《從存有到生活：歐洲思想與中國思想的間距》（卓立譯）。東方出版中心。

江曉梅（2016）：《『中庸』英譯研究——基於理雅各、辜鴻銘、休中誠、陳榮捷、安樂哲和郝大維譯本的分析》。武漢大學人民出版社。

何軒（2010）：〈儒家傳統經濟倫理思想的現代檢驗——關於中庸理性與儒商精神的探索性實證研究〉。《上海財經大學學報》，*12*(3)，11-17。

何軒（2014）：〈中庸思維與家族企業研究〉。見韋慶旺、楊中芳（主編），中庸心理學研究—II，《中國社會心理學評論》，*8*，226-236。

余思賢、林以正、黃金蘭、黃光國、張仁和（2010）：〈長期取向思維與心理適應之關聯〉。《中華心理衛生學刊》，*23*，347-375。

吳士健、孫專專、權英（2020）：〈中庸思維對知識隱藏與員工創造力的影響機制研〉。《管理學》，*17*(4)，527-535。

吳佳輝（2006a）：〈中庸讓我生活得更好：中庸思維對生活滿意度之影響〉。《華人心理學報》，*7*，163-176。

吳佳輝、林以正（2005）：〈中庸思維量表的編製〉。《本土心理學研究》，
　　24，247-299。

呂美禎、潘家瑋、鄭淇、薛花、鄧鑄（2015）：〈大學生中庸思維對寬恕及自我
　　寬恕的影響〉。《中國健康心理學雜誌》，23(1)，71-74。

李子萱、王曉剛、畢重增（2019）：〈什麼樣的人偏愛中庸思維？──社會認知
　　基本維度框架的初步描述〉。《心理技術與應用》，7(1)，17-22。

李子萱、額爾德妮、畢重增、王曉剛（2018年1月20-22日）：《中庸是中華民族
　　的思維方式嗎──來自兩個半民族樣本的證據》。廈門大學主辦「第五屆中庸
　　心理學研討會」宣讀之論文，廈門。

李平（2014）：〈中國智慧哲學與中庸之道研究〉。見韋慶旺、楊中芳（主
　　編），中庸心理學研究─II，《中國社會心理學評論》，8，237-255。

李平（2016）：〈不確定性時代呼喚「非理性」──維克思想與道家哲學的不期
　　而遇與不謀而合〉。《清華管理評論》，*11*，75-81。

李怡眞（2009）：《安適幸福感的構念發展與情緒調控機制之探討》（博士論
　　文）。臺灣大學。

李姣（2016）：《中庸之道，幸福之本：中庸思維視角下的幸福探究》（碩士論
　　文）。曲阜師範大學。

李星星、卜正學（2019）：〈中庸思維能夠提升大學生的創業意願嗎？〉。《長
　　江師範學院學報》，35(1)，47-57。

李昱霏（2011）：〈我國中庸思維的研究現狀及展望〉。《牡丹江教育學院學
　　報》，29(2)，109-110。

李原（2014a）：〈工作壓力因素對工作──家庭平衡中的影響：中庸的調節作
　　用〉。見楊中芳、韋慶旺（主編），中庸心理學研究─I，《中國社會心理學
　　評論》，7，177-191。

李原（2014b）：〈壓力性生活事件對在職者主觀幸福感之間的作用：中庸思維
　　的調節作用〉。見韋慶旺、楊中芳（主編），中庸心理學研究─II，《中國社
　　會心理學評論》，8，184-194。

李偉榮（2020）：〈中國文化元關鍵字在西方的詮釋──以安樂哲和郝大維英譯
　　《中庸》爲中心〉。《燕山大學學報（哲學社會科學版）》，21(3)，49-55。

李啓明（2011）：《中庸實踐思維、心理彈性與社會適應的關係》（碩士論

文）。華中科技大學。

李啓明、陳志霞（2016）：〈中庸思維對社會適應的影響：心理彈性和情緒調節的中介作用〉。《人類工效學》，*22*(1)，11-15。

李婕寧、周麗芳（2018年1月20-22日）：〈古老的智慧——中庸思維兩難決策時的反思與情感困擾〉。廈門大學主辦「第五屆中庸心理學研討會」宣讀之論文，廈門。

李華香（2005）：《人際衝突中的中庸行動研究》（碩士論文）。廣州中山大學。

李鑫（2015）：〈中國本土管理研究的X整合主義〉。《管理學報》，*12*(2)，157-166。

杜旌、冉曼曼、曹平（2014）：〈中庸價值取向對員工變革行為的情景依存作用〉。《心理學報》，*46*(1)，113-124。

杜旌、姚菊花（2015）：〈中庸結構內涵及其與集體主義關係〉。《管理學報》，*12*(5)，638-646。

杜旌、段承瑤（2019）：《中庸研究：探尋現代組織管理中的傳統文化力量》。社會科學文獻出版社。

杜旌、裘依伊、尹晶（2018）：〈中庸抑制創新嗎？——一項多層次實證研究〉。《科學學研究》，*36*(2)，378-384。

杜旌、劉芳（2014）：〈平衡與和諧之美：中庸價值取向對員工幸福感影響實證研究〉。《珞珈管理評論》，*14*(1)，27-37。

杜維明（1987）：〈論儒家體知——德性之知〉。見劉述先（主編），《儒家倫理研討會論文集》，頁98-111。

汪曼穎、林淑菁、葉怡玉（2014）：〈喜怒哀樂之未發：情緒性刺激注意力與記憶的中庸思維體現〉。見韋慶旺、楊中芳（主編），中庸心理學研究—II，《中國社會心理學評論》，*8*，18-48。

汪鳳炎（2018年1月20-22日）：〈中庸思維辨析〉。廈門大學主辦「第五屆中庸心理學研討會」宣讀之論文，廈門。

汪鳳炎、鄭紅（2014）：《智慧心理學的理論探索與應用研究》。上海教育出版社。

沈伊默、馬晨露、白新文、諸彥含、魯雲林、張慶林、劉軍（2019）：〈辱虐管

理與員工創造力：心理契約破壞和中庸思維的不同作用〉。《心理學報》，
　　51(2)，238-247。

辛傑、屠雲峰（2020）：〈中國文化背景下的中庸型領導：概念、維度與測
　　量〉。《西南大學學報（社會科學版）》，*46*(4)，58-66。

周暉、夏格、鄧舒（2017）：〈差錯管理氣氛對員工創新行為的影響——基於中
　　庸思維作為調節變數的分析〉。《商業研究》，*4*，115-121。

孟琢（2011）：〈對《中庸》中「誠」的文化內涵的歷史闡釋——兼論訓詁學在
　　歷史文化研究中的獨特价值〉。《社會科學論壇》，*2*，50-59。

易曉敏（2010）：《情緒靈活性的測量》（碩士論文）。中山大學。

林升棟（2005）：《尋找中庸自我的研究》（博士論文）。中山大學。

林升棟（2014）：〈陰陽消長思維與看人感知的關係初探〉。見楊中芳、韋慶旺
　　（主編），中庸心理學研究—I，《中國社會心理學評論》，*7*，78-88。

林以正（2014）：〈外柔內剛的中庸之道：實踐具自主性的折衷原則〉。見楊
　　中芳、韋慶旺（主編），中庸心理學研究—I，《中國社會心理學評論》，*7*，
　　221-235。

林以正（2018年1月20-22日）：〈先退後進：中庸的二階段歷程之驗證〉。廈門
　　大學主辦「第五屆中庸心理學研討會」宣讀之論文，廈門。

林以正、黃金蘭、李怡眞（2007）：〈進退之間的拿捏：由忍的情境變異性探討
　　華人自主與和諧的辯證關係〉。臺灣大學人文社會高等研究院主辦「東西思想
　　文化傳統中的「自我」與「他者」學術研討會」宣讀之論文，臺北。

林瑋芳、黃金蘭、林以正（2014）：〈來得好不如來得巧：中庸與陰陽轉折的時
　　機〉。見楊中芳、韋慶旺（主編），中庸心理學研究—I，《中國社會心理學
　　評論》，*7*，89-107。

邵愛國（2003）：《中庸之道的管理智慧及其現代化價值》（碩士論文）。蘇州
　　大學。

侯凡躍、林升棟、程紅（2018年1月20-22日）：〈主客相融與主客相分——傳統
　　水墨畫與油畫的審美體驗研究〉。廈門大學主辦「第五屆中庸心理學研討會」
　　宣讀之論文，廈門。

姚艷虹、範盈盈（2014）：〈個體——組織匹配對創新行為的影響——中庸思維
　　與差序氛圍的調節效應〉。《華東經濟管理》，*28*(11)，123-127。

段錦雲、凌斌（2011）：〈員工建言行為結構及中庸思維對其的影響〉。《心理學報》，*10*，1185-1197。

胡新平、廖冰、徐家運（2012）：〈員工中庸思維、組織和諧與員工績效的關係研究〉。《西南大學（社會科學版）》，*58*，166-172。

韋慶旺、郭政（2014）：〈走向存在幸福感：中庸思維與生活平衡〉。見楊中芳、韋慶旺（主編），中庸心理學研究—I，《中國社會心理學評論》，*7*，236-255。

韋慶旺、楊中芳（主編）（2014）：中庸心理學研究—II，《中國社會心理學評論》，第8輯。社會科學文獻出版社。

韋慶旺、鄔玉婷（2014）：〈「一分為三」框架下的中庸界定：兼從方法論角度評當前中庸心理學研究〉。見韋慶旺、楊中芳（主編），中庸心理學研究—II，《中國社會心理學評論》，*8*，275-303。

卿濤、劉崇瑞（2014）：〈主動性人格與員工建言行為：領導——成員交換與中庸思維的作用〉。《四川大學學報（哲學社會科學版）》，*1*，127-134。

孫旭、嚴鳴、儲小平（2014）：〈壞心情與工作行為：中庸思維跨層次的調節作用〉。《心理學報》，*11*，1704-1718。

孫健、田星亮（2010）：〈中庸之道的現代轉型及其管理價值〉。《甘肅社會科學》，*1*，219-222。

孫蒨如（2014）：〈陰陽思維與極端判斷：陰陽思維動態本質的初探〉。見楊中芳、韋慶旺（主編），中庸心理學研究—I，《中國社會心理學評論》，*7*，108-130。

徐圓圓（2012）：《大學生中庸自我結構、測量及其與衝突應對策略的相關研究》（碩士論文）。蘇州大學。

徐慧金、鄒智敏（2014）：〈反中庸，還是非中庸？檢驗中庸信念／價值量表反向計分的有效性〉。《中國社會心理學評論》，*7*，43-58。

耿紫珍、趙佳佳、丁琳（2020）：〈中庸的智慧：上級發展性回饋影響員工創造力的機理研究〉。《創新管理》，*23*(1)，75-86。

馬偉軍、馮睿（2012）：〈中國大學生的自我建構、利己歸因偏好與自我增強〉。《心理科學》，*35*(6)，1398-1403。

馬鵬、蔡雙立（2018）：〈家長式領導對員工建言行為激勵內化機制研究——中

庸思維調節下的跨層次分析〉。《財經論叢》，*235*，88-96。

高瞻、李炳潔（2014）：〈中庸信念／價值與自評抑鬱症狀之關係的深入探討〉。見楊中芳、韋慶旺（主編），中庸心理學研究—I，《中國社會心理學評論》，*7*，205-220。

高瞻、李新天、許律琴、李炳潔（2013a）：〈抑鬱患者情緒調節靈活性的作用〉。《中國健康心理學雜誌》，*21(9)*，1294-1296。

高瞻、陽中華、李炳潔（2014）：〈正常人與抑鬱症病人在中庸信念／價值的比較〉。見楊中芳、韋慶旺（主編），中庸心理學研究—I，《中國社會心理學評論》，*7*，192-204。

高瞻、蔡華玲、唐淦琦、許律琴（2013b）：〈中庸思維與抑鬱症狀之關係〉。《中國健康心理學雜誌》，*21(9)*，1298-1300。

張仁和（2010）：〈聚焦中庸實踐思維體系於心理空間與大我系統〉。《本土心理學研究》，*34(1)*，145-157。

張仁和（2021）：〈平衡與和諧：初探自我寧靜系統之特性與機制〉。《本土心理學研究》，*56*，177-243。

張仁和、林以正、黃金蘭（2014a）：〈西方智慧研究新動態與中庸思維的關係〉。見韋慶旺、楊中芳（主編），中庸心理學研究—II，《中國社會心理學評論》，*8*，212-225。

張仁和、黃金蘭、林以正（2014b）：〈中庸思維的社會認知結構〉。見韋慶旺、楊中芳（主編），中庸心理學研究—II，《中國社會心理學評論》，*8*，1-17。

張多梅（2016）：《積極感受源於正確的問題視角：中庸思維的情緒價值研究》（碩士論文）。曲阜師範大學。

張光曦、古昕宇（2015）：〈中庸思維與員工創造力〉。《科研管理》，*36*，251-257。

張亞軍、張金隆、張軍偉、崔利剛（2017）：〈謙卑型領導與員工抑制性建言的關係研究〉。《管理評論》，*29(5)*，110-119。

張思嘉、郭士賢（2011）：〈台灣華人婚姻中的控制觀〉。《中華心理衛生學刊》，*24(4)*，583-610。

張軍偉、龍立榮（2016）：〈服務型領導對員工人際公民行為的影響：寬恕氛圍

與中庸思維的作用〉。《管理工程學報》，*30*(1)，43-51。

張德勝、金耀基、陳海文、陳健民、楊中芳、趙志裕、伊沙白（2001）：〈論中庸理性：工具理性，價值理性和溝通理性之外〉。《社會學研究》，*2*，33-48。

梁果、李錫元、陳思、李雲（2012）：〈中庸思維的概念、測量及研究述評〉。《珞珈管理評論》，*2*，191-198。

畢重增（2016）：〈有規則才有自信：鬆緊度感知與中庸思維的作用〉。《西南大學學報（社會科學版）》，*42*(1)，106-113。

畢重增（2018）：〈關係流動性與自信：中庸實踐思維的領域和過程〉。《西南大學學報（社會科學版）》，*44*(4)，120-128。

郭軼、李雪晶，黃新英、鐘嬋（2016a）：〈抑鬱症患者應對效能在中庸思維和心理健康間的中介作用〉。《四川精神衛生》，*29*(1)，23-25。

郭軼、李雪晶、黃新英、陳立勇（2017）：〈中庸心理干預對抑鬱症患者情緒穩定性及社會適應力的影響〉。《齊齊哈爾醫學院學報年》，*38*(19)，2273-2275。

陳文平、段錦雲、田曉明（2013）：〈員工為什麼不建言：基於中國文化視角的解析〉。《心理科學進展》，*21*(5)，905-913。

陳來（2019年9月18日）：《中庸》的地位，影響與歷史詮譯。《古典學研究》公眾微信帳號，http：//www.wxkol.com。

陳其錦、楊柳、黃敏兒（2018年1月20-22日）：〈中庸整合思維對社會適應的促進機制：來自機關公務員的依據及進一步研究的考慮〉。廈門大學主辦「第五屆中庸心理學研討會」宣讀之論文，廈門。

陳建勳、淩媛媛、劉松博（2010）：〈領導者中庸思維與組織績效：作用機制與情境條件研究〉。《南開管理評論》，*13*，132-141。

傅緒榮、孫慶民（2013）：〈中庸思維研究述評〉。《懷化學院學報》，*32*(8)，21-24。

彭文會、黃希庭（2015）：〈基於中庸——和諧的人際幸福感〉。《西南大學學報（社會科學版）》，*41*(2)，73-79。

彭國華（2013年7月24日）：「中庸」辨義。人民日報。

彭敏、賴平妹、鮑廣林、陽中華、陳向一（2016）：〈家庭治療求治者中庸思維

特點及其與家庭功能的關係〉。《中國健康心理學雜誌》，*24*(2)，263-267。

曾維希、郭侃、李媛（2013）：〈認知重評如何調節情緒：中庸思維的中介作用〉。《電子科技大學學報（社會科學版）》，*15*，91-94。

曾藝敏（2015）：〈中庸實踐思維視角下的網路及現實利他行為比較〉。《石家莊學院學報》，*17*(3)，107-111。

曾韻、程樂華（2018年1月20-22日）：〈趨避情緒空間與中庸思想的關係探究〉。廈門大學主辦「第五屆中庸心理學研討會」宣讀之論文，廈門。

陽中華、周家秀、周甄（2014）：〈中庸思維對心理健康影響之初探〉。見韋慶旺、楊中芳（主編），中庸心理學研究—II，《中國社會心理學評論》，*8*，136-146。

陽中華、楊中芳（2014）：〈中庸思維對家庭功能之影響初探〉。見楊中芳、韋慶旺（主編），中庸心理學研究—I，《中國社會心理學評論》，*7*，153-176。

馮友蘭（1940a）：〈「道中庸」〉。見馮友蘭（著）：《「貞元六書」之「新世訓」》，頁80-101。商務書局。

馮友蘭（1940b）：《「貞元六書」之「新世訓」》，頁80-101。商務書局。

黃光國（2009）：《儒家關係主義：哲學反思、理論建構和實徵研究》。心理出版社。

黃克劍（2020）：〈中西「中庸」觀之比勘——一種對價值形而上致思路徑的尋索〉。《東南學術》，*1*，45-56。

黃金蘭、林以正、楊中芳（2012）：〈中庸處世信念／價值量表的修訂〉。《本土心理學研究》，*38*，3-14。

黃金蘭、鍾育君、林以正（2014）：〈見林或見樹？——整體處理與中庸的關聯性〉。見韋慶旺、楊中芳（主編），中庸心理學研究—II，《中國社會心理學評論》，*8*，49-65。

黃敏兒、唐淦琦、易曉敏、孫莎莎（2014）：〈中庸致和：情緒調節靈活性的作用〉。見韋慶旺、楊中芳（主編），中庸心理學研究—II，《中國社會心理學評論》，*8*，88-112。

黃統斌、鄒智敏（2018年1月20-22日）：〈研究計畫：基於社會網路分析的中庸式領導行為有效性〉。廈門大學主辦「第五屆中庸心理學研討會」宣讀之論

文，廈門。

黃鈴鈴、鄒智敏（2018年1月20-22日）：〈研究計畫：中庸之矛盾整合特徵的研究〉。廈門大學主辦「第五屆中庸心理學研討會」宣讀之論文，廈門。

黃囇莉、鄭琬蓉、黃光國（2008）：〈忍的歷程與自我之轉化〉。《本土心理學研究》（臺北），29，3-76。

楊中芳（2001）：《如何理解中國人》。遠流出版公司。

楊中芳（2008a）：〈從主流心理學研究程式看本土化的途徑〉。見楊中芳（主編）：《本土心理研究取徑論叢》，頁161-186。遠流出版公司。

楊中芳（2008b）（主編）：《本土心理研究取徑論叢》。遠流出版公司。

楊中芳（2008c年，4月20-22日）：〈我們是不是可以換一個腦袋來構思幸福感？簡述中庸思考架構〉。廣州大學主辦「中國心理學教學工作委員會和人格心理學專業委員會學術年會」宣讀之論文，廣東。

楊中芳（2010）：〈中庸實踐思維體系探討的初步進展〉。《本土心理學研究》，34，3-165。

楊中芳（2014）：〈中庸研究與華人本土心理學〉。見韋慶旺、楊中芳（主編），中庸心理學研究—II，《中國社會心理學評論》，8，304-317。

楊中芳（2022）：〈如何換一個腦袋想心理學研究？——中庸思維作爲一條本土進路〉。《華人本土心理學30年：本土研究取徑及理論》，頁69-112。五南圖書出版公司。

楊中芳、丁宇、林升棟（2014a）：〈中庸思維在工作壓力源與員工幸福感之間的作用〉。見韋慶旺、楊中芳（主編），中庸心理學研究—II，《中國社會心理學評論》，8，147-183。

楊中芳、林升棟（2012）：〈中庸實踐思維體系構念圖的建構效度研究〉。《社會學研究》，4，167-186。

楊中芳、林升棟（2014）：〈「中庸信念／價值量表」到底在測什麼？〉。見韋慶旺、楊中芳（主編），中庸心理學研究—II，《中國社會心理學評論》，8，59-77。

楊中芳、韋慶旺（主編）（2014）：中庸心理學研究—I，《中國社會心理學評論》，第7輯。社會科學文獻出版社。

楊中芳、陽中華（2014）：〈夫妻中庸思維差異對成員家庭功能評定的影響〉。

見韋慶旺、楊中芳（主編），中庸心理學研究─II，《中國社會心理學評論》，*8*，113-135。

楊中芳、陽中華、丁宇（2014b）：〈「中庸構念圖」之建構效度再檢驗。中庸社會心理學研究的構念化：導讀〉。見楊中芳、韋慶旺（主編），《中庸心理學研究─I，中國社會心理學評論，第7輯》，頁18-42。

楊中芳、趙志裕（1997年5月29-31日）：〈中庸實踐思維初探〉。中央研究院人文社會科學研究中心主辦「華人心理與行為科際學術研討會」刊載之論文，臺北。後編入楊中芳（2001）：《如何理解中國人》一書，頁269-287。

楊世英（2008）：〈智慧的意涵與歷程初探〉。《本土心理學研究》，*29*，185-238。

楊宜音（2014）：〈日常生活的道德意義和生命意義：兼談中庸實踐思維的構念化〉。見韋慶旺、楊中芳（主編），中庸心理學研究─II，《中國社會心理學評論》，*8*，256-274。

楊欣林、鄒智敏（2018年1月20-22日）：〈中庸領導行為對下屬問題求助的影響〉。廈門大學主辦「第五屆中庸心理學研討會」宣讀之論文，廈門。

楊飛（2016）：〈員工中庸思維研究綜述〉。《合作經濟與科技》，*8*，150-152。

楊海（2019）：《中庸思維與創造力：促進或抑制？》（碩士論文，成功大學）。

楊國樞（1993）：〈我們為什麼要建立中國人的本土心理學？〉。《本土心理學研究》，*1*，6-89。

楊國樞（1997）：〈心理學研究的本土契合性及其相關問題〉。《本土心理學研究》，*8*，75-120。

楊程雲（2018）：《大學生中庸思維與情緒智力的關係：自我意識的中介作用》（碩士論文，天津師範大學）。

楊艷培、鄔欣言（2016）：〈誰更中庸？──基於對553個樣本中庸思維的測量與分析〉。《社會心理科學》，*31*，32-38。

葉曉璐、張靈聰（2012）：〈中庸思維與大五人格相關研究〉。《牡丹江大學學報》，*21*(3)，97-100。

葉曉璐、張靈聰（2014）：〈中庸思維對不同情境決策行為的影響〉。見韋慶

旺、楊中芳（主編），中庸心理學研究—II，《中國社會心理學評論》，8，77-87。

鄒智敏、蕭莉婷（2014）：〈中庸信念／價值量表的信度概化研究〉。見韋慶旺、楊中芳（主編），中庸心理學研究—II，《中國社會心理學評論》，8，66-76。

鄔欣言（2017）：〈中庸理性與現代性困境：民間糾紛解決場域中實踐邏輯的傳統與轉型言〉。《社會：理論與改革》，2，160-167。

廖冰、徐家運（2012）：〈基於層次模糊綜合評判法的中庸思維測量與評價〉。《統計與決策》，353，45-48。

廖冰、董文強（2015）：〈知識型員工中庸思維、組織和諧與個體創新行為關係研究〉。《技術進步與對策》，32(7)，150-154。

趙可汗、賈良定、蔡亞華、王秀月、李玨興（2014）：〈抑制團隊關係衝突的負效應：一項中國情境的研究〉。《管理世界》，3，119-130。

趙志裕（2000）：〈中庸思維的測量：一項跨地區研究的初步結果〉。《香港社會科學學報》，18，33-55。

趙靜（2017）：《中庸思維與反中庸思維的糾紛應對方式——以華北地區某鎮派出法庭為個案》（博士論文）。中國社會科學院。

趙靜、楊宜音（2017）：〈中庸實踐思維與法院糾紛的調解——以一個土地合同糾紛和解案為例〉。《學術論壇》，2，140-145。

劉巧虹（2016a）：〈領導者中庸思維對溝通滿意度的影響〉。《領導科學》，10，48-50。

劉巧虹（2016b）：〈領導者中庸思維對員工工作績效的影響機制〉。《經營管理》，1，78-79。

劉昌（2019）：〈中庸之可能與不可能：兼論中庸心理實證研究之困境〉。《南京師大學報（社會科學版）》，5，65-74。

劉俊（2011）：《大學生中庸思維與應對方式與主觀幸福感的相關研究》（碩士論文）。福建師範大學。

鄭淇、薛花、呂美禎、潘家瑋、鄧鑄（2014）：〈大學生中庸思維與寬恕傾向的相關研究〉。《校園心理》，12(4)，219-222。

鞏見剛、胡子康、衛玉濤（2018）：〈傳統文化與本土管理研究——對李鑫教授

相關觀點的一點思考〉。《管理學報》，*15*(11)，1621-1646。

黎紅雷（2013）：〈「中庸」本義及其管理哲學價值〉。《孔子研究》，*2*，36-47。

韓悅（2019）：〈中庸思維研究的元分析〉。尚未發表論文初稿。

魏新東、汪鳳炎（2018年1月20-22日）：〈中庸價值取向對人際衝突下大學生智慧增長的影響——研究設想〉。廈門大學主辦「第五屆中庸心理學研討會」宣讀之論文，廈門。

羅勁、劉玉（2014）：〈作爲一種高級複雜的腦認知功能模式的中庸思維：初步的理論推測與構想〉。見韋慶旺、楊中芳（主編），中庸心理學研究—II，《中國社會心理學評論》，*8*，195-211。

龐樸（1995）：《「一分爲三——中國傳統思想考釋」》。海天出版社。

Ames, R. T., & Hall, D. L. (2001). *Focusing the familiar: A translation and philosophical interpretation of the Zhongyong*. University of Hawaii Press.

Brown, K. W., & Leary, M. R. (Eds.). (2016). *The Oxford handbook of hypo-egoic phenomena*. Oxford University Press.

Chan, R. C. K., Chen, E. Y. H., Cheung, E. F. C., Chen, R. Y. L., & Cheung, H. K. (2004a). Problem-solving ability in chronic schizophrenia: A comparison study with patients with traumatic brain injury. *European Archives of Psychiatry and Clinical Neuroscience*, *254*(4), 236-241.

Chan, R. C. K., Chen, E. Y. H., Cheung, E. F. C., & Cheung, H. K. (2004b). Executive dysfunctions in schizophrenia: Relationships to clinical manifestations. *European Archives of Psychiatry and Clinical Neuroscience*, *254*(4), 256-262.

Chang, S. C., Chang, J. H. Y., Low, M. Y., Chen, T. C., & Kuo, S. H. (2020). Self-regulation of the newlyweds in Taiwan: Goals and strategies. *Journal of Social and Personal Relationships*, *37*(8-9), 2674-2690.

Chang, T. Y., & Yang, C. T. (2014). Individual differences in Zhong-Yong tendency and processing capacity. *Frontiers in Psychology*, *5*, 1316.

Chou, L. F., Chu, C. C., Yeh, H. C., & Chen, J. (2014). Work stress and employee well-being: The critical role of Zhong-Yong. *Asian Journal of Social Psychology*, *17*(2), 115-127.

Dixon, M.L., Thiruchselvam, R., Todd, R., & Christoff, K. (2017). Emotion and the prefrontal cortex: An integrative review. *Psychological Bulletin*, *143*(10), 1033-1081.

Leung A. K.-y., Liou, S., Miron-Spektor, E., Koh, B., Chan, D., Eisenberg, R., & Schneider, I. (2018). Middle ground approach to paradox: Within- and between-culture examination of the creative benefits of paradoxical frames. *Journal of Personality and Social Psychology*, *114*(3), 443-464.

Li, X. (2018). Zhong-Yong as dynamic balancing between Yin-Yang opposites. *Cross Cultural & Strategic Management*, *25*(2), 375-379

Li, X. (2019). Is "Yin-Yang balancing" superior to ambidexterity as an approach to paradox management? *Asia Pacific Journal of Management*, *36*(1), 17-32.

Ma, C., Liu, H., Gu, J. & Dou, J. (2018). How entrepreneurs' Zhong-yong thinking improves new venture performance: The mediating role of guanxi and the moderating role of environmental turbulence, *Chinese Management Studies*, *12*(2), 323-345.

Paletz, S. B. F., Bogue, K., Miron-Spektor, E., & Spencer-Rodgers, J. (2018). Dialectical thinking and creativity from many perspectives: Contradiction and tension. In J. Spencer-Rodgers & K. Peng (Eds.), *Psychological and cultural foundations of East Asian cognition: Contradiction, change and holism* (pp. 267-308). Oxford University Press.

Rothbaum, F., Weisz, J. R., & Snyder, S. S. (1982). Changing the world and changing the self: A two process model of perceived control. *Journal of Personality and Social Psychology*, *42*(1), 5-37.

Pye, L. W. (1968). *The spirit of Chinese politics: The psychocultural study of the authority crisis in political development.* MIT Press.

Qu, Y., Wu, W., Tang, F., Si, H., & Xia, Y. (2018). Why do I conform to your ideas?: The role of coworkers' regulatory focus in explaining the influence of zhongyong on harmony voice. *Chinese Management Studies*, *12*(2), 346-368.

Sheng, G., Xie, F., Gong, S., & Pan, H. (2019). The role of cultural values in green purchasing intention: Empirical evidence from Chinese consumers. *International*

Journal of Consumer Studies, *43*(3), 315-326.

Wang, P. & Yu, Y. (2014). A Review of the Relationship on Zhong-yong Thinking and Innovation Intention. In 2014 *2nd International Conference on Advances in Social Science, Humanities, and Management (ASSHM-14)*. Atlantis Press, 343-348.

Wayment, H. A., Bauer, J. J., & Sylaska, K. (2015), The quiet ego scale: Measuring the compassionate self-identity. *Journal of Happiness Studies*, *16*(4), 999-1033.

Xiao, Y., Liu, H., & Li, H. (2017). Integration of the forced-choice questionnaire and the Likert Scale: A simulation study. *Frontiers in Psychology*, *8*, 806.

Yang, X., Zhang, P., Zhao, J., Zhao, J., Wang, J., Chen, Y., Ding, S., & Zhang, X. (2016). Confucian culture still matters: The benefits of Zhongyong thinking (Doctrine of the Mean) for mental health. *Journal of Cross-Cultural Psychology*, *47*(8), 1097-1113.

Yao X., Yang, Q., Dong, N., & Wang, L. (2010). Moderating effect of Zhong Yong on the relationship between creativity and innovation behaviour. *Asian Journal of Social Psychology*, *13*(1), 53-57.

Zhou, Z., Hu, L., Sun, C., Li, M., Guo, F., & Zhao, Q. (2019). The effect of zhongyong thinking on remote association thinking: An EEG study. *Frontiers in Psychology*, *10*, 207.

第六章

孝道心理學研究：從本土理論到全球應用

曹惟純、葉光輝

　　孝道不僅是華人最具文化代表性的核心價值，更是庶民文化中首要的生活德行。孝道的運作甚至常泛化到不同社會情境中，諸如「一日為師，終生為父」、「再造父母」、「地方父母官」等俗諺或詞彙，都隱約顯示出「親子結構」在華人社會中的特殊性；而孝道用以指引子女角色行為的原則，也就成為理解華人親子代間互動、家庭系統運作、社會關係建構的重要關鍵。儘管許多研究者預設孝道的重要性已隨社會現代化逐漸式微，但實際的社會調查結果顯示：孝道在當代主要的華人社會，甚至東亞儒家文化圈國家（如韓國），都仍備受重視；例如東亞社會調查的研究結果即顯示：兩岸三地的華人社會，無論是曾歷經文革反孝的中國大陸、長期受英國殖民而西化程度甚深的香港，或民主化程度最高的臺灣，都仍相當認同孝道觀念的重要性（Yeh et al., 2013）。

　　孝道在華人文化中的特殊地位，使其成為華人本土心理學領域的重要議題。臺灣學界自 1980 年代就有系統地進行各種孝道心理學研究。初期主要透過儒家典籍或家訓分析孝道概念內涵以突顯孝道概念的文化特殊性，並參照西方心理學知識架構，從社會態度與行為、認知結構發展兩種角度切入，建立完整的孝道心理學研究架構（楊國樞等人，1989；葉光輝、楊國樞，1989，1991，2008）。承繼這些實徵研究奠定的基礎，孝道雙元模型（Dual Filial Piety Model; Yeh, 2003; Yeh & Bedford, 2003）作為本土心理學理論，一方面整合既有華人孝道研究，另方面將孝道重新轉化為兼顧親子互動深層結構與文化差異敏感度的本土心理概念，持續與西方主流心理學對話（如 Tsao & Yeh, 2019）。縱觀近四十年來一系列孝道

心理學研究成果，除了逐步拓展孝道概念跨領域與跨文化的應用潛力，也反映出本土心理學方法論的進展與多樣化的研究取向。

　　隨著全球人口老化趨勢，近期孝道在高齡照顧議題上的應用逐漸受到西方關注。尤其在全球經濟不景氣下，西方福利國家爲了減輕高齡照護需求對社會保險制度帶來的負擔，轉向尋求家庭系統共同分擔養老責任，因而開始探討成年子女的孝道態度、奉養意願與代間支持行爲等議題。例如 Lowenstein 與 Daatland（2006）就曾針對成年子女對孝道規範認同程度在歐洲進行大型跨國比較研究，晚近歐美學界也興起一波對子女奉養責任法規化可行性的探討（如 Kethineni & Rajendran, 2018; Moore, 2016; O'Mahoney, 2015 等）。這些受人口變遷脈絡形塑的孝道研究趨勢，雖然爲華人本土心理學的全球化提供了新契機，但關鍵仍在於有無合適的孝道概念架構可作爲跨文化分析的理論工具。

　　本章將以孝道雙元模型爲主軸，介紹孝道研究在華人本土心理學領域的演進，特別是雙元模型對早期華人孝道心理學研究的承繼與整合，以及雙元模型後續如何透過心理學式的再概念化，爲孝道概念在西方主流心理學中拓展合適的理論定位，增進孝道在當代心理學與全球新興議題上的跨領域應用。以下先介紹各種華人孝道研究取向背後的本土心理學方法論預設，以及雙元模型如何改從個體深層心理結構切入，以親子互動基模在華人文化下的展現方式來理解孝道；接著闡述此種反映孝道的心理基模在華人身上形成個別差異的基礎，讓回歸心理學的孝道概念得以整合個人行爲中來自文化差異、社會屬性差異、個別差異的可能影響。其次，則具體說明孝道雙元面向的內涵，包含兩種孝道面向各自對應的基本心理需求、運作特徵，及其在不同分析層次的理論意涵；此部分也會探討孝道在西方心理學中可能的對應概念（counterpart），以及雙元模型如何對這些西方親子互動相關概念進行整合。最後，本章將基於雙元模型的理論架構，介紹孝道概念在當代的跨領域應用，特別是在高齡化、多元文化諮商等新興議題上的發展。

一　孝道概念的心理學化：從對文化規範的態度到脈絡化的性格構念

　　孝道向來綿密滲透於華人日常生活中，並隨時代演進出現各種不同詮釋，無論身處在任何社會的當代華人似乎都能對「孝」提出一番見解。此種社會文化背景對於孝道的心理學研究有利有弊：其利基在於人文與社會科學領域（如歷史、哲學、社會學等）已累積了數量可觀且值得參考的相關成果，但也正因為如此，多數研究經常只是依特定研究目的（如探討對年老父母的奉養態度或行為）或研究者個人主觀判斷來定義孝道，導致孝道概念內涵越形龐雜，研究結果彼此矛盾、難以整合。因此，如何讓孝道跳脫模糊的口語概念轉變為精準的心理學式概念，就成為在本土化研究與實務中妥善運用孝道概念的基本前提。

（一）華人孝道心理學初期發展：社會態度與認知發展兩種研究取向及其侷限

　　華人本土心理學對孝道的初期研究，大致可分為社會態度、認知發展兩種取向（見葉光輝、楊國樞，2008），二者同樣致力於從理論層次釐清孝道概念內涵。社會態度取向的研究邏輯是，先從理論層次分析孝道的具體內容，以利測量個體對各種孝道內容所持的態度（如認同程度或重要性評估），進而探討孝道觀念與其他各類社會態度或行為（如對年老父母的居住安排）的關係、孝道觀念的變遷等課題。該取向主要整合儒家典籍與著名家訓中有關孝道的描述，透過內容分析提出十五項具體的孝道內涵，並編寫對應的題項來測量個體的孝道態度（楊國樞等人，1989）。另一方面，認知發展取向則嘗試借用主流心理學的道德發展研究典範，透過各種兩難故事分析個人在進行孝道相關決策時的認知原則與行為動機（葉光輝、楊國樞，1989；葉光輝，1998），主要探究孝道認知結構的特徵與類型、發展階段、影響其發展的先決因素等課題。

　　就本土心理學方法論角度而言，上述兩種取向分別以不同方式對孝道

這一文化概念進行心理學化操作。其中，社會態度取向透過梳理華人歷史典籍來突顯孝道的文化特殊性，強調其有別於西方主流心理學探討的概念範圍，這也是臺灣本土心理學界建構各種本土原創概念的主要策略之一。在此策略下，孝道的基本定義不外是「華人社會文化規範」、「華人傳統家庭觀」、「儒家倫理價值觀」等「強調文化特殊性」的態度或信念，而孝道概念的心理學化操作也就聚焦於：完整列舉出孝道所涵蓋的具體行為規範，據以編製題項來測量個人對孝道的認同或重視程度。儘管此研究策略開啟孝道作為心理學研究議題的可能，卻有其侷限。當孝道被界定為華人所特有的某些具體行為規範內容時，對文化特殊性的強調，反而使孝道概念不易與主流心理學理論對話，對華人或西方學者而言，孝道不過只是在西方親子研究架構下額外添加的次要文化變項。換言之，華人親子關係議題主要還是由具普同性的西方心理學概念來解釋，只是可能額外受到孝道規範這一文化特定因素影響。其次，從時間向度來看，孝道所涉及各種具體行為規範總是隨時代不斷變化，永遠難以形成完備而穩定的概念內涵，例如早在 80 年代已有學者提出適用於現代社會的新孝道（楊國樞，1985），但近期又有學者重新分析適用於二十一世紀的孝道內涵（Lum et al., 2015），如何判斷不同學者界定的孝道內涵是否已過時，又如何確認何時該更新孝道對應的具體規範，似乎難有合理的答案。其次，孝道所涵蓋的各種具體行為規範，未必獨見於華人或東亞儒家文化圈各國，東亞之外其他高度重視家族制度的文化或社會（如土耳其、義大利、西班牙等）也存在某些類似的規範內容，這顯示出有必要以深層的心理運作機制來理解華人孝道概念。相對而言，認知發展研究取向正是意識到孝道研究未必只能探討一項項具體行為規範，因而嘗試轉由孝道背後的認知判斷原則與動機來理解其運作。在此取向下，孝道被界定為華人親子互動情境中的「道德判斷原則與動機」，在實際研究操作上完全仿照西方道德發展主流典範，除了編製以孝道為主題的兩難故事作為測量工具，更以此驗證華人在孝道這一道德信念上的發展方向（如從他律朝自律發展），是否符合西方提出的一般道德發展階段架構（葉光輝、楊國樞，1989）。此種研究策略雖讓孝道概念看似更心理學化，但較難彰顯孝道作為華人文化核心價

值、廣泛影響華人社會生活各層面的運作特徵。此外，當孝道被侷限在道德觀這一概念形式下，相關研究發現反而回過頭強化了西方道德發展理論的普同性，間接削弱本土心理學在方法論上的根本訴求。

　　上述兩種早期研究取向雖將孝道納入華人心理學版圖，且各有某些初步發現，但當時界定的孝道概念在主流心理學中的定位與應用仍有諸多限制，這也導致兩種取向難以有效整合。孝道概念承續華人社會文化兩千多年的歷史演變，無論在日常生活或學術研究中，其多元、複雜的特性自然會引發種種的爭論。刻意選擇具本土文化特色的研究主題並不等同心理學的本土化，唯有透過合適的概念化來解釋孝道的運作如何在個體層次連結文化與心理的作用，進而展現出有意義的個別差異，才是將孝道轉化為本土心理概念的關鍵。簡言之，在時代與社會變遷下，貼切把握根植於傳統、文化中的孝道運作特性，並將之以當代心理學普遍接受的概念形式加以呈現，需要的是一套可以整合前述兩種早期取向的概念化論述。

（二）整合文化設計及其背後對應的心理需求：雙元模型初期的孝道概念化

　　早期孝道研究奠基於社會態度與認知發展兩種取向，前者過於強調孝道的文化特殊性，而難以應用於華人文化之外；後者偏重探索孝道背後的認知判斷結構，卻將其概化為一般道德概念（如誠實等），忽略孝道在華人家庭與社會脈絡中的運作特徵，削弱了此概念反映的文化意涵。為了整合這兩種取向的優點，兼顧孝道的文化特殊性與其對應的心理運作成分，雙元模型（Yeh, 2003; Yeh & Bedford, 2003；葉光輝，2009a，2009b）對孝道的概念化則聚焦於說明特定文化設計、基本心理需求之間的具體連結。

　　各種集體規範或文化價值並非以內容明確的教條形式強制人們作出固定的行動，反之，人們之所以常對自身所處文化習而不察，正是因為這些規範或價值觀已隨著日常生活內化為個人的基本行為動機，必須透過個體主動的認同、實踐才能持續存在。儘管孝道確實是某種人為的文化設計，藉由設定各種行為規範來達成某些重要社會功能（如：維持家族凝聚

力、確保家庭承擔養老責任等），但任何文化設計若要長久存續，必定要能同時滿足個人深層基本心理需求。若孝道單純只是不合理地要求子女無條件服從、犧牲，並透過外在強制約束力、特定意識型態來合理化其正當性，不太可能與時俱進傳承迄今（曹惟純、葉光輝，2017a）。在早期研究中，孝道常被視為各種具文化共識基礎的行為規範，但這些具體規範內容仍需要與普遍存在的深層心理結構或需求相結合，才足以推動文化所屬成員透過個體行為實踐與展現這套價值規範。只關注反映文化獨特性的表層行為規範內容，不再向下挖掘其所連結的深層基本心理需求，除了導致對孝道的定義不夠完備，也讓孝道的運作方式流於教條式的應然規範，無法有效說明生長於相同社會文化脈絡下的成員為何對孝道的重視與實踐仍具有高度的個別差異。要跳脫上述限制，更完整地理解孝道的內涵與運作方式，不能只從文化獨特性的角度單向切入，必須關注具普同性的深層心理結構或需求如何與特定文化價值相結合，進而成為研究者可直接觀察、測量到的心理構念。

就本土心理學方法論層次而言，雙元模型同樣重視早期社會態度取向分析而得的具體行為內容，但也結合認知發展取向的關注焦點，挖掘這些孝道表層行為規範背後的心理動機，嘗試以更簡潔的雙元向度統整這些具體規範內容。在雙元模型中，孝道的心理學定義不再只是華人文化規範或價值，而是這些華人文化規範內容所對應的兩種親子互動基模，其既可反映個體與父母互動模式背後的兩類基本心理需求與動機，亦可在不同文化間呈現出符合其理論意義的運作差異。值得留意的是，在雙元模型正式提出前，葉光輝（1997）就曾透過二階因素分析，將早期社會態度取向所提出的九種重要孝道規範，區分為「變遷孝道」與「核心孝道」兩個潛在因素，亦即從統計上初步發現了雙元架構。然而，該研究主要從變遷角度切入分析，所分析出的兩個孝道高階潛在因素僅用以代表兩組變遷程度不同的具體規範內容，至於這兩個孝道潛在因素在心理運作意義上所呈現的屬性及功能區隔，直到雙元模型提出後才真正釐清（Yeh, 2003）。由此也突顯出，一套完整的概念化論述才是建構本土心理學理論的關鍵，否則即使從實徵資料中分析出相同的雙元架構，若將孝道預設為具體的文化規範

內容，對雙元因素的解釋也就停留在兩組文化規範內容之外在性質（規範涉及的具體行為類型、變遷程度）的差異，難以與既有的心理學知識脈絡有更深層的連結。唯有將孝道定義為促使個體實踐文化規範內容的潛在心理機制，雙元向度在社會變遷、跨文化差異、個體心理運作層次的理論意義才能彼此統整。

（三）孝道作為脈絡化性格構念：雙元模型近期的理論深化

　　近期，孝道議題逐漸隨全球高齡化趨勢而廣受西方學界關注，為了能更清晰地傳達華人孝道心理學的研究成果，孝道雙元模型持續從心理學角度強化孝道概念在個體運作層次上的意義，以脈絡化性格構念重新界定華人孝道概念。所謂「從心理學角度進行概念化」，不外乎回歸心理學這門學科的本質與特色——從個體的層次切入，並透過可反映個別差異的內在心理運作機制來說明或解釋個體相關行為、現象的成因。除了將孝道視為個人所重視的「文化規範或文化價值觀」，當從「性格」概念的角度來理解孝道，或許更能掌握其在心理運作層面的意涵與機制。

　　特質是最典型的性格概念，但性格心理學近期的發展已不再局限於傳統的特質概念，凡能適切描繪、預測個別差異的心理運作構念，都可視為有意義的性格概念（Benet-Martinez et al., 2015）。從個體角度而言，孝道就像是「子女為因應與父母互動這一重要情境所特化出的心理基模」。個體出生後經驗到的第一個角色就是「子女」，在正常狀態下，與父母長時間密集互動過程，不僅使親子關係成為其他社會關係發展的根源，更由於初生時子女在生活上全然依賴父母，與其形成緊密的一體關係，因此，無論身處任何社會或文化，個體在成長過程中自然會特化出一套專門處理與父母互動、強化親子連結的心理模式，其運作方式與功能甚至在個體未自覺之前就已展開、內化，逐漸發展成為如性格般根深蒂固的一套反應傾向。若以心理學用語來說明，孝道的心理運作意涵，正如各種為了因應生活中某些特別重要且頻繁出現的情境所形成的「脈絡化性格構念」（contextualized personality construct）（Pervin & Cervone, 2010）。脈絡化性格構念（如個體在親密關係脈絡下的拒絕敏感度），相對於概括性的

特質概念（如在普遍情境中的神經質傾向），更能深入描繪個人對日常特定生活情境、事件的解讀方式與反應傾向。孝道作爲指引子女如何與父母互動的核心原則或行爲基本動機，雖反映出華人社會中極具本土特色的文化價值與規範，但透過社會教化歷程只能保證華人可以理解孝道的規範內容，至於個體本身對孝道信念的認同或實踐程度，則還需要與其成長過程中實質的家庭或親子互動經驗、感受來形塑。因此，孝道雖是在親子互動情境、華人文化雙重脈絡化下形成的個體性格傾向，卻是以親子互動情境爲直接發展脈絡，而源自華人文化脈絡的影響作用仍需要與親子互動的實際情境相結合才能發揮作用（曹惟純、葉光輝，2017a）。

　　文化原就是各種人爲的設計與價值體系，任何看似不合理的文化設計，其背後都有相應的心理需求爲基礎；而各種具普同性的個人心理需求，也必須藉由個人所處社會文化所形塑出的特定教化途徑來加以滿足才能被接受（葉光輝等人，2012）。在不同文化脈絡中，相同的深層心理需求可能會以完全不同的行爲面貌或滿足方式來達成，有時某些看似不相容的文化價值信念也可能是爲了滿足類似的功能或目標而設計。著名文化心理學者 Shweder 的名言「One mind, many mentalities」（Shweder et al., 1998）正是說明：跨文化普遍存在的深層心智結構，會隨個體所處的社會文化脈絡而呈現出各式各樣不同的心態。因此，一套完整的本土化理論或概念架構，必須深入具文化獨特性的表層行爲模式，清楚說明特定文化設計如何與個人的基本心理需求相連結。華人本土心理學雖然只是隸屬於多種心態中的一種文化表現形式，但若能完整地把握這種表現形式的形成與運作機制，便可充分掌握人類普遍的深層心智結構與其作用歷程。

　　雙元模型以「脈絡化性格構念」作爲孝道概念的心理學定位，正是爲了減少各種文化刻板印象對理解孝道概念內涵可能形成的干擾，使集體層次的表面文化規範內容，更容易對應到個體層次的潛在心理需求。具體而言，從「親子互動基模」的角度對孝道進行概念化，有助於將個體孝道信念形成過程中涉及的基本心理需求，以及個體爲了滿足此心理需求所發展出的內在運作機制，共同整合到社會文化脈絡對個人心理運作的形塑歷程中，以便從個體層次理解各種文化對親子互動模式及其運作意義的設

計，以及它們如何影響親子互動心理基模在運作強度、功能上的差異。當孝道是反映子女在親子關係脈絡下如性格般穩定運作的代間互動基模時，探討孝道變遷就不必陷入無止境爭論特定行為規範項目的存廢與內容的調整，而是由社會變遷脈絡如何重塑代間互動基模所隱含的心理需求的滿足方式，來說明各種變異的規範內容仍具有滿足相似的心理需求本源，以跳脫不斷微調表面行為規範條目的窘境。在輿論或學術上都曾爭論孝道所涵蓋的同住規範，例如提倡將規範內容從「子女婚後應與父母同住」調整為「子女選擇住所時，應考慮能就近照顧父母」，才更符合當代社會條件或民眾想法，但前述轉換方式其實只是降低要求標準，而非提出「新型態」的規範內容或盡孝的新行為。在上述例子中，「孝」的本質並無改變，這是因為父母與子女的關係本質並無明顯改變，關心父母的生活起居、照顧陪伴父母依然是子女表達代間情感、滿足基本親和需求的重要方式，只是外在社會條件改變（如交通更便利、通訊科技發達）後，即使將孝道實踐標準降低為「就近居住」，仍可滿足子女對代間情感與親和的基本心理需求，並同時達成奉養照顧的功能。此外，當孝道反映的是子女為了因應代間互動情境而形成的心理基模，孝道也不再自限於華人特有的文化規範，而是可深入華人對子女義務的具體規範內容中，找出可反映文化特性差異的基本心理運作成分。整體而言，將孝道界定為脈絡化性格構念的概念化方式，可有效解決早期兩種（社會態度與認知發展）研究取向在本土心理學方法論對心理現象解釋上的難題與困境。

　　本節主要從本土心理學方法論的角度，分析歷來華人心理學研究對孝道概念性質的基本預設、侷限，並根據孝道雙元模型的近期發展，結合新興的脈絡化性格概念來說明孝道在全球心理學界的理論定位。雙元模型目前已被應用於不同社會的華人或華裔樣本，甚至其他不同文化與族群的樣本上，以下將詳細介紹雙元模型中相互性與權威性兩種孝道向度的具體內涵與運作特徵。

二 孝道雙元模型：對應親子關係的結構本質的兩種代間互動心理基模

作為引導華人子女與父母互動的基本信念與行為原則，孝道最根本的運作脈絡正是「親子關係」。孝道雙元模型就是從親子關係的結構本質來思考，子女針對與父母互動而形成的心理基模可滿足哪些心理需求或對應哪些運作功能及機制。無論在任何文化中，親子關係的本質原就兼具「平行」與「垂直」兩種性質不同的人際關係模式。平行關係是指親子將彼此視為兩獨特個體之間的對等互動，雙方唯有透過實際相處才能累積對彼此的了解、讓雙方變得更親近；另方面，親子關係也無可避免地起始於雙方資源、權力不對稱的狀態（Adams & Laursen, 2001），因此任何文化下的親子都會形成具有上下位階差異的垂直關係，此種垂直運作關係較強調親子雙方依循既定的「父母」、「子女」的角色規範與義務進行互動。孝道雙元模型即藉由區分「相互性」與「權威性」兩種面向，將對應於親子間「平行」、「垂直」兩類關係結構的互動特徵，反映在孝道概念應包含的基本向度上。

（一）相互性與權威性孝道的內涵與心理運作特徵

「相互性孝道」的運作核心是「兩個體透過長期互動自然形成的親密情感」（葉光輝，2009a）。親子關係發展於日常生活中跨時間、跨情境的密集互動，一般情況下，個人在成長過程中會與父母間逐漸累積起一定的情感、了解與信任。此種針對主要照顧者自然發展出的親密情感，不僅可滿足個人對親和與情緒安全感的基本心理需求，也讓子女普遍能主動地表現出想要善待、關懷父母的舉動。以「相互性」命名此向度，正是要強調親子兩代在此種互動關係中的對等地位（兩獨特個體的互動），且子女表現出的相應孝行（如生活上的支持），均是個體與個體間自發情感的流露與付出。相互性孝道的內涵與儒家倫理中的「報」原則雖有相似處（葉光輝，2009a），但相互性孝道更強調子女基於與父母長期互動累積的相互信任、親密而對父母表現出的各種情感與支持行為，因而它並非以先驗

道德原則（如對父母生養恩情的虧欠）或「投資-回報」的理性計算角度
來理解子女對親子關係的解讀及行孝動機。換言之，儒家倫理多少融入了
某種文化意識型態，因而將基於彼此濃厚情感關係而自然表現出的「回
報」塑造成合理的道德義務，以強化華人對特定孝行（如奉養父母）的認
同與實踐。然而，即使沒有這套文化倫理價值的規約，只要子女與父母的
感情親近、互動良好，同樣能自發體現這些行為。當代社會學家 Giddens
（1992）強調現代人際互動特徵已轉向強調雙方平等且僅奠基於情感需
求「純粹關係」（pure relationship），這就和相互性孝道的運作特徵有類
同之處。此外，相互性孝道並非只涉及子女成年後對年老父母的奉養、照
顧，而是強調在長期持續發展的親子關係中，各種年齡層的子女都會希望
能與父母更親近，自然地對父母表達出與其年紀相符的各種正向情感與行
為。至於這些行為或情感的具體表達方式並無絕對或固定標準，而是基於
子女對父母性格與喜好的理解、子女本身的性格特質與能力，存在個別差
異。

　　至於「權威性孝道」的運作核心則是個體「由子女這一社會角色習
得對社會或群體規範與家庭角色階序的認同」。父母與家庭向來是個人社
會化的主要來源，在個體社會化過程中，父母必然會在某階段扮演絕對權
威或行為楷模的角色；此時父母不僅是權力地位較高的教導者，與子女互
動時也代表「概化他人」的角色來傳遞社會對子女角色期待的共識。子女
在此社會化歷程中逐漸習得如何調整自己的行為、需求，以獲得父母的接
受、讚許，繼而擴展至尋求集體、社會的認可。此種經由社會化歷程習得
的角色規範，不僅可滿足個人尋求隸屬感或社會認同等基本心理需求，亦
使個人在家庭互動中能扮演好「子女」的社會角色，並依循社會期待表現
出合宜行為（曹惟純、葉光輝，2017a）。然而，父母的權威往往隨著子
女邁入青少年階段逐漸削弱，因此華人文化發展出一套「家國同構」的
社會體系，以強化奠基於「輩分-年齡-性別」倫理階序上的「君父」權
威。是故以「權威性」來命名孝道這一面向特性，不僅點出「親子對偶關
係是華人社會關係中權威結構的基礎」，同時也能突顯子代遵循角色規範
以追求集體認同、社會隸屬感的心理運作機制。然而，對父母權威（特別

是父權）或家族集體福祉的強調並非華人文化特有，中古歐洲的封建家長制在親子互動關係上就展現出與權威性孝道雷同的運作內涵（Hamilton, 1990），即使在當代西方個體主義國家中，父權體制也持續在家庭乃至社會結構中轉化出同構異型的展現形式。此外，東亞儒家文化圈外的某些國家，如具集體主義社會特徵的土耳其，同樣也強調親子在權力位階上的差異，並在文化設計上透過父母權威的運作來維繫家庭整體福祉（Ayçiçegi-Dinn & Caldwell-Harris, 2013）。只是與其他國家、文化相較，華人社會對權威性孝道的倡導與強化相對更為明顯，也有較多特定的行為規範（如不孝有三無後為大、光耀門楣、婚後與大家同住等）要求子女將之內化為自身的責任義務。這些特定規範不僅以父母為對象，同時也隱含家庭集體福祉應優先於個人利益的意識形態，因此，個體基於權威性孝道展現的行為，較常和達到某些絕對標準（如至少生一個兒子）、壓抑個人的欲求密切關聯。

　　為了讓讀者更容易從心理學角度掌握雙元孝道在個體層次所代表的兩種親子互動基模，表 6-1 分別從親子關係結構特徵、對應的基本心理需求及其在不同發展階段的展現形式、心理運作與行為表現特徵、儒家文化的形塑等面向，分別說明相互性與權威性孝道二者的區別（曹惟純、葉光輝，2017a）。從表 6-1 可知，雙元模型從心理學角度定義孝道的方式，和華人文化中對孝道概念的理解並不衝突，甚至有互通之處：其中，「親親」原則正是以符合儒家價值體系的語彙，來詮釋與強化「個體透過與父母互動尋求情感滿足的基本心理需求」，它和相互性孝道「透過日常頻繁互動自然形成兩獨特個體間親密情感」的運作屬性彼此呼應；同理，儒家文化下的「尊尊」原則，則是基於三綱五倫的倫理價值體系，將父母在子女社會化階段必須暫時扮演絕對權威的過渡功能，以及子女對尋求社會歸屬感與集體認同感需求的滿足相互結合，用以突顯父母角色權威的重要性與影響力，這也和權威性孝道強化「依循家庭關係階序實踐符合社會期待的子女角色責任」的運作屬性相契合。近期曾有歷史學者對近代各種闡釋孝經的文本進行分析，其發現晚明文人虞淳熙對孝經的論述是以「愛」與「敬」二者共同說明孝道的運作：其中「愛」正是指子女對父母的自然親

表6-1　雙元孝道面向代表的兩種親子互動心理基模（改編自曹惟純、葉光輝，2017a）

	相互性孝道	權威性孝道
親子關係結構特徵	· 雙方互動地位對等（水平關係） · 親子關係是兩獨立個體的互動	· 雙方互動地位不對等（階層關係） · 親子關係是家庭對偶角色的互動
對應心理需求及其在不同發展階段的主要展現形式	· 個體對個體的需求 · 愛與被愛的親和需求	· 個體對群體、社會、概化他人的需求 · 社會認同或隸屬感的需求
	· 幼兒：為了滿足情緒安全感，主動尋求與主要照顧者間的親密情感連結，以表達情感為主 · 青少年至成人：繼續強化與重要他人之間的情感基礎與一體關係，以理解、支持、陪伴及對父母生活各層面的關懷照顧為主	· 幼兒：為了避免懲罰與獲得獎賞（如父母關愛），而學習服從主要照顧者的管教要求 · 青少年至成人：為了尋求社會認可或集體隸屬感，與父母互動時，主要透過達成社會大眾或習俗認同的固定行為標準來實踐子女的角色責任
心理運作與行為表現特徵	· 同時關注自身及父母對關係連結與情緒安全感的需求 · 滿足自身情感需求的方式也能同時滿足父母的情感需求，例如與父母溝通達成相互理解，親子雙方的情感與親和需求皆同時被滿足 · 以個人化的情感表達方式尋求滿足	· 滿足父母（或重要他人）的要求比滿足自己的需求重要 · 常透過自我壓抑、調整自身行為，來滿足社會期待的角色要求，對人際親密與情緒安全感需求的滿足相對較為不足 · 以固定的角色行為規範尋求滿足
儒家文化的形塑	· 對應親親原則 · 強調自然情感與個人化實踐方式，在不同社會、文化中普同性較高	· 對應尊尊原則 · 衍生較多華人文化特定規範內容，在不同社會、文化間差異程度較大

愛之情；「敬」則是子女對父母有上下秩序和距離的尊敬之情，更是禮制規範的基礎（呂妙芬，2011）。晚明時期對孝道「愛」與「敬」內涵的解釋不僅與相互性、權威性面向的區分相呼應，更說明了強調自然親愛之情的相互性孝道絕非現代社會的產物，而是人為文化設計背後必然存在的心理運作基礎。因此，雙元模型對孝道概念提出心理學式的界定，不僅無損

於孝道在華人歷史中長遠豐厚的人文意涵，更有助於完整描繪華人孝道規範實際的心理運作與影響範疇，讓華人的親子互動展現出更多樣化、更細膩入微的心理運作與行為表現特徵，而不再局限於只是順從於權威的刻板形象。

（二）雙元孝道面向在不同層次的理論意涵

雙元模型雖強調從個體心理運作層次來定義孝道，但相互性與權威性孝道面向的區分在其他層次仍有對應的理論意涵。表 6-2 分別從五種不同理論層次來說明兩種孝道代表的意義。其中，親子關係結構層次反映的是雙元孝道得以發展的兩種不同親子關係脈絡特徵，而子代心理需求層次則是從個體內在動機說明兩種孝道運作特徵的區隔。這兩種層次在前文中皆已有詳細介紹不再贅述，此處將著重於說明，雙元孝道如何同時在其他三種層次展現出超越個體心理運作層次的理論意義。

表6-2　相互性與權威性孝道在不同層次之理論意涵（改譯自Tsao & Yeh, 2019）

切入層面	相互性／權威性面向對應的理論意涵
1. 親子關係結構層次	個體對個體平行關係／家庭角色階層關係
2. 子代心理需求層次	人際親和與情感連結／社會歸屬與集體認同
3. 集體與社會層次	兩種孝道同樣具有維續家庭穩定運作的社會功能
4. 歷史與社會變遷層次	表現方式不易受時代變化影響／表現方式易因時代不同而改變
5. 跨文化比較層次	心理原型／文化原型

表 6-2 中雙元孝道在每一層次的特徵或意義幾乎都有所區隔，唯獨從集體與社會層次切入時，兩類孝道具有同樣的社會功能——維續家庭與家族功能在不同發展階段皆能穩定運作。從文化規範角度理解孝道時，往往僅涉及其對子女的約束，然而，孝道作為一種文化設計也必有其針對個體層次的功能。雙元面向的區分則可清楚呈現出：「相互性」與「權威性」孝道是透過子女在個體層次的兩種不同心理運作機制（與父母的深厚情感、對子女角色責任的社會共識或文化規範）的發揮，共同促進家庭或家

族功能的穩定維繫。將孝道預設為文化規範，往往容易陷入單從集體層次擁護孝道促進家族和諧與養老的功能、單從個體層次反對孝道文化要求子女壓抑自我以順從父母的立場之爭；而心理學式的概念化方式則彰顯出，孝道在滿足家庭養老功能的同時，仍有某些運作機制可滿足子女個人的基本心理需求，未必就只會在個體層次對子女造成負面的影響。

以普遍存在於所有個體中的心理機制來定義孝道的運作，對於探討孝道的變遷或文化差異亦有幫助。孝道觀念的變遷向來是備受關注的跨領域議題，然而多數研究都是以現代化為主要變遷脈絡，探討代表傳統文化規範的孝道在現代社會中如何走向式微或在內涵上出現現代化轉變，例如臺灣在 1960 年代推動的中華文化復興運動，就曾提出強調平權的「新孝道」（楊國樞，1985）；亦有學者指出孝道仍是韓國現代社會中代表儒家文化的重要價值，只是其核心成分已轉化為愛與情感（Sung, 1995）。多數學者傾向以內涵成分的變化來反映孝道在當代社會的演進，一方面強調孝道仍與儒家思想的根源相連，另方面則試圖找出能符合現代社會普遍價值觀（如平等、民主）的孝道內涵。這些研究訴求似乎預設了孝道觀念的變遷必定如線性般從專制極權朝向民主平權發展，但既然相互性、權威性孝道代表兩種普遍存在於所有個體之內的親子互動心理基模，顯示這兩種孝道面向並非受特定歷史或社會變遷演進過程的影響才出現，不同歷史時期或社會變遷趨勢僅是形塑了兩種孝道面向在當時社會彼此受重視程度的相對差異而已。

在雙元模型發展之初就曾透過嚴謹的歷史文本分析發現：古代孝道未必等同尊崇父母權威，先秦時期早已出現過較接近相互性孝道的相對主義孝道倫理觀，強調以父慈子孝所形成的完整代間互動關係基礎來界定孝道，而非單方面要求子女無條件順從父母，換言之，具平權意涵的孝道觀並非現代社會特有的產物（Yeh, 2003）。而西漢後期至清朝，孝道逐漸和統治權威相互扣連，透過法律明文規定與嚴刑峻法的強制力，鞏固權威性孝道面向在社會中運作的優勢（Yeh, 2003），也讓一般人對傳統或古代孝道的印象與服從父母的權威緊密連結。至於現代化轉型歷程強調的民主、平權價值，則逐漸強化當代社會中相互性孝道的運作優勢，使權威性

孝道的重要性相對削弱。不過，由於兩類孝道面向皆反映了親子關係基本結構所對應的心理運作機制，即使其中某一面向在特定時期受社會趨勢影響導致其重要性降低，但仍不至於在個體心理運作層面徹底消失，而是作用範圍限縮，或僅止於為該時期優勢孝道面向的運作提供輔助功能而已。

在歷史與社會變遷層次，雙元模型提出的兩種孝道向度皆源自親子關係內在固有的深層結構，並不會因時代脈絡改變而消失，不過時代變化對二者表現方式的影響程度則有不同。相互性孝道的實踐以親子間長久互動累積的親密與信任為基礎，此種奠基於情感的主動付出形式（如關懷、陪伴、重視父母的需求與習慣等）較不易受時代變化影響，相對於此，權威性孝道則與習俗及社會共識密切關聯，其表現方式奠基於特定時空脈絡下受到普遍認可的固定化規範內容制約，這些固定化角色規範的重要性與適用性自然較容易隨時代不同而有所變化（見表 6-2）。然而，區隔雙元向度在變遷研究上的最大意義，仍是以兩孝道向度相對重要性的變化，來取代孝道重要性逐漸式微的直線式變遷觀（葉光輝等人，2012）。此種脈絡化（非現代化）取向的變遷觀也讓雙元模型得以進一步分析，現代化之外其他類型的變遷脈絡（如文革時期反孝思潮形成的特殊歷史脈絡、近期全球高齡化下的人口變遷脈絡等）如何影響民眾孝道觀念的變化，雙元模型在人口高齡化或特定家庭政策變遷脈絡下的實徵應用可參見後文的介紹內容。

基於子女與父母互動時的心理基模來界定孝道，不僅讓相互性與權威性孝道成為普遍存在於所有個體之內的心理機制，透過比較雙元面向在不同社會中的重要性或運作效果異同，亦可反映出有意義的文化差異。因此，雙元孝道不僅適用於探討其他文化下的代間互動關係，更可作為跨社會或跨文化比較研究的理論基礎。其中，源自長期生活互動、強調兩獨特個體間自然情感表現的相互性面向，其重要性或運作核心（如相互溝通、理解、表現關懷與支持）展現出較高跨文化的同質性，至於權威性面向雖也是跨文化普遍存在的心理基模，但此類親子互動基模，必須透過表現出社會認可的子女角色行為來滿足個人內在對隸屬感、集體認同的需求，因此在具體行為表現上更容易受到社會文化條件的不同而出現變動（例如某

些社會文化對子女角色責任的共識可能與華人儒家文化下常見的規範有所出入）。與相互性孝道相較，不同文化對權威性孝道的接受度較容易呈現出明顯的文化差異。目前孝道雙元模型在跨文化普同性與跨文化比較上的理論假設已初步得到實徵證據支持，無論是以臺灣（Liu et al., 2011）、中國大陸（Jin et al., 2007; Jin et al., 2011）、香港（Chen & Wong, 2014; Leung et al., 2010）等當代華人社會樣本、歐美國家華裔樣本（如 Lin, 2008）、其他非華人樣本（如馬來人樣本：Tan et al., 2019；澳洲白人樣本：Woodford, 2016）進行分析，均可穩定得到相互性與權威性兩向度；顯見這兩向度不僅是孝道概念的基本結構，也是進行跨文化比較的合適基礎。另一方面，雙元模型在西方／非西方樣本的跨文化比較研究上同樣已得到符合理論預期的結果（Woodford, 2016）。就跨文化比較層次而論，普遍受到不同文化重視的相互性面向可視為孝道的心理原型，而權威性面向所反映的親子互動基模，固然是一套可滿足集體認同與社會隸屬感的心理基模，但其滿足方式已受到集體主義文化脈絡、儒家思想與家國共構統治論述的強化。以文化原型來定位權威性孝道面向，一則反映權威性面向只在華人或儒家文化圈成員身上展現出額外文化的重要性，另一則也突顯此孝道面向的重要性與作用強度較容易受文化影響。

（三）從本土理論到全球應用：雙元面向如何統整西方親子關係運作相關概念

作為華人特有文化規範的孝道，向來與西方心理學概念或理論並無太多對話空間。然而，當孝道被重新定位為「專門處理與父母互動關係」的脈絡化性格概念，且雙元向度的區分已在不同文化獲得初步驗證後，也就開啟了雙元孝道與西方親子關係運作概念之間的理論連結。

主流心理學中，依戀（attachment）是從子女角度探討親子關係運作的經典概念，不僅反映子女與父母互動時的心理基模，也對子女後續社會人際發展具有重要影響。以下將從三方面比較孝道雙元模型與依戀理論內涵的異同：⑴ **親子關係本質與涵蓋階段**：依戀是以初生子女與父母之間的「照顧者-被照顧者」關係為核心，在成年之前，子女主要的情感發展

任務即是建立與維持與父母的情感連結，至於成年後的主要依戀對象將逐漸轉向伴侶或配偶。孝道雙元模型則基於親子關係的水平與垂直結構，提出兩種跨生命階段持續發展的親子互動心理基模，反映華人以親子軸為主的家庭文化，以及橫跨家庭生命週期發展不斷轉變功能的親子關係。(2) **達成子女發展適應的理想途徑**：依戀理論立基於陌生情境與分離焦慮的實驗典範（Ainsworth & Bowlby, 1991），其研究方法點出理想的親子關係應該有助於子女發展足夠的情緒安全感、社會能力，以順利因應成年後與原生家庭的分離、在生活上達成自主等發展任務。孝道雙元模型則強調，華人文化下的親子關係是各種社會關係的基礎，是否離開原生家庭獨立生活並非是評估華人子女自主發展程度的重點；反之，與父母的關係發展仍有助於成年子女因應其所面臨的新角色，並跨越各種社會角色發展出更完整的認同。(3) **互動模式或類型區分**：雙元模型透過相互性與權威性向度運作程度高低的組合，界定出四種子女與父母互動時的關係運作模式，其與依戀類型在親子關係運作模式上的對應大致如下。安全型依戀可對應圖 6-1 的平衡型（權威性與相互性孝道皆高度運作且彼此平衡，在任何情境下親子互動皆可穩定運作），迴避型依戀較類似非孝型（既不重視情感也不重視子女角色，與父母呈現疏離狀態）。至於矛盾型依戀，則可能與權威型或相互型相對應，由於權威型與相互型都只有單一孝道面向高度運作，難以在個人化的孝道實踐方式與符合社會期望的子女角色義務間達成平衡，在孝道運作特徵上偏向權威型或相互型的個體在親子互動中也較常感受到焦慮。其中相互型子女較容易擔心自己跳脫規範的個人化孝道行為引發他人質疑，權威型子女較重視各種社會普遍認同的子女角色責任（如定期提供生活費），因而容易對父母額外的個人化需求感到壓力。雖然分離焦慮並非孝道雙元模型的討論焦點，但兩種孝道面向的共同運作卻可說明子女在一系列親子互動情境中可能導致焦慮的機制，這也顯示：心理學式孝道概念和依戀概念就如同是親子關係運作要素在不同文化下的理論對應物（theoretical counterpart），彼此可在理論上相互整合。

此外，雙元模型界定的兩種孝道運作面向或親子互動基模，在歐美社會都可找到類似對應概念。曾有西方學者提出「孝道義務的友誼模型」

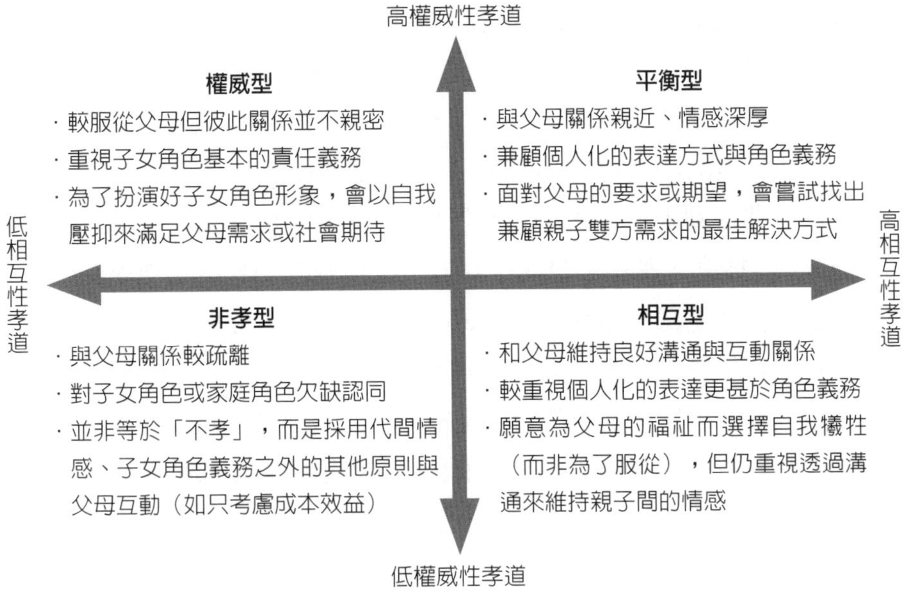

高權威性孝道

權威型	平衡型
·較服從父母但彼此關係並不親密 ·重視子女角色基本的責任義務 ·為了扮演好子女角色形象，會以自我壓抑來滿足父母需求或社會期待	·與父母關係親近、情感深厚 ·兼顧個人化的表達方式與角色義務 ·面對父母的要求或期望，會嘗試找出兼顧親子雙方需求的最佳解決方式

低相互性孝道 ←————————————————→ 高相互性孝道

非孝型	相互型
·與父母關係較疏離 ·對子女角色或家庭角色欠缺認同 ·並非等於「不孝」，而是採用代間情感、子女角色義務之外的其他原則與父母互動（如只考慮成本效益）	·和父母維持良好溝通與互動關係 ·較重視個人化的表達更甚於角色義務 ·願意為父母的福祉而選擇自我犧牲（而非為了服從），但仍重視透過溝通來維持親子間的情感

低權威性孝道

圖6-1　基於雙元孝道面向的四種親子互動模式（改譯自Tsao & Yeh, 2019）

註：上圖中的平衡型舊稱絕對型（見 Yeh & Bedford, 2004），名稱調整主要強調兩種孝道面向不僅高度運作且彼此平衡

（English, 1979; Dixon, 1995），其認為孝道的本質應是子女基於類朋友式的情感關係，自願為父母付出與犧牲，並反對將父母的養育視為需要償還的恩情或以道德義務等形式來定義孝道。以平等自願的友誼本質來定義孝道並解釋其運作機制，恰與雙元模型中相互性面向強調的孝道運作內涵十分接近。換言之，無論生長於何種文化下，只要子女出生後能在父母提供的穩定照顧關係中順利成長，就能透過日常生活中頻繁而親近的互動，發展出表徵自己與父母間親密情感運作的心理基模。友誼模型也強調，自發的情感是責任、義務之所以成立與受重視的先決條件（Dixon, 1995），因此在各種普遍情境甚或特例中，對父母的情感、信任與關係連結（相互性孝道的心理運作特徵），才是支撐子女實踐孝行的堅實基礎，其效果更甚於文化規範、道德義務的強制約束效果。

　　從文化比較層面來看，一般認為西方文化並不認同以父母權威為核心的親子互動關係，但這並不代表西方社會不存在親子間的權力落差，只是

西方社會的文化價值系統與制度結構（如法律、教育等）有意識地約束父母對其角色權威的使用。例如西方學者 Baumrind（1991）提出的四種教養類型其實也涉及父母角色權威的運作，其中被視為最佳教養模式的民主權威式（authoritative）教養，即是在以父母權威制定行為規則、給予子女溫暖回應之間達到平衡。此外，西方青少年研究中的「父母權威（parental authority）」概念，常用於探討子女對父母權威的知覺與認同程度對青少年子女個人生活適應的影響（如 Darling et al., 2008; Smetana, 2000），知覺父母權威和權威性孝道內涵有部分重疊——二者皆是透過社會歷程中父母的權威運作，協助子女以符合常規的形式滿足集體認同與社會隸屬等需求，但知覺父母權威對親子關係與子女發展適應的影響都較為片面。西方父母權威概念主要應用於探討青少年階段的親子關係，且以青少年偏差行為（如物質濫用等）或社會發展為主要議題，亦即西方父母權威的運作目標僅止於子女生活常規範疇；權威性孝道則同時統攝華人家庭文化下「輩分 - 年齡 - 性別」三種角色階層結構，對華人親子關係與子女的身心適應有長時期、跨越發展階段的影響，且父母權威可能延伸到個體日常生活的各個面向。

　　整體而言，與雙元面向架構下完整的孝道運作相較，上述介紹的西方相關理論或概念，其實都只涉及親子關係水平與垂直雙元結構的某個特定層面；然而，孝道對華人具有跨生命全程的影響，尤其在雙元面向的交互並用下，華人迄今各種親子互動現象或新興家庭議題都仍可由不同孝道面向在運作上的相互配合、衝突或失衡加以解釋。相形之下，前述西方理論或概念都只針對特定發展階段的親子關係運作進行分析，如友誼模型即是探討成年子女對父母奉養照顧義務背後的正當性基礎，而涉及父母權威運作的相關概念則以未成年階段的青少年子女為主。正因為如此，西方學界在探討或解決社會變遷衍生的新議題或需求時，常需要另行提出與親子互動基模有關的新概念，但也因僅單獨考慮基於某一特定現象或訴求下的親子互動或代間關係運作，導致這些新概念經常存在理論或應用上的限制。例如近期提出的道德資本（moral capital）概念，就是在親子關係並不特別親近的前提下，嘗試探討子女能否在成長過程中經由其他代間傳遞途

徑，將各種相關的子女角色責任或規範加以內化，以確保子女成年後願意實踐奉養照顧父母的義務（Silverstein et al., 2012）。道德資本概念雖不涉及父母權威或家庭權力階序的運作，卻仍和權威性孝道的運作特徵有所呼應，兩者同樣顯現出透過個人對子女角色特定義務的內化與實踐，來滿足對集體認同或歸屬感之需求。然而在孝道雙元模型中，子女的奉養照顧意願與行為主要仍是受以自發情感為運作基礎的相互性孝道影響，權威性孝道的作用僅是作為非理想狀態下的輔助，例如：強化子女在特定面向上提供基本協助或支持，或是在代間關係疏離的情況下，讓子女基於社會規範提供最低限度的支持照顧。然而單就道德資本概念的架構下討論，它既欠缺家庭權力階序結構來突顯父母福祉的優先性，又非強調以親子間的情感作為子女實踐奉養照顧義務的基礎，在難以對子女奉養義務提供合理論述基礎下，此概念只能轉而主張以父母的「身教」作為子女奉養義務規範的代間傳遞途徑。然而，有效的身教並不容易在親子雙方欠缺情感基礎下順利傳遞，或許透過雙元孝道相輔相成的運作效果，反而能更清楚地闡釋道德資本的運作內涵。

　　由此可知，東、西方文化對親子關係中各種互動要素的理解仍有對應之處，其間差異主要顯現於：在華人社會中，各種親子關係運作內涵或要素，長期受到特定歷史發展或思想體系的強化，進而相互交織、統整於孝道概念之中；但在西方社會中，這些親子互動要素則被切割為不同的研究概念，各個概念僅能局部討論親子關係的某一層面。然而，華人孝道概念並非只是這些西方相近概念個別內涵、影響效果的加總，而是具有大於各部分概念總和的整體運作系統。因此，雙元模型不僅能呈現孝道在華人文化中完整而繁複的運作樣貌，也有助於了解、整合其他文化所發展出來的親子互動相關理論與概念。

三 雙元孝道的跨領域發展：實徵成果與新興發展趨勢

　　無論在 PsycINFO 或 SSCI 資料庫中，孝道相關論文的出版數量在過去四十年間皆明顯成長，例如 PsycINFO 中包含「filial piety」、「Xiao」、「filial duty」、「filial obligation」、「filial responsibility」、「filial norm」任一關鍵詞的文獻（含期刊論文、學位論文、會議論文與學術書籍等），就由 1980-1989 年間 53 筆、1990-1999 年間 122 筆，2000-2009 年間的 324 筆，一路攀升到 2010-2019 年間的 628 筆；而 SSCI 資料庫中包含前述關鍵詞的孝道相關文獻，也同樣由 1980-1989 年間 64 筆、1990-1999 年間 143 筆、2000-2009 年間的 323 筆，持續增加至 2010-2019 年間的 964 筆。由此可看出孝道已成為全球重要的研究議題，且社會科學各領域也分別從不同角度致力於探討孝道的意義或影響。然而，多數學科仍將孝道視為影響華人行為的傳統文化因素，相形之下，本土心理學對孝道的完整理論建構，也就成為拓展孝道跨領域、跨文化應用的利基。「區分孝道在個體心理運作上的不同向度」不僅是雙元模型的創新重點，也深化了孝道概念探究的複雜度。以下將介紹如何掌握雙元向度的區別與交互關聯，以及運用雙元孝道時需留意的細節，接著再透過來自不同學科領域、文化的各種實徵研究成果說明雙元架構的應用優勢。

（一）雙元向度、多元應用：孝道雙元面向的影響範疇與運用原則

　　雙元模型的提出，原就是為了整合以往孝道對個體身心適應發展之影響效果出現正反不一的矛盾結果（Yeh, 2003），透過在個體層次區隔出孝道對應的兩種不同心理運作途徑，既可顯示出雙元面向在集體層次具有共同的正面功能，也可在子女的個體身心適應層次釐清雙元面向各自不同的運作機制與影響效果。

　　從親子關係與家庭功能等集體層次來看，以自發情感為動力的相互

性孝道，不僅影響範疇較廣泛也較正面，作用效果也較強；以遵從既定角
色義務來尋求集體認同的權威性孝道，除了影響範疇較有限且較偏負面，
作用效果相對也較弱。以成年子女對自身父母的實際代間支持行為為例，
子女的相互性孝道對於金錢、家務與情感三種類型的代間支持都具有促進
效果，但權威性孝道只對子女提供給父母的家務支持具有正面效果（葉
光輝，2009c）。另一方面，以兩類孝道與性格傾向或心理能力的關聯為
例，相互性孝道背後的親密情感運作，使其與開放性、友善性、觀點取替
等有益於人際互動與社會適應的心理能力呈正向關聯，至於以固定角色階
序作為人際互動基礎的權威性孝道，則和神經質傾向、男性優越、順從權
威、保守主義心態具有正向關聯（Yeh & Bedford, 2003）。

　　相互性與權威性面向雖然是兩種在運作方式與效果上可明確區隔的心
理運作成分，但在多數生活情境中，這兩種共存於個體之內的孝道或親子
互動基模在運作過程中常相互影響，因此在解讀任何人的親子關係模式或
特定的親子互動事件時，有時並不容易清楚切割兩種孝道各自的效果。不
過正因為如此，研究者或實務工作者才更需要合適的概念或理論工具，將
相互性與權威性兩種不同性質的孝道運作機制從個體心理運作層次加以區
隔，如此才得以釐清其間複雜的交互影響歷程，而非只是從最終展現的行
為結果過度簡化孝道所涉及的心理運作，誤將孝道與順從權威畫上等號。
基於雙元孝道的運作性質，當應用此理論模型來理解、詮釋實際現象或解
決實務問題時，還有兩項需要留意的重點：

1. 雙元孝道面向各有其正、負向影響效果

　　雙元模型除了統整孝道的不同運作內涵，更強調權威性、相互性兩
種孝道面向之間並無優劣之分，兩種孝道除了在社會與個人層次各有其功
能，也同樣可能在運作不良的狀況下對個人造成負面影響。要判斷任一類
孝道互動基模究竟對子女造成正面或負面影響，必須將具體情境、孝道運
作程度等細節納入考量。例如臺灣社會的學生孝行楷模往往是以體貼且自
願犧牲的親職化行為獲得表揚，然而家庭系統中不合理的親子界限等問題
卻被嚴重忽略（葉致芬，2005）。由此可看出，在家庭遭遇問題時，相互

性孝道信念越高的子女，越可能爲了維續原本緊密的親子連結，主動表現
出爲父母分憂解勞的超齡孝行，但若親子間的正向情感循環逐漸弱化，反
而可能讓親職化子女不自覺陷入相互孝道過度運作的失衡狀態，造成自身
潛在的身心適應問題。至於一般常被認爲強調壓抑順從、有礙個人自主思
考的權威性孝道，實際上卻有助於促進於青少年子女發展出兼顧人際連結
與實踐自主決策的「關係自主性」能力（Yeh, 2014）；這是因爲權威性
孝道高代表子女在成長過程有較高意願接受父母教導，較有機會學習到合
宜的社會化行爲，因而可在涉及人我關係認知及應對技巧的關係自主性能
力上累積較充足的準備。

2. 雙元孝道面向非互斥對立，而是存在多元化的共同運作模式

相互性與權威性兩種孝道面向由於運作機制、對個體身心適應的影
響效果皆不同，若未從理論層次完整思考，很容易只憑表面印象將之誤解
爲二種對立而不相容的心理成分。所謂的二元對立其實是指同一屬性向度
上互斥的兩極端，兩者之間相互競爭，其中一者的作用強度越高，另一者
的作用強度就愈低，但相互性與權威性孝道的關係卻非如此，它們是兩種
可以同時並存於任何個體之內的親子互動基本運作模式。高度重視相互性
孝道的人，既可能同樣高度重視權威性孝道，也可能完全不重視權威性孝
道。前文就曾以研究樣本在「相互性」、「權威性」兩面向的孝道得分高
低，區分出四種不同孝道信念模式類型（見圖 6-1），而不同孝道類型者
在解決親子衝突的策略選擇上也顯現出符合理論預期的差異，例如與其
他三類樣本相較，非孝型的個體最少使用自我犧牲策略來解決親子衝突
（Yeh & Bedford, 2004）。顯見相互性與權威性面向不僅是兩種可共同運
作的個別心理成分，透過區隔這兩面向也可對相關議題做更深入、多元的
分析比較。此外，互斥的兩成分在統計上應該呈現高度負相關，然而過往
所有實徵研究結果皆一致發現：兩種孝道面向間具有低至中等程度的正相
關（葉光輝，2009b），這也間接顯示相互性與權威性面向兩者並非彼此
互斥對立。

（二）雙元模型研究成果：孝道的跨領域與跨文化應用

　　雙元模型的理論發展過程與實徵研究緊密結合，雙元模型提出時就已同步編製標準化測量工具，並獲得實徵證據初步支持（見 Yeh & Bedford, 2003），後續更以青少年子女的親子互動、身心發展爲核心，逐步進行一系列理論驗證，包含以雙元孝道探討青少年親子衝突（Yeh & Bedford, 2004; Yeh et al., 2010）、青少年問題行爲（Yeh, 2006）、青少年自主能力的發展（Yeh, 2014）、父母教養方式對雙元孝道發展（黃士哲、葉光輝，2013）等議題。此部分將聚焦於國內、外學者引用雙元孝道得到的相關成果，儘量呈現出孝道概念多元化的應用範疇。雙元模型應用價值的最佳判準應該是：將孝道區分爲雙元面向後，是否有助於對各種研究議題提出更適切的分析與解釋。因此，下列介紹不僅強調孝道雙元模型應用議題的多樣性，更著重說明雙元面向的區分能提供哪些更深入或不同觀點的解釋。

　　華人孝道研究的典型議題向來聚焦於對高齡父母的奉養態度或行爲，孝道雙元模型則在華人研究中展現更多元的應用。前一節曾針對雙元模型與西方依戀理論進行比較分析，恰如依戀風格常用於探討成年後的愛情關係，目前亦有研究探討臺灣大學生的雙元孝道信念對其愛情態度、親密關係滿意度的影響（Chen & Wu, 2017），並發現雙元孝道皆有助於大學生的親密關係滿意度，但二者作用機制不同：相互性孝道透過增進友伴型愛情態度（Storge，強調彼此相互理解）來提升關係滿意度；權威性孝道則透過增進神聖型愛情態度（Agape，強調以對方爲優先、無私地付出）來提升關係滿意度。

　　在臨床諮商領域，雙元孝道曾被應用於探討家暴個案的治療及預後。例如李雅文（2006）考量相互性孝道涉及的人際連結與情感表達，選用其作爲家暴創傷修通程度的指標之一，並發現相互性孝道雖和治療效能中的同理能力有所聯結，但治療者早年的家暴經驗與創傷修通的交互作用，卻會使相互性孝道在治療互動過程中產生不同的運作途徑。早年家暴經驗低的治療者，其相互孝道會在治療互動過程中被導向替代性創傷，而提高其職業倦怠感；而早年家暴經驗高的治療者，其相互孝道的運作則顯

現出創傷修通後的免疫力，使其自評的同理心效能較高。康琇喬（2003）則認為討論孝道因素和早年家暴經驗對個人心理健康的共同影響時，有必要區隔運作內涵不同的兩種孝道面向，其結果發現：僅相互性孝道會影響兒時受家暴個案日後的心理健康，且相互孝道對其心理健康的影響甚至大於早年家暴經驗。上述兩項研究不約而同地反映出，唯有區分出兩種不同性質的孝道運作面向，方可釐清相互性孝道才是影響家暴創傷的修通及家暴個案日後心理健康的重要關鍵因素。此外，亦有研究者以雙元孝道解釋華人社會的青年滯家現象（類似日本的繭居族、西方的尼特族），其結果發現：華人青年滯家行為的慢性形成機制，源自相互性與權威性孝道兩者運作無法相互配合所導致的家庭互動失衡，並展現出情感連結與角色衝突兼具的僵化親子互動模式（黃兆慧，2005）。這也顯示雙元孝道的區分，有助於以更細緻的方式理解華人親子困境的性質與特徵，甚至可透過重新轉化原本失功能的情感連結，為親子互動困境的解決提供線索。

雙元孝道在教育心理學領域的應用，則集中於學生的孝道信念如何影響其學業成就表現、生涯決策。西方研究多從學生個人興趣、能力特質的差異來探討此議題，但在華人文化下，學業成就與職業生涯選擇不僅是華人代間互動的核心主題，也深受子女孝道基模運作的影響。目前已有研究探討大學生的雙元孝道信念與其學習動機的關聯，其發現：奠基於實質互動經驗的相互性孝道，有助於學生相信可透過學習來改善自身能力，進而提升其學業成就表現；至於強調遵從既定規範的權威性孝道，則易讓學生認為自身內在能力是固定的，因而降低其面臨學習瓶頸或困難時的努力程度（Chen & Wong, 2014）。此外，Jin 等人（2007）曾以中國大陸研究所畢業生為樣本，探討個人孝道態度對生涯決策歷程的影響，結果發現：由於相互性孝道高表示親子互動模式強調對雙方個體獨特性的表達與理解，因此相互性孝道高除了促使華人青年投注更多時間心力對自身生涯選擇的可能性進行實質探索，也增加其在決策歷程中向家人或其他可提供資訊的對象徵詢意見，並有助於深度認同自身的決策結果；而權威性孝道高則表示子女認為父母的期望和一般社會標準相同（如光耀門楣、繼承家業），因此易導致華人青年基於固定的判斷標準，在未進行深入自我探索下，預

先傾向於某些最保險的選擇。透過區隔相互性與權威性面向，以上兩項研究皆翻轉了對孝道刻板的負面意涵，並突顯出相互性孝道可增進子女在學習與生涯探索行為上的內在動機與成就表現。

上述研究皆運用雙元模型提出不同於西方或既有研究的解釋角度，一方面展現這些議題或現象的本土特色，另方面則具體支持孝道雙元向度的區隔的確有其必要性與實用性。接下來會介紹雙元孝道在非華人樣本上的應用概況。

近期孝道研究的興起與全球人口高齡化趨勢密切關聯，孝道相關概念在西方學界的應用，也以探討成年子女對父母的奉養照顧意願（Lowenstein & Daatland, 2006）、實際代間支持與照顧行為等主題居多。不過，雙元向度的區分也為這些常見主題帶來更多的新方向：Mottram 與 Hortacsu（2005）曾基於土耳其個案，探討高齡喪偶母親與成年已婚女兒的代間照顧關係形成過程，在此研究中，反映個人親密情感的相互性孝道扮演了促成母女雙方順利度過「照顧者 - 被照顧者」角色反轉歷程的關鍵。相對於既有研究多聚焦於孝道如何增進子女提供物質奉養、照顧勞務，此研究則透過雙元孝道的區分，將孝道運作功能延伸到促進高齡父母對晚年生命變化狀態的調適。此外，也有研究者運用雙元孝道探討美國民眾對高齡者的刻板印象與社會排斥，Mc-Cann 等人（2005）即透過相互性與權威性面向的區隔，輔助說明美國民眾面對無血緣關係的高齡族群時，對應採用的「主動尊重」（偏向相互性孝道）與「迴避疏離」（偏向權威性孝道）兩類不同溝通模式。在西方屬於公領域的高齡歧視議題，多從社會正義的角度切入分析，此研究顯示孝道不僅影響個人對家中高齡長輩的態度，其效果甚至可能延伸到家庭外一般高齡族群；這也為年齡 / 老人歧視問題點出新的解決方向──或許與家中高齡長輩的正向互動經驗，有可能外溢到社會中，改善一般民眾對高齡族群的態度。

（三）新興孝道議題與未來研究趨勢

全球化趨勢從許多方面促成了孝道議題的新興發展。一是華人諮商領域開始關注文化多樣性，孝道成為反思西方諮商知識體系全球適用性的可

能切入點。其次，全球化本身正是時空緊密壓縮下更劇烈、快速的變遷型態，它既是在拆解傳統／現代二分框架，也更強調出影響孝道運作之外部脈絡的複雜性。在全球人口高齡化趨勢下，孝道研究已成為解決高齡照顧需求等實務問題、相關政策規劃的重要參考基礎，其中，西方福利國家在社會保險制度負擔沉重下，尋求家庭共同分擔養老責任，華人社會則試圖建構能與現行家庭養老機制互補的老人照顧福利體系（葉光輝、曹惟純，2014）。在上述契機下，可從下列三項新興議題說明具潛力的孝道研究方向。

1. 跳脫現代化脈絡的孝道變遷議題

除了現代化歷程外，不同社會中特定的歷史發展、政治體制、社會或家庭政策，都可能對孝道的意義或價值觀造成更直接的影響。例如日本曾有研究指出：在二戰時日本政府曾將孝道與效忠天皇、民族榮譽緊密連結，使孝道衍生出超越親子代間倫理的全新社會意義；二戰後為了淡化孝道與戰敗負面回憶的連結，日文的孝道對應詞「oyakohkoh」逐漸乏人使用，再加上完備的老人福利體系逐漸取代家庭養老功能，導致孝道在日本社會的重要性大幅降低（Maeda, 2004）。亦有不少研究曾探討中國共產主義政治體制在破除家族、家長權威以鞏固黨國權威的發展方向下對孝道運作的負面影響，諸如有系統地以各種國家單位或公社組織全面取代家庭功能的社會主義改造、人民公社化運動政策，或造成年輕世代奉養父母壓力倍增的一胎化政策等，都和中國大陸民眾孝道態度的變化情形息息相關（Chow, 1991; Deutsch, 2006）。此外，也有研究曾基於全球人口高齡化與經濟不景氣這一脈絡，解釋臺灣民眾對孝道雙元面向重視程度的最新變化情形（曹惟純、葉光輝，2014）。目前不同文化對成年子女奉養責任的立法趨勢方興未艾，例如中國大陸自 2012 年修訂《老年人權益保障法》後，由親子自行協商且具法律強制力的家庭贍養協議開始風行，近期甚至將贍養內涵從物質擴張到精神層面（如要求子女過節必須回家看望父母）。又如美、加兩國久未執行的奉養責任相關法規也開始在少數州／省復甦（Moore, 2016）。然而，贍養責任法令化趨勢對孝道或家人互動的

可能影響尚無太多研究，除了家人關係的契約化（Chou, 2011），該如何從新一波立法趨勢探討或比較不同社會在孝道觀念的變遷或轉型，將是值得投入的孝道新興議題。

2. 華人多元文化諮商議題

　　孝道在諮商關係建構上的應用，以孝道對華人案主性格或人際互動模式的影響為主，例如華人較期待權威指導式的治療關係，更甚於西方偏好的案主中心式引導關係（曹惟純、葉光輝，2017a）。又如曾有研究發現華人個案在諮商過程中的抗拒行為表現非常隱微，這和一般華人在生活中與父母意見不一致時的因應方式很相似，如沉默、迴避、表面順從、迂迴回應等（張慈容，2005）。目前此議題僅有零星的初步研究，尚未形成一套評估、理解華人個案在各種諮商現場反應意涵的基礎知識，並藉以探究孝道如何泛化到與專業諮商者互動的人際情境中，將會是孝道議題未來可持續關注的新方向。若能運用相互性與權威性兩類關係運作基模的區隔，或許有助於了解個案面對類親子式社會關係（如諮商關係）時慣用的互動模式，應可以衍生更多的實務資訊用來分辨諮商互動歷程中個案行為細節所隱含的意義。

3. 高齡化相關議題

　　孝道概念在當前高齡化議題中有不少可行的切入角度。首先是與西方重要政策概念、高齡發展理論的對話。例如世界衛生組織提出的活躍老化概念（active ageing; WHO, 2002），雖深刻影響各國高齡政策方向，但源自西方社會的活躍老化概念強調高齡者的獨立能力、社會參與，和華人高齡族群以家庭為核心的晚年生活期待有所差距（葉光輝、曹惟純，2014）；國際上亦有學者批判過度強調獨立生活能力、反依賴的高齡政策訴求，可能流於以青年本位主義來界定老人福祉，容易造成隱形的社會排擠，因此轉而強調高齡照顧關係中雙方的互依性（Plath, 2008）；而此種互依關係和以自發情感為基礎的相互性孝道恰相呼應（親密情感的表達可同時滿足雙方的關係需求）。近期，則有研究探討相互性孝道如何提高家

庭成員對各種外購式高齡照顧服務的使用意願，使孝道轉變成為有助於長照政策推行的正面角色（曹惟純、葉光輝，2017b）。此外，孝道雙元模型和西方針對生命晚期發展特徵提出的理論也多有呼應，無論是反映自發情感的相互性孝道、反映家庭與社會角色階序的權威性孝道，都可為華人高齡族群不同的社會心理需求提供不同的滿足管道，若能將雙元孝道面向和這些高齡者心理相關理論加以整合，將有助於理解華人高齡者的晚期發展適應。例如社會情緒選擇論（Socioemotional Selectivity Theory）認為，高齡者傾向將時間心力投注在少數長久累積且具情感重要性的既有關係上，如子女、孫子女、親人或老友等（Carstensen et al., 1999），此理論對生命晚期人際情感需求特性的分析，就和相互性孝道背後由長期互動自然累積的代間親密情感不謀而合。而致力於探討個人如何因應死亡焦慮的恐懼管理理論（Terror Management Theory, TMT; Rosenblatt et al., 1989）則提出，當個人感受到死亡迫切性時，為了緩解死亡帶來的恐懼與焦慮，會促使其更認同自身所處文化的價值觀，以將個人有限的生命與永恆不斷的文化傳承相結合。這也說明了年長者對權威性孝道的重視，其實隱含了對死亡焦慮的防衛心態，因此高齡者對自身孝道觀念的堅持更為固著、難以改變。

　　另一方面，在高齡化議題下，孝道的運作與影響未必只能從子女方切入，高齡照顧關係中任一方的互動特徵與身心適應，都可能與孝道運作有關。例如曾有研究以雙元孝道架構探討高齡父母的孝道期待與憂鬱反應間的關聯（呂宜峰，2016），並發現高齡父母自身的憂鬱反應與過度重視權威性孝道關係密切。而香港也有研究發現：相互性孝道對高齡臨終者或失能者的心理適應、照顧關係建立均有所助益，其主要運作機制仍是透過子女在互動時展現出的相互溝通與情感表達，使臥病的高齡父母覺得自己仍能透過相互陪伴、談心，為子女提供情感支持，因而提升其自我價值感，並促進照顧關係的良好運作（Chan et al., 2012）。此外，專業或外聘照服員或看護與服務對象建立照顧關係的過程如何定位自身角色（Wang, 2002），也可從孝道觀點切入分析。由於照服員不僅與所服務的高齡者有密集互動、替代其子女實踐孝道責任，也常需要與周邊家人溝通或交換資

訊，此種「類家人」的工作角色，也讓孝道成爲有助於其形成工作認同與融入工作場域的重要價值信念。

四　結語：讓孝道成爲全球適用的本土心理學概念工具

　　藉由介紹孝道雙元模型承繼的知識基礎與完整發展過程，本章說明了代表華人「文化」的孝道，如何與當代心理學新興的性格概念相互結合，使孝道成爲可在不同國家樣本上反映適當社會文化差異的本土心理學概念，並廣泛應用於探討親子衝突、子女個人心理健康與發展適應、青少年課業學習成就與職業選擇、多元文化諮商、高齡照顧等一系列當代心理學研究議題上。

　　全球人口高齡化趨勢下，近期歐美社會開始從社會規範、政府立法等角度探討成年子女對年老父母的奉養照顧責任，連帶使孝道概念與研究受到關注。然而需要留意的是，各種華人孝道心理學的研究成果，既不是爲「復興華人傳統價值」累積文宣素材，也不宜被曲解爲意圖藉由心理學形式重建一套代表「現代儒家倫理」的文化工具。雙元模型之所以對孝道進行再概念化，將孝道理解爲在日常親子互動情境中發展而成的脈絡化性格構念，一方面是希望轉換孝道在當代華人社會的角色，使其不再淪爲對他人進行道德批判的文化工具，而是能透過相互性、權威性面向所對應的心理需求和運作重點，對個體在親子關係中展現的行爲模式或心理狀態有更完整的理解；另方面也是嘗試提出合適理論架構來探討文化是什麼、心理是什麼，以及二者間的相互關聯性，以對在缺乏文化意識下所發展出的西方主流心理學進行批判與反思。換言之，本土心理學或孝道雙元模型的最終目標仍在於，將孝道發展爲一套合適的心理學概念工具，拓展孝道在當代各種重要心理學議題與社會現象上的應用潛力。

　　雙元模型爲孝道概念提供了全新切入角度，無論對一般華人或研究者來說，唯有跳脫自身對孝道的價值預設，不再把支持或批判孝道當成固定訴求，嘗試從個體與父母互動時的心理運作機制來理解孝道，才能眞正將

孝道觀念當作爲心理學概念來運用，也唯有如此，才可能釐清學術與社會輿論中各種爭論的孝道議題。當前社會輿論中仍不時可見反孝、擁孝的爭論，對孝道的態度甚至延伸爲不同世代或群體的對立來源。雙元模型所提出的四種親子互動模式（圖 6-1），有助於深入了解各種孝道立場或行爲表現背後可能涉及的實際代間互動經驗、心理需求，面對生活或家庭中爭端的原由。任何人都可透過心理學化的孝道概念，重新理解彼此，而非陷入用特定道德或價值觀攻擊持不同立場者的惡性循環。對研究者來說，親子關係在任何文化下都是影響個體身心適應發展的重要脈絡，孝道的雙元面向不僅有各自對應特定的心理需求，在心理運作歷程中更呈現複雜的連動性。掌握雙元孝道這組跨生命階段持續發展的親子互動基模，有助於研究者不再固守既有的文化比較架構，不再重複強化孝道在華人集體主義下的文化刻板印象，而是更靈活地從周遭生活經驗與全球變遷趨勢中挖掘出更多可藉由孝道解釋、分析的議題，甚至提出更具跨文化整合性的解釋。

參考文獻

呂妙芬（2011）：《孝治天下：《孝經》與近世中國的政治與文化》。聯經出版公司。

呂宜峰（2016）：《老年父母的孝道期待、落差與憂鬱反應》（未出版碩士論文），國立臺灣大學。

李雅文（2006）：《早年家庭暴力經驗與創傷修通對心理治療者效能影響之研究》（未出版碩士論文），國立臺灣師範大學。

康琇喬（2003）：《早年家庭暴力經驗、孝道與心理健康相關研究》（未出版碩士論文），國立臺灣師範大學。

張慈容（2005）：《多元文化諮商中抗拒的文化理解》（未出版碩士論文），國立政治大學。

曹惟純、葉光輝（2014）：〈高齡化下的代間關係：臺灣民眾孝道信念變遷趨勢分析（1994-2011年）〉。《社會學研究》，*170*，116-144。

曹惟純、葉光輝（2017a）：〈孝道觀念在多元文化諮商中的應用〉。見陳秉華（主編），《多元文化諮商在臺灣》，頁175-214。心理出版社。

曹惟純、葉光輝（2017b）：〈從孝道外包到服務外購——以孝道雙元模型解讀臺灣家庭高齡照顧型態的當代演化〉。見胡臺麗、余舜德、周玉慧（主編），《跨・文化：人類學與心理學的視野》，頁369-407。中央研究院民族學所。

黃士哲、葉光輝（2013）。〈父母教養方式對青少年雙元孝道信念的影響效果：中介歷程的探討〉。《本土心理學研究》，39，119-164。

黃兆慧（2005）：《「滯家青年」：家庭危機的守護天使？——以脈絡化觀點詮釋青年社會退縮者的滯家現象》（未出版碩士論文），國立臺灣師範大學。

楊國樞（1985）：〈現代社會的新孝道〉。《中華文化復興月刊》，19(1)，51-67。

楊國樞、葉光輝、黃囇莉（1989）：〈孝道的社會心理與行為：理論與測量〉。《中央研究院民族學研究所集刊》，65，171-227。

葉光輝（1997）：〈臺灣民眾之孝道觀念的變遷情形〉。見瞿海源、張苙雲等（主編），《九○年代的臺灣社會：社會變遷基本調查研究系列二（下）》，頁171-214。中央研究院社會學研究所籌備處。

葉光輝（1998）：〈孝道概念的心理學探討：雙層次孝道認知特徵的發展歷程〉。《本土心理學研究》，9，53-117。

葉光輝（2009a）：〈華人孝道雙元模型研究的回顧與前瞻〉。《本土心理學研究》，32，101-148。

葉光輝（2009b）：〈再論華人孝道雙元模型的幾個關鍵性議題〉。《本土心理學研究》，32，207-248。

葉光輝（2009c）：〈臺灣民眾的代間交換行為：從孝道觀點的探討〉。《本土心理學研究》，31，97-141。

葉光輝、曹惟純（2014）：〈從華人文化脈絡反思臺灣高齡社會下的老人福祉〉。《中國農業大學學報》（社會科學版），31(3)，30-46

葉光輝、章英華、曹惟純（2012）：〈臺灣民眾家庭價值觀之變遷與可能心理機制〉。見伊慶春、章英華（編），《臺灣的社會變遷1985-2005：家庭與婚姻，臺灣社會變遷基本調查系列三之一》，頁29-73。中央研究院社會學研究所。

葉光輝、楊國樞（1989）：〈孝道的認知結構與發展：概念與衡鑑〉。《中央研究院民族學研究所集刊》，65，131-169。

葉光輝、楊國樞（1991）：〈孝道認知結構組型之分析〉。《國科會人文及社會科學彙刊》，1(1)，32-51。

葉光輝、楊國樞（2008）：《中國人的孝道：心理學的分析》。臺大出版中心。

葉致芬（2005）：《孝悌楷模的家庭系統運作》（未出版碩士論文），國立彰化師範大學。

Adam, R., & Laursen, B. (2001). The organization and dynamics of adolescent conflict with parents and friends. *Journal of Marriage and Family, 63*(1), 97-110.

Ainsworth, M. D. S., & Bowlby, J. (1991). An ethological approach to personality development. *American Psychologist, 46*, 333-341.

Ayçiçegi-Dinn, A., & Caldwell-Harris, C. L. (2013). Vertical collectivism, family-consciousness and urbanization in Turkey. *Elektronik Sosyal Bilimler Dergisi, 12*(47), 232-251.

Baumrind, D. (1991). The influence of parenting style on adolescent competence and substance use. *Journal of Early Adolescence, 11*(1), 56-95.

Benet-Martinez, V., Donnellan, M. B., Fleeson, W., Fraley, R. C., Gosling, S. D., King, L. A., Robins, R. W., & Funder, D. C. (2015). Six visions for the future of personality psychology. In M. Mikulincer, P. R. Shaver, M. L. Cooper, & R. J. Larsen (Eds), *APA handbook of personality and social psychology, Volume 4: Personality processes and individual differences. APA handbooks in psychology* (pp. 665-689). American Psychological Association.

Carstensen, L. L., Isaacowitz, D., & Charles, S. T. (1999). Taking time seriously: A theory of socioemotional selectivity. *American Psychologist, 54*, 165-181.

Chan, C. L.-W., Ho, A. H.-Y., Leung, P. P.-Y., Chochinov, H. M., Neimeyer, R. A., Pang, S. M.-C., & Tse, D. M.-W. (2012). The blessings and the curses of filial piety on dignity at the end of life: Lived experience of Hong Kong Chinese adult children caregivers. *Journal of Ethnic and Cultural Diversity in Social Work, 21*(4), 277-296.

Chen, W-W., & Wong, Y-L. (2014). What my parents make me believe in learning: The role of filial piety in Hong Kong students' motivation and academic achievement.

International Journal of Psychology, 49(4), 249-256.

Chen, W-W., & Wu, C-W. (2017). Transmission of ideas about love: Filial piety, love attitudes, and romantic satisfaction. *Personal Relationships, 24*, 440-452.

Chow, N. (1991). Does filial piety exist under Chinese Communism? *Journal of Ageing & Social Policy, 3*, 209-220.

Chou, R. J.-A. (2011). Filial piety by contract? The emergence, implementation, and implications of the 'Family Support Agreement' in China. *The Gerontologist, 51*(1), 3-16.

Darling, N., Cumsille, P., & Martínez, L. (2008). Individual differences in adolescents' beliefs about the legitimacy of parental authority and their own obligation to obey: A longitudinal investigation. *Child Development, 79*(4), 1103-1118.

Deutsch, F. M. (2006). Filial piety, patrilineality, and China's one-child policy. *Journal of Family Issues, 27*(3), 366-389.

Dixon, N. (1995). The friendship model of filial obligations. *Journal of Applied Philosophy, 12*(1), 77-87.

English, J. (1979). What do grown children owe their parents? In O. O'Neill & W. Ruddick (Eds.), *Having children: Philosophical and legal reflections on parenthood* (pp. 351-356). Oxford University Press.

Giddens, A. (1992). *The transformation of intimacy: Sexuality, love, and eroticism in modern societies*. Polity.

Hamilton, G. G. (1990). Patriarchy, patrimonialism, and filial piety: A comparison of China and Western Europe. *British Journal of Sociology, 41*(1), 77-104.

Jin, L., Yuen, M., & Watkins, D. (2007). The role of filial piety in the career decision processes of postgraduate students in China. In J. A. Elsworth (Ed.), *Psychology of decision making in education, behavior and high risk situations* (pp. 243-255). Nova Science Publishers.

Jin, C. C., Zou, H., & Yu, Y. B. (2011). The trait of filial piety belief and the relationship of filial piety belief, attachment and interpersonal adaptation of middle school students. *Psychological Development and Education, 6*, 619-624.

Kethineni, S., & Rajendran, G. (2018). Elder care in the United States: Filial responsibility laws, judicial decisions, and enforcement issues. *Journal of Criminal Justice and Law*c*2*(1), 68-83.

Leung, A. N.-M., Wong, S. S.-F., Wong, I. W.-Y., & McBride-Chang, C. (2010). Filial piety and psychological adjustment in Hong Kong Chinese early adolescents. *Journal of Early Adolescence, 30*(5), 651-667.

Lin, E.-Y. (2008). Family and social influences on identity conflict in overseas Chinese. *International Journal of Intercultural Relations, 32*, 130-141.

Liu, B. S., Li, C. Y., Yeh, K. H., & Huang, H. C. (2011). Differences in filial behavior in multi-generation families that live together. *Journal of Nursing Research, 19*(1), 25-34.

Lowenstein, A., & Daatland, S. O. (2006). Filial norms and family support in a comparative cross-national context: Evidence from the OASIS study. *Ageing & Society, 26*, 203-223.

Lum, T. Y. S., Yan, E. C. W., Ho, A. H. Y., Shum, M. H. Y., Wong, G. H. Y., Lau, M. M. Y., & Wang, J. (2015). Measuring filial piety in the 21st century: Development, factor structure, and reliability of the 10-item contemporary filial piety scale. *Journal of Applied Gerontology, 35*(11), 1235-1247.

Maeda, D. (2004). Societal filial piety has made traditional individual filial piety much less important in contemporary Japan. *Geriatrics and Gerontology International, 4*, 74-76.

Mc-Cann, R. M., Dailey, R. M., Giles, H., & Ota, H. (2005). Beliefs about intergenerational communication across the lifespan: Middle age and the roles of age stereotyping and respect norms. *Communication Studies, 56*(4), 293-311.

Moore, M. J. (2016). *Identical origins, divergent paths: Filial responsibility laws in Canada and the United States.* Unpublished Master's Thesis. Queen's University, Kingston, Ontario, Canada.

Mottram, S. A., & Hortacsu, N. (2005). Adult daughter aging mother relationship over the life cycle: The Turkish case. *Journal of Aging Studies, 19*(4), 471-488.

O'Mahoney, P. (2015). Reciprocal Maintenance Obligations to Ascendants in Ireland: The contemporary European and the historical national context examined. *The Irish*

Community Development Law Journal, 4(1), 36-56.

Pervin, L. A., & Cervone, D. (2010). *Personality: Theory and research* (11th ed.). John Wiley and Sons Inc.

Plath, D. (2008). Independence in old age: The route to social exclusion? *British Journal of Social Work, 38*, 1353-1369.

Rosenblatt, A., Greenberg, J., Solomon, S., Pyszczynski, T., & Lyon, D. (1989). Evidence for terror management theory I: The effects of mortality salience on reactions to those who violate or uphold cultural values. *Journal of Personality and Social Psychology, 57*(4), 681-690.

Shweder, R. A., Goodnow, J., Hatano, G., LeVine, R. A., Markus, H., & Miller, P. (1998). The cultural psychology of development: One mind, many mentalities. In W. Damon & R. M. Lerner (Eds.), *Handbook of child psychology (Vol. 1): Theoretical models of human development* (pp. 716-792). Wiley.

Silverstein, M., Conroy, S., & Gans, D. (2012). Beyond solidarity, reciprocity and altruism: Moral capital as a unifying concept in intergenerational support for the elderly. *Ageing and Society, 32*(7), 1246-1262.

Smetana, J. G. (2000). Middle-class African American adolescents' and parents' conceptions of parental authority and parenting practices: A longitudinal investigation. *Child Development, 71*(6), 1672-1686.

Sung, K. T. (1995). Measures and dimensions of filial piety in Korea. *The Gerontologist, 35*(2), 240-247.

Tan, C., Tan, S., Nainee, S., Ong, A., & Yeh, K. (2019). Psychometric evaluation of the Malay Filial Piety Scale (FPS-M)for adolescents in Malaysia. *Journal of Pacific Rim Psychology, 13*, E8.

Tsao, W. C., & Yeh, K. H. (2019). Indigenous implications and global applications of the Dual Filial Piety Model: A psychological re-conceptualization of 'Xiao'. In: Yeh K. H. (eds.)*Asian indigenous psychologies in the global context* (pp. 195-219). Palgrave Macmillan.

Wang, F. T. Y. (2002). Contesting identity of Taiwanese home-care workers-Worker, daughter, and do-Gooder? *Journal of Aging Studies, 16*(1), 37-55.

WHO (World Health Organization). (2002). *Active Ageing: A policy framework*. Ageing and Life Course Program, Second United Nations World Assembly on Ageing Press.

Woodford, E. (2016). *Self-conscious emotions and psychological distress across cultures: Affirming the relevance of filial attitudes* (Unpublished doctoral dissertation). Murdoch University, Perth, Australia.

Yeh, K.-H. (2003). The Beneficial and harmful effects of filial piety: An integrative analysis. In K. S. Yang, K. K. Hwang, P. B. Pederson, & I. Daibo (Eds.), *Asian social psychology: Conceptual and empirical contributions* (pp. 67-82). Greenwood.

Yeh, K.-H. (2006). The impact of filial piety on the problem behaviours of culturally Chinese adolescents. *Journal of Psychology in Chinese Societies, 7*(2), 237-257.

Yeh, K.-H. (2014). Filial piety and autonomous development of adolescents in the Taiwanese family. In D. L. Poston Jr, W. S. Yang & D. N. Farries (Eds.), *The family and social change in Chinese societies* (pp. 29-38). Springer.

Yeh, K.-H., & Bedford, O. (2003). A test of the dual filial piety model. *Asian Journal of Social Psychology, 6*(3), 215-228.

Yeh, K.-H., & Bedford, O. (2004). Filial belief and parent-child conflict. *International Journal of Psychology, 39*(2), 132-144.

Yeh, K.-H., Tsao, W. C., & Chen, W. W. (2010). Parent-child conflict and psychological maladjustment: A mediational analysis with reciprocal filial belief and perceived threat. *International Journal of Psychology, 45*(2), 131-139.

Yeh, K.-H., Yi, C. C., Tsao, W. C., & Wan, P. S. (2013). Filial piety in contemporary Chinese societies: A comparative study of Taiwan, Hong Kong, and China. *International Sociology, 28*(3), 277-296.

第七章　中庸思維發微：在「一分爲三」下尋找「中道」

韋慶旺

　　本文立足本土研究進路，以中庸實踐思維體系爲指導，認爲對中庸思維和本土研究可以採取多元化的方式進行探索。爲此，作者在探研中庸思維的過程中，發揮自主性和創新性，以龐樸對中庸「一分爲三」的哲學分析爲基礎，將中庸看作是一種對待二元相互依存關係的特定看法，將中庸的 4 種表現形式與心理學實證研究程式相對接，提出了界定中庸的心理學模式及其檢驗方法。接著，運用「一分爲三」的框架，聚焦於中庸價值觀，利用多個文化心理學的經典概念，展示了從中庸的概念界定到測量、研究設計和分析思路等一整套研究中庸思維的思路，以及初步的研究發現。最後討論了這些探索對中庸思維之「中」的分析研究，中庸思維研究方法論，以及有關本土研究的幾個基本問題的意義。

　　楊中芳所開創和引領的中庸思維研究傳統，是集合她多年本土心理學研究生涯經驗和個人文化生活閱歷思考沉澱下來的最深切的研究抉擇，因此，她對中庸思維研究的定位從一開始就不僅僅是將其看作一個研究主題，更把它看作一種本土研究進路，可以依之構建一套與西方知識體系大不相同的本土心理學知識體系（參見本書第三章和第五章）。與大多數其他具有中國文化特色的本土概念（如面子、孝道）相比，中庸思維之所以更有超越具體研究主題而成爲本土心理學核心研究主題或元理論框架的潛力，一個很重要的原因是它在內涵界定、理論分析和方法探索等各方面相結合的整體上，都與西方心理學大異其趣，即它不是二元論的。

　　然而，西方心理學知識（甚至整個社會科學知識）大廈都是建立在二元論的認識論和方法論上的，如果將二元論否定，就相當於否定了一整

套西方學界用來界定、分析和研究心理現象，從而累積建構心理學知識的方式方法。自然，在某種程度上，類似的「否定」正是本土研究的基本出發點，但抱著完全否定西方的態度，本土心理學的開展難免會遭遇許多挑戰。相反，沿用西方二元論的方法來研究本身就與二元論不符的中庸思維，亦會產生不小的矛盾。對此，儘管楊中芳從本土研究進路的角度表達了對現有中庸思維研究過於依賴西方模式化研究的不滿，但她始終對中庸思維的研究方式持開放包容的態度，主張把中庸的傳統文化分析與西方的社會科學研究方法結合起來（楊中芳，2009），同時鼓勵任何對中庸思維研究有益的多元方法嘗試。正像楊國樞所強調的，「在本土心理學的研究中，不論是方法論或研究法，都應採取多元化的原則」（楊國樞，1993）。

本文立足於本土研究進路的大方向，和楊中芳「中庸實踐思維體系」的指引，將中庸思維的研究作為本土心理學的一個研究案例，探討是否可以在保持本土思考與借鑒西方研究方式之間，在將中庸思維作為一個研究主題與把它看作一種思考問題的方式（元理論）之間，求取某種平衡。具體而言，在借鑒有關中庸「一分為三」的哲學分析基礎上（龐樸，1980，2000），一以貫之地將其運用在對中庸思維的心理學界定、理論分析和實證研究上，在這個過程中使用諸多已有的文化心理學概念和測量工具，後者的重點不是這些概念或測量工具中某一個的狹義，而是它們作為整體所構成的在「一分為三」的理論分析中，所顯示出的中庸思維所具有的獨特內涵和意義。

■ 一 如何開展中庸思維本土研究的爭論

自從 1997 年開創了中庸心理學的研究之後，楊中芳歷經 20 多年，不斷從中庸的內涵分析、中庸實踐思維體系的構念化及其測量、呼籲以中庸思維作為研究進路建構本土心理學知識體系等三個方面發展中庸思維的理論和研究（楊中芳、趙志裕，1997；楊中芳，2001, 2004, 2008, 2009, 2010a, 2014a, 2021a, 2021b）。經由早期源於對中西不同思維方式的認

識，楊中芳將中國人以人際和諧爲目標，注重自己行動後果的思維架構，稱爲中庸實踐思維（楊中芳、趙志裕，1997）。後來，她將這一中庸實踐思維發展完善成一套包含五個相互聯繫的層次板塊的中庸實踐思維體系（楊中芳，2014a）。然而，圍繞中庸實踐思維體系的構念化和開展的相關實證研究，始終存在理論和方法兩方面的爭論。

在理論方面，對中庸思維的內涵和構念化，楊中芳以思維方式爲主，兼具對道德內容的考慮。李平（2014）贊同以思維方式來界定中庸，有利於超越道德倫理範疇；趙志裕（2010）認爲中庸思維的構念化雖然注重思維方式，但仍然受限於對道德的考慮，應該完全剝離其中道德的成分；楊宜音（2014）則認爲中庸實踐思維體系側重了行動中的智慧層面（即思維方式），對道德和修養的考慮過少；劉昌（2019）認爲中庸是至高的道德境界，目前有關中庸思維的研究以普通人爲樣本，不可能考察到眞正的中庸。類似的，林安梧（2010）同樣認爲道德成分對中庸的研究至關重要，汪鳳炎（2019）則基於中庸思維的運用是否包含了良好的道德目的，將中庸區分爲「眞中庸」和「假中庸」。黃光國（2010）批評中庸實踐思維體系構念圖過於寬泛，很多概念的界定不夠嚴謹。李平（2010）認爲從中國傳統哲學的視角來看，楊中芳的構念圖是恰當的，因爲中國傳統哲學是有關智慧的哲學，而不是有關知識的哲學（即科學哲學），更強調整體性與動態性，不需要也不應該那麼精確。李美枝（2010）則指出中庸實踐思維體系研究的矛盾性，她認爲其研究目的是實踐性的，但其構念化的方式卻是知識性的，相關研究應考慮如何不受知識性心理學的限制，更好地貼近生活的行動、經驗和意義感知。

在方法方面，首先是宏觀上採用量化研究還是質性研究的爭論。楊中芳在進行中庸實踐思維體系的構念化時，選擇將傳統文化與社會科學實證範式相結合，借鑒西方主流實證研究的方式，與一些主張完全拋開量化實證研究範式的本土心理學者的期望存在一定差距。例如李美枝（2010）、林安梧（2010）和劉昌（2019）秉持嚴格的本土心理學思想，明確認爲中庸思維只有透過質性研究或詮釋學的方法才能體現中庸的本意及其所具有的文化意義。黃光國（2010）和趙志裕（2010）在大方向上贊同對中

庸實踐思維體系採用西方構念化的方式，但均認爲要提高概念界定的嚴謹性和理論的可證僞性，或明確或委婉地建議捨棄中庸的概念而代之以更具體的研究者自創的概念（更容易與生活語言相區分），對之加以操作性定義，獲得可供學界以之建立學術共同知識的基礎。李平（2014）和楊宜音（2014）的觀點則介於兩者中間，他們既肯定楊中芳的中庸實踐思維體系構念化，同時也主張提高對質性研究的重視。

具體到中庸思維測量的方法層面，研究者從題目編制的內容和形式問題，到量表的信度和效度問題，也展開了持續的改進和討論。在韋慶旺和鄒玉婷（2014）看來，目前主要的中庸思維界定和測量基本上都包含了對二元關係「既此又彼」的描述形式，並混合了思維方式、價值觀和行動策略等多種不同層面的內容，尤其是楊中芳和趙志裕（1997）最早編制的中庸思維量表及其後續兩個修訂版本（趙志裕，2000；黃金蘭等人，2012），充分體現了這種特徵。量表題目的例子，如「一件事情總有好的和壞的兩方面，就看你怎麼看了」，「與人相處，只做到合理是不夠的，還要合情才恰當」。這些題目的表述由於包含了兩個元素而不易符合心理測量「一個題目只表達一個意思（元素）」的原則。而且被試在回答題目時需要在兩個表述中（一個符合中庸的表述，一個不符合中庸的表述）選擇一個之後，再在所選擇的表述上從非常不同意到非常同意的 7 點量表評價自己的同意程度，如果被試選擇不符合中庸的表述，對其評分進行反向計分作爲該題的分數。這種迫選再評量的做法混淆了不同選擇和反向計分對中庸思維評定的影響，加劇了該測量過程與心理過程對應的複雜度，從而很難取得較高的信度（鄒智敏、肖莉婷，2014）。

實際上，圍繞中庸思維的理論和方法爭論，是密切聯繫在一起的。這些爭論的背後，既涉及到多年來有關如何開展本土研究的一般性爭論，也涉及到中庸思維在內涵、理論和方法方面的特殊性。就本土研究如何開展的一般性爭論，具體到中庸思維即中庸究竟是什麼以及中庸思維該如何研究這樣的初始大問題，楊中芳（2010b, 2014b）認爲有爭論是好事，可以爲中庸心理學的研究提出很多不同的看法，爲想進入中庸心理學研究的學者提供了更多的選擇，同時她也呼籲，儘量不要在這兩個問題上過多糾

纏和停頓（這是過去不少本土心理學研究雖經熱烈討論但容易陷入停滯不前境地的一個原因），而是要把研究深入做下去。就中庸思維在內涵、理論和方法方面的獨特性所引起的爭論問題，其核心是如何處理二元關係問題。例如，將中庸思維看作思維方式，而不僅是一種道德內容，即試圖揭示中庸思維與二元論看待事物的方式存在根本不同，此時，中庸思維即具有了抽象的元理論概念的含義，惟其如此，才可能與西方心理學進行整體對話。進而，中庸思維在測量上所遭遇的難題就變得顯而易見，因為現有的西方心理測量思想是基於二元論的，對非二元論的中庸思維自然水土不服。

二 「一分為三」分析框架的確立

　　韋慶旺與鄒玉婷（2014）認為，處理二元關係是中庸思維的核心，這與主流的心理學實證研究將一個變數對應一元，將二元用兩個變數及其關係去代表，然後用線性關係分析兩個變數關係的方法論相去甚遠。因此，中庸思維的這種特殊性不僅影響了中庸思維的概念界定和測量，也影響了採用中庸思維及其相關概念進行實證研究時的整體分析思路。基於對中庸思維是處理二元關係的獨特方式的本質理解，韋慶旺和鄒玉婷（2014）主張暫時拋開中庸思維是道德還是思維，以及該用量化還是質性研究，這兩個看似需要首先回答的問題，而是借鑒龐樸對中庸的「一分為三」分析框架，將中庸思維從界定到測量，再到實證研究設計看作一個整體，強調這個整體如何在理論上一以貫之地與「一分為三」相呼應。

（一）「一分為三」框架下的中庸界定分析

　　事物除了對立的兩極之外，在兩極之間還有一個「中」。「所謂的中，就是第三者；承認二分又承認中庸，也就在事實上承認了一分為三。」（龐樸，2000）然而，人們很容易將中庸的「中」看作兩極之間量的中點，附屬於兩極而存在。或者，認為「中」是兩極聯繫的中間環節或兩極變化的中間階段，最終仍會被兩極所取代。因此，中庸常常被誤解為

沒有原則的折中主義、調和主義、不徹底主義，等等（楊中芳，2001）。反映在西方的心理學研究中，中庸常常被等同於模糊不定的不成熟狀態，例如，在自我描述的兩極量尺中間打勾的人被認爲是對自我認識不清、沒有自我圖式的人（Markus, 1975；林升棟、楊中芳，2006）。「一分爲三」將「中」作爲除兩極之外的第三極，認爲「中」不僅是在兩極之間的一個量的體現，而且是一種新的質；認爲「中」不是一種暫時的和附屬的狀態，而是一種與兩極同時並存的存在，兩極與「中」構成了「一分爲三」的整體（龐樸，2000）。承認「一分爲三」，可以修正「一分爲二」的缺點，真正把握中庸在論述對立兩極的相互依存方面的真知灼見。

龐樸（1980）提出：在「一分爲三」框架下看中庸，用 A 和 B 代表對立的兩極，用 A' 代表 A 走向極端的後果，用「A 與 B 的關係」代表中庸，可得到中庸的 4 種形式：A 而 B，A 而不 A'，亦 A 亦 B，不 A 不 B。A 而 B 的形式，強調的是對立兩極直接結合起來，用對立面 B 來濟 A 的不足，以追求最佳的「中」的狀態，如剛而塞。A 而不 A' 的形式，強調的是泄 A 之過，勿使 A 走向極端，如剛而無虐。A 而不 A' 是 A 而 B 形式的反面說法，明裡是 A 防 A 的過度，暗中卻是以 B 爲參照來扯住 A。亦 A 亦 B 的形式，是 A 而 B 形式在時間和空間上的展開，重在指明對立雙方的互相補充，如亦剛亦柔。時序上的亦 A 亦 B 講究隨著情境的變化而採取不同的對策，空間上的亦 A 亦 B 強調對於不同領域的事物採取不同的方法。不 A 不 B 的形式，它要求不立足於任何一邊，且把毋過毋不及兩方面同時表現出來，因而最利於顯示「用中」的特點，而取得一種純客觀的姿態，如不剛不柔。這裡的 A 和 B 是後於恰當的「中」出現的，由於確定了「中」是合適的，所以不 A 不 B 中的 A 和 B 已經具有了偏頗的負面含義了。

以上 4 種中庸的表現形式，從 A 與 B 關係的邏輯上對中庸進行了界定。運用這種「一分爲三」框架下的中庸界定，分析以往心理學研究對中庸的界定方式，主要有三種。第一種是「既此又彼」的界定方式。不少中庸心理學研究採用了「既此又彼」（類似於 A 而 B、亦 A 亦 B）的方式來界定中庸。這方面的典型代表是有關中庸自我的研究。林升棟和楊中芳

（2007）認爲，Markus（1975）在自我圖式的經典研究中，將在「獨立—依賴」兩極量尺中間打勾的人歸入對自我認識不清的無圖式組，可能忽略了其中包含一些認爲自己「既獨立又依賴」的人。這種人不是對自我認識不清，而是能夠看到獨立與依賴兩者並非水火不相容的對立，兩者在不同的情境下可以在同一個人身上有所表現。林升棟與楊中芳（2007）稱這種人的自我概念爲中庸自我，並採用自編的「中庸形容詞核對表」對其進行測量，讓被試用包含30對含義對立形容詞的155個形容詞表進行自我描述，那些同時選用含義對立的兩個詞來描述自我的人，即是具有中庸自我的人。該方法在邏輯上符合中庸A而B（或亦A亦B）的最基本形式，值得進一步發展和推廣。遺憾的是，只有少數後來研究者繼續使用這種方法界定中庸（王飛雪、劉思思，2014）。

第二種是結合「既此又彼」和其他心理活動的界定方式。這種思路的典型代表來自16題的中庸實踐思維量表（楊中芳、趙志裕，1997）及其後續兩個修訂版本，即14題的中庸量表（趙志裕，2000）和9題的中庸信念／價值量表（黃金蘭等人，2012）對中庸的界定。從反映在題目內容中的中庸含義來看，3個量表對中庸界定的思路不僅是從A與B的關係（以既此又彼爲主）角度出發，還包含了全域思維以及後果思維的思維方式，大局爲重和重視和諧的價值觀，以及靜觀其變和退步忍讓等行動策略的內容。仔細分析這組中庸量表的題目，發現某些量表題目的表述有些模糊，似乎可以將其看作是思維方式、價值觀和行動策略的混合。例如，「做事總要以維持大局爲重，不要只考慮自己」，「考慮大局」是一種全域思維，而「以大局爲重」又像一種價值觀。再如，「爲了與周圍的人和睦相處，有時候得忍一口氣」，重視「和睦相處」是一種以和爲貴的價值觀，「爲了和睦相處而忍一口氣」則是一種和睦相處的策略。題目表述模糊的本質在於沒有把「中庸是對A與B關係的認識」貫徹在所有量表題目中，很多題目與中庸思想產生及其典型應用的人際關係處理情境連繫在一起，好像是在測量儒家傳統的價值觀內容，而不是最初設想的將中庸抽象出來的單純思維方式。因此，中庸與儒家傳統道德價值呈顯著正相關就不足爲奇了（趙志裕，2000）。這樣界定的中庸，也可以解釋爲什麼在同

事都不支援變革的時候，中庸信念／價值（包含和諧導向）對員工變革行為具有消極作用（杜旌等人，2014）。因為沒有相生相剋的二元關係（變革與不變革）約束的中庸和諧導向，很可能即使當變革行為是適當行為的時候，為了與同事和諧相處而不支持變革（與同事行為保持一致），從而違背中庸權變的思想。

第三，整個的中庸實踐思維體系可以看作是對中庸的一種界定方式。如此，中庸即是一個包含集體文化思維層面、個體心理思維層面（又包含生活哲學等三個方面）和心理健康層面的多層面的構念，所涵蓋的子構念多達幾十個。第 層，可將集體文化思維層面看作中庸的前因變數，心理健康層面可看作中庸的後果變數，只有個體心理思維層面是中庸本身。以第一層的前因變數和後果變數來界定中庸，是通過中庸與其他變數之間的關係來認識中庸。這種認識是否清晰，有賴於中庸本身的界定是否清晰以及前因變數和後果變數的選定在理論上是否合理。第二層，個體心理思維層面的生活哲學是一般化的中庸思維，具體事件處理和事後反思修正則是中庸的具體運用；第三層，生活哲學板塊的看人論事、生活目標和處世原則信念，從感知、動機和價值三個不同側面對中庸進行了界定。以第二層和第三層來界定中庸，與上述中庸界定的第二種思路比較相似，均包含思維方式、價值觀、行動策略等多角度的內容。楊中芳和林升棟（2012）採用成語量表對看人論事、生活目標和處世原則信念三個方面進行了測量。這些成語量表的題目表述比第二種界定方式中的量表題目表述，包含更多的「A 與 B」的關係形式。例如，外圓內方、否極泰來、退即是進、居安思危、能屈能伸，等等。但他們沒有對「A 與 B」的關係進行清楚的界定。

綜上所述，以往有關中庸的心理學界定將中庸與思維方式、價值觀、行動策略等傳統文化的諸多因素混合起來。雖然中庸是對「A 與 B」二元關係的一種特定認識的含義，隱含在各種中庸的量表之中，但尚沒有研究者有意識地抓住二元關係去界定中庸，更少有研究者去仔細分辨中庸所持的二元關係觀點與其他二元關係的觀點有何不同。例如，無可否認，兩極感知和轉換感知與中庸具有緊密的聯繫，但可能不是中庸本身，因為

前者談了兩極，後者談了兩極的轉換，都沒有談到「中」。兩極轉換雖然是在談「A 與 B」的關係，但它認為 A 與 B 在轉換中是互換位置的關係，好像認為「中」是暫時的狀態。而「一分為三」框架下的中庸，則認為「中」是有獨立意義的第三極，是常態（龐樸，1980）。

（二）「一分為三」框架下的研究範例

在採用「一分為三」框架分析了以往中庸思維的界定與研究之後，韋慶旺和鄔玉婷（2014）將中庸界定為對 A 與 B 二元相互依存關係的特定看法，進而把中庸的 4 種表現形式（A 而 B、A 而不 A'、亦 A 亦 B、不 A 不 B）與心理學的實證研究程式相對接，提出融合「一分為三」理論思考、測量方法和分析思路來界定中庸的 3 種模式：相濟模式、雙高模式、相容模式。如表 7-1 所示，不同的模式因對 A 和 B 二元關係不同的描述方式，以及採用單變數還是雙變數測量方面存在差異，但是在效度檢驗上，均需要結合變數的理論意義從多個角度綜合驗證中庸的 4 種形式。下面以表中「自主—關聯式自我」的例子對雙高模式做說明。

雙高模式是指採用雙變數測量，即兩個量表，一個測 A，一個測 B，然後以 A 和 B 分值均高的「高 - 高」組合來界定中庸。該模式的典型代表是「自主 - 關聯式自我」的概念及其測量。「自主 - 關聯式自我」是在子女價值（Value of Children, VOC）和家庭變遷模型（A Model of Family Change）的跨文化研究基礎上提出的一個概念。早期關於子女價值的研究發現：隨著社會經濟發展，子女對家庭的經濟和實用價值（小時候幫父母勞動、長大了贍養父母）有所減少，但父母寄予子女的心理價值（愛、陪伴、自豪感等）要麼保持，要麼有所增加（Kagitcibasi, 1982）。基於此，Kagitcibasi（1996）提出了存在於不同的社會 - 經濟 - 文化背景下的三種家庭關係模型：⑴ 依賴型家庭模型：它在傳統的、貧窮的、集體主義社會文化背景下比較普遍，也存在於富裕社會中的低社會經濟地位群體中。不管是子女年幼時還是已經長大成人，依賴型家庭在生計上對子女都有很強的依賴性。因此，父母對子女採取控制而不是放任的養育方式，著重培養子女的服從性；⑵ 獨立型家庭模型：它在現代的、富裕的、個人

表7-1　心理學中庸界定的3種模式[1]

中庸界定模式	界定方法	效度檢驗
相濟模式（NF）	單變數測量，題目表述為「A 與 B」的關係，例如「運氣和努力共同造就了成功」（亦 A 亦 B），「我應當將命運已經給予我的運用到最好」（A 而 B）。	考察中庸與成對變數的關係（以 ARS 的研究最為典型）： ①中庸與 A 和 B 均呈正相關（亦 A 亦 B，A 而 B）。 ②中庸與 A 正相關，同時與 A' 負相關（A 而不 A'）。 ③中庸與 A' 和 B' 均呈負相關（不 A' 不 B'）。 ④中庸與 A 和 B 均呈零相關（不能得出不 A 不 B 的結論）。
雙高模式（ARS）	雙變數測量，即兩個量表，一個測 A，一個測 B，然後以 A 和 B 分值均高的「高‐高」組合界定中庸（亦 A 亦 B）。	
相容模式（BII）	相容模式是指在 A 和 B 共存的前提下，探討兩者是相容還是對立的關係，將相容的關係界定為中庸（亦 A 亦 B，並 AB 相容）。	

主義社會文化背景下比較普遍。子女不是家庭的財富，而是負擔（現代都市生活的生活成本和教育成本很高），對家庭只具有心理上的情感價值。因此，父母對子女採取放任而不是控制的養育方式，著重培養子女的自主性（autonomy）；(3) 心理依賴型家庭模型：它出現在經歷城市化、現代化和經濟發展的集體主義社會文化背景下，尤其是這些社會的中產階級群體中。隨著生活更加富裕，教育水準不斷提高，家庭對子女的情感依賴得到了維持，但物質方面的依賴卻削弱了。因此，父母對子女仍會採取控制的養育方式（為了維持情感），同時允許子女發展自主性。

　　心理依賴型家庭模型的發現，挑戰了「要麼依賴要麼獨立」的非此即

1　NF，為可協商命運觀（Negotiable Fate），是指儘管個體認為自己受到不可控的命運安排，仍然相信努力可以改變命運的信念；ARS，為自主‐關聯式自我（Autonomous-Related Self），是指一種既有自主性又能與他人保持親密關係的自我概念，通常在鼓勵獨立性和重視親密關係兩者相容的家庭中獲得發展；BII，為雙元文化認同整合（Bicultural Identity Integration），是指雙文化人（如亞裔美國人）同時認同兩種文化，但在對待兩種文化認同的關係上，仍可進一步區分為感到相容（高 BII）或者感到對立衝突（低 BII）兩種不同類型。

彼二元思維。這對於西方心理學來說，是不可理解的。因爲籠罩在個人主義文化下的西方心理學認爲，獨立必然意味著人際分離，人際分離是個體獲得獨立性的前提（典型的情況是子女與父母的人際分離）。這種通過分離獲得能動性的方式，被稱爲分離能動性（disjoint agency）（Markus & Kitayama, 2003）。在自主性與能動性之間劃等號，不僅形成了西方心理學對自主性的偏差認知，而且使得「個體主義 - 集體主義」以及「獨立我 - 依賴我」這兩對長期在跨文化心理學中占支配地位的概念（及其測量）存在混淆：個人主義和獨立我被定義爲自主和分離的結合，集體主義和依賴我被定義爲他控和關係的結合（Kagitcibasi, 2005）。而實際上，個人主義和獨立我並不必然排斥關係，集體主義和依賴我也並不意味著一定沒有自主性。在區分能動性和人際距離兩個維度的基礎上，Kagitcibasi（2005）讓兼具看似矛盾的自主和關係兩者的自我概念得以現身，即「自主 - 關聯式自我」。從發展心理學的角度看，這種自我正是個體在上述的心理依賴型家庭中培養和發展起來的。

　　心理依賴型家庭模型和自主 - 關聯式自我，是建立在大量實證研究成果的基礎上，所進行的理論上的綜合分析，它們整合了在家庭互動和自我概念方面看似衝突的兩種導向。也就是說，研究者先有了相關的實證研究，然後才提出了這兩個概念。它們的實證檢驗主要是通過考察社會變遷中（以及不同文化背景下）子女價值、養育目標與養育方式、子女對父母養育方式的知覺和態度，來間接完成的。例如，Keller 等人（2006）採用雙高模式來界定自主 - 關聯式的養育目標，施測時要求母親根據她們對子女的養育目標，在一個 10 題的量表上作答。其中，5 題測量自主性養育目標，如「培養自信」、「培養競爭性」；5 題測量關係性養育目標，如「尊重長輩」、「學會照顧他人的感受」。那些自主性得高分、關係性得低分的養育目標群組合，代表獨立型養育目標；那些自主性得低分、關係性得高分的養育目標群組合，代表依賴型養育目標；那些自主性和關係性得分都高的養育目標群組合，則代表自主 - 關聯式養育目標。自主 - 關聯式養育目標的存在，即是心理依賴型家庭模型和自主 - 關聯式自我成立的一個證據。

　　類似的研究證據通常顯示：北美國家中普遍存在獨立型家庭模型和獨立我；非北美國家以及北美國家的低社會經濟地位群體中，普遍存在依賴型家庭模型和依賴我；非北美國家的中產階級群體或者在北美國家的少數人群體（如亞裔美國人）中，存在心理依賴型家庭模型和自主 - 關聯式自我。Kagitcibasi（2005）對那些體現心理依賴型家庭模型和自主 - 關聯式自我的研究證據進行了總結，主要包含以下幾個方面：(1) 前述的子女價值變遷研究：子女的經濟價值減少、心理價值並沒有減少的現象。(2) 養育目標與養育方式研究：父母期望子女的服從性減少，自主性提升，但仍然期望與子女保持親密關係；父母對子女的自主性養育目標和關係性養育目標之間呈正相關，而自主性養育目標與人際分離的養育目標沒有關係，或呈負相關；子女的抑鬱與人際分離的養育方式正相關，與父母控制沒有相關；父母控制與自主性養育目標同時存在；對子女強調成就價值與父母的集體主義而不是個人主義正相關。(3) 子女對父母養育方式的知覺和態度：子女同時喜歡父母控制和自主性養育方式；父母控制與知覺到的父母關愛和溫暖正相關。(4) 直接證明能動性和人際距離是兩個獨立維度的研究，主要來自於自我決定論（Self-Determination Theory, SDT）。

　　如果以心理依賴型家庭模型和自主 - 關聯式自我作為中庸的類比概念，將上述研究結果進行總結，可得多組具有二元對比含義概念之間的相關模式（如表 7-2）。A 代表自主，A' 代表分離，B 代表關係，B' 代表服從；由於心理依賴型家庭模型中的父母控制是為了與子女保持親密關係，而不是為了培養服從，因此它本身可被看作一種中庸的體現形式（B 而不 B'），用 Z 表示；知覺的父母關愛體現了關係性養育目標 (B) 的正面效果，用 B 正表示；子女的抑鬱體現了過度自主產生的負面效果，用 A 負表示。我們看到，A 與 B 呈正相關，體現了亦 A 亦 B（A 而 B）；A 與 A' 呈負相關（有時也呈零相關），體現了 A 而不 A'；A 與 Z 呈正相關，因為 Z 中含有 B，所以再次體現了中庸的亦 A 亦 B（A 而 B）形式；Z 與 A 負呈零相關，因為 Z 中含有不 B'，而 A 負實際上是 A' 造成的，所以這一零相關某種程度上體現了不 A' 不 B'。對照表 7-1 中的中庸效度檢驗方法及假設，表 7-2 已經得到了中庸界定及其效度檢驗的一些基本證據，即

亦A亦B（A而B），A而不A'，不A'不B'。此外，表7-2也得到了表7-1未涉及的二元關係的一些其他形式，例如，A而不B'，A'而A負。

綜上所述，自主 - 關聯式自我（以及心理依賴型家庭模型）不管是理論上還是實證檢驗上，均與「一分為三」框架下的中庸界定方式相契合。然而，研究者雖然透過開發量表的方式試圖把自主 - 關聯式自我作為單維的概念進行直接描述和測量，但該量表與它的理論分析相比，受到的關注明顯很少。這表明相比於建構一個對等的量表，在理論上對中庸進行建構同等重要。這也在某種程度上啟發我們，採用「一分為三」的視角界定中庸思維，有可能提供一種獨特的視角，對二元關係有超越二元論的深刻認識。

表7-2　心理依賴型家庭模型和自主-關聯式自我中的變數相關模式[2]

	關係 （B）	分離 （A'）	服從 （B'）	父母控制 （Z）	抑鬱 （A$_負$）	知覺的父母關愛 （B$_正$）
自主（A）	+	-/0	-	+		
分離（A'）					+	
父母控制（Z）					0	+

三 尋找「中」道的探索與發現

可以說，「一分為三」的三，即是中庸之道的「中」道，採用「一分為三」框架來看中庸的過程，即是尋找「中」道的過程。具體來說，採用「一分為三」框架看中庸，主要在於始終貫徹以二元關係界定中庸。不管是相濟模式、雙高模式，還是相容模式，均以二元關係界定中庸。此外，採用「一分為三」框架看中庸，不僅意味著對中庸的界定使用二元關係，而且在檢驗已確立的某個中庸概念的時候，也要使用構成二元關係的成對

2　＋代表正相關，－代表負相關，0代表零相關。

變數作為效標。這些成對變數的選擇主要有賴於理論上的考量。例如，在自主 - 關聯式自我（以及心理依賴型家庭模型）的效度檢驗中，研究者使用最多的一組概念為「自主 - 關係 - 父母控制」及其衍生變數。這裡，自主 (A) 和關係 (B) 構成一對頗具理論意義的二元變數，它們之間如果呈正相關，則表明自主 - 關聯式自我的概念是成立的（中庸以亦 A 亦 B 的形式被成功界定）。同時，以自主和關係為基礎進行擴展，可以進一步看 A 而不 A'，A 而不 B' 等二元關係。如果將心理依賴型家庭模型中本身隱含二元依存關係的「父母控制」看作中庸的一種體現，那麼考察父母控制與「自主 - 關係」這一對變數的關係，即中庸與「A-D」二元的關係，就構成了典型的中庸效度檢驗程式。

過去幾年，韋慶旺和他的學生運用上述「一分為三」的框架，以及相應的研究策略，對中庸思維進行了一系列探研，可以看作尋找中庸思維之「中」道的過程。這些實證探研及其成果主要是碩士或本科畢業論文、課題研究報告和在學術會議上的口頭報告等形式（郭政，2014；徐如冰，2014；鄔玉婷，2017；韋慶旺，2017a，2017b），下面分確立「中」道的理論參照點和中道的現身兩個方面來介紹。

（一）確立「中」道的理論參照點

在「一分為三」框架下正面分析和研究中庸，我們找到的第一個理論參照點是以「二元關係」對中庸自身的界定。首先，在以往有關中庸思維的界定中，即包含了「既此又彼」的界定成分，如最常用的幾種中庸思維量表，因此，我們沿用中庸信念 - 價值量表作為探討中庸思維的基礎。其次，我們採用經典的測量價值觀的方式，重新編制了以「二元關係」方式界定中庸的新量表，使每一題本身都包含二元關係的含義。在回答問題時，讓被試評價每個價值觀所描述的人與自己的相似程度，如「遇事兼顧到對立的雙方對他來說是重要的」、「做事拿捏好分寸對他來說是重要的」。如此，採用兩種中庸思維的量表本身包含「一分為三」的思考。

在「一分為三」框架下正面分析中庸，我們找到的第二個理論參照點是價值觀。因為中庸思維的定義和主要測量與價值觀一直具有緊密的聯

繫，而尋找泛文化普遍價值觀（即適用於描述多種不同文化價值觀的內容或維度），是眾多社會心理學關於價值觀研究的基礎（Hofstede, 1980; Schwartz, 1992; Inglehart, 1997）。不管是對不同國家（文化）的價值觀進行比較（Hofstede, 1980），還是考察價值觀在全球化和現代化背景下的變遷（Inglehart, 1997），乃至運用價值觀去解釋其他社會心理和行為（Sagiv & Schwartz, 2000），均以建立一套泛文化普遍價值觀為前提。

在研究者建立的眾多泛文化普遍價值觀中，Schwartz（1992）的價值觀系統最適合成為中庸價值觀的理論參照，原因有四：第一，它具有堅實的理論基礎。例如，它以人類面臨三種普適的需要（生物機體的需要、社會互動的需要、群體生存和群體利益的需要）為出發點；它始終強調價值觀系統是一個整體，一種價值觀只有放在價值觀系統中，與其他價值觀進行比較的情境下才具有實質意義（Schwartz et al., 2012）。第二，它歷經了一個漸進包容式的發展過程。它起初建立在 Rokeach（1973）經典研究的基礎上，然後進一步吸收 Hofstede（1980）和 Chinese Culture Connection（1987）等研究中能夠反映多種不同文化的價值觀內容，具有較廣的涵蓋性。第三，它立足於個體層面測量價值觀。這一點雖然有其缺陷，但是比較適合社會心理學視角去開展深入的社會調查。目前，Schwartz 的價值觀系統在價值觀研究中的地位，類似大五人格維度在人格研究中的地位，日益成為其他價值觀研究必不可少的參照。第四，Schwartz 的價值觀系統中包含了若干成對的二元概念，如自我提升與自我超越，開放與保守，並且這些成對的二元概念可以在一個二維空間的價值觀結構圖中展示相互關係，這些為對比和探討中庸思維與二元的價值觀的關係提供了基礎。

由於中庸價值觀與 Schwartz 的價值觀系統都包含了「二元關係」的含義，而價值觀對心理與行為具有預測作用是其重要功能。因此，除了對比中庸價值觀與泛文化普遍價值觀的內容和結構之外，我們將兩者的功能對比關係作為對中庸進行「一分為三」分析的第三個理論參照點，即比較中庸價值觀和 Schwartz 價值觀對環保態度和主觀幸福感的預測作用。其中，環保態度可能被認為是一種現代的態度，而選取安適幸福感作為主觀

幸福感的指標，則體現了傳統的價值。兩者構成的整體有利於綜合探討中庸價值觀對這一現代與傳統二元關係的看法。

就環保態度而言，以往研究表明，持有以物質主義為代表的現代價值觀的人（Schwartz 價值觀系統的重要內容），表現環保的態度和行為也較少（Brown & Kasser, 2005）。而中庸價值觀是以人與自然和諧共處的宇宙觀為基礎的（楊中芳，2010），理應對環保態度與行為具有促進作用。這與 Dunlap 等人的新環境範式主張是一致的，該範式主張人是自然整體的一部分，而不是脫離自然的（更不是主宰自然）獨立主體（Dunlap et al., 2000）。就主觀幸福感而言，很多研究發現，追求物質、權力等外在價值（Schwartz 價值觀系統的重要內容）的人，往往具有較低的幸福感（如 Kasser & Ryan, 2001）。而中庸價值觀以追求內心和諧與寧靜為目標，似乎具有非享樂意義上的另一種幸福感。Lee 等人（2013）認為中國人的幸福感不是尋找刺激和享樂的高激發積極情感狀態，而是體現為一種低激發的積極情感狀態，稱為安適幸福感。基於此，我們選取新環境範式（環境關心量表）和安適幸福感作為中庸價值觀與泛文化普遍價值觀功能比較的指標。

雖然我們立足將中庸看作一種價值觀，但是由於強調借價值觀這個概念去體現中庸是「一分為三」下的「三」的抽象意義，因此，我們還尋找了一系列其他在理論上本身具有「二元關係」意義，或者與中庸連繫起來可以探討「二元關係」的第四組理論參照點。首先，同時考察中庸價值觀與安適幸福感和活力的關係，如果中庸與兩者都存在正相關，表明中庸既與平靜安適的低激發幸福感狀態有關，又不是沒有活力（體現「A 而B」，或「A 而不 A'」）。其次，考察中庸與可協商命運觀的關係，可協商命運觀本身就相容了個體相信受命運控制和相信努力改變命運，這樣兩種看似矛盾的命運觀（Chaturvedi, Chiu, & Viswanathan, 2009）。如果中庸使得個體可以對很多看似對立的事物保持一種相容的態度，那麼應該與可協商命運觀存在正相關的關係（體現「亦 A 亦 B」）。最後，考察中庸與極端主義的關係，由於極端主義本身把宗教和暴力等信念推到極端（Stankov, Higgins, Saucier, & Knezevic, 2010），而中庸認為物極必反，

事物的一端推到極致往往意味著與這一端存在相生相剋關係的另一端變得更加突顯，所以中庸應該與極端主義呈負相關（體現「不 A 不 B」中的「不 B」）。

（二）「中」道的現身

　　在選擇上述理論參照點以後，我們的研究主要採用問卷調查法，採用不同方式，針對不同群體，共 2000 多被試的數據。研究 1 運用較大的來源於網路調查的數據對中庸價值觀與 Schwartz 價值觀的結構進行比較。研究 2 運用來源於實地的傳統文化氛圍相對濃厚的山東的樣本，再次考察了中庸價值觀與 Schwartz 價值觀的結構關係，同時系統比較了兩者在安適幸福感、環境關心、活力、可協商命運觀等方面的功能。研究 3 對社會人員和大學生進行了比較，考察兩個群體在中庸價值觀與 Schwartz 價值觀，以及這些價值觀對安適幸福感和環境關心的預測上，存在哪些差異。研究 4 對當前人類面對的一個重要問題——極端主義，進行了研究，比較中庸價值觀與 Schwartz 價值觀對極端主義的預測作用。研究 5 進一步考察了價值觀和極端主義影響集群行為的仲介變數，認同融合。不管是極端主義、集群行為，還是認同融合，都是將某種事物或態度推向極端，注重適度的中庸價值觀對此具有潛在的緩和作用。

　　如果以「一分為三」來分析中庸，將任何中庸能夠在二元之間起到非二元對立的相容和調和作用的體現，看作「中」道的現身的話，有幾個重要的表現。首先，與 Schwartz 價值觀系統相比，中庸價值觀有居於中間的傾向，似乎能夠對多種二元對立的價值觀進行調和，具有平衡之用。這方面不管是以 Schwartz 價值觀系統的 19 種價值觀為參照，還是以高階 6 種價值觀為參照，以中庸信念 - 價值量表所測的中庸和以自編量表所測的中庸，皆在價值觀系統所構成的多維尺度空間中靠近中間的位置。

　　以 Schwartz 的 19 種價值觀結構為例，如圖 7-1 所示，19 種價值觀構成一個環形，並且它們的大多數在相互位置上基本與 Schwartz 原理論模型中的位置一致。中庸和中庸 PVQ 在整個價值觀結構中相對居於中心，尤其是中庸 PVQ，與其他所有價值觀相比，基本與圖形的中點距離

最近。同時，中庸價值觀比較靠近普遍主義和仁慈等自我超越類型的價值觀，而與傳統價值觀的面子處於對立的狀態，表現爲在圖中的位置接近對角線。面子在 Schwartz 價值觀系統中原本介於自我提升和保守之間，在這裡則更接近自我提升的含義，中庸則恰恰與自我提升和面子價值觀相衝突。可見，中庸一方面在價值觀結構中有居於中間的傾向，另一方面並不能簡單地等同於傳統價值觀。他不僅跟面子的距離較遠，跟傳統、遵從和謙虛的距離，也沒有跟仁慈和普遍主義的距離更近。

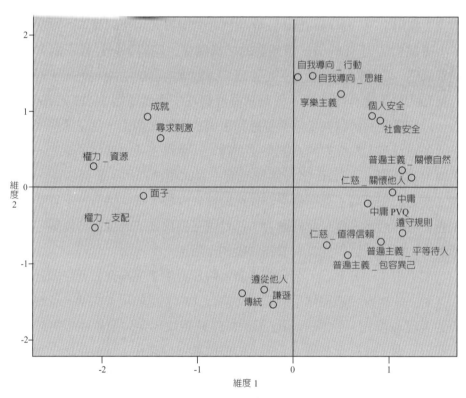

圖7-1　中庸價值觀與Schwartz的19種價值觀比較[3]

其次，在控制了 Schwartz 價值觀之後，中庸價值觀對安適幸福感、

3　圖中「中庸」是指中庸信念-價值量表所測得的中庸，「中庸 PVQ」是指新編中庸價值觀量表所測得的中庸，PVQ 爲 Portrait Value Questionnaire 的縮寫。

環境關心仍有顯著的正向預測作用，同時對極端主義有顯著的負向預測作用。說明根植於中國傳統文化的中庸價值觀對個體適應和人類發展具有獨特的適應作用。而仔細分析這種適應作用，很有「中」道的意味。因爲安適幸福感的提出基於中國傳統文化對幸福感的理解，更符合東方傳統文化的追求，而中庸價值觀則是東方傳統儒家文化的精髓。但相較於安適幸福感，環境關心量表所測的「自然平衡」、「人類中心主義」、「人類例外主義」、「生態環境危機」與「增長極限」五個維度則更多地體現了個體對外在事物及自身與外在事物關係的一種事實態度。在 Schwartz 價值觀系統中，只有「自我超越」能夠正向預測環境關心，可見在環境關心方面，中庸較之 Schwartz 價值觀系統能夠更好地預測環境關心。這一結果表明中庸在對外在事物及自身與外在事物關係的事實態度上有更好的預測力，也就是說，高中庸者能夠更好地關心環境，更有可能秉持可持續發展的觀念努力維持人與自然的平衡。

同時，中庸對極端主義有顯著的負向預測作用，而 Schwartz 價值觀系統中的對變化開放價值觀與極端主義有正相關。具體來看，極端主義分爲暴力有理、醜惡的世界和神聖力量三個維度。中庸價值觀與前兩者均有負相關，說明中庸的個體不傾向於使用暴力解決問題，對於現實世界的一些問題也願意更加客觀的去看待，不會產生過多負面的情緒。神聖力量維度與中庸不相關，有可能是因爲現代中國不強調宗教信仰，因此在神聖力量這個維度上，中庸作爲一個來自中國傳統文化的概念，對當今中國人的宗教信仰方面不起到緩解作用。而在暴力有理和醜惡的世界這兩個維度，中庸的不走極端和平衡的特點對兩個維度均產生了緩解作用，因此我們可以認爲中庸通過在思維層面上減少（認爲）暴力有理和（相信）世界醜惡來減少極端心理。而且，中庸不僅可以緩解極端主義的思維方式，還可以減少對其他群體或社會有危害的集群行爲。

第三，中庸價值觀與安適幸福感和活力同時具有正相關，與可協商命運觀有正相關。這些結果更加正面地說明中庸的概念確實具有超越二元對立的涵義，適合用「一分爲三」的框架去研究。採用「一分爲三」的框架進行分析，安適幸福感和活力屬於理論上具有二元對立含義的一對概念，

而中庸與兩者均有正相關，表明中庸雖然傾向於追求低激發的積極情緒，但並不是代表沒有活力。而可協商命運觀可以看作相容「承認命運控制」與「努力改變命運」兩種命運觀的類中庸概念，中庸與可協商命運觀之間有正相關，實際上為兩個概念在相容對立雙方的含義上提供了相互的佐證。

四 反思中庸思維研究

（一）邁向中庸思維的多元化研究

正像楊中芳所指出的，雖然大多數中庸思維的研究者都以「中庸實踐思維體系」作為自己的指導，但是其實大家心裡對中庸的看法和界定並不一致，而且有些研究從對中庸的界定到對中庸的實證研究過程，也存在些許矛盾之處（參見本書第五章）。然而，20 多年來的中庸思維研究，正是在或激烈或緩和的爭論中頑強生長的。本文從「一分為三」角度出發，對中庸思維的界定、測量、研究設計和理論建構進行了一以貫之的探研，可以看作中庸思維研究方法多元化的一個嘗試。

這個嘗試有三個特點：第一，從採用多個以往概念和變數進行反覆的問卷調查的研究方式看，似乎比較缺少本土進路的意味，尤其是以經典的跨文化心理學概念（比如 Schwartz 的價值觀系統）為中庸的參照框架的做法，常常被本土心理學所批判。但是，跨文化心理學的思路是將其他文化納入自己的系統或尺規，而我們以「一分為三」框架對中庸思維的研究，恰恰是假設並證實即使在已經被公認的跨文化概念體系中，中庸的地位仍然是不可代替的。

第二，我們所研究的中庸的不可代替，常常是以「居中」和「兩個正相關」的方式體現，這種帶有平均性質的「中」可能既不能捕捉中庸思維的動態特徵，也容易落入中庸是「平均主義」、「折中主義」和「調和主義」的窠臼。然而，以「一分為三」框架來分析中庸，其本質是處理好二元的非對立衝突關係，至於如果處理好的體現具有「平均」、「折中」

和「調和」的含義，並不因此構成否定中庸的結論。正像龐樸（1980）所指出「不 A 不 B」這種中庸形式的含義，這裡包含了事先對 A 和 B 已經是走偏了的負面含義的假定和認識，所以才會退回到無偏向的「不 A 不 B」。如果「平均」已經不是正面的兼顧，而是負面的「平均主義」，中庸思維當然要反對。

第三，我們以「一分為三」來研究中庸思維的方式，有著明確的整體方法論的考慮，這個考慮首先是理論上的整體貫通，即不主張分析單一的概念和單個的變數，而是永遠至少能夠構成一個「一分為三」理論分析單元以上的系統。其次，具體的方法雖然也很重要，但是在我們的研究思路上是第二位的，一個概念界定的方法和工具的意義要依賴於它能否與其概念界定的方法和工具形成可比較分析的「一分為三」單元，而方法和工具本身要次要一些。正是基於這樣的特點，我們對中庸思維的研究，希望不只是將中庸思維作為研究主題，而是可以通過這樣對待中庸思維，而使其成為本土心理研究的一個創新方法案例。

（二）認識中庸之「中」的含義

探研「中」的意義及實踐效標是楊中芳最近提出的對中庸思維未來研究的第一個建議。她綜合各種對中庸之「中」的分析，總結「中」有四種含義（參見本書第 5 章）。這裡，我們結合「一分為三」框架下對中庸四種表現形式的分析，對四種「中」的含義進行比較，並討論不同的「中」如何在研究中去體現。

第一是處中，是指個人內心處在沒有世間雜事所造成的情緒干擾的「初始」生存狀態，表現為中庸實踐思維行動者長期處於「平靜安適」的心理狀態。處中是二元調和的狀態，如果以「平靜安適」為衡量標準，因為「一分為三」框架下所分析的中庸其主要根源在於對君子的描述，因此，「A 而 B」、「A 而不 A'」、「亦 A 亦 B」、「不 A 不 B」四種中庸形式作為結果或狀態，都可以達到處中之境地。這與中庸實踐思維體系將「心理健康」作為中庸的「終極結果變數」是一致的。

第二是時中，是指對於不同生活情境，要做到的「中」都不一樣，

要依情境而靈活變通的意思。用「一分為三」的形式來說，時中與「亦 A 亦 B」類似，龐樸認為「亦 A 亦 B」是「A 而 B」在時間和空間上的展開。將時中放到實證研究中，可能需要首先對一系列生活情境進行界定，然後再考察中庸者如何拿捏，或者什麼樣的「恰當好處」才會被評價為中庸。如果按照「亦 A 亦 B」的邏輯，可能會相對簡單些，因為 A 和 B 假定是可以界定的，如果再找到「一分為三」的「三」，即可以考察幾個元素之間的關係，當然這個「三」可能是某種事先預知的中庸思維或中庸者，也可能就是 A 和 B 的關係本身。

第二是執中，是指做到「以中為矢」，或稱「中庸理性」，體現在求取「平衡」的動作。從行動的角度來說，「A 而 B」是中庸的基本形式，除了可以作為一種靜態的狀態之外，也可以是一種對用 B 來彌補 A 的不足的一種運用。例如前述教養方式中父母對孩子控制但仍然給予自主就是一種體現。從衝突解決的某個階段來說，執中也可能表現為「不 A 不 B」，時機不成熟時，沉默或無為也是一種中庸智慧。

第四是中和，是指個人內心與人際和諧的交融狀態，可以通過不斷地自省以求達到處世智慧與個人道德修養的雙向提升。這一點似乎有兩個含義，一個是交融的狀態，一個是達至交融的修養過程。如果以後者為重點，在中庸實踐思維體系中，主要體現為「事後反省／修正」層次，而「一分為三」框架下的四種中庸形式則很難體現這個修養的過程。從實證研究上來看，目前有關中庸反省和修養過程的研究確實很少。由於反省和修養過程具有動態性和反覆性，採用主流的量化研究方式可能比較困難，未來的研究可多考慮質性的方法。

本文所採用的「一分為三」框架下的中庸研究思路，由於在研究中緊緊依託於 A 和 B，所以只要 A 和 B 能夠界定清楚（同樣有賴於理論分析），然後再建構理論能夠呼應 A 與 B 特定非對立關係的「三」，就可以付諸實證檢驗。但是，這個思路的缺點是每個 A 和 B，以及「三」必須統一到「一分為三」框架下，做到概念界定、測量和分析思路能夠一一對應。否則可能會因為研究者在理論上把握的似是而非，而使整個研究產生混淆。然而，雖然不能說這個思路完全不能處理中庸的動態特點（透過

理論上先行把握動態分析），但是確實很難對中庸思維進行直接的動態檢驗。

（三）回應中庸思維研究的幾個基本問題

本文以龐樸對中庸的哲學分析為基礎，將中庸看作是一種對待二元相互依存關係的特定看法，並將中庸的 4 種表現形式與心理學實證研究程式相對接，提出了界定中庸的 3 種模式及其檢驗方法。並運用這個框架，聚焦於價值觀，利用多個文化心理學的經典概念，展示了中庸思維研究的一個個案。這個個案的做法隱含著一些對中庸及中庸心理研究的基本觀點，這些基本觀點與大多數研究者研究中庸心理都必須面對的幾個基本問題相對應。

這幾個基本問題是：

1. 中庸作為一個心理學概念是不是獨特的？它的獨特性在哪裡？
2. 中庸是不是過時了？它是好東西還是壞東西？
3. 中庸究竟是什麼？與哪個心理學的基本概念相對應？
4. 中庸適合採用源於西方哲學和科學的心理學實證研究方法來研究嗎？

首先，我們認同龐樸（1980）的觀點，認為中庸是一種不同於西方二元論的看待世界的獨特視角。由於現代西方心理學的研究基本是以二元論為指導，因此相較於已有的西方心理學概念，中庸的獨特性是一種普遍的獨特性，幾乎存在對任何一個概念、一種現象的解讀上。例如，有關自我的研究，西方觀點認為一個人的自我要麼是獨立的，要麼是依賴的；而中庸則認為一個人的自我可以是既獨立又依賴的（林升棟，楊中芳，2006）。正因為中庸這種獨特性，更顯出它的研究價值。在我們的研究中，發現中庸價值觀不僅與安適幸福感有正相關關係，而且與活力也有正相關關係，表明一個人可以是既追求安適又充滿活力的，而具有中庸價值觀的人更可能具有這種狀態。類似的，我們也發現，中庸與命運觀的關係也體現了這一點，即中庸的人可以既相信自己受到命運的很大控制，又相信努力可以改變自己的命運。

其次，我們認同楊中芳和趙志裕（1997）最早提出中庸實踐思維時

的觀點，認為中庸是傳統文化中可以繼承的，對現代中國人的生活仍然具有啟發和適應價值的文化資源。那麼，中庸不僅沒有過時，而且值得發揚。例如，Kagitcibasi（2005）在社會變遷背景下發現的心理依賴型家庭模型和自主－關聯式自我（類似於中庸的模式），既不存在於主流的西方社會，也不存在於傳統的東方社會，這種折中的家庭模型和自我概念融合了東西方的優點，有可能代表了人類社會家庭和自我發展的普適模式。可是，中庸畢竟是以儒家傳統為主，在具有特定社會歷史背景的古代社會發展出來的思想。而現代社會與古代社會差異巨大，中庸如何繼續保持它的效用？這就有賴於將中庸從它所得以產生的社會背景中抽離，作為一個抽象意義上的概念來看待。正如我們的做法，將中庸作為 A 與 B 二元關係的特定看法，這裡的 A 和 B 是抽象的符號，可以代表多種不同的具體事物。

不過，這並不表示中庸之發揮作用不受其他條件約束。例如，Au 等人（2012）發現，可協商命運觀（可看作中庸在命運觀上的體現）雖然對東方人具有適應意義，但對西方人則沒有適應意義，表明特定的社會生態環境是可協商命運觀發揮作用的約束條件。我們的研究 3 也發現，大學生群體比社會人員更把中庸看作過時的傳統，認識比較負面，因此，他們的中庸價值觀不能預測環境關心。當然他們的中庸價值觀得分也相對較低。也許，對於像中庸這樣的傳統價值，不是一成不變的去繼承，而是要抽取其有益的內核，使其脫離曾經產生的社會背景，這也是傳統文化的創造性轉化和創新性發展的問題。

基於將中庸抽象化的做法，我們對問題⑶的回答，有別於以往研究將中庸看作是價值觀、信念、行動策略或意見表達等具體心理概念的做法，更強調將中庸看作抽象的 A 與 B 的二元關係，具體表現為 A 而 B、A 而不 A'、亦 A 亦 B、不 A 不 B 等 4 種形式。換言之，不管是以往研究者關注的價值觀、信念等心理概念，還是以往研究者很少提及的需要、動機等其他心理概念，均可以有中庸的看待視角。因此，中庸既可以與具體的心理概念相結合成為一個研究題目，也可以作為一種視角為多種研究題目提供新的思路，這正是中庸可以作為元理論指導的涵義所在。

　　既然中庸與西方二元論大異其趣，而心理學的實證研究方法是在二元論的基礎上發展起來的，那麼中庸還適合採用實證研究方法來研究嗎？本文結合跨文化心理學概念提出的中庸界定的 3 種模式，嘗試對該問題進行了系統回答。從研究結果來看，回答是肯定的。如果研究者在問題提出和理論建構層面能夠把握「一分為三」的中庸思維，那麼，在研究中庸心理時，已有來自西方的實證研究方法是完全可以採用的。

　　最後，在進行中庸心理研究時，還要把握中庸隨著社會文化變遷所可能產生的變化。這種變化既可以放在傳統與現代相衝突的背景下來考察，也可以放在東西方跨文化比較的背景下來考察，還可以放在我國社會變遷過程中不同地區、不同年齡、不同社會階層等群體差異的背景下來考察。

參考文獻

王飛雪、劉思思（2014）：〈中庸思維對自我一致性和自我矛盾衝突感的影響〉。《中國社會心理學評論》，7，131-152。

李平（2014）：〈中國智慧哲學與中庸之道研究〉。《中國社會心理學評論》，8，237-255。

李美枝（2010）：〈中庸理念與研究方法的實踐性思考〉。《本土心理學研究》，34，97-110。

杜旌、冉曼曼、曹平（2014）：〈中庸價值取向對員工變革行為的情景依存作用〉。《心理學報》，46，113-124。

汪鳳炎（2019）：《中國文化心理學新論》（下），頁370-1390。上海教育出版社。

林升棟、楊中芳（2006）：〈自我是一分為二的嗎？──以西方自我圖式的研究為例〉。《心理學探新》，3，43-47。

林升棟、楊中芳（2007）：〈自評式兩極量尺到底在測什麼？──尋找中庸自我的意外發現〉。《心理科學》，4，937-939。

林安梧（2010）：〈跨界的話語、實存的感通──關於《中庸實踐思維體系探研

的初步進展〉一文讀後〉。《本土心理學研究》，*34*，127-136。

韋慶旺（2017）：〈中庸價值觀量表：「一分爲三」框架下的效度檢驗〉（口頭發表論文）。中國社會心理學會學術年會，貴陽。

韋慶旺（2017）：〈尋找中道：「一分爲三」框架下的中庸心理研究〉（口頭發表論文）。第十屆華人心理學家學術研討會，哈爾濱。

韋慶旺、鄔玉婷（2014）：〈「一分爲三」框架下的中庸界定：兼從方法論角度評當前中庸心理學研究〉。《中國社會心理學評論》，*8*，275-303。

徐如冰（2014）：《中庸、Schwartz價值觀系統及其與安適幸福感、環境關心的關係　來端多元文化困境下中庸的不衝之用》，中國人民大學碩士論文。

張德勝、金耀基、陳海文、陳建民、楊中芳、趙志裕、伊沙白（2001）：〈論中庸理性：工具理性、價值理性和溝通理性之外〉。《社會學研究》，*2*，33-48。

郭政（2014）：《中庸、命運觀及其與安適幸福感和活力的關係》（學士論文，中國人民大學）。

黃光國（2010）：〈由「構念化」到「理論化」：評「中庸實踐思維的心理學研究」〉。《本土心理學研究》，*34*，111-125。

黃金蘭、林以正、楊中芳（2012）：〈中庸信念──價值量表之修訂〉。《本土心理學研究》，*38*，3-41。

楊中芳（2001）：〈中國人的世界觀：中庸實踐思維初探〉。《如何理解中國人》，頁269-287。遠流出版公司。

楊中芳（2004）：〈「中庸」實踐思維研究：邁向建構一個全新心理學知識體系〉。見王登峰、侯玉波（主編），《人格與社會心理學論叢（一）》，頁1-15。北京大學出版社。

楊中芳（2008）：〈中庸實踐思維研究──邁向建構一套本土心理學知識體系〉。見楊中芳（主編），《本土心理研究取徑論叢》，頁435-478。遠流出版公司。

楊中芳（2009）：〈傳統文化與社會科學結合之實例：中庸的社會心理學研究〉。《中國人民大學學報》，*3*，53-60。

楊中芳（2010a）：〈中庸實踐思維體系探討的初步進展〉。《本土心理學研究》，*34*，3-96。

楊中芳（2010b）：〈一個中庸、各自表述〉。《本土心理學研究》，*34*，159-
　　165。

楊中芳（2014a）：〈中庸社會心理學研究的構念化：兼本輯導讀〉。《中國社
　　會心理學評論》，*7*，1-17。

楊中芳（2014b）：〈中庸研究與華人本土心理學〉。《中國社會心理學評
　　論》，*8*，304-319。

楊中芳、林升棟（2012）：〈中庸實踐思維體系構念圖的建構效度研究〉。《社
　　會學研究》，*4*，167-186。

楊中芳、趙志裕（1997）：〈中庸實踐思維初探〉。第四屆華人心理與行為科際
　　學術研討會，臺北。

楊宜音（2014）：〈日常生活的道德意義和生命意義：兼談中庸實踐思維的構念
　　化〉。《中國社會心理學評論》，*8*，256-274。

楊國樞（1993）：〈我們為什麼要建立中國人的本土心理學〉。《本土心理學研
　　究》，*1*，6-88。

鄒智敏、肖莉婷（2014）：〈中庸信念／價值量表的信度概化研究〉。《中國社
　　會心理學評論》，*8*，66-76。

趙志裕（2000）：〈中庸思維的測量：一項跨地區研究的初步結果〉。《香港社
　　會科學學報》，*18*，33-54。

趙志裕（2010）：〈中庸實踐思維的道德性、實用性、文化特定性及社會適應
　　性〉。《本土心理學研究》，*34*，137-144。

鄢玉婷（2017）：《中庸對極端心理的影響及其作用機制研究》，中國人民大學
　　碩士論文。

劉昌（2010）：〈中庸之可能與不可能：兼論中庸心理實證研究之困境〉。《南
　　京師大學報》（社會科學版），*5*，65-74。

龐樸（1980）：〈「中庸」平議〉。《中國社會科學》，*1*，75-100。

龐樸（2000）：〈中庸與三分〉。《文史哲》，*4*，21-27。

Au, E. W. M., Chiu, C., Zhang, Z., Mallorie, L., Chaturvedi, A., Viswanathan, M.,
　　& Savani, K. (2011). Maintaining faith in agency under immutable constraints:
　　Cognitive consequences of believing in negotiable fate. *International Journal of
　　Psychology, 46,* 463-474.

Au, E. W. M., Chiu, C.-Y., Zhang, Z.-X., Mallorie, L., Chaturvedi, A., Viswanathan, M., et al. (2012). Negotiable fate: Social ecological foundation and psychological functions. *Journal of Cross Cultural Psychology*, *43*, 931-942.

Brown, K. W., & Kasser, T. (2005). Are psychological and ecological well-being compatible? The role of values, mindfulness, and lifestyle. *Social Indicator Research*, *74*, 349-368.

Chaturvedi, A., Chiu, C., & Viswanathan, M. (2009). Literacy, negotiable fate, and thinking style among low income women in India. *Journal of Cross-Cultural Psychology*, *10*, 880-893

Chinese Culture Connection. (1987). Chinese values and the search for culture-free dimensions of culture. *Journal of Cross-Cultural Psychology*, *18*, 143-164.

Dunlap, R. E., Van Liere, K. D., Mertig, A. G., & Jones, R. E. (2000). Measuring endorsement of the New Ecological Paradigm: A revised NEP scale. *Journal of Social Issues*, *56*, 425-442.

Hofstede, G. (1980). *Culture's consequences: International differences in work-related values*. Sage.

Inglehart, R. (1997). *Modernization and postmodernization: Cultural, economic, and political change in 43 societies*. Princeton University Press.

Kagitcibasi, C. (1982). Old-age security value of children: Cross-national socioeconomic evidence. *Journal of Cross-Cultural Psychology*, *13*, 29-42.

Kagitcibasi, C. (1996). The autonomous-relational self: Anewsynthesis. E*uropean Psychologist*, *1*, 180-186.

Kagitcibasi, C. (2005). Autonomy and relatedness in cultural context: Implications for self and family. *Journal of Cross-Cultural Psychology*, *36*, 403-422.

Kagitcibasi, C., Baydar, N., & Cemalcilar, Z. (2006). *Autonomy and Relatedness Scales* (Progress Report). Koc University.

Kasser, T., & Kasser, V. G. (2001). The dreams of people high and low in materialism. *Journal of Economic Psychology*, *22*, 693-719.

Keller, H., Lamm, B., Abels, M., Yovsi, R., Borke, J., Jensen, H., et al. (2006). Cultural models, socialization goals, and parenting ethnotheories: A multicultural analysis.

Journal of Cross-Cultural Psychology, 37, 155-172.

Lee, Y., Lin, Y., Huang, C., & Fredrickson, B. L. (2013). The construct and measurement of peace of mind. *Journal of Happiness Studies, 14*, 571-590.

Markus H. (1975). *Self schemas, behavior inference, and the processing of social information*. The University of Michigan, Ph. D. dissertation.

Markus, H. R. & Kitayama, S. (2003). Models of agency: Sociocultural diversity in the construction of action. Cross-cultural *Differences in Perspectives on Self, 49*, 1-57.

Rokeach, M. (1973). *The nature of human values*. Free press.

Sagiv, L., & Schwartz, S. H. (2000). Value priorities and subjective well-being: Direct relations and congruity effects. *European Journal of Social Psychology, 30*(2), 177-198.

Schwartz, S. H. (1992). Universals in the content and structure of values: Theoretical advances and empirical tests in 20 countries. *Advances in Experimental Social Psychology, 25*(1), 1-65.

Schwartz, S. H., Cieciuch, J., Vecchione, M., Davidov, E., Fischer, R., Beierlein, C., & Konty, M. (2012). Refining the theory of basic individual values. *Journal of Personality and Social Psychology, 103*(4), 663-688.

Stankov, L., Saucier, G., & Kneževic, G. (2010). Militant extremist mind-set: Proviolence, vile world, and divine power. *Psychological Assessment, 22*(1), 70-86.

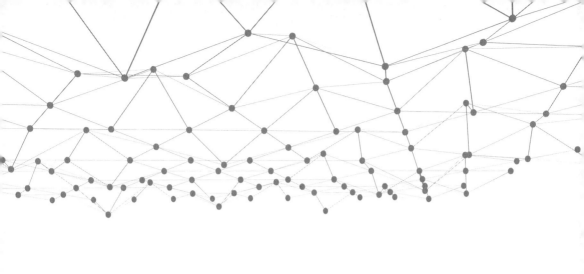

◆第三篇

文化價值觀之
變遷與整合

（楊中芳主編）

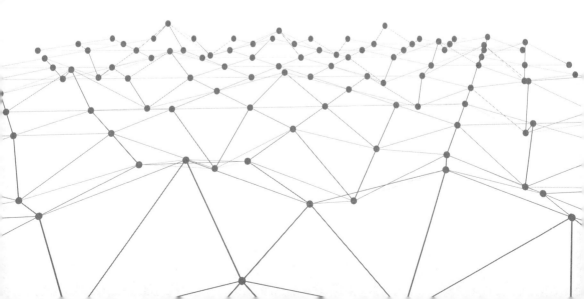

第八章

華人價值研究

王叢桂

一 研究背景與問題

Rokeach（1973, p. IX）認為價值是社會科學的核心概念，他指出價值是文化、社會與人格的依變項，也是態度與行為的自變項，要了解與預測一個地區的人們的行為，必須了解其價值。他並認為「價值概念比其他概念更應該占有核心的位置」（Rokeach, 1973, p. 3）。過去五十多年來，研究價值觀的學者們也努力建構能測量個體價值體系的衡鑑工具，並且驗證可能影響價值觀念的因素與價值如何影響人們的行為（Hofstede, 1980, 2001; Schwartz, 1992）。研究價值觀的學者，需要面對下列議題。

首先，研究者要處理價值觀的普世性（universal）與文化特殊性（culture-specific）的議題。有些研究者認為人類基本需求與生存環境有類似性，故各地區與文化之間有跨文化的普世性價值體系存在，持有此種觀點的學者企圖發展一套可供描述與比較不同文化中個體價值偏好體系（value priorities）的理論與衡鑑工具。但亦有學者認為價值是主客觀互動之產物，每個文化有蘊含普世價值的情境，但也有特殊的生態環境、歷史、社會與經濟背景，因此各文化會發展出具有文化特殊性的價值體系。依照後者的主張，本土社會科學研究者，需要勾勒出各文化皆具有的普世價值與本土文化特殊性的價值，並建構對應的測量工具，才能適切的描述與預測在地民眾的認知與行為。其次，面對現代化、全球化與網路化對傳統價值傳遞或變遷的衝擊，文化特殊性價值是否仍對在地者有影響？本土社會科學與心理學者也需要經由實徵研究來描述與解釋外來文化移入及社

經結構變遷對傳統價值的影響。

　　與上述議題有關聯的另一個重要議題，是價值是跨情境（transituational）的或是具有情境特殊性（situation-specific）的特質。研究者傾向於定義價值為穩定的跨情境的一般性（general）人格特質，但是研究者為了找到跨情境的基本價值體系，忽略了人們運用價值判斷（valuation）是發生在各個生活具體場域之中（concrete context），在不同的時空環境中，價值優先性是否不同，各項價值喚起（accessible）的容易度是否不同，皆會影響價值與行為的關聯度，導致價值量表在預測人們在具體生活情境中行為的效度偏低。跨文化心理學者將文化視為生活情境變項，發展出來的比較各文化差異性的價值量表，是否宜於用來衡量各文化內個體在不同生活情境中的行為，亦大有疑義。目前研究者採取的跨文化價值取向研究無法解決此一問題。上述問題的解決可能仍須依賴本土化價值理論與研究的開展。本文從價值的主客觀研究爭議說明為何需要有本土化的價值研究？其次，回溯與華人價值研究有關的文獻，包含跨文化的價值觀比較研究，以及影響華人價值觀傳遞因素的研究，並根據以往對價值傳遞與變遷的研究成果，建立初步的價值變遷理論架構，最後討論華人價值研究的未來發展方向。

（一）價值觀的本土化研究觀點

1. 價值的主客觀問題

　　西方哲學領域在價值觀的研究方面有主觀（subjective）與客觀（objective）之爭（Frondizi, 1963）。哲學領域對價值概念的主客觀取向爭議，也影響到社會科學研究者處理價值研究的方式，因此須略作說明。Frondizi（1963, p. 13）指出主客觀的爭議，可以用下列問句代表「事物有價值是因為我們想要它，或是因為它有價值，我們想要它？」（Do objects possess value because we desire them, or do we desire them because they possess value?）主觀論者認為個體主觀的慾求，喜愛與興趣決定一件事是否有價值，以主觀論詮釋價值的例如 Meinong（1853-1921）認為

「事物有價值是因爲它使我們愉悅」（Frondizi, 1963, p. 34）。對主觀論者來說，價值並不獨立存在於物體，而是當人在評價其是否令人愉悅或感興趣時才產生價值。R. B. Perry（1876-1957）也指出「不論何事，一般而言，當它是興趣的目的物，不論興趣爲何，該事物便具有價值或是有價值的。」（Perry, 1954, p. 3; Frondizi, 1963, p. 45）。

　　相對地，隨著實徵主義在二十世紀的興起，價值客觀論者逐漸受到重視，並與心理學的發展相互影響。Scheler 指出價值具有獨立於其承載者之外的先驗（a priori）的特質，價值不僅獨立存在於其承載者，也獨立於我們對事物與價值的反應之外。Scheler 對價值判斷的觀點，可以用下例說明「即使『謀殺』未被『判決』有罪，它仍然有罪；雖然『善行』未被『評價』爲『善行』，它仍然是善行。」（Frondizi, 1963, p. 82）主客觀的爭論會影響研究者面對價值的研究態度，主觀論者認爲價值並不存在於被評價的事物，而在於個體如何評價它。對客觀論者而言，價值即評價的標準，獨立於個體主觀評價之外。價值先驗於評價，我們喜歡某事是因爲蘊含於其中的某些特性使我們喜歡它。

　　Frondizi（1963）在「何謂價值」一書中，提出主客觀並存的觀點。他指出心理的愉悅與興趣是價值產生的必要條件；而引發上述情感反應的物體也是在價值產生的過程中不可缺少的。Frondizi（1963, pp. 132-133）指出，沒有主觀的評價歷程，價值便不存在（a value has no existence or meaning without valuation），而評價需要評價的對象物（valuation requires the presence of an intentional object）；Frondizi（p. 128）進一步指出情境的重要性。個體在作價值判斷（valuation）時，其身心與外在物理社會文化情境皆會影響價值的判斷。他斷言價值只在具體的情境之中方有其存在與意義（...... value have existence and meaning only within a concrete and definite situation, p. 140）。如果價值是主客觀合一的產物，在不同情境，人們作判準的價值體系自然不同。不過實徵價值研究者，並未重視 Frondizi 在 1963 年建議的價值判斷不能離開判斷的個人、社會、文化、歷史及當下環境等情境因素，仍傾向於將價值視爲客觀的存在（Lee, 1996）。

（二）本土價值理論與研究的必要性

作者認同價值經由主客觀互動產生的說法，從這個觀點來看，針對不同文化的個體的價值觀進行研究者，要從個人所處的文化社會脈絡中，建立理論與模型來描述與解釋影響這個時代這個社會中，人們的價值體系的內涵（content）為何？價值的階層與結構（priority hierarchy and structures）為何？價值體系如何形成，與價值如何影響人們在人生各重要層面的行為？根據歐美社會生活世界所建構出的價值理論與測量工具來理解華人的價值，可能會因語言在文化脈絡中涵義不同，或者不同價值之間的階層與結構不同而產生錯誤的解讀。

以追求「個人自立自主性」的價值而言，黃光國（1993，頁 145）指出「華式的個人主義」（Chinese individualism）是 Brindley（1989）觀察臺灣華人，所提出的「自我風格的個人主義」（self-styled individualists），與歐美文化中的個人主義有根本上的差異。歐美個人主義是將自己和別人視為完全獨立平等的個體，「華式的個人主義」不排斥和他人的社會連繫，也不否定他對別人的義務關係，只是要發展個人獨特的生活方式與做事的風格。對於「自立自主」這個價值名詞，兩個文化中的個體可能產生不同涵義。

從價值與日常生活的分析來看，要了解價值如何發生作用，不能跳離其文化與社會脈絡（context）。文崇一（1989）指出華人舊有價值體系與政治及社會經濟變革的無法契合。他在其「中國人的價值」一書中曾直言：

……中國曾經過好幾次的工業化或現代化運動，都沒有成功，原因很多，但價值觀不能與行為配合，可能是一個極為重要的因素。……經濟發展與價值、制度、結構都不是孤立事件，它們之間是一個密切的體系。（文崇一，1989，頁 VIII）

以 1990 年代臺灣政商勾結的密友資本主義（crony capitalism）造成社會經濟失序為例，反映出華人傳統價值中重視關係的人情與關係取向（黃光國，1988；Brindley, 1989）。上述重視關係人情的價值觀念直到今

日仍影響華人的經濟與組織行為。經濟學人（2016/05/17）的調查報告指出臺灣在密友資本主世界排名第 10，中國大陸排名第 11。這顯示，即使受到歐美文化與社會變遷的影響，傳統重視關係的價值仍舊干擾華人地區金融體系與法制的現代化。Wong 與 Kong（2017）以民族誌的研究方法驗證大陸改革開放四十年後，私營企業專業經理人的價值觀念、思考與行為是否仍舊受到傳統華人價值觀念的影響？他們發現在自我有關的假設部分最重要的指導價值是「家庭是成功的核心」，個人的自我包含家庭，因此管理人重視維持與員工家人的關係，透過關懷家庭來鼓勵個人效忠組織。管理層次上重視「知變通，不拘泥於規範」，重視「前輩智慧與威權管理」。在組織方面，重視「維持秩序與和諧」。上述研究顯示大陸地區經理人在自我，管理與組織三個層次有關的人性假設，仍深受傳統孝道、中庸與和諧價值觀念的影響。

　　各文化對價值偏好的差異性，也可能造成社會科學在移植到不同文化時，應用上的成敗，Ho（1985）在討論心理學教育尤其是臨床心理學教育移植到香港發生的問題時，指出建立於個人主義（individualism）的西方心理學與臨床心理學，與傳統中國文化中的道德威權取向（moral-authoritarian orientation）的文化價值相衝突，價值會影響對健康的定義與治療型態的抉擇及成敗。例如人本學派主張心理健全的重要特色是自立（self-reliant），視依賴機構為失敗象徵。中國文化則重視集體福祉，個體依賴支持系統是合理可接受的。但在西方學術訓練中，接受西方價值的臨床心理師，往往忽略了隱含在診斷與治療理論中的文化價值可能干擾他們在診斷與治療方式上的選擇。Quek 與 Storm（2012）根據多年在美國、中國大陸、臺灣、香港與新加坡職場督導培訓華人下屬的經驗，便發現倫理尊卑、孝順服從、面子與社會和諧等價值仍深深影響職場中，華人督導與被督導者之間互動與關係。例如：華人屬下會自動遵守倫理尊卑，維持和諧與顧及督導的面子，不願意揭露對督導行為的真正感受。他們指出跨文化領導者需要理解華人價值如何影響屬下與他的互動，並建立文化契合的模式，以促進真誠溝通。

　　其他社會科學的研究也顯示價值體系會因文化情境之不同而有不同的

內涵與排序，例如余英時（1996）在研究中國近世宗教倫理對明清商業行為發展一文中指出 Weber（1930）在研究新教倫理對資本主義的影響時，以其他宗教與思想（如儒家）中所包含的倫理價值為比較對象以了解新教倫理與儒家倫理對商業行為的影響。而同樣的他也經由與西方社會價值觀的比較，了解儒、禪、道等思想中蘊涵的傳統價值對社會結構與人們行為的影響。余英時指出「人文現象和自然現象不能等量其觀。……在比較歷史和文化環境之際，又不能不特別注意其相異之處」（頁 65）。本土心理學也正是要探索文化間價值異同帶來的行為異同。

二 價值觀實徵研究的主要概念與理論

（一）價值實徵研究中隱含的客觀假設

　　二十世紀初期心理學的其他社會科學受到實徵主義的影響，使研究者傾向於接受客觀論的取向，因為主觀論者不認為有一套獨立於評價者之外的價值，使研究者難以「客觀」的研究價值。接受客觀論的觀點的研究者假設（或未察覺自己有此假設）個體持有一套價值體系，研究者的職責便是去描述這些價值體系的內涵與建構價值量表。例如 Schwartz 與 Bilsky（1987）及 Schwartz（1992）自演化論的角度說明，為何他們認為有跨情境的普世（universal）價值的存在。他們認為在適應環境時，個體需面對生理需求，人際合作的社會互動與社會機構為群體存活所做的限制，這三種必然存在的共同要求；因此會發展出反映個體、社會或同時來自二者的要求的普世價值體系。李柏英（1996）指出從 Schwartz 與 Bilksy 的觀點，可以看出個體在適應社會與生理情境過程中會對特定的情境產生某種偏好結構，這種價值偏好向度是穩定的，並且可以作客觀描述的；換言之，有穩定、普世性（universal）且客觀存在的價值存在。

　　由於相信有客觀的價值存在，研究者在進行研究時會刻意要求自我保持類似自然科學研究者的客觀態度。Rokeach 便強調「研究價值必須保持價值中立（value-free approach），亦即任何獨立研究者皆可以重複驗證其

他人的實證發現，不論研究者本身持有何種價值。」（Rokeach, 1973, p. 3）。但是跨文化價值觀研究者 Hofstede（1980, p. 20）認爲研究者本身受到文化影響所建立的絕對道德性的價值體系「會影響他（她）如何觀察、描述、分類、理解與預測實在世界」。因此研究者在進行研究與發表研究成果時，必須清楚描述其本身的價值體系，使其他研究者得以了解研究者的價值是否會影響他所觀察描述的事實。

（二）價值的分類與定義

1. 分類

　　Rescher（1969，引自簡茂發等人，1984，頁 17）提出價值分類的六種方式：（一）按使用價值主體的指認者（subscriber）分類，包含個人價值（personal value）與團體價值（group value）；（二）按評價對象（object of valuing）分類，例如對事物價值（thing values）、個別價值（individual values）等；（三）依據價值的利益（benefit）分類，包括⑴物質與生理價值、⑵經濟價值、⑶道德價值、⑷社會價值、⑸政治價值、⑹審美價值、⑺宗教價值、⑻智性價值、⑼專業價值、⑽情感價值；（四）按價值目的分類，如金錢具有價值是因其可用來交換物體，具有交換價值；（五）依據價值主體與價值利益的關係分類，如自我導向的價值；（六）依據價值本身與其他價值的關係分類，外延層次較低的須依附於其他層次較高的價值之下始有其意義的稱爲工具價值（instrumental value），外延層次較高的，可自爲目的之價值，稱爲內在價值（intrinsic value）或目的價值（end value）。

　　Perry（1926，引自文崇一，1989，頁 3）把價值分爲六類，即認知的、道德的、經濟的、政治的、審美的、宗教的，受他的影響的德國哲學家 Spranger（1928，引自李美枝、楊國樞，1972，頁 327）則將價值分爲六種型態，包括理論的、經濟的、審美的、社會的及宗教的。文崇一（1989）則參照 Perry 的分類，按國人文化特性，將國人的價值分爲六種，即宗教、家庭、經濟、成就、政治、道德。

　　Hofstede（1980, p. 19-20）則將價值研究分為兩類，一類是社會科學取向，研究個體的偏好（desired），在測量時，使用的語句是重要性（important），成功（successful），吸引力（attractive），喜好（preferred）。另一類是自道德論（deontological, ideological）取向，研究社會認為要作（ought, should）的絕對的價值觀，也就是社會讚許（desirable）的價值。Schwartz（1992）則按價值所反應的動機進行分類，因為這兩位學者的研究對近年的包含華人區域在內的跨文化價值研究有重要影響，作者在下文中對這兩位學者的價值分類有較詳細的介紹。價值的分類看來雖然繁雜，在實際測量上，仍以價值的內容分類或工具／目的性分類；測量的是個體的偏好，而非社會認為要作的道德上的必然的價值。

2. 定義

　　李柏英（1996）在回溯價值研究時，將社會科學對價值的定義分為三類，第一類是個體想要的（as what is desired personally），如 Allport（1961, p. 454）定義價值「是個體依其偏好而行的信念」；Morris（1956, p. 13）定義價值是「個體喜歡的美善生活的概念」。第二類是社會要求的（as what ought to desired socially），例如 Scott 定義價值是道德理想，個體對某一特定事物最終極狀態之概念，在任何情況下的絕對的善，每個人都要努力遵奉的一種普遍的「理所當然」（Scott, 1965, p. 15）。第三類是個體或社會偏好的（as what is desirable personally or socially），例如 Rokeach（1973, p. 5）定義價值是「一種持久的信念，該信念是個人或社會相對於對立的表現方式或終極存在目的，對某一特定表現方式或終極存在目的之偏好」。整體而言，上述定義皆包含了兩個因素，其一是價值是一種持久的信念，其次是價值是一種偏好某種狀態的信念。由於 Rokeach 對近二十年來價值的實徵研究有較大的影響，亦有不少研究者以具工具研究華人的價值，而 Schwartz 與 Bilsky（1987）承繼其觀點，並企圖以跨文化的研究策略建立一普遍價值理論，因此在本章中予以較詳盡的介紹。

（三）Rokeach 及 Schwartz 與 Bilsky 的價值概念與研究策略

Rokeach（1973）為了澄清以往價值觀研究者在價值分類上的混淆，區分價值為與行為表現方式（mode of conduct）有關的手段價值（means values）或稱工具價值（instrumental values）；以及與終極目的（end-state of existence）有關的目的價值（end values）或終極價值（terminal values），他又按照價值應用的領域將工具價值分為道德價值（moral values），與能力價值（competence values）；目的價值分為個人性的價值（personal values）與社會性的價值（social values）。

Rokeach（1973, p. 3）對價值及價值系統（value system）有五個假設：⑴ 個體持有的價值數量不多；⑵ 所有的人都存有同樣的價值，只是在程度上不同；⑶ 價值按價值系統組織；⑷ 影響價值的因素包括文化、社會與機構；⑸ 價值的影響會反映在所有的社會科學家可能有興趣研究與了解的現象。Rokeach 的主張顯示他相信價值是普世性的，各文化皆持有類似的且在數量上有限的價值，只是因文化及社經條件使各文化及社會在重視程度（priority）上有所不同。因此他致力於發展一套能比較不同族群文化的價值量表，他在選擇組成量表的 36 個價值項目時的標準，便是要求有「合理的廣度與普遍適用性」（Rokeach, 1973, p. 87）。

早期西方社會科學研究者大多與 Rokeach 持有類似觀念，因此使用西方發展出來的量表，如 Rokeach Value Survey、Protestant Work Ethic Measure，或發展用來比較不同文化的量表，作跨文化比較以找出基本的價值內涵或價值向度的研究蔚為風氣（Feather, 1986; Hofstede, 1980; Schwartz & Bilsky, 1990; Stander & Jensen, 1993）。

其中 Schwartz 與 Bilsky（1987, 1990）及 Schwartz（1992）承繼 Rokeach 的概念，企圖建立具有普世性的價值理論與工具，但是不區分目的或工具價值，他們定義價值是跨情境的概念，分為三個層面：⑴ 目標層面，此部分與 Rokeach 概念不同的是，他們認為同一個價值可以是目的價值，亦可以是手段價值，視其應用情境而定；⑵ 使用對象層面，價值可以是個人取向、集體取向，或兩者兼顧的；⑶ 內容層面，價值內涵

依其動機特性（motivational type）可分為七個領域。Schwartz（1992）根據跨文化實徵研究的結果將價值的內容延伸為十一個領域，並建構基本價值理論（The theory of basic values）。Schwartz 等人的研究策略是根據他們整理出的價值動機領域，蒐集與整合現有的自各文化中發展出的價值量表，包括 Rokeach（1973）的價值量表、Chinese Culture Connection（1987）的華人價值量表（Chinese Value Survey, CVS）、Hoftstede（1980）的工作價值量表等，建構組成 11 個價值類型的 56 個價值選項的價值量表。

　　Schwartz 指出 11 個價值類型是相互對立或互補的，根據價值所反應的動機之間的互補兼容性（compatibilities）或衝突性（conflict）可排成圓形。價值類型排列如下：成就（achievement）與權力（power）重視社會優越與尊嚴動機；成就與享樂（hedonism）強調自我享受（self-indulgence）；享樂與刺激（stimulation）偏好正向喚起的情緒；刺激與自我導向（self-direction）重視內在精熟與開放的滿足；自我導向與普世主義（universalism）重視自我判斷與多樣性的存在。普世主義與慈善（benevolence）重視提升他人與超越自我利益；傳統（tradition）與順從權威（conformity）重視自我約束與順服；順從與安全（security）重視保護秩序與關係和諧；安全與權力重視避免或克服不確定性的威脅及控制關係與資源。Schwartz（1992）以 20 個國家的小學老師與學生為對象驗證上述價值建構，多尺度分析結果大致支持該價值結構，他最後保留了 10 種價值類型。其中，安全、傳統、順從三項價值類型在結構上相鄰；權力與成就相鄰，並與安全、傳統、順從三種價值類型相鄰；自我導向、刺激與享樂三項價值類型相鄰並呈現於成就與權力價值類型的旁側。普世價值與慈善價值類型相鄰與成就與權力價值類型相對。（參考 Borg, Groenen, Jehn, Bilsky, Schwartz, 2011, p. 2, figure 1）Borg 等人的研究支持上述基本價值向度可以用於組織與個人契合度的測量。

　　不過 Schwartz（1992, p. 47）也認為並沒有「任何一個單一價值結構是真正的具普世性的」，他們研究中發現的共同結構適用於該研究中多數的文化，但是他們也發現中國大陸的三個樣本有其特殊價值結構；同為華人，香港、臺灣與廣州的華人價值結構則與其他文化的共同結構類似。

（四）價值與文化脈絡之關係的實徵研究

　　前面提及價值是普世的或具有文化特殊性的議題？探討價值是否有文化特殊性包含三層意義，⑴在價值內容上，不同文化是否有其特殊的為其他文化所沒有的價值？⑵價值的結構，各文化重視的核心價值及不重視的邊緣價值的分布與階層體系是否不同？⑶因使用價值的對象（interests that values serve），是社會或是個體時，人們是否會重視不同的價值？

　　Rokeach（1973, p. 3）認為某些價值是普遍存在各文化的；Schwartz與Bilsky（1990, p. 878）雖然企圖建立泛文化的價值心理結構理論，但他們對價值如何形成的假設隱含著文化特殊性的觀點，亦即雖然有些價值可能是泛文化的，但也可能因文化之差異而產生不同的價值。Schwartz與Bilsky對價值形成的假設如下：

　　個體與社會面對生理、人際互動與團體福祉與生存的要求時的認知反映（represented cognitively）。在社會化過程中，個體經由社會化與認知發展學習將該需求以目標或價值形式表達；並以文化中共同的名詞來描述這些目標與價值，並賦予不同程度的重要性。（Schwartz & Bilsky, 1990, p. 878）

　　由於生活情境（如工商或農業）、文化規範與社會化之不同，不同文化中個人持有的價值體系的內涵（content）結構（structure）皆可能不同。Schwartz與Bilsky（1987, 1990）針對澳洲、芬蘭、香港、西班牙與美國五個國家的受試以Rokeach的價值量表進行分析，發現除了香港之外，其他四個國家的價值的動力結構相類似。由於在價值動力領域的內容（motivational domains: content）方面，受測的五個國家的受試對36項價值的反應可以分為成就、享受、成熟、利他、自制與從眾、安全、自我導向等七個相同的領域，因此他們認為這七個動力領域是具有文化普世性的，不過他們發現在香港的資料分析中，必須增添4個價值項目

組成「權力」領域。另外，在這幾個文化中，根據他們的理論預測會互相對立（opposite）與互補（compatible）的價值領域皆符合預期，只有香港與眾不同。主要的差異來自香港受試在認知上覺得「自制與從眾」（restrictive conformity）領域的價值與「成熟」（maturity）領域的價值及「自我導向」（self-direction）領域的價值是互補的。在其他國家中，「自制與從眾」與「自我導向」是衝突的。對香港人而言，自我節制與從眾及開放接納自我與世界，以及獨立思考行動的價值是互補的，Schwartz 與 Bilsky 將此差異歸因於儒家思想中，強調訓練自我成熟達成智慧境界，必須依賴自我節制與社會和諧有關。Schwartz（1992）以其編制的 56 題量表在 20 個國家 40 個樣本施測，發現大陸的三個樣本中，除了權力、成就、享樂主義、刺激、自我導向與其他文化的樣本相同，其他領域的價值可以分為三類群，分別是社會和諧（societal harmony）、人際美德行為（virtuous interpersonal behavior）及個人與人際和諧（personal and interpersonal harmony），他並引述 Zhi-gang（1990）的解釋，推論社會和諧來自道家思想，人際美德來自儒家和諧，個人及人際和諧來自佛家思想。上述研究顯示雖然各文化有共同重視的價值內涵，但是價值的內涵與結構皆可能因文化之不同而有其特殊性存在（Schwartz & Bilsky, 1990, p. 889）。Schwartz（1992）在 20 個國家的調查也顯示被歸類為社群取向（communal）的臺灣教師樣本在安全、傳統、順從三項價值類型分數高於合約取向（contractual）的紐西蘭，二者在安全價值類型上的重視度差距最大；紐西蘭教師則在自我導向、刺激、享樂與慈善上高於臺灣。Schwartz 指出除了慈善向度的差異不符合社會結構規範的影響，以及代表社群社會的臺灣在安全價值而非順從價值類型的重視度最高之外，其他都符合研究的預測。

華裔心理學者 Jeanne Tsai 與她的同事的研究顯示不同文化偏好的理想情緒表達狀態不同，歐裔美國人比來自香港與華裔的美國人偏好高激動的正向情緒（high-arousal positive states），例如：興奮；相對的，華人比歐裔美國人偏好低激動的正向情緒如平靜（Tsai et al., 2006）。她們也發現跨文化之間與特定文化之內，個人對理想情緒的偏好會受

到他要達成人際關係的目標的價值的影響。當個人或某文化重視的目的是影響他人（主張自我的需求與改變他人行為達成需求），會偏好高激動的正向情緒甚於低激動的正向情緒。但是，當個人或文化重視的目的是迎合他人（壓抑自我需求，改變行為配合他人需求），對高激動的正向情緒的重視會低於低激動的正向情緒。她們回溯研究也發現歐美文化比亞洲文化重視影響他人，亞洲文化則相對的比較重視迎合他人（Tsai et al., 2007）。上述研究顯示文化與個人重視的理想情緒與表露情緒要達成的目的有關係，而後者牽涉到個人與文化重視何種價值。

Tamir 等人（2016）指出價值反應人們想要如何體驗周遭的事物，情緒則反應了人們實際體驗周遭事物的狀態。人們對某種情緒的偏好（the desirability of emotions）來自該情緒能否推動或者達成某個目標的有效程度。個人價值則反應了對目標的優先順序偏好。因此，他們推論不同文化中，人們偏好的情緒與其重視的價值之間有一致性。Tamir 等人根據 Schwartz 的基本價值理論作出兩項推論：價值之間的結構有跨文化的一致性，以及個人在偏好達成目標有關的情緒具有普世性（Schwartz, 1992; Schwartz et al., 2012），各文化偏好的情緒與相對應的價值之間的關聯組型有跨文化的一致性。

Tamir 等人將 Schwartz 的價值類型，化約為四類高階的價值類別。⑴ 自我超越（self-transcendence），反應與他人連結與超越自我的自利需求的價值，包含普世主義與慈善價值；⑵ 自我提升價值（self-enhancement）：這類價值反應提升自我興趣（self-interest）的動機，包含成就與權力；⑶ 對變遷開放（openness to change），反應探索發現與追求新奇的動機。包含自我導向、刺激與享樂；⑷ 保守性（conservation）與保持現狀動機有關，包含安全、傳統、順從、謙遜（humility）與面子（face）（Schwartz et al., 2012）。他們請包含中國與新加坡在內的八個國家的研究參與者填寫 Schwartz 等人（2012）編定的 PVQ-R 價值量表（Portrait Values Questionnaire-Revised）與情緒偏好問卷。研究結果顯示自我超越價值與同理及熱情有關，自我提升價值與憤怒（anger）及榮譽（pride）有關，開放性價值與有興趣（interest）及興奮（excitement）有

關，重視保守價值者偏好平靜（calmness）與不偏好恐懼（fear）。研究結果支持價值除引導行為之外，也引導人們偏好的情緒狀態。參考上述的研究，我們可以推論文化型塑個人偏好的價值（如支配或迎合他人），價值則影響文化中個體偏好的理想情緒狀態。

　　黃光國（1993，頁 142-145）則自文化角度論證 Rokeach 的目的與手段價值分類反映的是西方文化中追求的終極目的與達成目的的手段。例如 Rokeach（1973）編製的 Rokeach Value Survey 中的宗教心靈、智慧、知識、平等、美的世界等價值都被當作終極目的價值，其中宗教價值反映西方社會受到基督教文明的影響。Bond 等人根據華人社會科學家列舉出的價值名詞及傳統的文化價值觀念彙整編製的「華人價值觀量表」，以 22 個文化的受試為對象的因素分析結果得到重視社會穩定的「整合」（Integration），反映儒家教導的「儒家工作動力」（Confucian Work Dynamism）、關懷熱情的「仁心」（Human Heartedness），與重視自我控制的「道德教化」（Moral Discipline）四個因素，其中並不包含宗教和真、善、美等價值（The Chinese Culture Connection, 1987）。華人價值觀量表與 Hofstede（1980）的工作價值的比較研究顯示四個因素中有三個與 Hofstede（1980）的量表中的四個向度有高相關，只有儒家工作動力價值因素與 Hofstede 的工作價值量表各因素完全無關。跨文化的研究顯示，臺灣、香港、日本、南韓與新加坡五個深受儒家文化影響的國家，皆在此向度上得分甚高（The Chinese Culture Connection, 1987, p. 154）。

　　Hofstede 用他的工作價值量表與 Bond 以單一儒家文化地區發展出的華人價值量表在測量不同文化國家之後，得出部分相同的價值建構，顯示某些價值可能是普遍存在於各文化的，但獨特因素的存在也顯示各文化可能有文化特殊性的價值觀。Hofstede（1980, p. 16）對此提出解說，他認為人們的心智運作（mental programming）可分為普世性（universal）集體性（collective）與個人（individual）三個層次。普世性反映出人類共有的生理心理機制。集體性則為某些人而非所有人共有的，經由學習而產生的，主觀文化便屬於此一層次。個體層次則為遺傳與學習互動之結果。個體所持有之價值可能來自人類共同之生理基礎與環境要求的普世性價值，

但亦有自其所屬文化學習而得之文化特殊性價值，以及個體本身特性與學習經驗互動而產生之個人價值。

三　近代心理學及社會科學有關華人價值觀的研究

　　本文作者自中英文期刊索引蒐集自 1950 年代起發表於期刊或專書上的有關華人價值觀的實徵研究，依照研究者使用之研究策略工具與方法，這些研究約可分為下列三種類型：

（一）以西方價值量表為主的研究

　　第一種類型是翻譯修訂歐美價值觀問卷，通常是在語句上修訂成符合該地區語言習慣，而後以華人為主修訂常模，或比較華人與其他文化區域民眾的價值觀。例如早年 Morris（1948，見 Morriis, 1956）以其編製的生活方式問卷（Ways of Live Questionnaire）在中國大陸各省施測男女大中學生對 13 種生活方式的觀念，並以之與美、加、印、日及挪威等國大學生比較（Morris 引自楊國樞，1988a，頁 270）。楊國樞亦於 1964 到 1965 年間以 Morris（1956）的量表測量在臺灣大學生的人生觀與價值取向（楊國樞，1972）。楊國樞（1988b）並於二十年後以該量表再度施測大學生，並作變遷比較。

　　本文作者經由華藝線上圖書館搜索臺灣地區在 2020 年之前的價值觀研究，發現臺灣學者仍偏好使用翻譯自西方的價值量表，或者依據這些量表，按研究群體特性略做語詞修改。例如 Allport 等人（1960）用來測量德國哲學家 Spranger（1928，引自李美枝、楊國樞，1972）區分的理論、政治、經濟、審美、社會及宗教價值觀念的價值量表（The study of Value）被臺灣地區的研究者使用（李美枝、楊國樞，1972；雷霆、楊國樞，1986；Rodd, 1959；黃惠惠、蔡麗珍，2010）；Rokeach（1973）的 Rokeach Value Survey 被多人翻譯修訂後使用（簡茂發等人，1984；李晉豪，2012；章宏智、程瑞福，2012）。許于仁等人則使用 Schwartz 的量表。另外，以特定情境如工作領域有關的 Super（1970）的工作價值量表

（Super's Work Value Inventory）也被國內研究者使用（李秀嬌、曹國雄，1987；陳英豪等人，1987；林惠彥等人，2011）。

這些研究的共同問題正如前面所述的，是自西方學者建構的觀點來看本土社會中個體的行為，因此，雖然表面上建立了本土常模或發現文化上的差異，但欠缺建基在本土社會與文化上的理論，研究成果便顯得零散或不易解釋。以在輔導界被廣泛運用的 Super 的工作價值量表為例，此量表產生自個人取向文化，因此重視的價值是個體的滿足，然而本文作者在訪談臺灣地區中產階級的工作者時，發現多數人工作目的價值除了個人成長外，主要是以群體（尤其是家庭）平安和諧為目的，其工作手段價值中除了重視能力與理性外，以修身處世的謙和寬容、忠信為主（王叢桂，1992，頁 36）。這些以群體為重發展出的工作價值大部分未包括在 Super 的價值量表之中。

不過這類型研究的成果也提供了本土研究者思考本土價值變遷的線索。例如李美枝、楊國樞（1972）研究結果顯示臺灣的大學生在價值觀上與美國大學生有部分不同，在各世代間亦有所變化，但某些價值觀仍繼續保留。雷霆、楊國樞（1986）以 Allport 等人（1960）的價值研究問卷測量中美大學生，顯示中國學生對宗教價值的追求遠不如美國學生，也是六種價值中排序最低的一種，二十年後的調查結果也顯示相對於其他價值，國內大學生對宗教價值的重視仍屬於六種價值之末。此項發現與前文所述的 The Chinese Culture Connection 實徵分析國人價值中未包含宗教價值的結果類同，顯示國人不重視宗教價值。文崇一（1989）研究國人價值時，便指出「國人的宗教價值，自古以來，大致仍然停留在功利的階段」（頁 3）與西方對宗教價值的重視有相當大的差距。

使用西方價值量表的研究背後所隱含的假設是這些測驗所測量的價值內容具有普世性，因此西方發展出來的價值量表，經過翻譯修訂歷程後，便可用來測量與比較不同文化地區居民的價值。然而這類型的研究存在著前面所說的文化特殊性的問題。楊中芳（1993，頁 337-341）指出，心理學家研究的價值主要是個人價值，價值被視為「一種個人的心理情性（disposition）」（頁 338）。然而個人價值受文化價值的影響，楊中芳

引述 Smith（1969）的觀念「根據心理動力學的理論，將個人價值中受文化影響的部分分爲兩部分。一部分構成個人的『超自我』（亦即『不照著去作，會感到內疚的選擇標準』）；另一部分是個人通過自我習得及思慮的過程，而發展出來的個人價值。」（頁 340）

　　換言之，個體的價值體系主要包含經由社會化與受社會制度影響的文化價值及個人習得的文化價值部分，以及來自個人獨特經驗的個人價值部分。雖然西方外來文化與現代社經結構對於華人生活環境有一定的影響與衝擊，但傳統文化仍有其影響存在（文崇一，1989，頁 4-5；Brindley, 1989），只透過語言的翻譯來修訂國外的價值問卷可能無法測量到文化獨特的部分，不能做到楊國樞（1997）建議的心理學研究須注意的本土契合性，亦即「研究者的研究活動及研究成果與被研究者的心理及行爲等之間的相應性、配合性及調和性。」（頁 85）

（二）跨文化比較型的研究

　　第二種類型的價值研究是自跨文化的角度出發，企圖找出能夠比較排列各個文化的價值基本向度。典型的代表是 Hofstede（1980）以 40 個國家超過十萬名的跨國企業員工爲對象的工作價值基本向度分析，他以文化爲分析單位，用生態因素分析，找出四個價值基本向度，第一個是低階層願接受階層間權力差距的「權力距離」（power distance）向度，第二個是對不確定性威脅的感受程度，以及發展出信念與組織以避免不確定感的「避免不確定性」（uncertainty avoidance）向度，第三個是重視個體主義或集體主義的「個人主義」（individualism）向度，第四個是組織重視男性化價值目標（成功、金錢、物質）或女性化價值目標（關懷他人、生活品質）的「男性化」（masculinity）向度。Hofstede（1980, p. 212）認爲這四個向度符合 Kluckhohn（1962）的文化普世性類別（universal categories of cultures）的標準，亦即這些向度是可驗證的、互相獨立的，並且各文化可以在這些向度上作排序比較的。

　　各個國家在各向度上的指標分數，代表該國對該價值取向的重視程度。臺灣在權力距離的指標得分（PDI）是 58 分，新加坡是 74 分，香港

是 68 分，皆較平均數 51 分爲高，代表華人員工比一般國家員工接受上下間的權力差距。臺灣在不確定感指標（UAI）得分爲 69 分，高於平均分數的 64 分，但香港只有 29 分，新加坡則爲最低的 8 分；顯示雖然都是華人，但可能因爲制度規章（香港、新加坡是英式公務員制度）的影響而有不同，臺灣員工較不能忍受不確定感。亦即臺灣員工較星、港兩地員工不敢於冒險，較重視忠誠，偏好大的組織勝過小的組織，較不能接受外國人擔任經理，較抗拒改變，對公司發展動力較悲觀，但工作滿意度較高。

在個人主義指標上（IDV），臺灣得分是 17 分，新加坡是 20 分，香港是 25 分，平均值爲 51 分，顯示這三個華人社會相對其他社會而言，在組織中較不重視個人主義，亦即較順從組織的要求。Hofstede 以 PDI 爲縱軸，IDV 爲橫軸，將四十個國家按二度空間分布；臺灣、香港、新加坡三個華人地區皆在高權力距離與低個人主義的向度，且距離相近，顯示三個華人區域皆重視與接受上下尊卑與集體取向（Hofstede, 1980, p. 159）。

男性化指標（MAS）高分代表國家內組織較重視男性化目標亦即升遷、收入、訓練等價值，低分則代表較重女性化價值，如工作氣氛、人際關係等，在這個向度上整體平均分數是 51 分，香港得分是 57 分，新加坡是 48 分，臺灣是 45 分。在控制女性員工分數後，香港是 61 分，新加坡是 52 分，臺灣是 38 分，顯示香港與新加坡與臺灣在此向度上有差異，這可能是香港、新加坡這兩個以商業爲主的城邦較重現實與功利之故。Hofstede（1980）的研究結果可以看出華人價值中有受共同文化影響的部分，但城市制度也使臺、港、星三處的華人有不同價值取向。

Hoftede（2001）在 *Culture's Consequences: Comparing Values, Behaviors, Institutions, and Organizations Across Nations* 第二版中自省在進行 1980 出版的研究時，研究團隊的領導是西方人，東方屬下基於和諧與尊卑價值，不願意質疑上位者或是其他團隊成員，因此雖然研究團隊中包含了各文化的員工，但結果仍是西方心智的產物，於是造成「西方與非西方的員工回答的都是西方的問題」（Hofstede, 2001, p. 352）。Hoftede 參考 Bond 等人編制的華人價值量表的儒家工作動力價值觀，發展出比較文化的第五項價值向度：長期或短期取向（Long Term versus Short Term

Orientation）。「長期取向（LTO）價值代表重視培育得到未來酬賞的相關美德，包含堅持不懈（persistence）與節儉（thrift）。相對應的短期取向（STO）價值則包含不重視培育與過去或當下有關的美德如傳統、面子與盡到社會責任。」（Hofstede, 2001, p. 359）

　　根據 Bond 的華人價值量表調查資料，22 個國家在 LTO 的排序上前五名依序是中國、香港、臺灣、日本、南韓；新加坡排名第九（Hofstede, 2001, p. 356）。重視 LTO 的文化或國家的學童數學學業成就較高，國家儲蓄較高，公司重視長期成長，投資者重視房地產與家族企業，貧窮國家的經濟成長比較快（Hofstede, 2015）。韓國製造業者供應鏈成員持有 LTO 價值者偏好依賴雙方對合作角色與責任相互理解的彈性合約（soft contract），這讓他們可以擁有更有效與彈性的運作（Ryu, 2015）。美國佛羅里達洲移民學童學業表現分析也顯示，來自 LTO 文化的移民學童的學習表現、行為紀律與高中畢業比率比非 LTO 文化的學童為佳（Figlio et al., 2016）。

　　Schwartz 與 Bilsky（1987, 1990）及 Schwartz（1992）的跨文化研究與 Hofstede（1980）的研究最大的差異在於，他們是以文化中個人為單位，以同一類型的研究工具，在各個文化之內分析其價值結構，而後比較各個文化結構，以了解各文化是否有共同或相異的價值結構。Hofstede 的研究是先找出文化間可以有其同可比較的向度，再以文化區域或國家為分析單位，企圖找出各個文化區域在價值向度上的差異。這類型研究的共同問題之一在於研究者認為不同文化的受試對同樣的問卷題目會有相同的解讀。這種假設對有較具體的事物或議題的態度問卷可能不發生問題，但是對抽象的價值題目，便可能會因各文化人們對同一抽象價值的詮釋不同而有不同反應。其次是此類泛文化比較未能包含地區文化的核心價值。或者某些核心價值只有在特定脈絡（context）中進行決策或行為選擇才能顯現其意義，例如孝順在華人的生涯及婚姻領域可能仍有重大影響，抽離脈絡之後不易顯現其意義。泛文化比較是提供跨情境的抽象脈絡，例如 Schwartz（1992）用「××是我人生的指引原則」，答題者是在脫離具體生活脈絡中思考個人的價值觀念。

（三）本土取向，具文化特色的研究

　　第三種類型的華人價值研究取向是自本土社會的社會行為現象進行觀察，研究方法包含訪談與文獻內容分析及訪談，以建立包含文化特殊性價值的量表，並描述符合文化背景的價值結構與形成理論。

1. 文獻與概念分析研究

　　文崇一（1989）分析國人價值觀的形成時，有如下的假設：「價值觀、國民性、文化環境和歷史傳統間存在著不可分割的關係。依照這種相互關係，假定文化環境和歷史傳統是兩個獨立的發生影響的因素，塑造了國民性和價值觀，而後者又可能互為影響。」（頁 5）。經由歷史傳統與文化環境分析，文崇一（1989，頁 32-33）將國人價值觀分為三種類型：(1) 對自然與人生的價值觀：包括雖長期活於貧困之中，仍然「樂觀」，有「創造力」，但「順應環境和服從權威」；(2) 對社會與人群的價值觀：包括「認同血緣和地緣的群體意識」，把社會、政治、經濟的活動視為群體的一部分；(3) 對倫理與宗教的價值觀：國人的倫理與宗教有高一致性與重疊現象，主要是「仁」、「孝」。另外國人在價值表現上實用性和功能性十分強烈，尤其是宗教價值一直為功能取向左右。文崇一（1989，頁 156），並自認知（cognitive）、評價（appreciative）和道德（moral）三個類別，根據經典文獻分析，將國人的價值取向與國民性的關係分析如圖 8-1。

　　文崇一認為「價值取向與國民性之間有時候無法截然劃分，某一種價值取向也往往就是某一種國民性格」（頁 154）；例如權威價值取向與權威性格，而勤勞節儉與重農的特殊價值有密切關係，保守、順從、忍耐與重功名價值取向有關；謙讓謹慎與道德價值取向有關。

　　Brindley（1989）在 1987 年訪問能反映社會價值之變遷與現代化影響的 45 位受訪者與各類出版資訊與訪談結果，發現國人的價值是傳統與現代並行的。Brindley（1989，頁 114-115）將仍舊影響國人的傳統價值分為五類，第一類與人倫關係有關的（human relationship）價值包含仁、人情、關係、面子等。這類價值使中國人重視關係與階級輩分，並發展出相

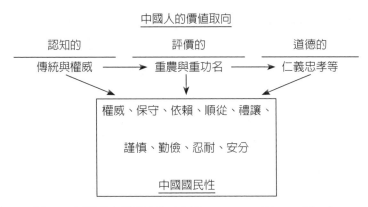

圖8-1　價值取向與國民性（文崇一，1989，頁156，圖20）

對應的行為法則。但缺乏與關係以外的人相處的價值準則，也使中國人忽視公共秩序與漠視「非自己人」的權利。第二類是「道」或者說是道德（morality）或自律（self-rectification），其中包含仁（jen）、義（yi）、禮（li）、恕（Shu）（reciprocity），及中庸（harmony or the doctrine of the mean）。這五種價值導引中國人重視自律與勤苦、努力工作或向學，並遵守忠、義、互惠與報答等工作倫理規範。第三類價值是家庭關係中的孝（family piety）包含尊重父母、維持家庭和諧、祭祖、傳嗣等價值。孝是使中國家庭延續的重要價值，而家庭成員間的聯繫，有助於其他價值的維繫。第四類價值是權威主義（authoritarianism），相信長者、高位者、菁英分子的統治權力，服從權威、強調階級與地位。雖然，隨著經濟發展與家庭結構變遷，個體對權威服從傾向已減弱。Brindley（1989，頁111-112）指出臺灣的家庭、學校、機關與政府機構的各類管理與儀式行為仍傾向於保持此種權威主義。第五類價值是實際（practicality）、生存（survival）與物質主義（materialism），長期的艱困生活使中國人養成非常重視有用（utilitarian）、實際（pragmatic）、現實（realistic）與情境取向（situation oriented），或者是說見風轉舵的機變性格；而國人對「利」有敏銳的察覺力（money conscious），造成國人節儉（thrifty, frugal）、儲蓄（saving）、重豐饒（resourceful）與善保存事物（conserving）的特性。最重要的是重視生存與實際，使中國人能適應環境壓力，同時也使國

人相當能包容（inclusive）不同理想與價值觀念。重實際的價值與孔子重
視教育的價值相結合，也使改善生活成爲教育的目標。

　　Brindley（1990，頁 1）將臺灣現代化價值按其影響來源分爲四
類，分別是科學（science）、功能主義（functionalism）、物質主義
（materialism）與個人主義的獨立自主（independence）。重視科學化的
思考與組織的方式，使人們更容忍開放地接受新意見，由於講求客觀證
據，也使人們重視民主與效率。功能主義的盛行，使人民重視事情的實際
結果，而不是其道德意義；功能主義更與傳統價值中重視實際與生存的
價值相結合，使人們重視用處（utility）、工具性（instrumentality）與效
率（efficiency）等手段價值，但卻不重視行爲的道德與人文意義等目的價
值。美式文化帶來物質主義、追求物質享樂，使人們逐漸忽視傳統價值中
重視成爲君子的自我約束的手段價值，與服務社會、促進國家發展等群
體取向的道德性工作目標價值，轉而注重偏向個人享樂的目的。由楊國
樞（1988）的研究中可以看出愈年輕的大學生此種享樂傾向愈強。物質
主義的另一影響是使年輕一代選擇輕鬆的方式過自己要過的生活，並且追
求快樂與成功的捷徑。物質主義帶來的另一項影響是追尋新與改變的價值
（desire for change），社會富裕、選擇性多的城市生活會使年輕一代更傾
向於求新、求變，要求更好的，而不再重視守成、穩健與保守等價值。

　　Brindley（1990）認爲國人一方面受到西方個人主義中強調獨立自主
（independence）的影響，另一方面人們仍重視傳統家庭與人際關係；因
此發展出華人個人主義（Chinese individualism）。現代國人重視自我感受
與感覺，但是個人自我仍是與他的人際關係網絡，尤其是家庭網絡相連結
的，因此雖然年輕世代更重視個人成就與否定權威，但他們仍然重視自我
認同的群體的意見與規範。

2. 建構華人價值量表與理論模式的研究

　　在實徵價值量表方面 Bond 等人企圖建立能測量華人特殊價值的量
表，以之與其他文化中價值量表比較，其目的仍在作泛文化的比較。
Bond（1988）將華人價值量表（CVS）與 Rokeach 的價值量表（RVS）以

21 個文化的個人資料進行分析比較。CVS 包括 2 個因素，第一個因素命名為社會整合或文化內附（Social Integration vs. Cultural Inwardness）；其中正負載項目為促進群體整合的價值觀；負負載項目為對家庭本族文化忠誠的價值觀。CVS 第二個因素是名譽或社會道德（Reputation vs. Social Morality），在此因素上高負載的價值皆與個人社會地位有關。Bond 用 Ng 等人（1982）的跨文化 RVS 資料進行分析得到四個因素，分別命名為 ⑴ 勝任／安全 ⑵ 個人道德／成功 ⑶ 社會信賴／美麗 ⑷ 政治和諧／個人社交性。而使用 CVS 及 RVS 共同重疊的 7 個文化的受試數據相關分析結果發現「名譽／社會道德」與「社會信賴／美麗」有極高負相關（r = -.99），可視為共同因素。由於上述向度皆是自異質性高的各文化團體的個人分數的因素分析中導出，Bond 認為這兩個量表共測到五個可以用來衡鑑比較各文化中個體的價值向度（five etic dimensions of values），而 CVS 的「社會整合／文化內附」因素為 RVS 所無，亦為西方社會所易忽略的價值。他並建議未來可以建立這些因素與各文化中個體表現指標關鍵性的效度研究。例如他發現 CVS 的「社會整合／文化內附」因素與 21 個文化 1984 年的 GNP 有正相關，而過去 20 年的經濟成長則與「名譽／社會道德」因素有負相關。

　　Ralston 等人（1992）以 CVS 比較美國、香港、中國大陸三地管理者的價值觀；他們預測香港同時受東西方文化影響，在多項價值向度上應介於美、中之間，結果支持大部分假設，除了在道德教化向度上沒有差異外，香港在「仁心」與「儒家工作動力」上皆介於美、中之間，中國經理得分最高，顯示中國經理較重視傳統，重秩序、自律、堅毅，以及維持工作中和諧關係。但在「整合」向度上，中國經理分數低於美國，作者推論這可能是文革等政治運動摧毀家族與家庭的後果。Ralston 等人推論社會變遷確實影響價值變遷，不過 CVS 是建立在香港等地的社會科學工作者所提供的華人價值觀概念之上，是否能反應華人生活領域中運用的價值，仍值得存疑。

　　另一種研究型態是依照華人文化特性建立華人價值演變的模式之後，經由訪談資料與量表建構的實徵程序編製華人價值量表。黃光國

（1995）指出早年西方學者如 Weber（1951）、M. C. Wright（1957）、A. F. Wright（1962）與 J. R. Levenson（1958/1965）皆認爲儒家倫理或儒家的行爲模式是與現代化條件衝突的。民初國人知識分子在五四運動之後更強烈的反對傳統文化與價值。然而 1970 年代之後東亞儒家文化圈的經濟成長，使國外學者開始提出另一項觀點，如 Kahn（1979）便認爲東亞人民善於組織能獲得經濟上成功，是因爲他們具有源自儒家文化的特質，如家庭社會化過程重視自制、教育、學習技藝、重視工作與家庭及個人義務；協助群體；重視階層與人際互補性等。其後學者也提出後儒家假說（如 MacFarquhar, 1980）及「兩型現代化」（Berger, 1983）等概念，肯定儒家倫理在工業化時代的功能，黃光國則企圖自儒家思想的結構與 Rokeach（1973）的價值體系分類，說明爲何儒家倫理會由阻力成爲助力。他指出：

> 在東亞社會現代化過程中，其價值變遷的方向，應當展現在下列幾條軸線上：第一，在「手段價值」方面，知識分子會將「以道修身」的方向轉向「能力價值」，用「好學、力行、知恥」的方法來學習源自西方的各種知識體系；第二，在「目的價值」方面，由於個人「能力價值」提升，個人將不再像傳統知識分子那樣，只致力於學習「道德價值」，而隨著個人能力的增強，以自我爲中心的「個人性價值」也會逐漸提升；第三，在「社會性價值」方面，由於「個人性價值」的提升，傳統儒家強調下對上的順從關係會逐漸減弱（黃光國，1992）。然而，由於儒家的生命觀認爲：家庭是個人生命的來源，個人仍然會將情感寄託在家庭之上，並重視以感情爲基礎的各種家庭價值。在家庭之外，由於個人有愈來愈多的機會和不屬於傳統五倫的其他人以工具性關係交往，他不僅要學會源自西方的平權式人際價值觀，而且可能運用傳統中不蘊涵有下對上關係的人際價值來處理日益複雜的人際關係。（引自黃光國，1995，頁 291）

黃氏認爲儒家思想中的仁、道、修身及濟世，做爲東西方社會主要價值概念，可以使科技與知識的追求合理化與神聖化，從而有益於家庭、團體、社會、國家。黃光國也同時指出以西方學者的理論及工具套用在國

人身上看價值變遷時，無法看到國人價值觀的變遷，因此他根據呂俊甫編製的量表以及 Brindley 的觀察結論，編製了一份 63 題的價值量表，以臺大學生及公民營企業員工爲對象進行實徵研究，主要研究結果顯示「『傳統價值觀』和『現代價值觀』在知識菁英的認知系統裡，已融合成一種嶄新的價值系統，可以指引受試者在其不同生活範疇中的行動」（黃光國，1995，頁 332）。

　　第三種實徵研究方向，是針對本土社會的特定社會變遷現象中某個生活領域或主題，如工作、家庭、組織進行本土化價值量表的研究，經由訪談工作者、家庭或組織成員，由上而下蒐集訪談資料，建立量表；其中尤以組織及工作價值量表的編製工作受到重視。這些研究部分起源於驗證儒家價值是否如 Kahn（1979），Redding 與 Wong（1986）所主張的是經濟發展的動力；部分原因是實務界有測量工具的需求。

　　楊國樞、鄭伯壎（1987）爲驗證後儒家假設中儒家倫理與組織行爲的關係，他們編製了「傳統價值觀量表」，用以測量「家族主義」、「謙讓守分」、「面子關係」、「團結和諧」及「克難刻苦」五組儒家化傳統價值觀念。上述五個儒家價值變項與組織投注中的「組織認同」、「留職意願」及工作績效中的「工作表現」與「守規盡職」皆爲正相關。鄭伯壎（1990）以臺灣中小企業組織爲研究對象，經由組織中核心成員對組織文化價值的認識，編製了具有建構與預測效度的組織文化價值觀。組織文化價值是組織爲了處理外部適應與內部整合的問題中發展出來的，只要組織存在一段時間就會發展出一套特定的組織文化價值，因此該套價值系統應該相當能反應本土社會的文化特性。鄭伯壎、郭建志（1993）以企業員工爲對象的研究顯示，組織文化價值觀上下契合時，員工的效能表現較佳，「不管是現場作業人員或是專業職員，上下契合度對組織認同，留職意願等組織承諾變項，及助人行爲、良心行爲等組織公民行爲變項均具十分顯著的效果。」（頁 39）

　　王叢桂（1992, 1993）根據 Brindley（1989, 1990）的觀察及訪談臺灣地區三個世代大學工作者爲對象，發展工作價值量表，並按 Rokeach 的價值分類，將其分爲「工作目的」與「工作手段」價值量表，並檢驗就業

經驗，世代及性別在工作價值上的差異。研究顯示就業的社會化經驗對各世代有類同的效果。由工作三、五年的 1987 年畢業生到工作二十多年的 1967 年畢業生，其工作目的價值皆由最初就業時最重是自我成長的「內在酬賞」因素轉變為最重視「平安和諧」因素；在手段價值方面，皆更重視「務實」與「謙和寬容」。在世代差異方面，愈年輕的世代愈不重視「集體利益」，愈重視「內在酬賞」與「外在酬賞」，亦即成長與物質報酬及地位，女性則較男性重視「內在酬賞」。黃國隆與戚樹誠（1998）修訂王叢桂的工作價值量表後，用以比較臺灣與大陸企業員工工作價值觀，發現兩岸員工在隔絕四十多年後，在工作目的價值的重視順序差異不大，皆最重視「平安和諧」，包括生活保障及和諧的人際關係，顯示傳統文化中重視「安」、「和」仍有十分強烈的影響。工作內在酬賞也受到相當重視，值得注意的是，兩岸員工皆不重視集體利益。配合黃光國（1995）的研究，顯示大陸與臺灣員工個我取向意識正逐漸加強。

除了上述量表之外，尚有根據組織及對象特性參考既有的國內外量表自行編製工作價值的研究，包括以職業軍官為對象（錢淑芬，1998）；以大專學生為對象（林邦傑等人，1991；吳鐵雄等人，1996）；李坤崇、歐慧敏（2011）參酌國內外 18 項工作價值觀量表架構編制青年工作價值觀量表做為生涯輔導使用。張瑞村、劉乙儀（2014）參考 Super（1970）、林邦傑（1990）、吳鐵雄等人（1995，1996）等人的研究報告，並以研究者在師資培育大學任教多年之觀察心得編制師資生工作價值觀。趙子揚等人（2018）採取由下而上的取向，藉由對資深教師的訪談及文獻整理建構教師工作價值觀量表。各類工作價值量表的建立，工作價值量表的興盛反應了國人對經濟領域活力的重視與需求。

王叢桂、羅國英（2011a）企圖從華人文化的觀點建構工作價值的分類概念與理論模式。他們發現原本根據 Rokeach（1973）的價值分類將工作價值區分為「目的價值」與「工具價值」，但是因素分析顯示被分類為「工具價值」的價值是與自我修身及人際關係管理的價值。因此將「工具價值」名稱改為貼切實際內涵與華人認知概念的「修身處世價值」。並根據華人雙文化自我的特性，以個人或社會（集體）取向及「目的價值」與

「修身處世價值」將價值內涵分為四大類（表 8-1）。

　　在個人或社會取向價值方面，Brewer 與 Chen（2007）指出集體主義的定義與測量相當含混，個人取向的國家也重視團體歸屬，但他們重視的是象徵性集體自我如國家。而集體取向的東亞文化屬於關係自我，重視對關係（家庭、親族、朋友等）的情感依附、責任與和諧。作者認為價值觀對應的是人們理想中「滿足各種需求或追求的適當作為」，具有共同的心理機制和理念核心；並且相信「不斷的自我提升，達成自我實現或經世濟民」是普世共同的終極追求（普世理想）。

　　在實際的生活運用中，隨著不同天然資源、社經結構等因素而發展出不同的文化理想，人們也會因為不同的社會關係而啟動相對應的價值排序，在不同場合設定適當的行為目標與行為準則，因此所謂「工作價值」包含了人們對工作這個生活場域的社會情境認定，並繼而產生相對應的價值排序，是一種特定的社會情境產物。而人們如何分類社會關係，以及認定工作屬於哪一種社會關係，都會受到文化理想的影響，「工作價值」也就因此而反映文化特殊性。基於這個構念基礎，王叢桂、羅國英（2011a）以普世的共同價值結構為骨架，從華人自我的價值體系發展與面對不同關係情境時會特別重視哪些價值觀念，來重新分類以往實徵研究發現的價值內涵，主要概念包含：

　　⑴ 華人內聖外王的核心價值

　　華人的自我概念發展的核心價值的分類，可以用綜合儒道兩家思想的「格物、致知、修身、齊家、治國、平天下」個人修行中重視的價值，與要達成「內聖外王」目標的核心價值來描述與分類。知識分子經由內在的「克己復禮」的「自我修身」與中庸和諧的「人際關係管理」兩類「內聖」價值觀念的實踐，達成「利他服務、經世濟民」與「和諧大同社會」的「外王」的核心價值。個人會從自我與他人對修身與濟世價值實踐程度來做價值評斷。

　　⑵ 關係情境與價值運用

　　人們在不同關係情境會重視不同的目的價值以及修身處世價值。根據黃光國（1993）的人情關係分類，個體在情感關係中會重視節制、忍讓、

淡泊無欲與寬容和諧的修身處世價值以謀求家庭和諧，如果人們把情感關係與工作連結，就會重視這些價值，他們可能會重視財富名聲地位以光耀門楣，真正目的在於獲得重要他人的認可和人際和諧，並不會認為財富地位是他們工作的目的；在混和性關係中會比較注意人情世故、角色倫理、回報互惠規範、人際和諧與尊重，以建立和諧互信。此時，和諧互信同時是目的價值，也是達到個人目標的手段。但在工具性關係中，平等互惠比和諧互信可能是更重要的考量因素，個體會特別重視開放與理性價值，憑藉自身能力與他人競爭，發揮自己的獨特性與創意，從工作中成長以突顯自我成就；期盼得到自主獨立的生活，因此他會尊重他人隱私與權益，也期盼他人尊重自己。在工具性關係中，個體會重視積極進取與競爭以及尊重他人的修身處世價值，目的在達成自我實現、心靈成長、自主獨立或均衡舒適的生活。上述三種社會關係中會特別重視的價值都具備普世性，不同文化的個體都會重視這些目的或修身處世價值，但是會因為文化的生態環境，而在價值的重要性的排序上有所不同。此外，所有的工作都需要重視的自律、勤奮、堅毅、誠實等，是普世性的與修養有關的價值，人們重視的程度不會因為不同的關係認定而改變。

表 8-1 綜合上述概念，針對各種價值項目重新作了分類。普世核心價值有兩類，一類是與基本需求有關的價值如物質需求的滿足、安全保障，以及工作者應有的基本修養。當基本目的價值達成，便進入不同目的價值的追尋。雖然不論華人或西方人，最終的核心目的價值都是「經由不斷自我修為或修身以利社會」，這在華人社會中可能稱之為「以道濟世」，在西方也許稱之為「自我實現」，在實際生或運用中，人們會視社會關係的不同而有不同的追求重點或相對應的修身處世價值。

四 華人價值觀的變遷與傳遞

臺灣社會近年來社會變化極端劇烈，民眾發起社會運動催生民主轉型，非政府組織的興起賦權（empower）民間力量成為改革社會的動力，後現代化服務業的興起，兩岸交流、全球化與網路化，讓臺灣華人在職

表8-1　華人工作價值分類概念及價值變遷因素

價值類別	工作的目的價值（工作對人的意義）	工作中的修身處世價值	影響價值變遷的因素
普世理想	不斷自我提升達到自我實現／經世濟民		不易改變
華人理想	内聖外王、以道濟世	「格致、修齊、治平」依序達成的「修身階梯」	
華人「工具性關係」中重要的價值	自我實現／發揮潛能、創意、挑戰與成就勝任感、工作本身的愉悦、心靈成長、自主與獨立的生活、彈性工作方式、均衡生活　權勢地位、社會尊重	理性、好奇探索、開放、積極進取與競爭【格致】尊重個人自主性、獨立性與人權、公平正義【治平】	1. 文化理想；2. 社經產業結構；3. 家庭結構；4. 個人成長經驗（對家庭與社會關係的體驗與認知／生涯及家庭發展階段）
華人「情感性關係」中重要的價值	家族與重要關係肯定的成就感、和諧互信利他服務	中庸、寬恕和諧、自我節制、謙虛容忍、平和穩重、知命與淡泊寡欲【修齊】	
華人「混和性關係」中重要的價值	和諧互信	角色與回報、人情面子【修齊】	
普世基本需求／基本修養	基本物質滿足與安全：安定保障、安定保障	自律、勤奮、堅毅、誠實正直	（不易改變）但經濟環境越差，基本需求和基本修養就相對越重要

註：引自王叢桂、羅國英（2011a）。家庭内工作價值的傳承與變遷：親子對偶分析。本土心理學研究，36，頁205。

業、家庭型態與社會經濟結構都發生了根本的改變。以工作場域的個人生涯發展為例，從現代化的加工製造業為主，轉換為後現代化的服務業與網路經濟，職業類型與所需要能力的快速轉變，使青壯年世代與中壯年世代面臨莫大的挑戰與成長。少子化、虛擬貨幣與網路經濟，讓臺灣以往吸納大量就業人口的中小企業受到衝擊，微型創業與零工經濟出現，改變了臺灣職場結構，使過去辛勞工作按部就班與定升遷的模式，已經不再適用於青壯年世代。跨世代的調查顯示在工作目的價值方面，年輕人重視財富甚於國家民族發展與服務社會等群體利益，年輕人亦不如年長者重視節儉、

知恥、勤勞、尊重傳統、尊卑有序等工作手段價值（王叢桂，1993；黃國隆、戚樹誠，1998）。多數年輕的工作者似乎逐漸傾向以個人為中心的工作價值觀，他們「追求個人事業發展，忠於自我，重視生活品質，根據利害分析決定工作投入程度」（黃秉德，1993，頁 73）。年輕世代工作者雖然比較不認同傳統價值中尊卑有序、節儉、尊重階級權威與傳統以及自抑等價值。但是另一方面，華人延續自傳統的勤奮刻苦、重視學習、重恆心毅力以及對家庭與社稷的使命感仍被勞力密集產業（楊國樞、鄭伯壎，1987）與知識產業的工作者所承襲（黃秉德，2000）並且成為產業發展的動力。（王叢桂，2002）曾以臺灣男性中小企業員工以及一般職業工作者的子女進行調查，請他們比較自己與上一世代在工作價值上的異同與影響價值傳遞的因素。結果發現子代覺得親代較重視工作平安和諧與照顧家庭，以及國家安全發展與社會和諧；子代則較重視個人發展。子代在工作手段價值方面較不重視傳統儒家倫理，較重視理性學識、民主等現代化價值。作者也發現親子關係良窳與性別會影響對上一代價值的認同。

　　王叢桂與羅國英（2011b）追蹤調查 182 位 1970 左右出生的大學畢業工作者，比較他們 1992 與 2012 的工作目的價值觀念的異同，以及他們十年前的父母職責信念是否會影響現在的工作價值？結果顯示：

　　「個人或關係取向內在酬賞因素，以及關係取向外在酬賞的穩定度較高，但是社會經濟與個人就業的歷練對工作者在安定保障、自主彈性以及均衡生活這幾個層面價值觀上，造成了較大的相對震盪。這顯示，當初可能受到個人取向思潮影響，初就業時重視『自主彈性』以及『均衡生活』的工作者，在十年之後，個體之間有較大的變異性。研究者推論可能是近年來不景氣使得民間組織採取裁員減薪與加重留職者工作量的策略，這會讓重視追求自主彈性與均衡生活的工作者受到威脅，進而選擇不同的因應方式；其中有些人放棄對自主彈性的堅持，回歸傳統重視安定保障的價值。……長期社會經濟不景氣對受訪者的工作價值確實發生影響，他們比十年前重視工作能否帶來平安穩定、財富，以及具有挑戰性等價值，但是對於社會尊重、自主性與創意、權勢等項目的重視度下降。受測者對平

安穩定與財富的重視可能來自受訪者生涯位階與生命發展時期的需要。臺灣經濟持續不景氣造成的不安全感，也可能使多數在公司中擔任中階主管的三十多歲世代更重視工作是否有挑戰性，希望能從中得到成長。」（王叢桂、羅國英，2011a，頁 118-119）。另外，由受訪者重視的價值排序來看「……受訪者重視的仍是真誠的友誼與工作中的人際關係、工作能否安穩有保障、工作能否與生活尤其是家庭生活均衡分配、物質報酬與良好享受、自我實現、專業成長與勝任工作的能力。黃國隆與戚樹誠（1998）在 1995 年以大陸地區的三資（臺商與大陸合資、合作或獨資）企業與臺灣地區民營企業主管及部屬進行工作目的價值調查，發現臺灣最重視的前四名目的價值是生活的安定與保障、和諧的人際關係、自尊心、成就感；大陸企業員工最重視的前四名目的價值是自尊心、生活的安定與保障、和諧的人際關係、發揮個人專長。十五年前的調查結果與本研究類似。研究結果也與 Hewlett 等人（2009）調查的嬰兒潮與 Y 世代相似，都重視工作中的人際關係，以及有成長、彈性、自主與挑戰性。受訪者重視的目的價值具有跨文化普遍性與相當的穩定性。這可能是因為現代社會中工作者的共同期望是工作可以帶來個人自我成長、良好人際關係與可自主支配的生活。除了上述價值之外，本研究的工作者也重視物質報酬與良好享受，這可能是因為受訪者正處於成家立業的關口，以及對失業懷有恐懼，對金錢比較在意。」（王叢桂、羅國英，2011b，頁 119）

　　上述追蹤研究顯示個人的職涯發展階段、生命時期與當下的社會經濟狀況都對個人的工作價值變遷與穩定性產生影響，也突顯出全球化經濟與生產型態對具有類似工作背景世代工作價值的影響。

　　中研院 1983 年開始每隔五年進行一次的臺灣地區社會變遷基本調查提供了了解臺灣地區價值變遷的量化資料，雖然受限於題目數量無法窺其全豹，仍能夠讓我們看到傳統價值傳遞與變遷的面貌。周玉慧、朱瑞玲（2013）回溯蔡勇美與伊慶春（1997），葉光輝（1997），朱瑞玲與章英華（2001）使用臺灣地區社會變遷基本調查資料有關家庭價值（包含家庭婚姻感情與孝道）的分析結果，發現「總體來說，臺灣民眾不分年齡、

性別、教育、居住地區，普遍認為情感性孝道以及家庭的感情價值是最重要的家庭價值，同時也看重婚姻的必要性和維持的重要性。這些結果顯示臺灣社會的華人家庭凝聚性是建立在自主性和情感性的待親孝道及家庭觀念，不僅不會受到工業化或西化的衝擊而瓦解，教育的功效也只是使當代華人更能了解家庭的非功利、非經濟性價值，並且促進情感性的家人互動表達，因社會變遷而改變的只是義務導向的家庭倫理價值。」（頁 265-266）

周玉慧、朱瑞玲（2013）用「臺灣社會變遷基本調查計畫」的四筆長期橫斷資料（1994 年、1999 年、2004 年及 2009 年），分析民眾價值觀的變化與影響因素發現「臺灣民眾最重視家庭倫理觀，且其重要性持續增強，……此結果與黃囇莉與朱瑞玲（2012），葉光輝、章英華及曹惟純（2012）所分析的十年間（1994-2004 年）資料結果一致，也與文崇一（1989）、Brindley（1989）等研究揭示的華人倫理重要性相符，顯示『家庭倫理』的確為臺灣民眾最重要的核心價值所在。」（頁 279）。在民主有關的價值方面，她們發現「臺灣民眾對於追求進步、尊重別人、友誼及民主的重視程度次於家庭倫理……，研究結果清楚顯示，臺灣政治環境的變遷與民眾的民主價值觀確實息息相牽。」（頁 280）。在功利價值觀方面，「功利觀為重要性最低的價值向度，臺灣民眾普遍認為權力財富的重要性低。值得注意的是，即使功利觀的重要性較家庭倫理觀或民主觀來得低，但其重要性基本上均隨時期逐漸增強，共識程度亦隨之增加，此結果乃反映臺灣經濟環境的壓力。……我們推測，由於整體經濟環境的變化，貧富差距拉大，對於經濟壓力感受愈發沉重，從而促使臺灣民眾追求財富權力的期待增加。」（頁 280）

本文作者整合以往研究的結果推論，個人取向的現代化或後現代化價值中，個人自主價值觀念對華人產生重要影響，但是傳統以家庭為核心的價值體系與對應的社會組織，以及個人發展階段，也仍影響現代華人價值觀念，作者試圖描繪華人價值的變遷如下。

（一）社經文化環境與價值的延續或變遷：

　　Kulich and Zang（2010）回溯華人價值觀念的研究後指出文化價值有其持續性，但是全球化對個體的價值觀念也有直接與間接的影響，因此個人可能同時持有傳統與現代價值。Inglehart（2000）針對全球化產生的價值衝擊提出兩個假設，其一是資源稀有假設，個人的價值選擇優先順序（priority）受到他所處的社經環境的影響，他會比較重視相對缺乏的事物。其二是社會化假設，個人的價值選擇與社經環境有關，但受到個人成年前形成的基本價值的影響，不會因應環境變化立即調整，價值調整會有一段時間差距（lag），世代會因成長背景不同，有價值觀念的差異。

　　農業社會，土地有限，人們通過兼併掠奪累積財富，為了避免殘殺衝突，發展出階級認命與抑制發展野心的價值，為了救助因缺乏社會流動的低階層者，也發展出分享與慈善的價值觀。西方國家，鼓勵人們累積財富的基督新教倫理興起，開啟資本主義與工業化的發展，工業化的現代化社會使人們可以控制自然，教育程度與收入增加，職業專業化，人們發展出現代化價值（modern value），如累積財富、勤奮工作、重視科技與理性；但生產方式與集權階層管理機構降低人們的自主性。工業化後期社會的財富累積與福利制度的發展，使人們不再擔憂飢餓與生存；以服務業為主的後現代化社會，工作重視人際溝通與服務，需要創新與自主判斷。社會富裕與生產方式產生後現代化的價值，如自我表達（self- expression）與自主（autonomous）與反對權威。經濟的安全感讓人們願意接納多元文化。低嬰兒死亡率與壽命延長，使性規範與性別角色規範對個人的性自主與自我性別角色的限制大幅放寬。富裕與社會福利帶來的經濟安全感，使人們不再依賴傳統權威的宗教，雖然人們依舊追求心靈成長。

　　Inglehart（2000）透過實徵資料發現二戰前出生的年長世代比戰後出生者重視物質與經濟安全甚於生活品質，戰後出生世代重視歸屬感與自我表達的人數較多，戰後出生世代在二十五年後進入老年期時接受調查時仍維持類似價值觀念，這表示價值差異來自出生世代而非年齡。他也發現後現代化價值出現在已開發國家中，未出現在發展中國家；後者仍著重現代

化價值。在已開發國家中，性別角色規範鬆動，權威被質疑。Inglehart 與 Baker（2000）分析世界價值觀調查（World value survey）資料也發現工業化為社會帶來可預見的穩定變化，包括職業專業化，收入與教育程度提高，因而導致性別角色信念與性觀念開放，出生率下降；公眾開始質疑權威與參與政治等；另一方面，世界各區域文化重視的傳統價值也仍舊對人們有所影響。例如：工業化使各區域的人們在傳統與世俗理性（traditional/secular-rational）向度上，普遍的從重視傳統往世俗理性改變。儒家文化圈的四個區域，與前共產國家區域相比，比較世俗化。與儒家文化及共產主義區域有相同工業人口比例的天主教文化區則比較重視傳統。

（二）華人家庭與工作價值變遷

　　Triandis 與 Shu（2002）及楊國樞（2004）指出華人具有集體或社會取向的特質，黃光國（2011，頁 297）則指出華人受儒家文化的影響，其自我認同屬於「關係中的自我」。本文作者綜合上述學者理論與實徵研究結果，針對華人工作與家庭價值的形成提出一般性的價值發展模式，該模式假設華人家父長制的家庭結構型態有密切的關係，家庭結構又與社會體制中的教育、政治與經濟體制相配合，系統化的社會化個體的價值觀念。社會、家庭、教育與經濟體制形成個體的價值認知觀念之後，個體依據價值表現的行為會得到環境的回饋進而加強或改變其價值信念（參見附圖 1）。作者進一步針對華人社會經濟轉型後，家庭結構與社會經濟生產機制的關係提出與父子軸或現代夫妻軸家庭模式對應的「華人家庭與工作價值發展模式」（參見附圖 2）。這個模式企圖釐清核心文化價值、社經結構、個人工作與家庭價值之間的對應關係，試圖將重要概念作一個概略的對比組合，尚稱不上是系統化的理論，但可以用來發展探索性的工作假設。

　　首先，傳統華人社會配合精耕農業為主的生產體制發展出父子軸家庭家父長體制，並形成契合父子軸家庭體制運作的社會取向目的價值觀念諸如重視家庭與集體利益等社會取向的成就表現，與講人情與關係的工具價值觀念（楊國樞，2002）。例如：The Chinese Culture Connection（1987）

編制的工作價值量表中的儒家工作動力因素，包括節儉、堅忍、重情面等華人特有的做事時重視的價值，這些價值主要反映出華人社會取向的關係脈絡與農業社會的積蓄性格。楊國樞與鄭伯壎（1987）驗證後儒家假設時編製的傳統價值觀量表中包含家族主義、謙讓守分、面子關係、團結和諧與克難刻苦，也反映出傳統華人家族主義與關係取向以及傳統集體農業或者以製造業為核心的工業都市生活形態對工作價值的影響。

在全球化的影響下，臺灣地區開始出現後現代化的都市生活形態，經濟體系也轉型為以服務業為主，製造業為輔的結構。網路與媒體更使年輕世代與國際資訊同步。夫妻軸家庭型態與對應的個人取向價值觀開始盛行，現年約五十多歲的年輕世代的父母是第一批經驗到父子軸與夫妻軸家庭體制衝突的華人世代，根據楊國樞（1995）的觀點，他們比較可能屬於父子與夫妻軸混和型的家庭型態，也因此可能同時具有現代與傳統的價值觀念。

臺灣急速進入服務業為主的後現代化社會經濟型態（瞿宛文，2007），加上政治的民主化使年輕世代工作者可能開始發展後現代化工作價值。但由於臺灣教育系統仍舊強調儒家價值觀念，他們可能仍舊接受儒家的好學、力行、知恥的工具價值。在同時承接文化傳統和近代社經環境變遷的衝擊之下，作者根據楊國樞（2004）的華人雙文化自我理論與實徵研究結果推論年輕世代可能比親代會重視自我能主控的平衡生活的人生，不再以工作成就為主要的生活目標。年輕世代也可能比較不重視傳統的無欲與知天命及寬恕謙虛等價值，比較重視開放積極、競爭與效率等價值。

由於價值來自個體基本需求的滿足，作者進一步推論目的價值之間有階層的關係，根據 Yang（楊國樞，2003）對雙文化下華人需求的階層分類，研究者認為與物質與安全舒適需求有關的外在酬賞目的價值觀處於基層，當社會經濟與就業率良好時，這部分的價值得以充分滿足，個體會比較重視上層次的社會尊重與關係的維持有關的價值觀念，以及更高階的個人與利他有關的價值觀念（參見表 8-1）。

至於家庭中的價值傳遞，研究者假設子代經由家庭社會化或仿同（identify），親子之間價值有相似性，同時也假設親子關係的良窳會調

節子女對家長價值觀念的接受度：親子關係越良好，子代應該會接受親代多數的價值觀念。根據過去由子代評定兩代價值異同的研究，子代與親代價值的確有關聯，親子關係也的確會調節某些價值觀念的傳遞（王叢桂，1999）。傳統性別角色也會影響到兩性價值觀念的延續或變遷，作者曾以兩岸工作者為對象，分析性別、婚姻與育兒意願與工作目的及工具價值的關係，發現工作價值的性別差異符合傳統性別角色信念的影響，男性仍舊偏好與工作成就有關的個人與關係取向目的與工具價值，女性則仍偏好與生活品質及內在修養有關的價值。性別也會調節婚姻及育兒觀念與工作目的及工具價值之間的關係，偏好非傳統觀念的男性仍然比女性希望工作能帶來自我實現與專業成長，和偏好傳統觀念的男性並無差異，但是卻更不重視安定保障，也相對比較放鬆了自律、負責與勤誠的傳統修身價值；偏好非傳統婚姻與育兒觀念的女性和偏好傳統觀念的女性相比，則相對重視自我實現與專業成長，更重視安定保障價值（王叢桂、羅國英，2009）。

（三）華人價值觀的世代差異

臺灣地區在 2010 年二十歲左右的世代（中國大陸的 90 後）成長於富裕社經環境，他們與傳統華人有截然不同的生命經驗。作者整理相關研究或調查資料顯示：這個世代成長的環境有下列的特色：⑴多數人沒有貧窮的記憶，沒有上一代勤儉的習慣，敢於追求時尚；⑵電腦網路與手機的普及，資訊來源廣泛，正式教育體系不再是知識唯一來源，他們在某些方面的知識超過師長，比較不崇敬權威；⑶廣設高中與大學的教育政策與少子化的趨勢，使升學競爭舒緩，社會也提倡多元價值與多元發展觀念，容許這個世代有機會探索自己的興趣，個體敢於探索自我與追求自主；⑷服務業與新科技如網路的興起，讓年輕世代有機會在短期內創業成功，使他們比較不畏懼權威與不尊重傳統職場倫理；⑸出國旅遊與遊學產生的國際觀使他們對生活的態度與長輩不同，比較重視個人的成長與生活；⑹部分父母親開始接受個人取向親子教養觀念，比較重視孩子個人自尊的培育，使他們敢於從自己的角度看世界；⑺由於父母比較富裕，許多人沒有需要工作奉養父母的壓力，可以延長探索自我的時間，不需要

受制於組織。這些社會經濟結構因素的改變會促使個體敢於追尋個人取向的工作價值。

　　黃秉德（2000）以楊國樞與鄭伯壎（1987）的傳統價值量表測量科技業研發工作者，便發現他們在積極爲人與人情世故分數上較高，但是在消極自抑與權威主義上較低。黃秉德（2002）比較傳統價值對 1992 與 2002 兩個世代科技工作者的影響，發現 2002 年樣本在各項傳統價值上比較低，而且傳統價值可以預測 1992 年樣本的組織行爲，但是在 2002 年樣本二者關聯性不顯著。這顯示傳統價值對新世代的影響逐漸式微。王叢桂（1999）請 1999 年就讀大學者評估自己與父母的價值，發現由子代覺得親代較重視工作平安和諧與照顧家庭，以及國家安全發展與社會和諧；子代則較重視個人發展，比較不重視傳統儒家倫理，較重視理性學識、民主等現代化價值。王叢桂（2002）請畢業三年已經工作的大學生評價自我與親代價值差異，也得到類似的結果。子代自覺比較重視個人的成長與成就以及能發揮所長；覺得親代比較重視社會讚許與個人及家族的聲名地位。在生活方面，子代自覺比較重視人際關係與內心和諧，但是也重視生活的刺激與興奮；覺得親代則較重視物欲的淡泊寧靜以及家庭平安。另外相關係數顯示，兩代雖在多數價值上有差異，但亦有關聯性，亦即子女的價值觀仍受父母的影響。

　　王叢桂、羅國英（2011b）請大學生及他們的父母分別評量自我工作價值觀念，研究結果支持 Inglehart（2000）的觀點，出生於工業化之後富裕社會背景的子代要比成長於以農業或加工業爲主社會環境的親代重視個人取向的專業成長、自我實現、心靈滿足與發揮創意等內在酬賞價值；子代也比父母重視工作是否能得到自主獨立與均衡的生活；但是可能是因爲臺灣社會進入資本主義服務業爲主之後，開始重視物質成就，加上全球性的經濟風暴的影響，子女也比父母親更重視權勢敬重與財富以及安定保障。在修身處世價值方面，熟悉資本主義社會運作的子女也比父母更重視積極進取、開明與尊重個人等個人取向價值，比較不重視人情面子與寡欲不爭等自我節制的社會取向價值。研究結果支持世代之間有價值上的差異，差異方向也符合臺灣社會結構由農業轉爲工商業爲主的變遷。不過，

由於本研究中的「親代」已經大都是戰後出生，在價值排序上其實和子代已經沒有太大差異，因此研究所發現的代間差異，也可能在相當程度上反映生命經驗的差異。如果說成家立業、實際的工作經驗使人們某種程度上回歸傳統，或是經過某種重新評估與轉化後的回歸，或許又呈現了傳統華人文化根底的穩定性。

作者在 1993 年以 1967、1977、1987 三個不同年代從大學畢業的工作者進行初就業與 1993 年時的價值觀念的比較，便發現這些各世代工作者在「初就業時皆重視工作本身是否能發揮其專長、得到成就感、自我成長、實踐理想等內在酬賞因素。最不重視的是平安和諧的生活，但在就業一段時間之後變化最大的是重視工作能否帶來平安與安定的生活，人際關係的和諧與內心的和諧」（王叢桂，1993，頁 238），表示職場經驗與生命發展階段確實可能使年長世代在工作與養育子女後開始重視傳統目的價值。

傳統或現代化價值主要經由家庭內教養與社會化傳遞，研究也顯示子女與父母在某些價值上有相當的類似性，當父母重視工作的自我實現與成就等內在成長與均衡的生活形態時，子女也同樣會重視這些價值。父母親對子女修身處世的價值有類似的影響，父母親愈積極進取、寬恕謙讓、和諧待人、重視人情面子，子女也愈重視這些價值。價值傳遞過程中，親子關係親密與否會調節某些價值的傳承，親密度愈高，子女愈不會認同父母親寡欲不爭外在酬賞的價值；但也越能接受父母的尊重個人自主獨立與自律誠信的價值。這顯示親子關係親密的家庭可以促進自律價值的傳承，但也同時敢於挑戰父母抑制物欲或傾向退讓的傳統價值觀（王叢桂、羅國英，2011b）。

五 結語：價值研究的未來研究方向

（一）價值與情境脈絡

跨文化價值研究的基本假設在於各文化之間有普世性價值，因此研

究的目的在建構可以用來比較文化價值差異的價值理論與工具（Hofstede, 1980, 2001; Schwartz, 1992; Schwartz & Bilsky, 1990）；本土研究取向則尋找與描述具有文化特殊性的價值的內涵與功能（Bond, 1988；王叢桂，1993；王叢桂、羅國英，2011a）。這些研究仍視價值爲客觀的存在，並止於描述價值的內涵與價值的基本向度，價值量表仍只能提供靜態的各團體或不同世代之間的比較，不能用來描述個體如何在不同生活情境中運用價值作評斷。Rokeach（1973）列舉了價值作爲社會及社會變遷指標，價值與各類態度及行爲的關聯性分析，以及引發價值改變條件的實徵研究，然而價值與行爲指標之間的相關數值並不高。這可能是因爲研究者認爲價值是較態度基本的情性特質（disposition）；傾向於將其視爲跨情境的變項，Rokeach（1973）與 Schwartz（1992）等人便使用單一價值量表預測人們在不同情境之行爲。

　　但是人格、態度與行爲的一致性研究顯示，情境因素對人格或態度變項預測行爲的效度有重要影響（Ajzen, 1988, p. 80）。Mischel（1984）放棄傳統人格變項是跨情境的概念，認爲個人變項與情境變項互動決定個體行爲，例如個體會衡量自己在某情境的勝任性，而後決定是否按情境要求表現。李柏英（1996，頁 37）認爲若將價值視爲傳統人格變項也會有類同困擾，她提出價值激化模式（Activated Value Model）指出個體在特定情境中決定對某對象採取何種行爲時，個體會激發（activate）相關價值而後以之進行評價。李柏英（2002）進一步提出價值的評價歷程理論，她指出在進行評價時，個體價值體系中只有某一部分價值會被特定情境激化做爲評價的標準，例如核武議題與墮胎議題就可能激發不同的價值觀，其次在被激發狀態的價值觀中，又有不同的重要性，對行爲會有不同的影響。她的觀點提醒我們以往價值研究者重視的是比較群體在靜態價值結構異同的共通性取向（nomothetic approach）的研究；而不注重個體內在心理歷程的特徵性取向（ideographic approach）的研究，因此價值量表測量的是群體在某些因素的各項目上的平均值，忽略了個體會考慮情境，以及對誰行使價值判斷而選擇參考不同價值。因此傳統價值量表對行爲之預測效度就像其他人格特質一樣在各研究有不一致的結果（李柏英，1996，頁 64）。

　　李柏英（Lee, 1996）應用上述方式以 Schwartz 及 Rokeach 的價值量表合併後進行研究，她發現當考慮評價情境時，臺灣學生在生涯發展方面與英國學生相同皆為個體取向，而非集體取向。這項發現與李秀嬌、曹國雄（1987）研究臺灣跨國公司管理者在 Super 的工作價值量表上表現相類同，似乎顯示在工作情境，國人追求的價值與西方人類同。但是，上述結果可能是因為跨國公司工作者與臺灣大學生在回答用西方語句編寫的問卷時，問卷情境相似，引發類同的以個人為主的價值取向反應。另一個解釋是跨國公司成員經由教育與工作的社會化，受歐美文化影響，在面對工作情境作「生涯」判斷時，他們透過教育體系、組織與媒體學習到的個人取向的價值觀比較容易被激發。

（二）華人在生活情境脈絡中如何運用價值的研究與未來方向

　　解決上述問題的方法之一是在特定的生活領域，提出本土契合的理論與實徵研究，描述華人如何運用其價值體系來處理重要的生命議題。華人本土心理學團隊成員在這方面有極大的進展。葉光輝（2009）的雙元孝道研究發現華人民眾仍重視基於回報情感及宗教報恩價值觀念的相互性孝道。但比較不接受基於父母威權與資源的權威性孝道。鄭伯壎、郭建志（1993）的組織價值研究是驗證組織與個人價值契合對個人行為的影響。鄭伯壎（2005）的家長式領導則立基於華人文化之家族主義對領導之深度影響的基本假設上，他指出華人會把家庭裡所獲得的經驗與形成的習慣，類推到其他群體或組織中，並將該群體與組織視為準家庭結構，而有所謂的泛家族主義。例如：仁慈領導使部屬基於「感恩圖報」的價值觀念效忠。德行領導來自於儒家重視維繫社會秩序的價值觀念，讓部屬對領導者有品德與操守的期待。黃囇莉（1996, 2006）建立於華人和諧價值觀念上的人際衝突模式，貼切的描繪與解釋華人的人際衝突。楊中芳（2010）研究華人的核心價值「中庸」，提出中庸實踐思維體系構念，中庸被視為是一個具有後設功能的實踐思維體系，是華人持有的特定世界觀，影響華人「⑴ 在看人論事、生活理想，以及處世態度、信念及價值觀等生活哲學方面；⑵ 在處理日常生活具體事件中，思考要採取什麼行動時的思考、

選擇及執行模式；最後⑶ 在事後所做的、對事件的反思及通過反思所做的自我提升過程。」（楊中芳，2010，頁 13），楊中芳的中庸觀念也引發中庸的實徵研究如黃金蘭、林以正與楊中芳（2012）編制修訂的中庸信念 - 價值量表。

　　除此之外，臺灣從事消費者行爲研究的「龍吟華人市場研發論壇中心」的研究方法與成果顯示華人價值在生活領域中如何影響個體與重要他人的互動。龍吟研究團隊結合學術研究的嚴謹性與商業問題的實用性，使用實地觀察與訪談的質化研究模式，包括深入訪談、投射測驗、破框現象與共創工作坊等作法，配合量化調查數據，長期在兩岸重要城市進行研究，描述華人在自我形象、家庭、工作、休閒、人際互動與退休等不同生活脈絡中，如何根據自己的核心價值來塑造不同的自我、人際關係與生活型態。這些研究結果彰顯價值如何運用於生活之中。例如，龍吟研究團隊2014 年以臺灣三大都會區 2000 位民眾爲對象，研究他們對退休的概念，發現 1954-1975 出生的世代，由傳統退休後的「照顧家庭」單一生活重心轉變成爲「實現自我」與「貢獻社會」雙主軸生活模式，以自立自主爲核心的生活，反應在生活上的是追求年輕化與健康身體，不作家庭包袱，經濟自主，放下家庭義務，與子女維持剛好的距離，與傳統不善於表達情感的是，他們開始探索與子女親情互動的新模式（龍吟，2014 年 9 月）。龍吟研究團隊並針對 1238 位兩岸都會區 20-65 歲受訪者的價值與生活型態分析，提出華人面對追求親密關係與個人自主之間求取平衡的「伴與獨」的生活型態，他們發現「兩岸華人正逐漸從傳統價值體系掙脫，追求個人自由與自我實現，我們需要獨處，暫時擺脫群體進行自我對話；但心境上的孤獨，卻又讓人可望擁有氣味相投的知心伴。」（龍吟，2015 年 1月，頁 6）上述趨勢影響到他們要求能夠照顧獨處需求的住宅設計，在人際溝通中表現出群中獨處、探索自我、自在獨處、透過網路尋找知心伴等行爲，整體而言，獨處需求的出現，顯示華人價值由集體取向漸轉爲個體導向，臺灣的獨處需求高於大陸，比較能自在的在獨我與群體中轉換（龍吟，2014 年 9 月）。

　　本文作者建議本土心理學研究者未來的研究方向，除了繼續建構契合

文化特殊性的價值量表與理論之外，價值研究結果需要具有文化實用性，能夠深入描述與理解華人在重要的生活領域中的決策與行為，讓一般民眾理解自我行為背後的價值運作。例如：海峽兩岸人民在集體和諧關係與個人自主價值觀念上的差異，是否會影響他們對不同政治與經濟體制的接納？對西方社會提倡的人權觀念的理解與排斥？對家庭組成與生兒育女的期待？對職涯與家庭的平衡的觀點？作者在撰寫人權有關書籍時，透過文獻分析便發現華人延續香火的家庭價值觀念影響生育子女意願與兩性在工作與家庭上的平衡（王叢桂，2018）。個人認為，本土心理學的研究成果應該要跨出期刊發表領域，進入生活，對華人自我建構與生活適應有所貢獻。

參考文獻

文崇一（1989）：《中國人的價值觀》。東大圖書公司。

王叢桂（1992）：〈社會轉型中之工作價值變遷研究〉。行政院國家科學委員會專題研究計畫成果報告。

王叢桂（1993）：〈三個世代大學畢業工作者的價值觀〉。《本土心理學研究》，2，頁206-250。

王叢桂（1999）：〈工作者性別角色信念、家庭及工作承諾與工作價值的關係〉。《本土心理學研究》，11，59-89。

王叢桂（2002）：〈影響工作價值觀傳遞之因素：男性中小企業主及一般職業工作者子女之比較〉。《應用心理研究》，14，117-150。

王叢桂（2018）。《人權：社會心理學觀點》。雙葉書廊。

王叢桂、羅國英（2008）：〈兩岸都會區年輕工作者工作與家庭價值對其婚姻與育兒意願的影響〉。《本土心理學研究》，30，119-153。

王叢桂、羅國英（2009）：〈華人工作目的價值對個體面對生涯與家庭需求衝突時抉擇的影響〉。《教育與心理研究》，32(1)，81-109。

王叢桂、羅國英（2010）。〈華人工作價值與工作契合度對工作滿意度與組織承

諾度的影響〉。《應用心理研究》，*48*，199-238。

王叢桂、羅國英（2011a）。工作目的價值觀的變與不變：十年之後。中華輔導與諮商學報，*31*，101-126。【本期刊收錄於TSSCI資料庫】NSC 96-2413-H-031-003-NY3

王叢桂、羅國英（2011b）。〈家庭內工作價值的傳承與變遷：親子對偶分析〉。《本土心理學研究》，*36*，195-247。

朱瑞玲、章英華（2001）。〈華人社會的家庭倫理與家人互動：文化及社會的變遷效果〉。中央研究院經濟研究所主辦「華人家庭動態資料庫學術研討會」宣讀之論文，臺北。

余英時（1996）：《中國近世宗教倫理與商人精神》。聯經出版公司。

吳鐵雄、李坤崇、劉佑星、歐慧敏（1996）：〈工作價值觀量表之編製研究〉。行政院青年輔導委員會委託。

李伯英（2002）〈評價歷程的理論與測量：探討價值觀與情境關聯的新取向〉。《應用心理研究》，*14*，79-116。

李秀嬌、曹國雄（1987）：〈中、美、日三國公司華籍管理人員之工作價值和工作滿足差異比較〉。《中原學報季刊》，*16*，63-73。

李坤崇、歐慧敏（2011）：《新訂青年工作價值觀量表之編製研究》。行政院青年輔導委員會。

李美枝、楊國樞（1972）：〈中國大學生的價值觀〉。見李亦園、楊國樞（主編），《中國人的性格》。中央研究院民族學研究所。

李晉豪（2012）：〈員工價值觀、認同感對員工生涯發展之影響〉。《社會服務與休閒產業研究》，*1*，30-45。

周玉慧、朱瑞玲（2013）：〈殊異或趨同？臺灣民眾價值觀之變遷及其影響因素〉。見葉光輝（主編），《華人的心理與行為：全球化脈絡下的研究反思》。中央研究院，頁253-288。

林邦傑、李良哲、黃貴祥（1991）：《大專在學青年工作價值觀與工作環境需求之調查研究》。行政院青年輔導委員會委託。政治大學心理研究所研究。

林惠彥、陸洛、佘思科（2011）：〈工作價值落差與工作態度之關聯〉。《彰化師大教育學報》。*19*，13-30。

章宏智、程瑞福（2012）：〈兒童健身運動價值觀量表建構之研究〉。《臺大體

育學刊》，*22*，25-35。

章英華（1976）：〈臺北市居民社會價值觀之研究──家庭、教育與職業〉（碩士論文），國立臺灣大學。

許于仁、楊美娟、劉婉婷、張曉洋（2016）：〈從心因性數位桌遊探討個人決策風格對於價值觀與生涯發展的影響〉。《數位學習科技期刊》，*8(2)*，65-84。

陳英豪、汪榮才、劉佑星、歐滄和、李坤崇（1987）：〈工作價值觀量表修訂報告〉。《中國測驗學會測驗年刊》，*34*，79-88。

黃光國（1988）：《儒家思想與東亞現代化》。巨流圖書公司。

黃光國（1992）：〈自我實現與華人社會中的價值變遷〉。《中國人的價值觀國際研討會論文集》。漢學研究中心。

黃光國（1993）：〈自我實現與華人社會中的價值變遷〉。見楊國樞（主編），《中國人的價值觀──社會科學觀點》，頁121-172。桂冠圖書公司。

黃光國（1995）：〈儒家價值觀的現代轉化：理論分析與實徵研究〉。《本土心理學研究》，*3*，276-338。

黃秉德（1993）：〈社會價值變遷下勞資關係之質變與企業倫理的挑戰〉。行政院勞工委員會、國立中山大學主辦「產業環境變動下之人力資源規劃與開發研討會」宣讀之論文，臺北。

黃秉德（2000）：〈華人傳統價值觀與組織行為之關係：以臺灣資訊電子業研發人員為例〉。《本土心理學研究》，*14*，115-156。

黃秉德（2002）：《華人傳統價值觀的流向與對組織行為的影響：資訊電子業研發人員跨十年兩個樣本的比較》。中研院民族學研究所主辦「第六屆華人心理與行為科際學術研討會」宣讀之論文，臺北。

黃金蘭、林以正、楊中芳（2012）：〈中庸信念──價值量表之修訂〉。《本土心理學研究》，*38*，3-41。

黃國彥（1984）：〈我國當前祖孫三代價值觀念差異之研究〉。《國立政治大學學報》，*50*，139-185。

黃國隆、戚樹誠（1998）：〈臺灣與大陸企業員工工作價值觀之比較〉。見鄭伯壎、黃國隆、郭建志（主編），《海峽兩岸之企業倫理與工作價值》。遠流出版公司。

黃惠惠、蔡麗珍（2010）：〈四技學生價值觀之研究〉。《全人教育學報》，

7，249-267。

黃囇莉（1996）：〈中國人的和諧觀與衝突觀〉。《本土心理學研究》，5，47-71。

黃囇莉、朱瑞玲（2012）：〈是亂流？還是潮起、潮落？—— 尋找臺灣的「核心價值」及其變遷〉。見朱瑞玲、瞿海源、張苙雲（主編），《臺灣的社會變遷1985-2005：心理、價值與宗教，臺灣社會變遷基本調查系列三之2》，頁1-36。中研院社會學研究所。

黃囇莉、許詩淇（2006）：〈虛虛實實之間：婆媳關係的和諧化歷程與轉化機制〉，《本土心理學研究》，25，3-45。

楊中芳（1993）：〈中國人真是「集體主義」的嗎？—— 試論中國文化的價值體系〉。見楊國樞（主編），《中國人的價值觀 —— 社會科學觀點》，頁321-434。桂冠圖書公司。

楊中芳（2010）：〈中庸實踐思維體系探研的初步進展〉。《本土心理學研究》，34，3-165。

楊國樞（1972）：〈中國大學生的人生觀〉。見李亦園、楊國樞（主編），《中國人的性格》，頁257-312。中央研究院民族學研究所。

楊國樞（1988a）：〈中國大學生的人生觀〉。見李亦園、楊國樞（主編），《中國人的性格》，頁269-323。桂冠圖書公司。

楊國樞（1988b）：〈大學生人生觀的變遷：二十年後〉。見氏著，《中國人的蛻變》，頁193-234。桂冠圖書公司。

楊國樞（1996）：《心理學之定義的擴充：兼論家庭心理學與歷史心理學》。中國心理學會八十五年度年會大會主題演講，臺北市。

楊國樞（1997）：〈心理學研究的本土契合性及其相關問題〉。《本土心理學研究》，8，75-120。

楊國樞、鄭伯壎（1987）：〈傳統價值觀、個人現代化及組織行為：後儒家假設的一項微觀驗證〉。《中央研究院民族學研究所集刊》，64，1-49。

葉光輝（1997）：〈臺灣民眾之孝道觀念的變遷情形〉。見張苙雲、呂玉瑕、王甫昌（主編），《九〇年代的臺灣社會：社會變遷基本調查研究系列二（下）》，頁170-214。中研院社會學研究所籌備處。

葉光輝（2009）：〈華人孝道雙元模型研究的回顧與前瞻〉。《本土心理學研

究》，*32*，101-148。

葉光輝、章英華、曹惟純（2012）：〈臺灣民眾家庭價值觀之變遷與可能心理機制〉。見伊慶春、章應華（主編），《臺灣的社會變遷1985-2005：家庭與婚姻，臺灣社會變遷基本調查系列三之1》，頁29-74。中研院社會學研究所。

雷霆、楊國樞（1986）：〈大學生價值觀的變遷：二十年後〉。《中央研究院民族學研究所集刊乙種之16》，頁479-511。中央研究院。

廖榮利（Liao, Lung-Li）（1983）：Family life values: A study comparing the attitudes of delinquents, their parent, and their professional workers.《社會科學論叢》，*31*，291-301。

蔡勇美、伊慶春（1997）：〈中國家庭價值觀的持續與改變，九十年代的臺灣社會〉。見張苙雲、呂玉暇、王昌甫（主編），《九〇年代的臺灣社會：社會變遷基本調查研究系列二（下）》，頁123-170。中研院社會學研究所籌備處

鄭伯壎（1990）：〈組織文化價值觀的數量衡鑑〉。《中華心理學刊》，*32*，31-49。

鄭伯壎（2005）：《華人領導：理論與實際》。桂冠圖書公司。

鄭伯壎、郭建志（1993）：〈組織價值觀與個人工作效能符合度研究途徑〉。《中央研究院民族學研究所集刊》，*75*，69-103。

錢淑芬（1998）：〈「工作價值觀量表」在軍官養成教育上的應用〉。《「心理學在人事上之應用」學術研討會》，頁179-246。政治作戰學校軍事社會科學研究中心、政治作戰學校教學部心理學系主辦。

龍吟（2014年9月）：〈新一代退休族群，接棒！翻轉世代的回甘人生〉。《華人前瞻需求研究》。龍吟論壇。

龍吟（2015年1月）：〈伴與獨〉。《華人前瞻需求研究》。龍吟論壇。

瞿宛文（2007）：〈臺灣戰後經濟發展與民主運動〉。《臺灣社會研究季刊》，*65*，183-189。

簡茂發、吳明清、徐會文、黃郁文（1984）：〈我國青少年價值觀念及其相關因素之研究〉。《教育計畫叢書之八十五》（研究報告之卅八）。教育部教育計畫小組編印。

Ajzen, I. (1988). *Attitudes, personality, and behavior*. Open University Press.

Allport, G. W. (1961). *Pattern and growth in personality*. Holt, Rinehart, & Winston.

Allport, G. W., Vernon, P. E., & Lindzev, G. (1960). *A Study of values*. Houghton Miffllin Co.

Berger, P. L. (1983). *Secularization: West and East*. Unpublished manuscript.

Bond, M. H. (1988). Finding universal dimensions of individual variation in multicultural studies of values: the Rokeach and Chinese value surveys. *Journal of Personality and Social Psychology*, *55*(6), 1009-1015.

Borg, I., Groenen, P. J. F., Jehn, K. A., Bilsky, W., & Schwartz, S. H. (2011). Embedding the Organizational Culture Profile Into Schwartz's Theory of Universals in Values. *Journal of Personnel Psychology*, *10*(1), 1-12.

Brindley, T. A. (1989). Socio-psychological values in the republic of china(I). *Asian Thought and Society, XIV, 41-42*, 98-115.

Brindley, T. A. (1990). Socio-psychological values in the republic of china (II). *Asian Thought and Society, XV, 43*, 1-16.

Chinese Culture Connection (1987). Chinese values and the search for culture-free dimensions of culture. *Journal of Cross-Cultural Psychology*, *18*(2), 143-164.

Figlio, D., Giuliano, P., Özek, U.,& Sapienza, P. (2016)LONG-TERM ORIENTATION AND EDUCATIONAL PERFORMANCE. Working Paper 22541 http://www.nber.org/papers/w22541 https://www.nber.org/papers/w22541.pdf

Feather, N. T. (1986). Value systems across cultures: Australia and China. *International Journal of Psychology*, *21*, 697-715.

Frondizi, R. (1963). *What is value?* Open Court Publishing Company.

Gordon, L. V. (1960). *Survey of interpersonal values*. Chicago: Science Research Associates.

Hewlett, S. A., Sherbin, L., & Sumberg, K. (2009). How gen Y & boomers will reshape your agenda. Retrieved October 14, 2009 from http://blogs.harvardbusiness.org/hbr/hewlett/2009/08/bulldoze_yo ur_cubicles_for_bet.html/.

Ho, D. Y. F. (1985). Cultural values and professional issues in clinical psychology. *American Psychologist*, *40*(11), 1212-1218.

Hofstede, G. H. (1976). Alienation at the top. *Organizational Dynamics*, *4*(3), 44-60.

Hofstede, G. H. (1980). *Culture's consequences: International differences in work-*

related values. Sage Publications, Inc.

Hofstede, G. H., & Bond, M. H. (1984). Hofstede's culture dimensions. *Journal of Cross-Cultural Psychology, 15*(4), 417-433.

Hofstede, G. (2001), *Culture's consequences: Comparing values, behaviors, institutions, and organizations across nations* (2nd ed). Sage Publications, Inc.

Hofstede , G. (2015)Long- versus Short-Term Orientation in 10 minutes.引自https://www.google.com/search?q = Long-+versus+Short-Term+Orientation+in+10+minutes&rlz = 1C1RNVG_enTW545TW553&oq = Long-+versus+Short-Term+Orientation+In+10+minutes&aqs = chrome..69i57.2324j0j9&sourceid = chrome&ie = UTF-8。引用日期2019/05/29。

Inglehart, R. (2000). Globalization and postmodern values. *The Washington Quarterly, 23*(1), 215-228.

Inglehart, R., & Baker, W. (2000). Modernization, cultural change and the persistence of traditional values. *American Sociological Review, 65*(1), 19-51.

Kahn, H. (1979). *World development: 1979 and beyond.* Croom Helm.

Kluckhohn, C. (1962). Universal categories of culture, In S. Tax (Ed.), *Anthropology today*. University of Chicago Press.

Kulich, S. J. and Zhang, R. (2010)The multiple frames of 'Chinese' values: from tradition to modernity and beyond. In M. H. Bond (Ed.), *The Oxford handbook of Chinese Psychology* (pp. 241-278). Oxford University Press.

Lee, P. Y. (1996). *The nature of values and valuations: Theory, measurement, and application.* Unpublished PHD. Dissertation. University of London.

Levenson, J. R. (1958/1965). *Confucian China and its modern fate*. University of California.

Matthews, B. M. (2000). The Chinese value survey: An interpretation of value scales and consideration of some preliminary results. *International Education Journal. 1*(2), 2000. http://www.flinders.edu.au/education/iej 117 Flinders University, School of Education bobbie.matthews@flinders.edu.au

MacFarquhar, R. (1980). The Post-Confucian challenge. *The Economist, 9*, 67-72.

Mischel, W. (1969). Continuity and change in personality. *American Psychologist, 24*,

1012-1028.

Mischel, W. (1984). Convergences and challenges in the search for consistency. *American Psychologist, 39*, 351-364.

Morris, C. W. (1956). *Varieties of human value*. University of Chicago Press.

Ng, S. H., Hossain, A. B. M., Ball, P., Bbond, M. H., Hayashi, K., Lim, S. P., O'Driscoll, M. P., Sinha, D., & Yang, K. S. (1982). Human values in nine countries, In R. Rath, H. S. Asthana, D. Sinha, & J. B. H. Sinha (Eds.), *Diversity and unity in cross-cultural psychology*. Lisse, Netherlands: Swets and Zeitlinger.

Perry, R. B. (1926). *General theory of values*. Harvard University Press.

Perry, R. B. (1954). *Realms of value: A critique of human civilization*. Harvard University Press.

Quek, K., & Storm, C. (2012). Chinese values in supervisory discourse: Implications for culturally sensitive practices. *Contemporary Family Therapy: An International Journal. 34*(1), 44-56.

Ralston, D. A., Gustafson, D. J., Elsass, P. M., & Cheung, F., & Terpstra, R. H. (1992). Eastern Values: A comparison of managers in the united states, Hong Kong, and the people's republic of China. *Journal of Applied Psychology, 77*(5), 664-671.

Reddings, G., & Wong, Y. Y. (1986). The psychology of Chinese organizational behavior. In M. H. Bond (Ed.), *The Psychology of the Chinese People*. Oxford University Press.

Rescher, N. (1969). Introduction to value theory. *Englewood cliffs*. Prentice-Hall Inc.

Rodd, W. G. (1959). Cross-cultural use of "the study of values". *Psychologia, 2*, 157-164.

Rokeach, M. (1973). *The nature of human values*. The Free Press.

Ryu, S. (2005). The effect of LTO culture on international supply chain contracts. *The Journal of Applied Business Research, 21*(4), 95-106.

Schwartz, S. H. (1992)Universals in the content and structure of values: Theoretical advances and empirical tests in 20 countries. In M. P. Zanna (Ed.), *Advances in experimental social psychology* (Vol. 25, pp. 1-65). Academic Press.

Schwartz, S. H., & Bilsky, W. (1987). Toward a universal psychological structure of human values. *Journal of Personality and Social Psychology*, 53, 550-562.

Schwartz, S. H., & Bilsky, W. (1990). Toward a theory of the universal content and structure of values: Extensions and cross-cultural replications. *Journal of Personality and Social Psychology*, 58, 878-891.

Schwartz, S. H. (1992). Universals in the content and structure of values: Theoretical advances and empirical tests in 20 countries. In M. P. Zanna (Ed.), *Advances in experimental social psychology*, 25. Academic Press.

Schwartz, S. H. (1994). Beyond individualism/collectivism: New dimensions of values. In U. Kim, II. C. Triandis, C, Kagitcibasi, S. C. Choi and G. Yoon (Eds), *Individualism and collectivism: Theory application and methods*. Sage Publications, Inc.

Scott, W. A. (1965). *Values and organizations*. Rand McNally.

Smith, M. B. (1969). *Social psychology and human values*. Aldine.

Spranger, E. (1928). *Types of men*. Stechert-Hafner

Stander, V., & Jensen, L. (1993). The relationship of value orientation to moral cognition. *Journal of Cross-Cultural Psychology*, *24*(1), 42-52.

Super, D. E. (1970). *Manual of work values inventory*. Riverside.

Tamir, Maya; Schwartz, Shalom H.; Cieciuch, Jan; Riediger, Michaela; Torres, Claudio; Scollon, Christie; Dzokoto, Vivian; Zhou, Xiaolu; Vishkin, Allon; (Jul, 2016). *Desired Emotions Across Cultures: A Value-Based Account Journal of Personality and Social Psychology*, Vol 111(1), pp. 67-82.

Tang, T. L. P. (1989). Factors affecting intrinsic motivation among university students in Taiwan. *The Journal of Social Psychology*, *130*, 2, 219-230.

The economist (5/17/2016). Our crony-capitalism index: The party winds down across the world, politically connected tycoons are feeling the squeeze. https://www.economist.com/international/2016/05/07/the-party-winds-down引用日期 2020/01/17

Tsai, J. L., Knutson, B., & Fung, H. H. (2006). Cultural variation in affect valuation. *Journal of Personality and Social Psychology*, *90*, 288-307.

Tsai, J. L., Louie, J., Chen, E. E., & Uchida, Y. (2007). Learning what feelings to desire: Socialization of ideal affect through children's storybooks. *Personality and Social Psychology Bulletin, 33*, 17-30.

Tsai, J. L., Miao, F. F., & Seppala, E. (2007). Good feelings in Buddhism and Christianity: Religious differences in ideal affect. *Personality and Social Psychology Bulletin, 33*, 409-421.

Tsai, J. L., & Wong, Y. (2006). Socialization of ideal affect through women's magazines. Manuscript in preparation.

Weber, M. (1930). *The protestant ethic and the spirit of capitalism. English translation.* George Allen & Unwin.

Weber, M. (1951). *The religion of China. trans* (H. H. Gerth, Trans). Glencoe. The Free Press.

Wicker, A. W. (1969). Attitudes versus actions: The relationship of verbal and overt behavioral responses to attitude objects. *Journal of Social Issues, 25*, 41-78.

Wong, J. W.-C., Kong, S.-H. (2017). What does the 'inner world' of Chinese managers tell us about their management values, thoughts and practices? An ethnographic study. *Asia Pacific Business Review, 23*(5), 625-40.

Wright, A. F. (1962). Values, roles and personalities. In A. F. Wright and D. Twitchett (Eds.), *Confucian personalities*. Stanford University Press.

Wright, M. C. (1957). *The last stand of Chinese conservatism: The Tu'ng-Chih Restoration, 1862-1874*. Stanford University Press.

Zhi-gang, W. (1990). Value structures in China: Within- and cross-cultural comparisons. Paper presented at the 10th International Association of Cross-Cultural Psychology Congress, Nara, Japan.

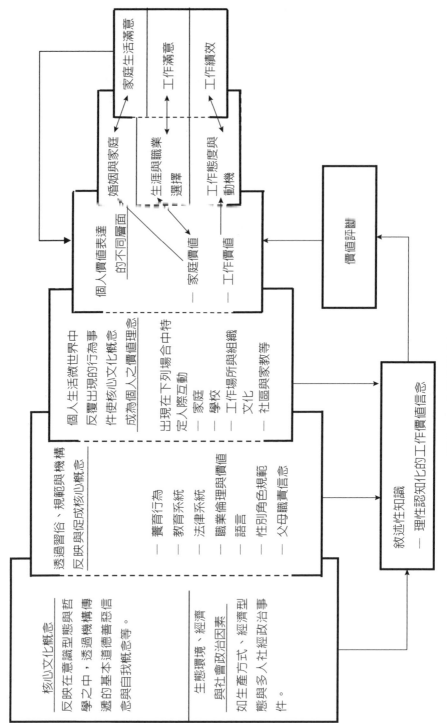

附圖1 工作價值形成之一般性模式

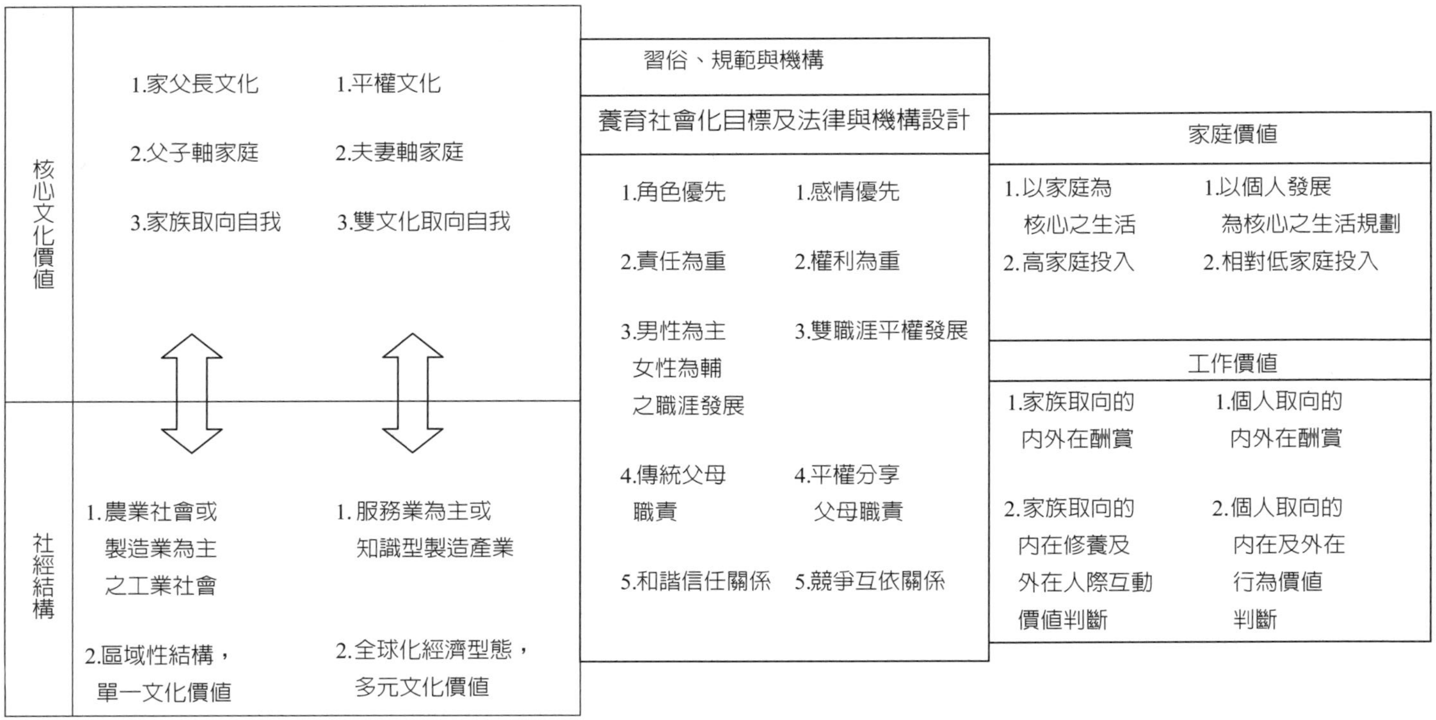

附圖2　華人經濟轉型後，華人家庭與工作價值模式

核心文化價值
1.家父長文化
2.父子軸家庭
3.家族取向自我

1.平權文化
2.夫妻軸家庭
3.雙文化取向自我

社經結構
1.農業社會或製造業為主之工業社會
2.區域性結構，單一文化價值

1.服務業為主或知識型製造產業
2.全球化經濟型態，多元文化價值

習俗、規範與機構
養育社會化目標及法律與機構設計
1.角色優先
2.責任為重
3.男性為主女性為輔之職涯發展
4.傳統父母職責
5.和諧信任關係

1.感情優先
2.權利為重
3.雙職涯平權發展
4.平權分享父母職責
5.競爭互依關係

家庭價值
1.以家庭為核心之生活
2.高家庭投入

工作價值
1.家族取向的內外在酬賞
2.家族取向的內在修養及外在人際互動價值判斷

家庭價值
1.以個人發展為核心之生活規劃
2.相對低家庭投入

工作價值
1.個人取向的內外在酬賞
2.個人取向的內在及外在行為及價值判斷

第九章

華人家庭價值觀之意涵與流變

周玉慧

近年探討臺灣民眾個人價值觀的研究一致指出，即使處於劇烈的社會變遷中，臺灣民眾對家庭倫理、家庭和諧的價值意識共識仍極高，為最重要的核心價值（黃囇莉、朱瑞玲，2012；周玉慧、朱瑞玲，2013）；然而，「家庭價值」卻是一個被忽略的研究領域，通常被包含在一般價值量表中的家庭類別，內容僅止於測量描述傳統及現代家庭功能及結構如傳宗接代、養老、權責等（王叢桂，2005）。過去許多研究論及家庭價值觀的現況與變遷特徵時，往往採取傳統─現代、舊─新、家族主義─個人主義的對立二分，很少區辨被普遍認同的核心價值與被拋棄的式微價值，對於家庭價值觀的變遷也甚少提出有系統的耙梳。本文以「關係對象」與「內外標準」作為分類主軸，整理當代家庭價值觀的具體內涵與向度，從鉅視的社會學觀點與以家庭為中心的家庭心理學觀點，彙整家庭價值觀的變遷來源，並介紹日本與東亞地區的家庭價值觀研究，透過跨地區比較以展現華人家庭價值觀的獨特意義。

議題焦點

家庭長久以來是人們生活的核心。在社會多元化、教育普及與性別平等教育的推展、已婚女性勞動參與率大幅上升、家庭計畫政策的提出與修正等層面的影響下，臺灣民眾對家庭的價值意識隨之變動，家庭的存在意義也受到挑戰。不過，探討臺灣民眾個人價值觀的研究一致指出，即使處於劇烈的社會變遷中，臺灣民眾對家庭倫理、家庭和諧的價值意識共識仍極高，為最重要的核心價值（黃囇莉、朱瑞玲，2012；周玉慧、朱瑞玲，

2013）。但相對地，「家庭價值」卻是一個被忽略的研究領域，通常被包含在一般價值量表中的家庭類別，內容僅止於測量描述傳統及現代家庭功能及結構，如傳宗接代、養老、權責等（王叢桂，2005）。家庭價值的向度意涵以及家庭價值如何流動變遷，仍為待清楚解答的重要問題。

所謂價值觀，是「一個社會或一群人用以衡量事務和行為的標準」（文崇一，1989），是「人們對特定行為、事物、狀態或目標的一種持久性偏好，此種偏好在性質上是一套兼含認知、情感及意向三類成分的信念。價值不是指人的行為或事物本身，而是用以判斷行為好壞或對錯的標準，或是據以選擇事物的參考架構」（楊國樞，1994），亦即，價值包含「一種持久的信念」與「一種偏好某種狀態的信念」兩種因素（王叢桂，2005）。而家庭價值觀則指：個人對家庭所抱持的一種綜合性的態度或信念，以判斷家庭相關事務的重要性與意義，做為處理家庭相關事務的原則（林素秋，2017）。

過去關於家庭價值研究的層面與向度指標相當多元，涉及代間親子者包含孝道、教養、親子關係等，涉及夫妻婚姻者包含婚姻態度觀念、性別角色與家務分工、擇偶與離婚等，而涉及家庭整體者更包含團圓和諧、倫理、責任、傳承、支持互助、儲蓄理財等。對於價值觀的歸類在學者間也頗為不同，如：傳統性—現代性（Brindley, 1989, 1990）、工具性—目的性（Rokeach, 1973；黃光國，1995）、政治民主—經濟發展（Schwartz & Sagie, 2000）、父子軸—夫妻軸（楊國樞，1996）、重要性—共識性（Schwartz & Sagie, 2000；黃囇莉、朱瑞玲，2012）、倫理—家庭（劉蓉果、朱瑞玲，2016）、垂直—水平（周玉慧，2017）等。

先秦儒家以父子、君臣、夫婦、兄弟、朋友為五種最基本的人際倫理關係（人倫、五倫），且人際間的相處不僅需要一份基本的善意（仁），亦需選擇合宜的方式，方能恰當地傳達此內在善意。所謂「親親、故故、庸庸、勞勞，仁之殺也；貴貴、尊尊、賢賢、老老、長長，義之倫也。行之得其節，禮之序也。仁，愛也，故親；義，理也，故行；禮，節也，故成。」《荀子‧大略》人倫使人與禽獸有別，初始出於仁義之本心，最終確立於禮樂之教化；意謂「仁義」乃是人倫的內在道德性基礎，而「禮

樂」則是人倫的外在規範性標準（林遠澤，2017，頁 169）。據此可知，人倫的初始與確立其實含括情感（仁）與規範（禮）的運作。就家庭範疇的父子、夫妻、兄弟等人倫來說，不同的人倫關係對象仍有其本質差異，而「情感」與「規範」則可歸結為家庭價值觀的內在與外在判斷標準，本文將回歸人倫觀點，就關係對象與內外標準的角度來彙整家庭價值觀的向度與內涵。

對於婚姻家庭的未來發展，徐安琪等人（2013）曾歸納家庭價值觀變化趨勢的六種理論視角，其中家庭衰退論、家庭價值功利化、家庭倫理失範論三者對家庭的存在功能持悲觀看法，而家庭現代化理論著重討論擴大家庭向夫婦式家庭制度的家庭結構改變，個體化理論則將分析焦點轉移到個體，看重婚姻所帶來的自我滿足與自我發展機會；至於「家庭觀念趨強論」與此五者有很大相異，強調家庭的適應性，認為婚姻家庭不僅不會衰落或解體，反而會以多元的型態呈現出日益重要的趨勢。徐安琪等人（2013）分析上海 1200 位與蘭州 1000 位 20-65 歲的成人資料，發現和諧團結、敬老愛幼、相互扶助、終身婚姻等家庭價值觀仍獲得民眾的普遍認同，是持續的重要核心價值；且家庭成員的相互依存多於個體的獨立自主，家庭的整體利益仍高於個人利益，意味家庭本位仍為社會的主流價值。而性別觀、婚育觀、性觀念趨於多元，至於父母之命、媒妁之言的擇偶觀，長幼尊卑、權威主義的孝道觀，女性貞潔、從一而終的婚姻觀，傳宗接代、男性偏好的生育觀等家庭價值觀中的「糟粕」則隨時間變遷被日漸拋棄。亦即家庭價值觀的變化與發展，視其內涵與向度而大相逕庭，乃不一而足。

那麼，當代華人家庭價值可以如何重新定位？影響家庭價值產生變遷的因素為何？華人家庭價值的獨特樣貌如何？可否透過與鄰國比較而呈顯？為了解答這些問題，本文首先回顧過去探討華人家庭價值觀的研究，檢視家庭價值的向度與分類，以關係對象與內外標準作為分類主軸並彙整家庭價值觀的變遷因素；其次，就家庭價值觀何以變遷的解釋，從鉅視的社會學觀點與以家庭為中心的家庭心理學觀點進行整理；最後，介紹日本與東亞地區的家庭價值觀研究，透過跨地區比較以展現華人家庭價值觀的獨特意義。

一 家庭價值觀的意涵與向度

（一）華人家庭價值之向度與定位

　　李亦園（1988）曾介紹人類學家許烺光先生對各民族的家庭人倫關係之分類，包含以父子關係為主軸的父子倫家庭、以夫妻關係為主軸之夫妻倫家庭、以母子關係或兄弟關係為主軸的母子倫或兄弟倫家庭等。就傳統華人家庭而言，其人倫關係以父子關係為主軸，具有延續性、包容性、權威性和非性等四種特性。延續性是指父子身分的延續，在夫妻、母子或兄弟等人倫關係中不存在延續性；包容性與非性是相對於夫妻關係的排他性，父子、母子與兄弟關係都是包容的、不強調兩性間之區分；而父對子的關係經常是權威的，夫妻之間是自主的，母子之間是依賴的，兄弟之間則是平等的。

　　楊國樞（1996）進一步整理父子軸與夫妻軸家庭的內部運作，指出這兩種家庭各有其特殊法則。父子軸家庭的運作法則包括：⑴ 男性中心，男性為家庭之支配者，女性在家庭中之地位低微，具有很高的被取代性；⑵ 集體取向，家庭中的個別成員只是成就家庭目標、維護家庭利益和團結、達到家庭整體福祉的手段或工具；⑶ 垂直排序，強調上下階序的排列，重視尊卑長幼的地位；⑷ 代間同居，父子兩代（或兩代以上）終生同居一處，依循「從父居」的法則；⑸ 單向強勢，家中的權力關係沒有平等可言，權力運作的方向是單向的；⑹ 角色優先，家人關係皆以成對的社會角色加以規定，角色的界定強調倫理法則與人倫網絡；⑺ 擴散主義，只要經濟能力許可，透過血緣與姻緣等途徑，家庭成員的數目可一再擴充，愈多愈好；⑻ 責任為重，家庭成員的互動依責任法則運作，不計投資報酬率，不講利害關係，社會交換的成分很低。

　　相對而言，夫妻軸家庭則是：⑴ 兩性平權，在家庭中，夫妻兩人地位相同，沒有一方享有特權；⑵ 個體取向，夫妻軸家庭組成的目的，即是為了滿足個人需求而來，個別成員在家庭生活中的尊嚴與需求相當受重視；⑶ 水平並處，較不強調上下尊卑的差異，重視以平等自然的方式相

待，長輩與晚輩的權威相差不大；(4) 代間分居，兩代之同居關係是階段性的，而不是終生的，子女長大成人，即要「離巢」獨立，自行成家立業；(5) 雙向均勢，夫妻間權力相當，影響力一樣，沒有所謂優勢劣勢，親子間的交流是雙向的，彼此相互影響；(6) 感情優先，家人關係的主要基礎是感情而非角色，關係的性質主要是決定於雙方的個人特徵與彼此好惡，較不重視倫理法則；(7) 收斂主義，家人數目愈少愈好，家庭資源的分配主要限於夫妻雙方及其子女；(8) 權利爲重，重視權利與義務的對應關聯，使家人互動有相當的社會交換性，而非強調單向的責任觀念。

楊國樞也指出，隨著臺灣社會轉變成工商社會，臺灣家庭型態亦逐漸從父子軸家庭轉向夫妻軸家庭，現在的臺灣社會處於過渡時期，很多家庭都是屬於「混和型家庭」，一方面保留了傳統農業社會遺留下來的父子軸家庭部分特徵，另一方面增加了夫妻軸家庭部分特徵。此種不契合、不一致的狀態可能導致家事分工、教養子女、家庭決策、出外就業等問題上出現適應困難和婚姻衝突。

而從社會價值變遷的角度來看，傳統價值觀與現代價值觀非爲截然二元對立（Gusfield, 1968）。郭江東（1978）認爲價值取向包含傳統取向和現代取向；傳統取向接受和尊重由過去傳下來的社會制度、信仰，傾向於抗拒變更，墨守成規，支持固有秩序，順從自然的人生觀，它代表舊的、嘗試過的、熟悉的觀念；而現代取向在生活中建立或採用新的思想、新的事物及新的行爲方式與治事方法，並相信實證科學與理性的控制環境，主張尊重個人的人格、自由意志和獨立行爲。葉啟政（1982）指出「傳統」具有延續性、集體性、優勢合法性、潛意識性、群屬認同性、實用方便性及可塑性等七種特性，使之得以成爲傳統。傳統取向與現代取向很大部分是線性延續的，傳統價值觀念可能透過日常生活所使用的語言文字和互動行爲，與新的制度或觀念同時並存，揉合成新的社會價值觀，進而影響家庭的運作（陳舜文，1999）。

再回到儒家的人倫觀點，《孟子滕文公篇上》明確定義人倫及其型範與履行原則：「使契爲司徒，教以人倫：父子有親，君臣有義，夫婦有別，長幼有序，朋友有信。」其中，「倫，是指一種條理、通路；人倫，

就是人與人間通情達意的通路……（中略）……儒家將人際關係分類為五種型範，而環繞著家族的核心逐漸向外推擴。這五種型範，相應於不同的人際關係，當然也各有其不同的特徵與履行時應注重的原則。」（中華百科全書，1983）林遠澤（2017）視人倫為人際之間的道德，並指出人倫預設的三項特性：(1) 情感的先在性、(2) 無可取代的個人特殊性，與 (3) 人與人關係的非對等性，使得人倫終歸是特殊而無法普遍化的人際關係（頁174）。而此種先在、特殊、非對等的人倫，使得人與禽獸有別，初始出於仁義之本心，而最終確立於禮樂之教化。因此「人倫既有仁義為其奠定內在的道德性，又有禮樂為其建立外在的規範性標準」（頁 169）。由之可以推論：人倫的內在標準為情感（仁）、外在標準為規範（禮），與人倫相關的價值觀判斷即可化約為情感與規範這兩大內外標準。此五倫中父子、夫婦、兄弟三倫屬於家庭範疇，更屬於一般人的重要人際關係，是日常生活中最重要的團體及其內在團體成員（李美枝，1998）。

綜合以上文獻論述，本文以「仁」與「禮」為家庭價值的內在與外在標準，區分親子、夫妻、家庭三種主要對象，從「關係對象」與「內外標準」兩大主軸來重新定位家庭價值。首先，家庭價值所指稱的標準包含內在的情感性標準（仁）與外在的規範性標準（禮）；其次，家庭價值所指涉的對象包含垂直的親子代間、水平的夫妻婚姻，及環繞的家庭整體三大類的關係對象。此兩大主軸可交叉而成如表 9-1 之六個範疇：

- 「親子代間情感性價值」為上下親子代間對於彼此情感層面的態度信念，包含：子代對親代的孺慕感念、親代對子代的溫暖呵護等情感的重視或偏好程度。
- 「親子代間規範性價值」為上下親子代間對於彼此應負的義務與責任的態度信念，包含：子代對親代的遵循奉養、親代對子代的撫育管教等規範的重視或偏好程度。
- 「夫妻婚姻情感性價值」乃對夫妻相處時情感層面的態度信念，包含：尊重、信任、欣賞、支持、歡喜、愛戀等情感的重視或偏好程度。
- 「夫妻婚姻規範性價值」乃對夫妻婚姻應負的義務與責任的態度信念，包含：貞潔、養家、家務分擔、生養子女、照顧上下代等規範的重視或

表9-1 家庭價值觀的兩大主軸與向度定位

關係對象 內外標準	親子代間	夫妻婚姻	家庭整體
情感性	親子代間 情感性價值	夫妻婚姻 情感性價值	家庭整體 情感性價值
規範性	親子代間 規範性價值	夫妻婚姻 規範性價值	家庭整體 規範性價值

偏好程度。
- 「家庭整體情感性價值」指對於家庭整體與家人相處時情感層面的態度信念，包含：尊重、信任、和諧、支持等情感的重視或偏好程度。
- 「家庭整體規範性價值」指對於家庭整體與家人間應負的義務與責任的態度信念，包含：團圓、傳承祭祀、長幼有序、互助等規範的重視或偏好程度。

（二）華人家庭價值相關實徵研究

　　過去三十餘年來，不少研究探討華人家庭價值觀，本文將依年代針對發表在期刊或專書上的實徵研究簡介其內容，從上述家庭價值觀兩大主軸進行整理，並檢視性別、世代或年齡、結婚、宗教信仰等變遷因素所展現的差異。

　　郭江東（1978）選取臺北市三家電視公司在 1976 年播出的國語和閩南語連續劇共 6 部，從家庭意識、養育子女、親子關係、婚姻模式、處事態度等五個家庭價值層面來觀察臺灣家庭生活型態的轉變。透過意辭（theme）歸類分析的結果顯示，這些電視連續劇中有關孝道、慎終追遠、崇功報德、尊老敬賢、長幼有序等家庭意識及傳宗接代的養育子女觀念仍傾向於傳統，但親子關係、婚姻模式則逐漸朝重視溝通、尊重與民主的現代取向傾斜。

　　黃國彥（1984）蒐集 102 戶三代同堂家庭的資料，分析家庭、夫妻、親子、法律、經濟、教育、國家等七大類價值觀的性別與代間差異。就屬

於家庭價值觀的前三者而言，夫妻價值觀有顯著性別與代間差異，相較於孫代女性，祖代與父代的女性對於夫妻價值觀更為傳統與保守；而孫代女性比孫代男性更傾向「男女平等」的觀念。親子價值觀也有部分代間差異，孫代比祖代更為傾向要求開放、民主式的親子溝通。不過，家庭價值觀並無性別或代間差異。

Yang（1988）回顧臺灣、香港、中國大陸三個華人地區的研究，將家庭價值分為父子軸結構、家長權威結構、親子相互依賴、家庭互動的支配性等四部分。黃光國（1995）以臺灣大學生與企業員工為對象，要求受訪者比較自己與親代之間在各種價值觀重視程度上的差異，主要可區分強調家庭福祉為先的「群體價值觀」（例如：賢妻良母、子女成器、長幼有序、香火傳承等）及與個人生命寄託有關的「目的價值觀」（例如家庭幸福、婚姻美滿與和諧、孝順等）兩大部分，結果發現關於賢妻良母、子女成器、長幼有序、香火傳承、貞潔、孝順等觀念，受訪者自認比親代低；而家庭幸福、婚姻美滿、和諧等觀念則無代間差異。

伊慶春、蔡勇美（1997）分析 1991 年二期二次臺灣社會變遷基本資料，將價值觀分為婚姻價值觀（含婚姻的經濟保障、結婚與孩子的連帶、同性戀婚姻權、離婚對夫／妻／子的影響等）、家庭價值觀（含單親效能、子女的正負評價、結婚是生子前提、家庭重要性、事業與家庭比較等）及親屬價值觀（含家庭應提供經濟援助、親人多寡、親人值得信賴等）三方面，發現女性、年紀較輕、教育程度較高者比男性、年紀較長、教育程度較低者，在離婚、未婚生子等屬於個人主義取向的觀念上較為開放，但重視家庭、子女、親戚等屬於集體主義取向的觀念則較無明顯的性別或世代差異。

陳舜文（1999）分析 1994 年二期五次臺灣社會變遷基本資料，將家庭價值觀分成情感層面（如：家人感情好、對父母之恩心存感激、維持婚姻等）與規範層面（如：生兒以傳宗接代、榮耀家族、顧慮父母面子、婚後與父母同住、子女幼時母親不外出工作等），發現年輕者較年長者重視「情感」因素，而年長者較年輕者重視「規範」因素。

周麗端（2001）蒐集全臺 1080 對雙薪夫妻資料，分析五個構面的家

庭價值觀：⑴婚姻與家庭構面，涵蓋家庭重要性、事業與家庭的取捨、結婚的必要性、婚姻維持、婚前同居、擇偶、同性戀結婚等家庭價值與婚姻態度；⑵親子關係構面，包括父母的教養責任、對子女婚姻的權利、子女行為規範等；⑶家庭責任構面，包括成年子女與老年父母彼此的代間支持、尊敬祖父母、家人彼此幫助等家庭功能與責任；⑷家庭中性別角色構面，包括夫／妻或兒／女的性別分工、女性服從等性別角色與地位；以及⑸生養子女構面，包括子女的正負向評價、結婚是生育前提、有子女才是完整家庭、為子女維持婚姻等內涵。結果發現不論丈夫或妻子，家庭責任構面的分數最高，婚姻與家庭、親子關係、生養子女等構面均高於理論中點 3 分，僅家庭中性別角色構面低於理論中點；除了親子關係構面在夫妻間無差異外，其他四個構面均為丈夫高於妻子。

　　高旭繁、陸洛（2006）測量 150 對夫妻的個人傳統性與個人現代性，分析夫妻契合度對婚姻關係的影響。個人傳統性包含遵從權威、孝親敬祖、安分守成、宿命自保、男性優越，而個人現代性則包含平權開放、獨立自顧、樂觀進取、尊重情感、兩性平等等向度。結果發現夫妻個人傳統性與現代性的契合會影響其婚姻適應，丈夫擁有較多「男性優越」的傳統心理特質，或妻子比丈夫擁有現代心理特質的夫妻，其婚姻適應情形較為不良。

　　張思嘉、周玉慧、黃宗堅（2008）探討 188 對新婚夫妻的婚姻適應，在婚姻態度中有兩部分屬於家庭價值觀，一為父系家庭制度與居住安排，包括女方以男方或夫方為重、以男方意見或作法為主、與夫家父母同住或住附近、兒子應奉養父母、生兒子以傳宗接代等，另一為文化傳統對性別角色的期待，包含男主外女主內、太太應以家人為優先、先生的學歷或收入要高於太太、侍奉公婆是媳婦的責任等。結果發現丈夫在「父系制度」的分數高於妻子，但夫妻對於「傳統性別角色」的態度並無顯著差異。

　　柯澍馨、廖翊合（2011）蒐集高中職學生 1076 人的資料，從三方面測量家庭價值：⑴家庭角色認同，包括男主外女主內、男作主女順從、媽媽應以家庭為重／負責教養子女、女孩或男孩從事家務、單親父母與雙親家庭教養效能等內涵；⑵生養子女態度，包括子女正負向評價、兒子

或女兒可傳宗接代、多子多孫多福、生／領養子女的條件或時機、有子女家庭才完整、父母可要求子女實現未竟願望、子女教養責任或責任歸屬、不該教導兒子作家務、女孩免受高等教育等有關子女生育、養育、教育，對子女的要求、家庭概念等；⑶ 傳統孝道觀念，包含子女對父母應完全坦承、贊同父母價值或想法、不應頂嘴、順從父母意見或要求、子女外出或結婚應得父母同意、子女婚後應和父母同住、奉養或榮耀父母等內涵。而結果發現高中職學生在此三向度的分數均低於理論中點 3.5 分（6 點量尺）；男生在家庭角色認同與生養子女態度的分數高於女生；至於傳統孝道觀念則無性別差異。

葉光輝等人（2012）分析 1985 年到 2005 年的臺灣社會變遷基本資料，將家庭價值觀分為親密互助與道德規範兩方面，前者包含家人情感、家庭幫助個人成長、困難時有家人幫助、賺錢養家等內涵，後者包含結婚成家、維持婚姻、為子女不應離婚、子女年幼母親不應外出工作等內涵。結果發現家庭和諧為核心的家庭價值觀仍受重視，孝順次之，其他屬於傳統家庭價值的觀念則逐漸式微。周玉慧、朱瑞玲（2013）也分析 1994 年到 2009 年的臺灣社會變遷基本資料，發現家庭和諧、服從長上的家庭倫理觀隨著時期發展，其重要性持續最高且持續增強，同時發現已婚者、有宗教信仰者有較高的家庭倫理觀，但不因性別而有差異。曹維純、葉光輝（2014）探討 1994 年到 2011 年間臺灣民眾的相互性孝道與權威性孝道的變遷，發現相互性孝道與權威性孝道均隨時期增高，教育程度愈高者之相互性孝道愈高、權威性孝道愈低；而男性、年長者、家庭收入較低者、家戶總人口數愈高者，其權威性孝道分數明顯較高。

丁鈺珊等人（2014）探討大學生的婚姻態度與家庭價值觀、人際依附風格之關聯（分析焦點並非家庭價值觀），將家庭價值觀分為性別角色態度、生養子女觀點、婚姻家庭觀念三個向度，以 508 位高雄市大學生為對象，結果顯示大學生的家庭價值觀趨向現代，生養子女觀點與婚姻家庭觀念愈傳統者，對於婚姻態度的同意度愈高。

劉蓉果、朱瑞玲（2016）運用華人家庭動態資料庫 2003 與 2007 年之資料，區分倫理價值（含情感性孝道、義務性孝道）與家庭價值（含婚姻

價值、情感價值），發現對臺灣民眾而言，情感價值、情感性孝道最高，婚姻價值次之，而義務性孝道最低。同時也指出：傳統性的家庭倫理是由男性實踐與傳遞，而女性則是透過情感價值的重視，維繫家庭整體。

周玉慧（2017）蒐集大臺北地區 369 對夫妻的資料，將婚姻家庭觀分為傳宗生育、奉養團聚、母職教養、儲蓄理財、性別角色、婚姻認命等六個向度；其中奉養團聚觀不論夫妻均最高、儲蓄理財觀次之；而丈夫的「母職教養觀」最低，妻子的「婚姻認命觀」最低；另外，妻子的母職教養觀、性別角色觀或婚姻認命觀均低於丈夫。

林素秋（2017）採取 2004 年華人家庭動態資料庫中未婚單身者 377人的資料，探討其家庭觀（家人感情好、家庭教養責任等 5 題）與孝道觀（父母之恩心存感激、奉養父母等 8 題），發現未婚單身者的家庭觀與孝道觀均高於理論中點，且家庭觀高於孝道觀；女性的家庭觀高於男性，而男性的孝道觀則高於女性。

林玉枝（2018）以 2016 年華人家庭動態資料庫之新抽樣本（1984-1991年出生，Y 世代）為對象，探討其對孝道、婚姻價值、情感價值及經濟支持之態度觀念，發現此四者的分數均高於理論中點，而情感價值最高，經濟支持次之；男性在婚姻價值、經濟支持的分數高於女性。

周玉慧（2019）分析 2006、2011 及 2016 年的臺灣社會變遷基本資料，探討傳統性別分工、婚姻快樂、結婚有益、自由不婚育及條件離婚等觀念之變遷，發現傳統性別分工、婚姻快樂觀隨時期下降、自由不婚育觀隨時期上升、離婚條件觀呈現 U 型變化（2011 年最低）；這些觀念有顯著性別、年齡、教育程度及宗教上的差異，女性較支持自由不婚育觀，男性則較支持傳統性別分工及其他三者；年齡愈高者愈支持傳統性別分工；高教育程度者支持自由不婚育觀，不支持傳統性別分工；有宗教信仰者不支持自由不婚育觀，但支持傳統性別分工。

這些研究中，資料來源以社會變遷與華人家庭動態等大型資料庫為大宗（19 項研究中有 9 項）；研究對象主要為個人，少部分為夫妻配對資料、家戶三代資料、連續劇文本等。至於家庭價值觀的測量向度各有偏重，表 9-2 將各研究測量的家庭價值觀從「關係對象」與「內外標準」的

兩大主軸重新整理，可以看出幾乎每個研究都測量「親子代間的規範性價值」，尤以子代對親代的權威性孝道為重點；而測量「夫妻婚姻的規範性價值」或「家庭整體的規範性價值」的研究超過六成，意味婚姻與家庭的責任義務仍被認為是重要家庭價值；相對地，三類關係對象的情感性價值則明顯比規範性價值較少被測量。若回歸仁禮內外標準的角度（「仁」為

表9-2　家庭價值相關研究

（依出版年代排序）	親子代間		夫妻婚姻		家庭整體	
	規範	情感	規範	情感	規範	情感
郭江東（1978）6部國臺語連續劇內容分析	○	○		○	○	
黃國彥（1984）102戶三代同堂家庭	○	○	○	○	○	
Yang（1988）回顧臺港陸三地研究	○	○				
黃光國（1995）大學生與企業員工，親子自我比較	○		○	○	○	○
伊慶春、蔡勇美（1997）社會變遷 1991 年	○		○		○	○
陳舜文（1999）社會變遷 1994 年	○		○		○	○
周麗端（2001）全臺 1080 對雙薪夫妻	○	○	○	○	○	○
高旭繁、陸洛（2006）150 對夫妻					○	○
張思嘉、周玉慧、黃宗堅（2008）新婚夫妻 188 對	○		○		○	
柯澍馨、廖翎合（2011）高中職學生 1076 人	○		○			
葉光輝、章英華、曹惟純（2012）社會變遷 1985, 1995, 2000, 2005; 1994, 1999, 2004	○		○			○
周玉慧、朱瑞玲（2013）社會變遷 1994, 1999, 2004, 2009	○				○	
曹惟純、葉光輝（2014）社會變遷 1994, 1999, 2011	○	○				
丁鈺珊、戴嘉南、吳明隆（2014）大學生 508 名	○		○		○	
劉蓉果、朱瑞玲（2016）華人家庭動態 2003, 2007	○	○	○	○		
周玉慧（2017）大臺北地區 369 對夫妻	○		○	○	○	
林素秋（2017）華人家庭動態 2004 未婚單身者	○	○				
林玉枝（2018）華人家庭動態 2016（1984-1991出生）	○	○	○			○
周玉慧（2019）社會變遷 2006, 2011, 2016			○	○		

本，「禮」為表徵），可知目前為止家庭價值研究著重的仍是「倫理規範」的外在表徵。

再進一步以此兩大主軸整理過去有關家庭價值觀在性別、世代或年齡、結婚、宗教信仰的差異，大致而言，年長世代、男性較為重視親子代間的規範性價值及夫妻婚姻的規範性價值，而年輕世代、女性、高教育者則較為重視親子代間的情感性價值及夫妻婚姻的情感性價值；有宗教信仰、已婚者對於家庭整體的規範性價值較為重視，至於家庭整體情感性價值的重視程度則不太因世代、性別、教育、結婚、宗教等因素而不同。

■二■ 家庭價值觀的變遷來源

不同的性別、世代或年齡、婚姻狀態、宗教信仰使人們的家庭價值觀呈現差異，而家庭價值觀究竟如何出現變遷則是另一問題。有不少理論對於家庭價值觀之所以變遷提出解釋，本文採取以鉅視的人口社會學觀點與以家庭為中心的家庭心理學觀點來整理家庭價值觀的變遷來源。

（一）變遷的來源——時間

人口社會學從「時間」（Time）在生命歷程上的作用來捕捉價值觀或態度行為的變遷，將時間區分為年齡效果（age effect）、時期效果（period effect）及出生世代效果（cohort effect）（Alwin & McCammon, 2003; Gilleard, 2004; Nilsen, 2014; Yang & Land, 2006, 2008）。從發展心理學的角度來看，生命經歷過一連串的發展階段：出生、兒童、青少年、成人、中年與老年，而年齡與這些發展階段相連結，個體隨著年齡呈現生理變化，所處社會環境、社會角色或社會地位的期待也隨著年齡出現變化，開展生命歷程軌跡（trajectory）。因此，年齡構成研究時間的第一個作用力。在生活中常能觀察到年齡與家庭價值觀的關聯，例如：年輕者較為重視相互情感，而年長者較為認同倫理規範等。

時間的第二個作用力是時期。對處於同一時空的所有年齡層的人們而言，某個時期或時間點所發生的社會、文化、經濟或物理環境變化，會對

當時所有人們產生影響。特別是政治、教育、經濟、戰爭等重大事件，如世界史上的工業革命、啟蒙、世界大戰，臺灣史上幾次的政權更迭、教育變革、經濟危機等，其所產生的影響巨大全面且深遠。以工業革命而言，三次工業革命改變了人們的勞動、經濟、信息掌握方式，顛覆舊有的生活和思維方式，個體的家庭價值觀也會因為這些事件而衝擊與調整。

　　出生世代則為時間的第三個作用力，反映個人生命時間（biographical time）與歷史時間（historical time）的互動。同一時期出生的人們，在成長的過程中會經歷類似的社會脈絡與社會條件，故而呈現相似的價值觀或態度行為。例如，戰後嬰兒潮世代、日本團塊世代、臺灣所流行的五、六、七年級生或 XYZ 世代，以及中國大陸八〇後、九〇後等詞語，展現不同出生世代可能有其獨特的價值意識或態度行為。

　　近年有少數研究開始從年齡、時期、世代效果的角度來探討華人家庭價值觀的變遷時間因素。周玉慧、朱瑞玲（2013）指出 1994 年到 2009 年間，臺灣民眾的家庭倫理觀（家庭和諧與服從長上）有明顯的時期差異，其重要性隨時間進展持續最高且持續增強，但年齡或世代差異並不明顯。

　　曹維純、葉光輝（2014）則顯示 1994 年到 2011 年間，臺灣民眾的相互性孝道與權威性孝道亦有明顯時期差異，此二孝道隨時期進展而增高，但世代差異並不明顯；另外，權威性孝道有年齡差異，年齡愈高者的權威性孝道愈高，而相互性孝道並無明顯年齡差異。

　　周玉慧（2019）發現 2006 年到 2016 年間，臺灣民眾的性別婚姻觀有明顯時期差異，傳統性別分工隨時期下降、自由不婚育觀隨時期上升、條件離婚觀則隨時期起伏；關於年齡差異，傳統性別分工隨年齡下降、條件離婚觀隨年齡起伏，而自由不婚育觀無年齡差異；另外，與前述研究類似，世代差異並不明顯。

　　這幾個研究均採取大型的臺灣社會變遷資料，初步來說，家庭價值觀在不同測量「時期」均呈現明顯的不同，而民眾「年齡」是否有影響則視家庭價值觀的向度而異，至於「世代」的影響則相當微弱幾乎可以忽略。家庭價值觀的時間變遷研究方興未艾，對於本文所提的家庭價值觀兩大主軸、多種向度的時間變遷，以及個人特質、人際互動、家庭背景等和時間

共變或中介調節的因素所扮演的作用，均有待更全面的長期資料提供進一步解答。

（二）變遷的來源──家庭

　　除了鉅視的社會變遷時間觀點，社會心理學對於家庭價值觀的變遷則以家庭中的同代間或異代間關係為焦點，採取學習與傳遞的觀點進行討論。在異代的親子間或同代的夫妻間或手足間，出現家庭價值觀的差異、對立或衝突時，為維持關係的和諧，是彼此協調或是由某一方改變與調整？美國人類學家 Mead（1970）所著《文化與承諾》提供了很好的思索方式。

　　Mead 描述和分析不同代際間的行為方式、生活態度、價值觀念等層面的差異、對立、衝突，將文化傳遞分為後喻文化（postfigurative culture）、同喻文化（cofigurative culture）和前喻文化（prefigurative culture）三種形式。所謂後喻文化是指年長代向年輕代（父祖代向子孫代）傳授，年輕代向年長代（子孫代向父祖代）學習的文化；同喻文化為同代人相互學習的文化；前喻文化則為年輕代向年長代傳授，年長代向年輕代學習的文化。

　　文化傳遞的三種形式若放置於家庭脈絡中，首先，後喻文化與「代間傳遞」（Intergenerational Transmission）概念相應，意指在家庭形成和發展的過程中，上一代傳遞給下一代的信念、價值、行為規範和情感的互動經驗，使得下一代出現與上一代相類似的信念、價值、行為規範和情感的互動經驗。家庭內，親代通常扮演教化者的角色，子代通常扮演被教化者的角色，親子兩代在生物繁衍鏈條上的前後相繼性（父為子綱），決定了雙方在社會教化上的不平等性。心理學相關理論中，解釋代間傳遞的理論以社會學習論（Social Learning Theory）為主。社會學習論者認為父母行為對子女具有示範的作用，子女藉由觀察父母行為或互動模式、從與父母相處的經驗過程中學習，將原生家庭父母的態度行為作為自己的典範，並內化成自我的一部分（Simons et al., 1991）。此種代間傳遞主要來自於觀察學習，子女對家庭的看法來自對父母家庭看法的學習，若父母注重倫理

規範的家庭價值，則子女也會傾向於注重家庭價值的倫理規範。

其次，同喻文化在家庭中則指涉同代的夫妻間、手足間的相互學習，可從象徵互動論（symbolic interactionism）來解釋。象徵互動論主張個體的社會化是一生持續的動態歷程，社會化的代理人可能擴及教育、職場、社會組織等社會生活中互動的對象。人們在日常生活中透過社會文化規範的認識，並藉著人際互動，持續建構對於各種價值的認知及態度（Blumer, 1969; Thornton & Freedman, 1979）。人際互動鑲嵌在文化脈絡下，個體由於日常生活所接觸的經濟、文化環境、互動對象，及生活方式不同，可能孕育不同的價值觀，以夫妻為例，丈夫與妻子來自不同原生家庭，各自擁有不同的家庭價值觀，在進入婚姻後，透過日常生活相處互動而彼此學習與調整。

第三種文化傳遞方式為前喻文化，即上一代學習下一代的信念價值行為，如同周曉虹（1988, 2000）以「文化反哺」概念來指稱由年輕一代將知識、文化傳遞給年長一代的情形。此種狀況在社會受到劇烈衝擊、文化出現斷層時特別容易被觀察到，例如周曉虹在 1995-1998 年間，透過中國大陸 9 個家庭（含城市與農村移民家庭）親子兩代的訪談資料，檢視子代對親代的影響，發現子代對親代的影響涉及多種層面，尤以電子高科技、流行文化、生活資訊、金錢消費方面的影響最為明顯。此種文化反哺使親代了解許多原先陌生的知識，提高了親代的社會適應能力，引起親代對自身價值意識的反思。

過去已有一些研究探討家庭價值觀的代間傳遞（如：王叢桂，1995，1999；吳齊殷、高美英，1997；歐陽儀、吳麗娟，1998；Page & Washington, 1987; Ute, 2001）、夫妻間家庭價值觀的相似性（如：張思嘉、周玉慧、黃宗堅，2008；周玉慧，2017），這些研究顯示，親代對子代家庭價值觀的代間傳遞解釋率大約分布在 10%-50% 之間、夫妻間家庭價值觀的關聯解釋率大約分布在 3%-10%，均視價值向度而不同。至於子代對親代的文化反哺則侷限於訪談整理，尚未見量化研究。關於家庭價值觀在家庭中的同異代變遷研究，目前相當少數，仍待更多研究投入。此三種形式的文化傳遞究竟何者較適於描繪當代家庭價值觀的變遷？或是各占

百分比如何？傳遞者與被傳遞者的各種特性（性別、教育程度、成長背景等）如何產生交互影響？傳遞歷程是否有其他形式的可能？日後研究可採取以家為單位的長期追蹤資料蒐集，透過親子、夫妻、手足之追蹤資料，期待能對上述問題提供相當程度的解答。

三　他山之石

　　華人家庭價值觀的特色，亦可透過與其他地區的比較來突顯，本文最後將簡介鄰國日本及東亞幾個地區的家庭價值觀研究，以嘗試捕捉華人家庭價值觀的特有樣貌。

（一）日本大型社會調查資料

　　周玉慧（2006）採取 1998 年日本全國家族調查資料，分析日本已婚有偶者的性別角色態度、為子女犧牲及奉養父母等態度。發現已婚男性均較為支持這些態度，意味其家庭價值觀明顯比已婚女性保守。進一步區分已婚者的家庭價值觀，男女均可分為「個人優先」、「孩子優先」、「遵循傳統」三類型，且明顯因婚齡而不同；已婚女性中，婚齡愈低者個人優先型比例愈高、婚齡愈高者遵循傳統型比例愈高；而已婚男性中，個人優先型比例隨婚齡成倒 U 型、遵循傳統型比例則隨婚齡成 U 型。

　　周玉慧、青野篤子（2011）分析 1985 年到 2001 年日本人的生活價值觀調查資料，其中包含「以家為重」題組（含 3 題：女性婚後應專注於守護家庭、即使犧牲自己也要為家庭盡力、不婚生子亦可〔負向題〕），發現日本人以家為重的觀念隨時期下降，女性、教育高、收入高、未婚者較不支持以家為重觀念，但世代差異並不明顯。

　　周玉慧（2014）採取 1998 年到 2008 年日本全國家族調查資料，分析日本已婚有偶者對性別角色分工（男外女內）及與年老父母同住（父母年老無法生活自理時，子女應和父母同住）的看法。結果發現，隨著時期進展，性別角色分工呈現 U 型變化，而同住則隨時期下降；此二觀念均隨年齡成 U 型（30 歲左右最低），女性、教育高者較不支持此二者；而子

女愈多、自己或配偶無工作、收入低者，較為支持性別角色分工。世代差異亦不明顯。

永瀨圭、太郎丸博（2014）就 NHK 日本人意識調查於 1973 年到 2008 年（共 8 次，每五年一次）的資料，分析日本人對於男性做家事（父親在廚房幫忙或照顧幼兒）、女性持續工作（女性於婚後持續工作）的性別角色意識，以及婚後姓氏（婚後姓氏應以誰為主）的父權意識的世代差異。結果發現，不論男女、不論世代，性別角色意識基本上隨時期朝向男女平權方向變遷，而女性變遷幅度更大；但 2003 年出現朝向保守反折，2008 年更甚（此文作者推測：2003 開始，日本勞動環境大幅改變，競爭激化，且貧窮擴大，生計困難使得性別角色意識轉為保守）。高教育、有工作者較平權；而不同世代對於「婚後姓氏」有明顯差異，1899 年到 1943 年出生者，不論男女均持續保守（七成以上認為應改夫姓）。

日本大型社會調查資料測量的家庭價值題目探討的層面較為侷限，僅涉及代間及夫妻間倫理規範，而分析結果顯示這些家庭價值在不同測量時期均呈現相當明顯的不同，基本上朝向平權方向變遷；女性、高教育、年輕者的家庭價值較為平權；世代的影響甚小，惟戰前出生的日本人仍堅持「從夫姓」。這些趨勢與臺灣大型調查資料的結果相當類似，似乎意味家庭價值觀的「時間」變遷作用在臺灣與日本間頗為一致。

（二）臺日及東亞比較

近年來，也有一些研究直接比較臺灣與日本、臺日韓中的家庭價值觀差異。范蓓怡（2011）蒐集臺灣大學生（臺南，303 人）與日本大學生（中四國地區，274 人）的資料，探討兩地大學生對「老人奉養」的看法。結果發現，臺灣大學生的「傳統奉養觀」（孝親、同住）、「傳統老人角色」（三代同住、老人對家的貢獻）、「老人自立觀」、「同住／孝親費非孝觀」明顯比日本大學生高，而「老年生活觀」（含飴弄孫、有自己興趣）及「無法長期照顧父母」則是日本大學生高於臺灣大學生。特別值得注意的是，臺灣大學生對於「傳統奉養觀」與「老人自立觀」均明顯較高，此種矛盾現象可能是囿於傳統必須奉養老人的意識，但其實隱隱期待老人

能夠自立，以減少子女負擔。

　　岩井紀子、保田時男（2009）就 2006 年臺日韓陸四地的東亞社會調查中，60 個相同的題目進行分數分配、年齡組平均、男女平均值的描述分析。此 60 個題目分為家族觀、子女生育觀、結婚離婚觀、擇偶／夫妻關係、家族行動、代間支持等六個層面。其中最明顯的是日本民眾和臺灣民眾在觀念意識與行為間的不一致，日本民眾不論是家族觀、擇偶／夫妻關係、代間支持均呈現最為非傳統、個人主義、平等主義的傾向，但家族行動中的家事分工卻最傳統，尤其日本男性對家事的貢獻最少。相對地，臺灣男性對家事的貢獻最多，但在觀念意識上卻最為傳統、最重視家族主義。至於中國大陸和韓國基本上介於日臺之間，而韓國民眾比中國大陸民眾較為傳統、較重視家族主義。

　　這兩個研究相當一致的指出臺日民眾的意識觀念與行為的出入，臺灣民眾在行為上展現兩性平權，但在意識上抱持較為傳統的家庭價值觀；日本民眾則反之。不過，此二研究均為單一次的資料，隨著時間進展，臺日民眾的家庭價值之觀念與行為是否仍持續不一致狀態，不一致情形擴大或縮小，或者朝向整合方向，則有待長期資料繼續檢驗。最後，對於臺灣與東亞各國在家庭價值觀各向度的一致與否的背後因素、文化中介及其所產生的可能影響，亦待更進一步的釐清與探索。

參考文獻

文崇一（1989）：《中國人的價值觀》。東大圖書股份有限公司。

王叢桂（2005）：〈華人價值研究〉。見楊國樞、黃光國、楊中芳（主編），《華人本土心理學（下）》，頁633-664。遠流出版公司。

王叢桂（計畫主持人）（1995）：《工作價值的傳遞與變遷及其影響因素的探討》（計畫編號：NSC84-2413-H031-002）。國科會專題計畫成果報告，國科會。

王叢桂（計畫主持人）（1999）：《父母親職責、親子關係與工作價值的傳遞或

離斷》（計畫編號：NSC88-2413-H031-001）。國科會專題計畫成果報告，國科會。

永瀨圭、太郎丸博（2014）：〈性役割意識のコーホート分析—若者は保守化しているか?〉。《ソシオロジ》，58(3)，19-33。

吳齊殷、高美英（1997）：〈嚴酷教養方式之代間傳承〉。見張苙雲、呂玉瑕、王甫昌（主編），《九○年代的臺灣社會：社會變遷基本調查研究系列二（下）》，頁215-247。中央研究院社會學研究所籌備處專書第一號。

李亦園（1988）：〈中國人的家庭與家的文化〉。見文崇一、蕭新煌（主編），《中國人：觀念與行為》，頁113-128。巨流圖書公司。

李美枝（1998）：〈中國人親子關係的內涵與功能：以大學生為例〉。《本土心理學研究》，9，3-52。

周玉慧（2006）：〈日本における既婚者の結婚滿足度に及ぼす家庭観と夫婦間関係の影響〉。見黃自進（主編），《近現代日本社會的蛻變》，頁3-38。中央研究院人文社會科學研究中心亞太區域研究專題中心。

周玉慧（2014）：〈変動の中の現代日本における既婚者の夫婦関係と結婚満足度〉。見周玉慧（主編），《現代日本の社會心理と感情》，頁123-171。中央研究院人文社會科學研究中心亞太區域研究專題中心。

周玉慧（2017）：〈家庭價值觀與夫妻互動〉。見胡臺麗、余舜德、周玉慧（主編），《跨・文化：人類學與心理學的視野》，頁337-367 & 593。中央研究院民族學研究所。

周玉慧（2019，4月19-20日）：〈臺灣民眾性別婚姻觀及滿意度之變遷：2006-2016〉（口頭發表論文）。2019臺灣人口學會年會暨「人口老化、家庭與照護」學術研討會，新北市。

周玉慧、朱瑞玲（2013）：〈殊異或趨同？臺灣民眾價值觀之變遷及其影響因素〉。見葉光輝（主編），《華人的心理與行為：全球化脈絡下的研究反思》，頁253-288。中央研究院。

周玉慧、青野篤子（2011）：〈変動の中の現代日本人の価値観と生活満足度〉。見黃自進（主編），《日本の伝統と現代（日本的傳統與現代）》，頁593-630。中央研究院人文社會科學研究中心亞太區域研究專題中心。

周曉虹（1988）：〈試論當代中國青年文化的反哺意義〉。《青年研究》，11，

22-26。

周曉虹（2000）：〈文化反哺：變遷社會中的親子傳承〉。《社會學研究》，
　　2，51-66。

周麗端（2001）：〈夫妻的家庭價值觀與婚姻滿意度之研究〉。《生活科學學
　　報》，*7*，133-155。

岩井紀子、保田時男（2009）：《データでみる東アジアの家族観：東アジア社
　　会調査による日韓中臺の比較》。ナカニシヤ出版。

林玉枝（2018）：《臺灣Y世代未婚者家庭價值觀與擇偶偏好關係之研究》（未
　　出版碩士論文）。國立暨南國際大學。

林素秋（2017）：《成年早期的家庭價值觀與婚姻態度對結婚之影響──十年追
　　蹤分析》（未出版碩士論文）。國立臺灣師範大學。

林遠澤（2017）：《儒家後習俗責任倫理學的理念》。聯經出版公司。

柯澍馨、廖翊合（2011）：〈單親與雙親家庭子女家庭價值觀之比較──以臺北
　　地區高中職學生為例〉。《華岡農科學報》，*28*，43-67。

范蓓怡（2011）：〈臺日における大学生の家族意識の変容に伴う老親扶養の
　　変化─実証的な調査結果の分析を通じて─〉。《淡江日本論叢》，*24*，159-
　　183。

徐安琪、劉汶蓉、張亮、薛亞利（2013）：《轉型期的中國家庭價值觀研究》。
　　上海社會科學院出版社。

高旭繁、陸洛（2006）：〈夫妻傳統性／現代性的契合與婚姻適應之關聯〉。
　　《本土心理學研究》，*25*，47-100。

張思嘉、周玉慧、黃宗堅（2008）：〈新婚夫妻的婚姻適應：概念測量及理論模
　　式檢驗〉。《中華心理學刊》，*50(4)*，425-446。

曹維純、葉光輝（2014）：〈高齡化下的代間關係──臺灣民眾孝道信念變遷趨
　　勢分析（1994-2011）〉。《社會學研究》，*170*，116-144。

郭江東（1978）：〈家庭價值取向之變遷：傳統與現代──電視連續劇的分析研
　　究〉。《新聞學研究》，*22*，1-50。

陳舜文（1999）：〈「仁」與「禮」：臺灣民眾的家庭價值觀與工作態度〉。
　　《應用心理研究》，*4*，205-227。

黃國彥（1984）：〈我國當前祖孫三代價值觀念差異之研究〉。《國立政治大學

學報》，*50*，139-185。

黃囉莉、朱瑞玲（2012）：〈是亂流？還是潮起、潮落？——尋找臺灣的「核心價值」及其變遷〉。見朱瑞玲、瞿海源、張苙雲（主編），《臺灣的社會變遷1985-2005：心理、價值與宗教，臺灣社會變遷基本調查系列三之2》，頁1-36。中研院社會學研究所。

楊國樞（1994）：〈傳統價值觀與現代價值觀能否同時並存？〉。見楊國樞（主編），《中國人的價值觀—社會科學觀點》，頁65-120。桂冠。

楊國樞（計畫主持人）（1996）：《父子軸家庭與夫妻軸家庭的運作特徵與歷程》（計畫編號：NSC 85-2417-H-002-028-G6）。國科會專題計畫成果報告，國科會。

楊懋春（1978）：〈中國家庭與倫理〉。《東吳政治社會學報》，*2*，1-15。

葉光輝、章英華、曹惟純（2012）：〈臺灣民眾家庭價值觀之變遷與可能心理機制〉。見伊慶春、章英華（主編），《臺灣的社會變遷1985-2005：家庭與婚姻，臺灣社會變遷基本調查系列三之一》，頁29-73。中央研究院社會學研究所。

葉啟政（1982）：〈「傳統」概念的社會學分析〉。見中華文化復興運動推行委員會（編），《傳統文化與現代生活研討會論文集》，頁67-92。

劉蓉果、朱瑞玲（2016）：〈家庭效能信念的影響與來源〉。《中華心理學刊》，*58*，63-87。

歐陽儀、吳麗娟（1998）：〈教養方式與依附關係代間傳遞模式之研究〉。《教育心理學報》，*30*(2)，33-58。

蔡勇美、伊慶春（1997）：〈中國家庭價值觀的持續與改變：臺灣的例子〉。見張苙雲、呂玉瑕、王昌甫（主編），《九○年代的臺灣社會：社會變遷基本調查研究系列二（下）》，頁123-170。中研院社會所。

魏瑋柔（2011）：《不同依戀品質母女婚姻價值觀相關程度之比較》（未出版碩士論文）。國立臺北教育大學。

Alwin, D. F., & McCammon, R. J. (2003). Generations, cohorts, and social change. In J. T. Mortimer & M. J. Shanahan (Eds.), *Handbook of the life course* (pp. 23-49). Kluwer ACademic Publishers.

Blumer, H. (1969). *Symbolic interactionism: Perspective and method*. Prentice-Hall.

Brindley, T. A. (1989). Socio-psychological values in the Republic of China (I). *Asian Thought and Society*, *14* (41-42), 98-115.

Brindley, T. A. (1990). Socio-psychological values in the Republic of China (II). *Asian Thought and Society*, *15*(43), 1-16.

Gilleard, C. (2004). Cohorts and generations in the study of social change. *Social Theory & Health*, *2*, 106-119.

Gusfield, J. R. (1968). Tradition and modernity: Conflict and congruence. *Journal of Social Issues*, *14*, 1-7.

Mead, M. (1970). *Culture and commitment: A study of the generation gap*. Natural History Press.

Nilsen, A. (2014). Cohort and generation: concepts in studies of social change from a lifecourse perspective. *Families, Relationships and Societies*, *3*(3), 475-479.

Page, M. H., & Washington, N.d. (1987). Family proverbs and value transmission of single Black mothers. *Journal of Social Psychology*, *127*(1), 49-58.

Rokeach, M. (1973). *The nature of human values*. Free Press.

Rokeach, M. (1974). Change and stability in American value systems: 1968-1971. *Public Opinion Quarterly*, *38*(2), 222-238.

Schwartz, S. H., & Sagie, G. (2000). Value consensus and importance: A cross-national study. *Journal of Cross-Cultural Psychology*, *31*(4), 465-497.

Simons, R. L., Whitbeck, L. B., Conger, R., D., & Wu, C. I. (1991). Intergenerational transmission of harsh parenting. *Developmental Psychology*, *27*(1), 159-171.

Thornton, A., & Freedman, D. (1979). Changes in the sex role attitudes of women, 1962-1977: Evidence from a pannel study. *American Sociological Review*, *44*(5), 831-842.

Ute, S. (2001). Intergenerational transmission of values: The role of transmission belts. *Journal of Cross Cultural Psychology*, *32*(2), 174-185.

Yang, Y., & Land, K. C. (2006). A mixed models approach to the age-period-cohort analysis of repeated cross-section surveys, with an application to data on trends in verbal test scores. *Sociological Methodology*, *36*, 75-97.

Yang, Y., & Land, K. C. (2008). Age-period-cohort analysis of repeated cross-section surveys: Fixed or random effects? *Sociological Methods & Research*, *36*, 297-326.

第十章 轉型社會中的消費觀念與行為

彭泗清

一 引言

（一）消費行為研究對於理解華人本土心理的重要性

消費是人們社會生活的重要方面，對於消費觀念與行為的探討，無疑是研究華人本土心理的重要內容。而且，隨著社會經濟的發展，人類社會呈現由生產面相為主軸轉至消費面相為主軸，進入所謂的「消費主義時代」（葉啟政，2006），在此背景下，研究消費價值觀及其變遷的意義更加突顯。

對於消費面相成為主軸，葉啟政有非常明確的論述：「歷史場景於是乎產生了明顯的質變：消費不再只是生產做為歷史主題下的自然衍生物；相反的，消費成為歷史主題本身，而生產成為只是為了讓消費成為可能的必要條件而已。」「對芸芸眾生而言，在現實生活中，最基本、卑微，但卻是最大的願望，往往只不過是有著豐盛的（物質）生活水準與安定的生活環境。針對著富裕社會中的多數人，若說有進一步的情況，那也只不過是以追求著所謂『生活品味』做為生活的象徵意義內涵，而這樣的人恰恰是以中產階級為主體。於是，消費成為社會裡許許多多人關心的重點。」

在中國大陸近四十年由改革開放推動的快速社會變遷中，從生產導向到消費導向的轉變軌跡也清晰可見。

在政策層面，經歷了「以經濟建設為中心」到「以民生為中心」的發展。1978 年底中共十一屆三中全會作出實行改革開放的決策，確定以

經濟建設為中心，中國大陸的製造業發展迅速，逐步成為「世界工廠」。近年來，中國政府明確提出：社會主要矛盾已經轉化為人民日益增長的美好生活需要和不平衡不充分的發展之間的矛盾，拉動內需、提振消費成為促進社會發展的重要措施。國家領導人的講話也以平實的語言表達了國家發展思路的變化：「我們的人民熱愛生活，期盼有更好的教育、更穩定的工作、更滿意的收入、更可靠的社會保障、更高水準的醫療衛生服務、更舒適的居住條件、更優美的環境，期盼著孩子們能成長得更好、工作得更好、生活得更好。人民對美好生活的嚮往，就是我們的奮鬥目標。」[1]

在日常生活層面，自 1978 年實行改革開放以來中國經歷了三次消費升級：第一次出現在改革開放之初，糧食消費占比下降、輕工產品消費占比上升，恩格爾係數逐步降低，意味著由溫飽消費向發展型、享受型消費升級。第二次是二十世紀 80 年代末至 90 年代末，家電消費快速增長，耐用消費品向高檔化方向發展。第三次消費升級當前正在進行中，消費需求增長最快的是教育、娛樂、文化、交通、通訊、醫療保健、住宅、旅遊等方面。四十年來，中國大陸恩格爾係數的明顯下降，是消費升級的顯著表徵[2]：從 1978 年城鎮 57.5%，農村 67.7% 的高位（貧窮階段），降低到 2020 年全國 30.2%，城鎮 29.2%，農村 32.7% 的較低水準（相對富裕階段）。

伴隨著經濟發展和消費升級，居民的消費需求不斷升級，消費價值觀也顯著變化。中國社會經歷了由「苦行者社會」到「消費者社會」的轉型。改革開放前的「苦行者社會」以神聖化激勵、抑制消費、節儉觀念（所謂「新三年，舊三年，縫縫補補又三年」）、奉獻精神為特徵，改革開放後則逐步過渡到以世俗化激勵、消費主義、實用主義、自利主義為特徵的「消費者社會」（王寧，2009）。這種轉型被一些學者稱為「消費革命」

---

[1] http://www.xinhuanet.com//18cpcnc/2012-11/15/c_123957816.htm

[2] 恩格爾係數（Engle's Coefficient）指居民家庭中食物支出占消費總支出的比重。比較通行的國際標準認為，一個國家平均家庭恩格爾係數大於 60% 為貧窮，50%-60% 為溫飽，40%-50% 為小康，30%-40% 屬於相對富裕，20%-30% 為富足，20% 以下為極其富裕。

（戴慧思，盧漢龍，2003；鄭紅娥，2006）。

　　消費的興起不僅僅影響人們的物質生活，而且對社會文化的諸多方面帶來了深刻的改變。事實上，在一些學者看來，20 世紀 90 年代後消費主義成爲中國社會一種主導性的新意識形態，成爲促進「中國社會的個體化」的重要力量。「隨著這種變遷，日常生活中的道德規範也從強調爲了一個偉大目標而自我犧牲和艱苦奮鬥轉變爲在具體的物質方面專注的追求個人幸福和自我實現。界定人生意義的倫理已經從集體主義轉變爲以個體爲中心的道德規範」（閻雲翔，2012，頁 21）。由此看來，考察「轉型社會中的消費觀念與行爲」不僅可以幫助我們理解紛繁複雜的消費現象，而且也是洞察變革中的社會心理的重要視角。

（二）本章的寫作思路

　　消費是一個涉及面很廣、影響因素很複雜、處於動態變化之中的現象，難以用一個簡短的章節來充分解讀；同時，有關華人消費的研究文獻相當龐雜，尚未形成相對完整和定型的知識體系，因此，筆者在這裡給自己的定位很明確：不是教科書章節的撰寫者，而是博物館（或展覽館）的導遊員。教科書往往是沉澱多年、已經達成共識的知識的展現和提煉，其中講述的理論與觀點通常具有系統性和權威性；而博物館（或展覽館）裡面陳列的往往是繽紛多樣甚至雜亂無章的，然而是具體的、鮮活的器物，其導遊員不必遵循嚴謹的框架，卻可以針對具體的器物和現象來進行詮釋。導遊員不是權威性知識的代言人，而是具體器物或現象的解讀者。

　　基於這樣的定位，筆者也清晰了自己在落實「本土研究進路」來講解「轉型社會中的消費觀念與行爲」時的具體策略。

　　首先，本文遵循楊中芳所宣導的「本土研究進路」，力求把研究對象（中國人）自身的「文化／社會／歷史」脈絡放進對其心理及行爲的觀察及探研之中（楊中芳，1996，頁 7）。

　　其次，針對消費心理本身的特點，在把握「文化／社會／歷史」脈絡時，筆者主要關注的是「微觀文化／具體社會／短期歷史」，而非「宏觀文化／整體社會／漫長歷史」。之所以做這種區分，是因爲筆者注意到

不少學者對於本土心理現象的探討，往往「博大精深」，努力構建鮮活具體的心理現象與中華文化的深層結構、中國社會的整體狀況、上下五千年的歷史脈絡之間的關係，這種構建可能產生極具思想深度和理論價值的貢獻，但也可能成為大而無當、泛泛而談的空洞文章。轉型社會中的消費心理與行為日新月異且錯綜複雜，如果用相對定型的「宏觀文化／整體社會／漫長歷史」來詮釋，難免隔靴搔癢、不得要領，相反，從消費者生活於其中的「微觀文化／具體社會／短期歷史」來解讀，可能更加契合。舉例來說，對於年輕群體的消費行為，中國大陸實行多年的獨生子女政策所導致的「倒金字塔」式 4-2-1 家庭結構 [3]（四個老人、一對夫妻、一個孩子）的影響，可能要遠遠大於孔孟之道的影響。

　　因此，當我們分析當下中國消費者行為的新特徵時，我們主要關注當前的中國消費市場和人們現實的生活世界的新特點，而非追根溯源到古老的過去。一定程度上，這種選擇正是在力圖落實楊中芳所宣導的「本土研究進路」的第一步，即「以實際觀察當地人當下的活動及行為現象為研究素材，去尋找值得做研究的課題及提出研究問題」。

　　此外，需要說明的是，受限於筆者的生活經驗、文獻熟悉範圍及篇幅，本章的論述以中國大陸的情況為主。

　　作為本書第三編「文化價值觀之變遷與整合」的一個章節，本章聚焦在消費行為的變化及其背後的消費價值觀的變遷，綜述了消費價值觀研究的兩種範式，闡釋了轉型社會中影響消費觀念與行為的主要因素，從縱貫線上討論了中國大陸改革開放以來消費者行為的變化軌跡，從橫斷面上說明了當下中國大陸消費者行為的主要特徵。

二　消費價值觀研究的兩種範式

　　對於中國改革開放以來消費價值觀的變遷軌跡及具體特徵，主要有兩方面的研究範式。其一是從社會學、人類學視角出發的對於消費文化、

3　https://baike.baidu.com/item/421%E5%AE%B6%E5%BA%AD/2199460?fr = aladdin

消費觀念的深度調研和綜合分析；其二是以心理測量爲主要工具的實證研究。

（一）社會學、人類學視角的消費文化變遷研究

社會學者、文化人類學者從生活方式或生活形態入手，對中國大陸居民尤其是城市居民的消費觀念及行爲進行了深入的調研分析，比較重要的研究成果包括：戴慧思等人（2003）的《中國城市的消費革命》、鄭紅娥（2006）的《社會轉型與消費革命：中國城市消費觀念的變遷》、王寧（2009）的《從苦行者社會到消費者社會》、閻雲翔（2012）的《中國社會的個體化》、周曉虹（2017）的《中國體驗》等。這些著作從不同角度闡釋了中國消費主義的興起和消費文化的變遷。他們的觀點很容易從相關著作中找到，這裡不再贅述。

中國社會科學院社會學研究所社會心理學研究室楊宜音、王俊秀等人主持的自 2010 年開始的「中國社會心態研究」（社會心態藍皮書）則爲了解消費價值觀的變遷提供了更加廣闊的社會心理背景。例如，王俊秀主持的《美好生活需要調查報告（2019）》表明：民眾對美好生活的需要主要集中在三個維度上，分別是國家社會、個人物質、家庭關係三個方面。具體說來就是希望社會和諧、自己有錢去做想做的事、家庭美滿溫馨。美好生活體驗和美好生活需要的國家社會維度和家庭關係維度得分均高於個人物質維度得分。另外，民眾的獲得感、安全感與美好生活體驗的國家社會層面呈現高相關，與美好生活體驗的個人物質層面和家庭關係層面呈現較高相關（王俊秀，2020）。

值得注意的是，民眾對美好生活的需要及體驗不僅表現在個人物質獲取與消費，更表現出與國家發展、家庭目標實現的高度相關。對於這個現象，或許可以從閻雲翔提出的中國的「新家庭主義」及中國個體化的 2.0 階段找到一定的解釋。閻雲翔認爲：「個體化 1.0 版本的主要特徵是國家透過制度性的改革，推動個體承擔更多的責任，增強個體的競爭力，以促進市場經濟的發展。在這個過程中，個體的欲望和追求被正當化。這是個體從傳統家庭、集體主義脫嵌，進入市場的過程。正在浮現的個體化 2.0

版本中，國家主導的市場經濟已經建成，亟待化解的主要矛盾變成個體再入嵌的問題；目前，再入嵌是通過新家庭主義和民族主義解決的。」

在他看來，個體化 2.0 的版本包括三個核心組成部分，除了新家庭主義和民族主義，還有物質主義。「連接家和國的是物質主義。私領域中，透過消費主義實現家庭的夢想和幸福感很重要。同時，物質主義把個體重新劃入不同的階層，人們以物質主義的標準爲自己界定在社會中的位置，例如擁有多少財富、住在什麼地方、能給孩子什麼樣的教育等，通過這些標準來找到跟自己身分相似的人群，以此界定自己的身分認同。公領域中，擴大內需、發展消費經濟，是國家富強、實現中國夢的重要方式。國家的發展也是靠物質主義的標準衡量，例如 GDP，從物質主義的角度，在很多年輕人看來，整個國家前途充滿希望，特別是近些年跟西方國家做比較的時候，在很多方面顯示出中國特有的優勢。依據傳統文化中小我服從大我的邏輯，個體很容易接受只有作爲國家民族的大我充分發展之後，小我的利益才能得到保障的話語，並透過物質主義理想的實現將家與國同構化。」[4] 可以認爲，閻雲翔的「個體化 2.0 版本」對於中國轉型社會中消費價值觀變化的前因後果做了非常有深度的闡釋，可以引發很多有價值的研究。

（二）基於心理測量的消費價值觀研究

消費價值觀研究的另外一個範式是社會心理學者或消費行爲學者借助心理測量方法進行的量表開發與調研。

這類研究中仍然不乏移植性研究，即直接運用西方的價值觀量表來研究中國人的消費觀念與行爲。被借用比較多的理論和量表包括：⑴Rokeach 於 1973 年提出的價值層級理論模式及 RVS 測量（Rokeach Values Survey）；⑵Kahle 於 1983 年提出的社會調適價值觀理論及 LOV 測量（List of Values）；⑶Mitchell 主導下 SRI 國際公司於 1983 年開發

4　參見澎湃新聞的專訪（https://www.thepaper.cn/newsDetail_forward_13743892）「閻雲翔：從新家庭主義到中國個體化的 2.0 版本」。

的價值觀和生活方式模型和 VALS 測量（Values and Lifestyles）及其升級版 VALS2；⑷Hofstede 於 1983 年提出的文化價值觀量表；⑸Schwartz 於 1992 年發表的價值內容與結構理論模式及 SVS 測量表（Schwartz Values Survey）（參見邵雅利，連榕，2016）。不少有關中國人消費價值觀的研究往往借用上述某個量表或者量表中的某些維度、某些題項，沒有關注量表的文化適合性。例如，劉世雄等人（2010）有關「中國消費者文化價值觀的代際傳承與嬗變」的研究就是借用 SVS 量表進行的。

有一些研究者意識到中西價值觀結構與內容的明顯差異，對源自西方的價值觀量表進行了本土化修訂。例如，中國新生代市場監測機構在參考 VALS2 的基礎上，對中國 15-64 歲的消費者進行了連續 5 年的跟蹤調查，於 2002 年開發了中國消費市場形態下的 China-VALS。該量表包括七個價值意識：「時尚新潮意識」、「經濟消費意識」、「廣告意識」、「個性成就意識」、「家庭生活意識」、「飲食健康意識」、「隨意性意識」，並基於測量將消費者分為十四個群體，這十四個群體又進一步歸為三大類別，包括積極形態派、求進務實派和平穩現實派（吳垠，2005）。China-VALS 在中國大陸市場研究實務中得到了比較多的應用。

難能可貴的是，近年也出現了本土化程度較高的量表開發。潘煜等人（2014）明確意識到從西方價值觀理論出發來研究中國消費價值觀的缺陷，嘗試從中國文化出發，透過對中國傳統思想和民俗觀念進行梳理，運用主位元研究模式，利用紮根理論等方法，挖掘和提煉中國消費者價值觀特徵，以建立全新的中國消費者價值觀框架。他們透過一系列實證研究，開發了基於中國文化背景的中國消費者價值觀量表（CCVAL），並將之與西方量表進行比較。結果顯示，中國消費者價值觀的因素結構，包含實用理性、中庸之道、面子形象、獨立自主、奮鬥進取、差序關係、人情往來、權威從眾等。他們的研究還表明，相比西方學者提出的適合於中國消費者的價值觀量表，CCVAL 對中國消費者價值觀的特徵和結構有更全面的描述能力，對消費者感知產品意義有更強的詮釋能力。

令人遺憾的是，上述兩種研究範式之間似乎各行其是，沒有什麼交集。如果社會心理學者或消費行為學者在量表開發中能夠充分吸收社會學

與文化人類學者的研究成果，其量表內容的深度及解釋力可能會顯著提高。

三 轉型社會中影響消費觀念與行為的主要因素

在「消費者行為」學科的知識體系中，將影響消費者行為的因素區分為兩大類，一是外在因素，包括文化、亞文化、人口變數、社會地位、參照群體、家庭、行銷活動等；二是內在因素，包括知覺、學習與記憶、動機與價值觀、態度、個性與情緒等。在這裡，我們重點討論在中國大陸的社會轉型過程中，對消費者的觀念和行為具有重要影響的四個方面的力量：經濟發展與消費升級、技術變革與數位生活、全球化進程與文化變遷、社會分層與貧富分化，並闡釋其中的相關研究課題。

（一）經濟發展與消費升級

本章的引言中，已經提到改革開放以來中國大陸所經歷的三次消費升級。雖然近幾年經濟發展的速度已經減緩，政策方面也由原來的追求高速經濟增長轉變為注重高品質發展，但是，消費升級的趨勢仍然持續。總的來說，在國家政策、經濟發展、數位技術、企業創新、需求升級等多種力量的驅動下，中國大陸的消費升級將更加全面、更加深化，並將持續相當長的時間。

在政策層面，國家將促進消費、拉動內需、提升經濟增長內生動力作為宏觀經濟政策的重要著力點。近年來，消費對於中國經濟增長和社會發展的重要作用受到前所未有的關注，消費的提質升級被視為中國經濟增長的「主引擎」、經濟平穩運行的「頂梁柱」、經濟高品質發展的「助推器」和滿足人民美好生活需要的直接體現。近幾年國家陸續出臺了一系列促進消費的政策，很多地方政府也推出了各具特色的配套措施。

在市場層面，在加快構建以國內大循環為主體、國內國際雙循環相互促進的新發展格局的背景下，中國將在「十四五」期間成為全球第一大消費市場。據專業機構預測，到 2025 年，中國的消費將主要由 3 億老年人、

5.6 億中產階級、1.8 億「90 後」以及大量的「00 後」和「10 後」主導，這四類人群對應著巨大的市場規模和終端需求[5]。

在企業層面，很多中外企業高度重視中國消費市場大發展、大繁榮過程中的新機遇、新需求和新業態，因需而變，以更加優質的產品和服務來分享中國消費升級的紅利。同時，數位化新技術推動企業的轉型升級和持續創新，又給消費市場注入了更多的活力。

在消費者層面，中國消費者信心指數持續高企，購買力旺盛，人們對各種新消費產品和模式充滿熱情。而且，消費升級已經由大城市擴展到縣域和鄉村，由以「三大件」爲代表的有限品類，擴展到各種各樣的產品和服務，消費的新場景、新模式、新業態層出不窮，品質消費、個性消費成爲時尚。

經濟發展、購買力提升、消費結構升級，帶來了人們消費需求的升級，一方面，人們嚮往更高品質的生活，追求更舒適、更方便、更清潔、更美觀、更健康，另一方面，消費需求呈現出由簡單到複雜、由單一到多樣、由穩定到多變、由清晰到模糊等特點。

快速的經濟發展和消費升級給消費者帶來了豐富的福利，讓很多人享受「消費之樂」，但是，收入差距帶來的消費升級的不同步、消費需求擴展帶來的欲望膨脹、消費攀比帶來的心理失衡，也給不少人造成了痛苦與迷惑。不少觀念上的誤解和行爲上的誤區與消費升級相伴生（彭泗清，2019，2021）。

在常規的社會生活中，一個人從小到大會經歷循序漸進的「消費社會化」過程，通過家庭、學校、參照群體等潛移默化地學習主流消費觀念，培養良好的消費習慣，積累自己的消費經驗，逐步成長爲一個成熟的消費者。但是，隨著改革開放以來中國經濟和社會的高速發展，很多中國消費者尤其是青少年消費者的「消費社會化」過程獨具特色，在時間上被極度擠壓，在空間上被無限放大，導致不少人的消費價值觀整合度較低。換句

5　中信宏觀：「十四五」消費升級的五大趨勢，http://finance.ifeng.com/c/80ft7Js5rcf，2020.10.18。

話說，面對快速的經濟發展和日新月異的消費升級，不少消費者並沒有做好足夠的準備，難免會出現認知上和行為上的誤區。其中，「自我管理難題」與「獲得感難題」相當突出，這些難題的前因後果及應對措施，是亟待研究的理論課題和現實課題。

1. 自我管理難題

隨著中國消費市場的快速發展和物質供給的極大豐富，消費者面臨繽紛多樣的選擇，不少人難免「挑花了眼」，陷入「選擇困難」，也有一些人盲目攀比，「什麼都想要」，成為「購物狂」和「剁手族」。當購買力跟不上購買欲時，一些人陷入了不良網路借貸的圈套中，遭遇意想不到的麻煩。此外，在網路世界裡，一些人自制力下降，或是沉迷於網路遊戲，或是流連於給直播網紅瘋狂打賞，甚至落入網路上的黃賭毒陷阱。

2. 獲得感難題

這裡的「獲得感難題」是指當客觀的獲得增加時，主觀的獲得感卻沒有同步增長甚至下降的現象。之所以出現這種情況，有多方面的原因：其一，客觀獲得的提升，可能帶來消費者欲望的擴展和期望值的顯著提高，反而造成更多的不滿足；另外，一些人將「消費升級」窄化為物質消費升級，將獲得感等同於物質獲得感，相應地，將人的價值物質化，以為物質消費越多，價值就越大，買的品牌越高端，人就越高端。將獲得感等同於物質獲得的片面觀念，使不少人產生了不切實際的過高期望。其二，在物質生活水準較低的低獲得階段，人們的需求比較簡單，獲得感容易實現；在物質日益豐富的高獲得階段，人們的需求越來越複雜多變，獲得感可能更難達成。

（二）技術變革與數位生活

隨著資訊和通訊技術的快速發展，借助移動互聯網、數位化和智慧化，人類進入了「超連接」、「全連接」的新時代。人們可以透過網路隨時隨地表達自我、購物消費、與他人即時互動。中國互聯網路資訊中

心發布的第 47 次《中國互聯網路發展狀況統計報告》[6]表明，截至 2020 年 12 月，中國網民規模達 9.89 億，較 2020 年 3 月增長 8,540 萬，互聯網普及率達 70.4%。手機網民規模達 9.86 億，較 2020 年 3 月增長 8,885 萬，網民使用手機上網的比例達 99.7%，較 2020 年 3 月提升 0.4 個百分點。2020 年，中國網上零售額達 11.76 萬億元，較 2019 年增長 10.9%。網路購物使用者規模達 7.82 億，較 2020 年 3 月增長 7,215 萬，占網民整體的 79.1%。中國網民人均上網時長為每週 26.2 小時。

特別值得注意的是，超連接時代的數位化生活和數位化消費，不僅改變了人們的消費模式，而且也改變了消費價值觀與具體消費行為之間的關係，由此帶來一系列值得探究的重要課題。

在第二節，我們談到不同學科的學者都對消費文化或消費價值觀給予高度重視。這種重視可能基於一個隱含的前提假定：只要把握了個體的消費價值觀或其所在群體的消費文化（消費亞文化），就可以很好地理解甚至預測其消費行為。值得注意的是，這種「價值觀決定論」或「文化決定論」的信念的可靠程度，可能會隨著社會的發展而降低。在傳統社會，這種信念沒有問題，但是在今天的數位化時代，這種信念的根基可能已經動搖了。由此帶來的一個問題是：影響消費者的具體消費行為的那個「消費價值觀」到底在哪裡？到底是什麼？

在通常的理解中，個人的價值觀應該是內化於心外化於行的，但是，現代社會中，價值觀的內化過程與機制卻可能相當複雜（參見德西、弗拉斯特，2020）。透過自我報告式的價值觀量表所測量到的個體消費價值觀與實際消費場景中驅動個人消費行為的價值觀可能不是一回事。在不同時代，實際影響消費者的「消費價值觀」的構成及居所可能差別很大。我們可以通過不同時代的連接方式來說明這個問題。簡言之，在傳統農業文明的「小連接＋慢連接」時代，消費價值觀內化到個人，驅動自我導向的消費行為；在大眾傳媒興起的「大連接＋快連接」時代，消費價值觀彰顯在廣告和參照群體中，個體的消費行為往往是他人導向或社會導向的；

6　http://cnnic.cn/gywm/xwzx/rdxw/20172017_7084/202102/t20210203_71364.htm

在如今社交媒體主導的「超連接＋即時連接」時代，消費價值觀更多地活躍在社交圈層（如微信朋友圈），個體的消費行為往往是小圈層導向的。

在傳統農業文明中，沒有電視，沒有網路，人們基本上生活在熟人社會中，與遠方親友的溝通往往只能透過書信，與他人、與世界的連接是一種「小連接＋慢連接」。這樣的生活世界，如果用流體來比喻的話，就是靜流的狀態，如同小溪中的流水一樣非常平靜緩慢。人們的生活就像在林中漫步一樣。這種時空條件下，價值觀通常是代代相傳，完全被個人認同攝納，整合成為自我的一部分並指導人們的行為。這是自我導向的時代，驅動個人行為的是自己的人格、價值觀、自我概念和生活方式偏好，此時，「價值觀決定論」或「文化決定論」自然可以成立。當然，在傳統農業社會中，一些人的行為也可能是理斯曼（1989）所說的「傳統導向型」。

當以電視為代表的大眾傳媒興起，人們進入到一種「大連接＋快連接」的時代。通過電視，我們坐在家裡就可以了解世界各地的大事。有了電話，我們可以隨時跟人溝通。這樣的生活世界，是一種層流的狀態，流速很快，但是流動穩定有規律。人們的生活就像在超市購物或高速公路上開車，節奏快而且受外在因素的影響大。如同理斯曼等（1989）所指出的，大眾傳媒助長了他人導向的形成，驅動個人行為的往往是大眾傳媒、參照群體、社會比較、主流價值觀等因素，此時，對大多數人來說，個人認可的價值觀並不一定決定自己的行為。

在超連接時代，消費者的購買決策旅程與以往大不相同。以前，企業的行銷刺激（如廣告、產品展示等）和消費者的實際購買之間的物理距離和時間距離都很長，消費者會經歷對品牌或產品的意識、興趣、偏好、選擇購買、購後評價等多個階段，企業也會努力去把握消費者的第一個真理瞬間（the first moment of truth）即選擇購買，並進一步去影響消費者的第二個真理瞬間即購買後的使用體驗、評價及重購意願。數位化時代的生活，是一種湍流的狀態，人們如同在激流中漂流。當消費者碰到一個行銷刺激，可以立即在網上搜尋並即時購買，產生了所謂的第零個真理瞬間

（ZMOT, the zero moment of truth）[7]。這種狀態下，行銷刺激和客戶體驗之間的距離坍塌到只差一個點擊，消費者彼此之間的距離也在坍塌，同時，不同媒介形式和管道之間的距離也在坍塌[8]，在全面數位化的社交環境和消費環境下，消費者往往被場景左右，不假思索、快速決策，朋友圈中即時呈現的消費價值觀、網路直播中網紅所宣傳的消費價值觀有可能成為影響消費決策的主要推動力。

數位化時代為數位化消費提供了無限的空間。狹義的數位化消費是指通過移動終端，互聯網等平臺進行消費，如電商購物、網路知識付費學習等。廣義的數位化消費是消費者在數位世界中的生活方式，不僅包括在網路上購買物品與服務，也包括在社交媒體上進行交流與分享。專業諮詢機構 Boston Consulting Group（BCG）的調研表明，中國的數位化消費力已在體量和規模上領跑全球，中國消費者的生活場景已經呈現高度數位化，涵蓋衣、食、住、行各個領域。

數位化消費給人們帶來了豐富的選擇和極大的便利，但是，數位化世界裡也存在有意無意的誤導，導致一些消費者陷入多方面的迷失中。

迷失一：人文迷失。一些企業的數位化行銷缺乏對消費者的人文關懷，過分「種草」，狠心「割草」，毫無節制地向消費者推送各種商品，通過各種方式激發消費者的購買欲望，把消費者變成瘋狂的「剁手族」，導致大量非理性消費。

迷失二：真相迷失。不少數位化媒體為了爭奪流量，將客觀事實和理性思辨拋之腦後，通過煽動情感、強化偏見、迎合情緒的方式，傳播符合受眾主觀認知但偏離事件原本真相的內容。在情感為先、真相滯後的「後真相時代」，很多消費者被困於各種垃圾資訊中。

迷失三：道德迷失。不少數位化媒體缺乏職業道德，以「標題黨」、低俗化內容吸引受眾眼球。

---

[7] http://www.google.ca/think/research-studies/2012-zmot-handbook.html

[8] Scott Brinker (2013), Combining Art and Science in Marketing, https://chiefmartec.com/, 又見 https://zhuanlan. zhihu.com/p/28114862?ivk_sa = 1024320u

迷失四：成長迷失。一些主張「個性化推送」的數位化媒體不顧用戶學習、成長的多方面需要，從有偏差、有局限的行為資料出發，投其所好，造成了妨礙用戶創新與成長的「資訊繭房」。

這些數位化迷失和陷阱不僅不能增進消費者的福祉，而且打亂了消費者的正常生活，阻礙了消費者的健康成長。數位化環境下的消費行為特點及有效管理成為亟待研究的課題。

（三）全球化進程與文化混搭

1978 年確立的對外開放政策，使中國逐步融入全球化進程。2001 年中國加入 WTO 後，全球化進程進一步加快。2009 年，中國成為全球第二大經濟體，2013 年，中國成為全球第二大消費市場。相關資料顯示，中國市場已經日益成為全球消費增長的重要力量。2013-2016 年，中國最終消費對世界消費增長的年均貢獻率基本占據世界第一，按照不變美元價格計算，近幾年的年均貢獻率可達到 23.4%（張建平，沈博，2018）。2008-2019 年，中國人均消費支出年均增速達 11.51%，位居世界第二，高於全球平均水準（1.65%）9.86 個百分點。依託規模龐大、成長性強的內需市場，中國持續向世界釋放需求紅利，為跨國公司發展創造廣闊的市場需求空間。截至 2019 年底，在華投資的跨國公司就已經突破 100 萬家，世界 500 強公司中已有 490 餘家在華投資[9]，越來越多的跨國公司將中國作為其實施全球化戰略的重要組成部分。

近年來，海外遊、海外購成為中國中產階層的消費熱點。中國已連續多年保持世界第一大出境旅遊客源國地位。據有關部門統計，2017 年中國公民出境旅遊 1.3 億人次，比上年增長 7%，國際旅遊支出達 1152.9 億美元，增長 5%。2019 年中國公民出境旅遊人數達到 1.55 億人次，比上年同期增長 3.3%。

---

9 商務部國際貿易經濟合作研究院（2021），《跨國公司在中國：新格局孕育新機遇》研究報告，https://baijiahao.baidu.com/s?id = 1705378515377798880&wfr = spider&for = pc

　　經濟全球化和消費全球化的進程，自然會促進文化的全球化。西方的消費文化和生活方式對中國消費者產生了多方面的影響（劉冠君，2015），尤其是消費主義、物質主義消費觀的興起。根據麥肯錫發布的《2019 中國奢侈品報告》，2012 年到 2018 年間，全球奢侈品市場有超過一半的增幅來自中國。到 2025 年，預計中國奢侈品消費總額有望增至 1.2 萬億元人民幣，對全球奢侈品消費增幅貢獻占比將達到 65%。

　　與全球化進程相關的一個重要研究課題是「文化混搭」（culture mixing）。「文化混搭」指「兩個或兩個以上的不同文化元素在同一時空中呈現」（Chiu et al., 2011；趙志裕等人，2015）。在消費領域，文化混搭的現象越來越常見，如肯德基的油條、麥當勞的米飯漢堡、星巴克的咖啡月餅。上海迪士尼的設計中，試圖體現「原汁原味迪士尼、別具一格中國風」，其中有一座極具特色的「十二朋友園」，有 12 幅大型壁畫置於其中，分別以公眾熟知的迪士尼故事角色表現中國的十二生肖形象 [10]。

　　消費者對「文化混搭」的態度比較複雜：對一些混搭產品，消費者高度認可，而另外一些混搭現象可能引發消費者的負面評價乃至激烈的民族情緒和抗議行為。彭璐珞（2012）的博士論文提出了一個文化分域理論框架，來理解全球化時代消費者對文化混搭的態度。她提出：林林總總的文化現象大致可以歸入三個領域──物質性領域，象徵性領域和神聖性領域。消費者對這三個領域的文化現象持有不同的信念和觀點，對文化混搭的態度也依據其所屬的領域而大異其趣。具體而言，消費者對於神聖性領域的文化混搭現象容忍度最低，而對物質性領域的文化混搭最能接受。同時，消費者的反應還受到其文化信念（如文化保守性和文化本質論）的影響。針對文化混搭的消費者態度和行為，還有很多值得深入探討的課題，如「品牌本真性」等（彭璐珞等人，2017；張楠，彭泗清，2018）。

---

10 參見「上海迪士尼原汁原味中融入獨特中國風」，https://www.sohu.com/a/75510735_148712

（四）社會分層與貧富分化

在中國改革開放初期，鄧小平明確提出「讓一部分人先富起來」，其完整表達是「讓一部分人、一部分地區先富起來，大原則是共同富裕。一部分地區發展快一點，帶動大部分地區，這是加速發展、達到共同富裕的捷徑」[11]。「先富起來」的政策給收入差距拉開提供了合法性。隨著政策「放開」、「搞活」經濟的進展，社會分層與貧富差距也逐漸成為明顯的社會現象。

社會分層是指社會成員、社會群體因社會資源占有不同而產生的層化或差異現象，尤其是指建立在法律、法規基礎上的制度化的社會差異體系（李強，2019）。社會學者（如陸學藝，2002；李強，2008,2019；周雪光，2015；張文宏等，2021）對改革開放後的中國社會分層與社會流動進行了深入研究，其中還涉及到對消費分層的調研（張文宏等人，2021）。

改革前中國大陸的社會分層呈現「整體型社會聚合體」的特徵，由幾個巨大陣營的社會群體構成；改革以後，「整體型社會聚合體」逐漸解體，取而代之的是以「利益碎片化」為特徵的社會群體。群體內部的利益更為分化和個體化了（李強，2008）。中國社會結構在過去是一個倒「丁字型」結構，但隨著中國社會的高速發展，現在已經形成了「土字型」結構（李強，2019）。

關於社會群體的利益分化，李強（2019）特別分析了改革開放後出現的四個利益群體：特殊獲益者群體、普通獲益者群體、利益相對受損群體、社會底層群體。這樣的利益分化，導致了基尼係數[12]的明顯增加，也使得人們對於貧富分化的感受相當明顯。中國改革開放前的基尼係數為0.16。根據中國國家統計局公布的資料，2012 年到 2017 年，中國居民收

---

[11] http://cpc.people.com.cn/GB/34136/2569304.html

[12] 基尼係數（Gini index 或 Gini Coefficient）是指國際上通用的、用以衡量一個國家或地區居民收入差距的常用指標。基尼係數最大為「1」，最小等於「0」。基尼係數越接近 0 表明收入分配越是趨向平等。國際慣例把 0.2 以下視為收入絕對平均，0.2-0.3 視為收入比較平均；0.3-0.4 視為收入相對合理；0.4-0.5 視為收入差距較大，當基尼係數達到 0.5 以上時，則表示收入懸殊。

入的基尼係數分別是 0.474、0.473、0.469、0.462、0.465、0.467，屬於差距較大的範圍。

　　社會分層和利益分化，難免會增加人們社會比較的傾向，引發補償性消費等行為（參見鄭曉瑩，彭泗清，戴珊姍，2014）。此外，群體分化也可能導致群際之間的敵意，引發「品牌汙名化」現象，即當品牌自身不存在失誤的情況下，由於「壞」的使用群體而被貼上負面標籤，消費者對此使用群體的負面態度會「恨屋及烏」殃及品牌（馮文婷，2014）。

四 轉型社會中消費觀念與行為的主要特徵

　　在轉型升級時代，中國消費者的觀念與行為紛繁複雜且日新月異，很難用幾個關鍵字來概括其特徵。不過，為了化繁為簡，我們還是試圖梳理出一些線索。首先，我們關注消費行為的歷史演變，將中國（城市居民）消費行為的變化軌跡劃分為四個階段。其次，我們關注當下的消費行為特徵，從十個方面來進行總結。

（一）消費行為的變化軌跡：從消費 1.0 到消費 4.0

　　表 10-1 是筆者根據城市居民的收入水準、恩格爾係數、生活狀況等因素的變化而編制。描繪這種變化的基本邏輯是：居民的可支配收入及產品的供給狀況決定了消費者的生活狀況，進而決定了他們的日常生活目標、對產品的需求重點和購買決策的重點。

　　消費 1.0 對應的是由貧窮走向溫飽的階段。此時，居民物質匱乏，收入低，購買力很有限，有限的資金只能用於購買生活必需品，注重產品的實用功能，希望買到物美價廉的商品，因此，性價比成為影響購買決策最重要的因素（表格中以 80% 的權重來表徵其重要性，具體數值僅為了示意，並非精確計算的結果。表格中「優越感」、「關聯感」、「參與感」的數據也是如此）。從企業的角度來看，這個階段往往強調的是產品的功能價值和交換價值。

　　消費 2.0 對應的是由溫飽發展到小康的階段。此時，居民收入明顯提

表10-1　消費行為的變化軌跡：從消費1.0到消費4.0

消費時代	1.0	2.0	3.0	4.0
對應年代	1978-1995	1996-2003	2004-2014	2015 及以後
恩格爾係數（城市）	50% 以上	40%-50%	30%-40%	30% 以下
生活世界	溫飽、實用 －我得活著	地位、形象 －我比你強	體驗、享受 －我高興就好	參與、共創 －我的創作
人與物關係	物品幫助人 解決問題	物品提升人 地位形象	物品陪伴人 成就個人自我王國	共創物品 實現自我價值
購買重點	性價比較 （精明感）	社會比較 （優越感）	體驗、分享 （陶醉感、關聯感）	自我實現 （參與感、成就感）
產品世界	功能主導 價格敏感	品牌外在價值主導 面子敏感	品牌內在價值主導 體驗敏感	參與主導 權利敏感
性價比	80	30	10	5
優越感	15	60	20	10
關聯感	5	10	60	30
參與感	0	0	10	55
品牌傳播重點	好用 注重功能價值 獨特銷售主張 交換價值	好看 注重感性價值 吸引眼球 象徵價值	好親 注重關係價值 激發關聯感 共用價值	好有成就 好玩（樂趣） 注重創造價值 共創價值

升，基本的物質需求已經得到滿足，有條件買「好東西」及「有品牌的東西」，同時也開始關注自己的社會地位和形象。商品及品牌所象徵的面子和社會地位成為影響購買決策最重要的因素（表格中以 60% 的權重來表徵其重要性，此時性價比的重要性明顯降低）。從企業的角度來看，這個階段往往強調的是品牌的外在價值和產品的象徵價值。

　　消費 3.0 對應的是由小康躍遷到富裕的階段。此時，消費者已經見多識廣，有豐富的產品知識和品牌知識，開始注重個性追求和個人的獨特性體驗，喜歡能夠與自己的個性和生活品位相匹配的產品和品牌。品牌的內

在價值、品牌個性與消費者個性的關聯感成為影響購買決策最重要的因素。從企業的角度來看，這個階段往往強調的是品牌的關係價值和共享價值。

消費 4.0 對應的是富足之後開始淡化物質擁有、更加關注精神層面的階段。此時，消費者的主體意識更強，不滿足於只是購買和擁有別人提供的產品，而是希望自己可以參與其中，進行共創，體現自己的價值。參與感、成就感成為影響品牌選擇最重要的因素。從企業的角度來看，這個階段往往強調的是品牌的共創價值和樂趣。

需要說明的是，從消費 1.0 到消費 4.0 主要是說明消費觀念及行為演進的整體趨勢，並不意味著所有的消費者都會經歷這樣的變化軌跡。

（二）當代中國大陸消費者行為的十大特徵

消費 4.0 的說法是從縱貫線的視角來闡釋消費者行為的變化，接下來我們從橫斷面的視角來討論當下的消費者的主要特徵。這些特徵可以用十個關鍵字來概括：超連接、低整合、高期待、多焦慮、樂消費、常求新、大分化、小圈層、重體驗、喜互動。

第一個特徵，超連接。這一點在前文中已經說明，不再贅述。

第二個特徵，低整合。超連接似乎應該會帶來更好的整合，事實並非如此。轉型中的中國消費者處於低整合、碎片化的狀態。碎片化體現在以下三個方面。

首先，社會的整合度低。社會轉型、階層分化、機制重構、觀念變革、文化碰撞，這些因素交織在一起，對原有的社會秩序和社會結構有很大的衝擊。

其次，人際關係、群際關係的整合度也比較低。傳統社會中關係比較簡單，但是關係對個人的控制和影響比較強，形成各種各樣的制約。數位化時代的社交媒體（如微信）使人們建立了大量的弱關係，這種弱關係雖然無處不在，但是都比較脆弱。同時，社交媒體的發達在很大程度上降低了原來的傳統關係的影響力。

再次，個體的自我整合度也比較低。在超連接的湍流狀態下，不少人

自我定位比較模糊，觀念多元且混亂，甚至出現所謂的「空心病」[13]——因為找不到人生目標、缺乏生活意義感，內心產生空虛、迷茫、焦慮的心理狀態。

第三個特徵，高期待。快速的經濟發展和消費升級刺激了人們的欲望，很多人都胸懷夢想，對於理想生活有很高的嚮往，其中不乏不切實際的幻想。馬雲的一句話：「夢想還是要有的，萬一實現了呢？」成為很多年輕人激勵自己的金句。

第四個特徵，多焦慮。高期待難免帶來失落，帶來焦慮。在德國社會學家齊美爾（Georg Simmel, 1858-1918）等學者看來，現代化本身就是一個讓人焦慮的過程。在高歌猛進欣欣向榮的現代化早期（如中國的 1980 年代），一切都充滿希望，焦慮情緒並不突出，但是，到了現代化的中期或攻堅階段，環境更複雜、問題更艱巨、個人經歷的挫折更多，焦慮感就愈發顯著。知萌諮詢機構發布的《2019 中國消費趨勢報告》顯示，76.2% 的消費者會感到焦慮。

我們可以將中國老百姓當前的焦慮情緒的大多數內容形容為「馬拉松焦慮」：這些年，人們都主動或被動地參加著形形色色的馬拉松比賽，如子女升學比賽、職業發展比賽、財富增長比賽、健康狀況比賽、各種消費比賽等等。在社會推崇的各種賽道上奔跑爭先，成為生活中萬眾關注的主旋律；能夠進入各類比賽的第一陣營，成為眾人追求的目標；比賽中當期的表現及長期的預期，成為影響個人情緒及社會心態的重要因素；各類比賽中遭遇的挫折、比賽征途上的風風雨雨、對於未來的不確定性預期，都可能引發焦慮。當今中國老百姓普遍的焦慮情緒，可以劃分為三種類型：一是實力焦慮，由於擔心個人奔跑和比賽能力不足而焦慮；二是地位恐慌，由於擔心在社會比較中落伍而焦慮；三是環境不確定性擔憂，由於擔心跑道上風雲突變或比賽規則模糊而焦慮。值得關注的是，普遍的焦慮促進了「療癒經濟」的發展，也催生了多種類型的消費（參見彭泗清，李慧中，2019）。

---

[13] 徐凱文：學生空心病與時代焦慮，https://www.sohu.com/a/167174789_770822

　　第五個特徵，樂消費。尼爾森的調查表明，81% 的中國消費者對其財務狀況持樂觀態度，遠高於全球平均水準（58%）[14]。與此相對應，中國消費者信心一直處於高水準，消費意願也非常強。

　　第六個特徵，常求新。作為新興市場的消費者，中國消費者求新求變，樂於接受新事物。貝恩《中國購物者報告》表明，中國消費者熱衷嘗試新品牌；尼爾森的調查也發現，46% 的消費者表示喜歡嘗試新事物，會主動搜索新品牌和新產品。在中國發展高層論壇上，百度 CEO 李彥宏指出，中國消費者最愛「嘗鮮」AI 新產品，AI 滲透率世界第一。高達 83% 的中國消費者願意接受自動駕駛，認可程度高於美國的 50% 與英國的 45%[15]。

　　第七個特徵，大分化。如前文所述，在整體上消費升級的同時，中國消費者存在明顯的社會分層和消費分級。不同群體的消費水準、消費觀念、消費行為存在明顯的差異。

　　第八個特徵，小圈層。雖然在超連接時代，人們似乎進入了更加廣闊的天地，但是，真正對於人們的日程生活和消費行為有影響力的還是一個個的小圈層。社交媒體使得每個人都有自己的小圈層，他的生活方式基本上都被這個圈層決定了。群邑發布的《新世代人群洞察報告 2017》[16] 表明，90 後、00 後圍繞各自興趣愛好形成不同圈層，他們的消費決策更容易受到圈內朋友的影響。年輕人更在意社群認同，而不是大眾認可。

　　第九個特徵，重體驗。在消費升級的大背景下，人們越來越關注產品和服務所帶來的心理體驗。例如，有關調研表明，當問及消費者對於購買汽車的需求時，以前人們主要關注優質的產品、專業化的服務，現在人們更加重視個性化服務及全方位的汽車生活體驗。

　　第十個特徵，喜互動。消費者希望購物更像是一種人際互動，而不僅

14 https://www.nielsen.com/cn/zh/insights/article/2019/nielsen-81percent-of-chinese-consumers-are-optimistic-about-their-financial-situation/

15 http://science.china.com.cn/2018-03-26/content_40266170.htm

16 https://cloud.tencent.com/developer/news/90214

僅是一種交易。他們更喜歡把顧客放在首位的品牌和零售商。很多消費者熱衷於直播購物，原因之一也在於互動。

　　需要說明的是，這些特徵，並不是都在某一個消費者身上全部表現出來，有些特徵可能在這一群人上比較突出，有些特徵在另外一群人身上更加明顯。此外，這些特徵的梳理，主要是基於多方面的實際購物行為的分析，這些行為的主體往往是具有比較強的購買力的活躍人群，如年輕群體、中產階層等，而且，關注的購物品類也大多集中在快消品、汽車、服裝等，涵蓋的範圍並不全面。老年群體、農村消費者的購物行為往往受到的關注比較少。總之，對於十幾億人口的消費觀念和行為，還有大量的研究空白需要填補。

（三）消費行為的發展趨勢與相關研究議題

　　轉型社會最突出的特點是變化，消費行為方面也是如此。因此，對於中國大陸轉型升級過程中的消費行為研究，新現象層出不窮，新課題不斷湧現，對本土心理研究既提供了豐富的土壤和機會，也帶來了很多挑戰。正如諮詢公司埃森哲在其《中國消費者洞察》報告中所說，「伴隨著經濟的長期高速發展、數位技術的普及、城鎮化的深入和社會價值觀的演變，中國消費者也變得越來越難以洞察清晰。」麥肯錫的《2020 中國消費者調查報告》也呼應了這種看法：中國消費增長盛宴還在繼續，但是中國消費者行為正在分化，由過去那種各消費群「普漲」的態勢轉變為不同消費群體「個性化」和「差異化」的消費行為。

　　中國消費市場的巨大機會，不僅吸引了大量的跨國企業進入中國市場，也促使很多跨國諮詢公司（如貝恩、麥肯錫、BCG 波士頓諮詢、埃森哲、尼爾森、科爾尼等等）進行了大量的中國消費者調研，並定期或不定期地發布研究報告。

　　自 2005 年起，麥肯錫針對中國消費者行為進行了一系列持續性研究。在 2020 年的報告中，他們提出了中國消費者行為中值得關注的五大趨勢，包括：中低線城市消費新生代成為增長新引擎；多數消費者出現消費分級，在升級的同時有的更關注品質、有的更關注性價比等；健康生活

理念繼續升溫；旅遊消費更注重體驗；本土高端品牌崛起 [17]。

　　當然，值得關注的消費行為趨勢遠遠不止上述五個方面。梳理近年來的相關資料，筆者認為以下八個方面的消費動向特別值得關注，而且由此可以發掘出一系列重要的研究課題。

1. 新冠疫情對消費觀念和行為的影響

　　2020 年初爆發的新冠疫情是當下最受關注的話題，這次疫情席捲全球，而且影響深遠，由最初的公共衛生事件，逐步演化為社會經濟事件、國際關係事件和文化價值觀事件，對國際關係、日常生活都帶來了極大的衝擊，對消費觀念和行為也產生了巨大的影響。基於問卷調研（彭泗清，沈俏蔚，姚凱，2020）和相關資料，可以發現：疫情的「生死考驗」使很多人重新看待生命價值與生活意義，疫情引發的連鎖反應可能改變一些人的世界觀，讓人們重新理解歷史、世界和東西方文化，同時，很多人的生活態度及消費價值觀也可能出現根本變化：疫情前人們強調「我心飛翔」，要放飛自我，實現各種人生夢想；疫情後很多人關注「心安何處」，更加注重安全、安穩、安心。疫情後，人們更加注重營養、健康，更加注重親情，更加注重精神價值與文化品味，更加注重與自然的和諧，推崇本真生活，也更加關愛他人、同舟共濟的意識增強。

2. 新富階層的消費模式

　　尤其是從所謂的「舊土豪」到「新土豪」時代的轉變（陳索新，2017）。

3. Z世代的消費模式

　　作為互聯網原住民，在二次元世界與網游文化中成長起來的 Z 世代

---

17 麥肯錫《2020 中國消費者調查報告》，https://www.mckinsey.com.cn/wp-content/uploads/2019/12/ %E9%BA%A6%E8%82%AF%E9%94%A12020%E5%B9%B4%E4%B8%AD%E5%9B%BD%E6%B6%88%E8%B4%B9%E8%80%85%E8%B0%83%E6%9F%A5%E6%8A%A5%E5%91%8A.pdf

被認爲是全新一代，其消費行爲展現出完全不同於前人的特點。

4. 城鎮化進程中的小鎮青年消費行爲

有關調研發現，「小鎮青年」正用他們驚人的消費能力，縮短著城鄉消費水準的差異，而且其消費觀念和行爲也獨具特色，值得探究 [18]。

5. 人口老齡化進程中的銀髮經濟

調研表明，有錢有閑的老年人群體正在成爲消費市場的重要力量，而且，很多老年人呈現出心態年輕化的特點。社交化、年輕化、智慧化正成爲「銀髮經濟」的主要特徵，那些健康尚可，有固定收入來源、有更多時間和更開放心態的老人，將追求「晚年幸福」作爲目標，在生活上講求高品質，消費行爲與年輕人同步 [19]。這種變化完全不同於人們對於中國老年人的刻板印象。

6. 環保意識與綠色消費

近些年，中國政府大力宣導環境保護、可持續發展與綠色消費。不過，研究發現，公眾高度認可綠色消費的重要性，但只有五成受訪者經常做到綠色消費，綠色消費意識和行爲存在較大差距 [20]。這種差距背後的社會心理機制很值得研究。

7. 消費扶貧與共同富裕

「消費扶貧」是指社會各界通過購買、消費來自貧困地區和貧困人口的產品與服務，幫助貧困人口增收的一種扶貧方式。這是一種由政府宣導、企事業單位組織的集體行動。據統計，「截至 2020 年 10 月 31 日，

---

18 WIFIPIX：2020 小鎮青年消費特徵解構白皮書，http://www.199it.com/archives/1126559. html。

19 https://baijiahao.baidu.com/s?id = 1669098648577778838&wfr = spider&for = pc

20 《公民生態環境行爲調查報告（2020 年）》，http://news.hexun.com/2020-07-14/201703583.html

中西部 22 個省份共認定 136130 個扶貧產品，涉及 1836 個縣和 39523 個供應商，已銷售 2276.65 億元，超額完成 2000 億元年度銷售任務」[21]。

8. 文化自信與國潮興起

近年來，國貨消費熱潮持續升溫。中國設計師的作品開始在國際舞臺建立和傳達中國品牌的文化與價值觀，「國潮」崛起也成爲重要的商業機會。顯然，其中蘊涵著很多有價值的研究課題 [22]。

參考文獻

王俊秀（2020）：《中國社會心態10年》。社會科學文獻出版社。

王寧（2009）：《從苦行者社會到消費者社會：中國城市消費制度、勞動激勵與主體結構轉型》。社會科學文獻出版社。

吳垠（2005）：〈關於中國消費者分群范式（China-Vals）的研究〉。《南開管理評論》，2，9-15。

李強（2008）：〈從「整體型社會聚合體」到「碎片化」的利益群體——改革開放30年與我國社會群體特徵的變化〉。《新視野》，5，15-17。

李強（2019）：《當代中國社會分層》。生活・讀書・新知三聯書店。

周雪光（2015）：《國家與生活機遇：中國城市中的再分配與分層（1949-1994）》（郝大海等譯）。中國人民大學出版社。

周曉虹（2017）：《中國體驗》。社會科學文獻出版社。

邵雅利、連榕（2016）：〈市場行銷中的消費價值觀：研究範式及新進展〉。《上海商學院學報》，5，56-64。

張文宏等（2021）：《當代中國的社會分層與階層和諧》。社會科學文獻出版

---

21 https://baike.baidu.com/item/%E6%B6%88%E8%B4%B9%E6%89%B6%E8%B4%AB/23252298?fr = aladdin

22 中國文化自信，國潮品牌崛起背後的四大路線圖，https://www.sohu.com/a/449639004_120116772

社。

張建平、沈博（2018）：〈改革開放40年中國經濟發展成就及其對世界的影響〉。《當代世界》，5。

張楠、彭泗清（2018）：〈求變中如何求眞？——品牌發展與品牌本眞性關係辨析〉。《湖北社會科學》，8，71-80。

理斯曼、格拉澤、戴尼（1989）：《孤獨的人群：美國人性格變動之研究》（劉翔平譯）。遼寧人民出版社。

陳索新（2017）：〈「新土豪」時代〉。《中國民商》，2，38-43。

陸學藝（2002）：《當代中國社會階層研究報告》。社會科學文獻出版社。

彭泗清（2019）：〈關於消費升級，在認知上和實踐中存在哪些誤區？〉http://www.gsm.pku.edu.cn/marketing/info/1014/1971.htm

彭泗清（2021）：〈正視消費升級過程中的誤區與陷阱〉。《國家治理週刊》，336，26-31。

彭泗清、李慧中（2019）：〈當消費作爲焦慮的藥方：解藥還是迷藥？〉《國際品牌觀察》，5，50-51。

彭泗清、沈俏蔚、姚凱（2020年4月9日）：〈疫情下的消費者行爲與心態調研：安心、愛心與信心〉。《光華思想力報告》。澎湃新聞。https://www.thepaper.cn/newsDetail_forward_7070312

彭璐珞（2012）：《理解消費者對文化混搭的態度：一個文化分域的視角》（博士論文），北京大學。

彭璐珞、鄭曉瑩、彭泗清（2017）：〈文化混搭：研究現狀與發展方向〉。《心理科學進展》，25(7)，1240-1250。

馮文婷（2014）：《當好品牌遇上「壞」群體：品牌汙名化效應研究》（博士論文），北京大學。

楊中芳（1996）：《如何研究中國人》，頁7。桂冠圖書公司。

葉啟政（2006）：〈從生產的政治經濟學到消費的文化經濟學〉。見葉啟政，《社會理論的本土化建構》。北京大學出版社。

趙志裕、吳瑩、楊宜音（2015）：〈文化混搭：文化與心理研究的新里程〉。《中國社會心理學評論》，9，1-18。

劉世雄、張甯、梁秋平（2010）：〈中國消費者文化價值觀的代際傳承與嬗

變——基於中國主流消費群的實證研究〉。《深圳大學學報》（人文社會科學版），*6*，77-84。

劉冠君（2015）：〈當代中國消費主義解讀〉。《中共中央黨校學報》，*6*，93-98。

德西（2020）：《內在動機：自主掌控人生的力量》（王正林譯）。機械工業出版社。

潘煜、高麗、張星、萬岩（2014）：〈中國文化背景下的消費者價值觀研究——量表開發與比較〉。《管理世界》，*4*，90-106。

鄭紅娥（2006）：《社會轉型與消費革命：中國城市消費觀念的變遷》。北京大學出版社。

鄭曉瑩、彭泗清、戴珊姗（2014）：〈社會比較對炫耀性消費的影響：心理補償的視角〉。《行銷科學學報》，*10*(3)，19-31。

閻雲翔（2012）：《中國社會的個體化》（陸洋等譯），頁21。上海譯文出版社。

戴慧思、盧漢龍（2003）：《中國城市的消費革命》。上海社會科學院出版社。

Chiu, C.-Y., Gries, P., Torelli, C. J., & Cheng, S. Y. Y. (2011). Toward a social psychology of globalization. *Journal of Social Issues*, *67*, 663-676.

第十一章 從智慧研究建構華人文化複合
價值取向：對當前本土心理學
研究的補遺

楊世英

一 緒論

　　最近幾年，很多來自各方的 YouTuber 在網路上探討臺灣人的友善守
禮。如 Youtuber FUJI 藤本在他於 2020-03-08 發布的影片〈日本人喜歡上
臺灣的原因──我從什麼時候開始愛臺灣的〉中說：「我覺得臺灣有很多
漂亮的風景，也有很多好吃的美食，但是我覺得臺灣最好、最棒的是臺灣
的人。臺灣的人非常熱情。我覺得跟日本不一樣。臺灣人的感覺就是……
日本人雖然大家說服務很好，但是我覺得大部分是做出來的。臺灣的服務
是打從心裡，暖暖的，這個感覺。所以我很喜歡，也很自在。所以我喜歡
臺灣」（Fuji 藤本，2020，5:40-6:29）。身為朝鮮族但是卻長在中國，在
拿到碩士後到南韓工作，之後歸化韓國多年的睿眼看世界頻道的 Youtuber
也在他 2017-01-01 所發布的影片〈韓國人眼中的臺灣，好的坏的一起說〉
中也說：「其實很多很多的這個韓國朋友吧，他們到了臺灣以後吧，回來
講的，最多講的就是這一點，就是臺灣人的這個人文素質，人文修養，特
別的高，特別的好。就是說讓人能夠深深的體會到那種人情味。就你譬
如像去日本吧，日本它這整個素質也非常高，但是和日本人相比的話，
臺灣人他更多的能夠展現出那個人性的那種、那種美。就是人情味吧，
很有人情味的那種感覺。這個是很多韓國人講到的一點。……『這裡有溫
良恭儉讓的人民』，就這句話吧，是很多韓國人經常提起的一件事情」
（睿眼看世界，2017，3:26-4:03, 4:56-5:07）。住在韓國，只有到過臺灣

三次的 YouTuber 韓國約瑟（요셉이 TV）在他於 2020-03-13 發布的影片〈到底為什麼韓國人在韓國推廣臺灣，約瑟回答臺灣網友們【訂閱者 3 萬 Q&A】〉中用韓語解釋，但影片所提供的中文字幕為：

> 我喜歡上臺灣的是因為我在公司做的工作跟臺灣有關，總共認識到了三位臺灣同事，也有跟臺灣顧客經常溝通，發現臺灣人大部分都很有禮貌，很親切。然後我覺得我需要更深入地了解臺灣（為了工作），決定去臺北旅遊，那時候我很欣賞在臺灣的旅遊經驗。……整理起來的話，我在臺灣旅遊的時候的記憶非常好，所以我回到韓國一直會想念臺灣這樣子。（韓國約瑟요셉이 TV，2020，3:05-3:25，3:56-4:05）

到過各國旅行的 YouTuber MickeyworksTV 就在他 2020-02-25 發布的影片〈大陸人臺灣行第 18 集：實話實說，在臺灣這些天的真實感想〉中說：「這次臺灣行呢，我沒有學到太多東西，我只學到了一點，就是我發現這邊的人真的是特別的友善，特別的尊重對方，那在這種大環境當中，我會被感染的一樣，我也會尊重回去。……因為真的人與人之間很尊重，那這一點是我這次來這邊旅行最大的收穫，我覺得在一個彼此尊重的地方，哪怕生活的環境沒那麼好，但是心中的那份幸福呢，要比平時高很多。」（MickeyworksTV, 2020, 15:45-16:00; 16:10-16:28）。類似這樣的影片還有很多，在這裡無法全部引用，但是似乎不同國籍的人在接觸臺灣人之後，都感受到臺灣人在行為上具有一種特殊風格的樣貌。

但是這樣特殊風格的行為是怎麼來的呢？有人認為那是因為臺灣真正保存了傳統的中華文化。生長於中國但是移居海外多年的女記者林瀾，在新唐人電視臺 2020-01-19 今日熱點的報導中，就對她在臺灣的觀察做了以下的解釋是：「臺灣人從小讀三字經，溫良恭儉讓，大家本質的性格就是比較溫和中庸。……我當時的感覺喔，不是文學的修飾，是真實的感覺，就是中華文明這條河流，潤物細無聲的，在臺灣通過世代延續著，讓今天的人還能看見我們這個民族，作為禮儀之邦，應有的模樣。」（林瀾，2020，3:23-3:29，4:28-4:44）。一些曾經居住過臺灣和中國的

西方 YouTuber 也有類似的觀點。如在英國的 YouTuber DREAM 清醒夢 LUCID 在他 2020-02-27 發布的影片〈中國與臺灣的首都對比 —— 北京與臺北 Beijing vs Taipei〉中說：「A lot of beauty of the Chinese culture is destroyed, but you can still see that in Taipei」（影片中提供的中文字幕是：「很多華人文化早已被中共毀掉了，但是臺灣還留下來了」）（DREAM 清醒夢 LUCID，2020，8:45-8:50）。來自南非但是目前已在臺灣居住多年的 Nathan，也在他 2019-02-16 發布的影片〈外國人對臺灣的誤解 What do People Get WRONG About Taiwan?〉中說：「During the Cultural Revolution, a lot of historical artifacts and culture was lost in China, luckily Taiwan managed to preserve the culture to an extent. So Taiwan in some way is almost like how China would have been if the Cultural Revolution didn't happen」（影片提供的中文字幕為：「在文化大革命期間，大陸失去了許多文化和文物。幸運的是，臺灣保留了一些真實的中國文化。在某些方面，如果文化革命沒有發生，大陸就像臺灣一樣」）（This is Taiwan, 2019, 3:54-4:10）。我覺得這個解釋很有道理。

　　另外有些人說這樣特殊風格的行為是受到日本文化的影響。Nathan 也在他 2019-02-16 發布的影片〈外國人對臺灣的誤解 What do People Get WRONG About Taiwan?〉中描述臺灣的文化為：「The culture is more of a hybrid between Japanese and Chinese cultures」（影片的中文字幕為：「臺灣的文化具有強烈的日本影響力」）（This is Taiwan, 2019, 3:39-3:44）。此外，Youtuber 張西西就是我，在他 2019-12-18 所做的影片〈大陸聊臺灣：關於臺灣人講文明講禮貌〉中談到他在中國所觀看的《大內密談》這個節目針對臺灣這個特殊風格的行為提供不同的解釋。他談到：

　　「然後這期節目有兩個大陸的主持人，請了一個臺灣女嘉賓，這個女嘉賓大概是個 80 後，比我大一點點。然後就討論臺灣人為什麼講禮貌這件事。這兩個主持人去過臺灣。然後就覺得臺灣人很講禮貌，經常會講：『不好意思』呀，會講『謝謝』，這樣的話。即便麻煩了別人，別人也會說謝謝。其實跟我這三次去臺灣都差不多。她們之前就討論為什麼臺

灣人會講禮貌這件事。兩位主持人就發表自己的觀點。這兩個主持人的觀點是不一樣的。其中一個主持人的觀點是這樣，因為臺灣人當時被日本統治過，因為日本人很有禮貌的吧，然後當時的本省人也受到了日本人的影響。後來 49 年那一批去臺灣的外省人，然後這批外省人也漸漸的受到本省人的影響。漸漸地也開始變得有禮貌起來了。這是其中一個主持人的觀點。而另一個的主持人不是這麼覺得。當然臺灣受到日本的影響是沒有錯，但是呢，49 年那一批去臺灣的外省人，文化水平也很高，因為像當時有很多很有文化的人去了臺灣。就比如像侯孝賢他爸爸，他爸爸是個老師嘛。很多有文化的人去了臺灣，小便一些常所的人，也是比較守秩序的一些人。總之就是相互的影響才形成了臺灣這樣的一個情景。然後那個臺灣女生就聽了這兩個主持人的觀點。我講一下這個臺灣女生的背景，在臺北市的信義區，就在大巨蛋附近，她小時候也是生活在臺北市的。一個像你們講七年級生對吧。當時呢，在北京工作，她也不否認臺灣會受到日本人的影響，但是她說她小的時候，臺北也不是那麼的講文明講禮貌。她也相信大部分的臺灣人，經歷過那個時期的人，也會認同這個觀點。……然後她又說，臺灣就隨著時間一點一點的才開始，便得講文明，講禮貌了。」這個影片中所提到的三個觀點，我也覺得都很有道理。（張西西就是我，2019，0:33-2:33，4:39-4:46）

　　總結的來說，似乎住在臺灣的人在行為上表現出一種特殊的風格，而這樣特殊風格的行為被許多其他文化或地區的人所普遍覺察。這樣特殊風格的行為，可能是基於自身文化所包含的要素，也可能是吸收了外來文化的刺激，更可能是臺灣人在整合了自身文化與外來文化之後，共同所做的決定，之後透過大家一起努力，實踐而成。

　　然而，要怎麼研究臺灣人所表現的特殊風格的行為呢？在這裡我們必須要借重本土心理學。本土心理學主張要捕捉與探究屬於一個文化的特殊風格行為，並以文化的視角來分析並解釋那個特殊的行為與風格。將本土心理學運用到研究華人，提倡華人本土心理學的楊國樞（1993）在〈我們為什麼要建立中國的本土心理學〉一文中，為本土心理學下一個定義，他

說：「『本土心理學』，就是一種能達到本土性契合境界的心理學」（頁 25）。生於中國，但長年生活於臺灣的楊國樞（1993）注意到世界各地不同華人社群之間有所差異，他說：

> 　　臺灣發展到當時，現代化的變遷動力已經在經濟、政治、社會及文化等方面塑造了新的特徵與型態。這些特色與風貌不但不同於大陸，而且也不同於香港，儼然展現了自己的整體格調。⋯⋯每一個華人社會的中國人之共同的及獨特的心理與行為，自然會構成特殊之整體性的組合結構與運作方式，而且這些結構與方式顯著不同於其他華人社會之中國人在心理與行為上的整體結構及運作方式。對當地的華人社會而言，這些結構與方式都是本土性的。（頁 9-10）

基於此，他主張的華人本土心理學應該「尊重各該社會之中國人的本土性心理與行為特徵，並加以切實地描述，分析及解釋」（頁 10），更強調：「只有當地的研究者以本土化的研究活動與方式來探討當地民眾之心理與行為，才能達到『本土性契合』的狀態與境界，從而建立一套本土性的心理學知識體系」（頁 25）。因此，將本土心理學應用在研究臺灣華人的心理上，除了探索臺灣華人如何吸收傳統中華文化的要素，也應該注重研究臺灣華人如何選擇性地吸收外來的文化刺激，更應囊括臺灣華人在面對各方文化影響時，在思想上所做的決定與在行動上所做的實踐。

　　基於以上，本章企圖從被提名為有智慧的臺灣華人對文化的反思與論述，來看華人「經常對不同文化要素進行選擇性吸收，之後進而加以整合」的行為特性，來對本土心理學未來的方向提出建議。本章包含五個部分：一、緒論；二、起：被提名有智慧的臺灣華人對文化的論述；三、承：華人本土心理學與華人的思想史；四、轉：探討跨文化學習與統整的心理學理論；五、合：一個對臺灣本土心理學的反思。

　　從 2020 上半年病毒疫情越形嚴重，而臺灣對疫情的超前布署被多國所讚譽的情形來看（Wang et al., 2020, March 3），我們可以看到華人的作為，不論好或不好，都快速且大範圍的影響全世界。而世界的文化，也透

過在世界上每一個與其互動的華人，再回過頭來影響華人文化。基於此，我們對華人文化，以及華人文化與其他文化互動的歷程與結果，有更迫切了解的需要。

■ 起：被提名有智慧的臺灣華人對文化的論述

在千禧年前後，我因為想要知道在現實生活中的智慧到底是什麼，所以廣發提名問卷，請大家提名他們在日常生活中相處過並認為是有智慧的人。在發放不知道多少份問卷後，我回收了 80 份問卷，其中有 70 個提名。而後，66 被提名有智慧的人接受了我的訪問，主要詢問他們：「您到目前為止做過哪件事情最有智慧？」這批人，男的有 51 個（77%），女的有 15 個（23%），年齡介在 31 到 86 歲之間（$M = 55.9$，$SD = 13.9$），教育程度從小學到博士都有，來自各行各業（楊世英，2007）。

從他們在人生中做過最有智慧的事情中，我整理出他們展現智慧的共通要素。基本上，這些人在日常生活中展現智慧時，往往在思考上統整了一般認為不相關或甚至是互相衝突的元素，進而形成新的想法，之後，以適當的行動將所獲得的新的想法實踐於日常生活中，而他們的作為對自己和他人產生了正面的影響（楊世英，2007；Yang, 2008）。換句話說，展現智慧的三個要素為：(1) 思考的統整（cognitive integration）、(2) 行動的實踐（embodying actions）、(3) 於己於人的正面影響（positive effects for oneself and others）。由於這三個要素有時間序列上的關係，因此智慧的展現被我認為是一種歷程。以這三個要素來定義日常生活中所展現智慧的理論，就是智慧歷程理論（process definition of wisdom，楊世英，2007，2008；Yang, 2008）。

這個智慧歷程論和許多智慧學者對智慧下的定義不同的地方在於，其他的智慧學者，如 Ardelt（2003）、Baltes 和 Staudinger（2000）、Glück 和 Bluck（2014）、Grossmann 與 Kross（2014）以及汪鳳炎與鄭紅（2014）多傾向於以個體內與智慧有關的特質（personal qualities）或能力（capabilities）來定義智慧，所以他們對智慧的定義多是「以人為本」

的定義（person-based definitions），基本上以人爲研究單位。

在探究人們所做的有智慧的事情之後，我發現同一個人在不同的事情上可能會展現不同程度的智慧，在不同的情境中也會表現出不同程度的智慧，並沒有特定的特質或能耐能使人在所有的事情上都能展現智慧。基於此，智慧歷程論主張智慧是透過我們所做的事情展現出來的。大致上，人們智慧的高低應該要透過在現實生活中所做過最有智慧的事情來評斷。所以，智慧歷程論是以人們做出最有智慧的事情作爲研究單位，是一個「以事爲本」的定義（endeavor-based definition）。

然而十幾年下來，我一直都對這些被提名有智慧的臺灣華人在訪問中，不斷地提及自己的文化以及其他的文化這個現象，感到印象深刻。爲了更精細的分析這個現象，我找了六位分析者；五女一男，四個受過碩士教育，兩個受過大學教育，具有一到四年的工作經驗，來自六個不同的專業領域，年齡從 22 到 26 歲（$M = 24$，$SD = .90$）。我安排他們獨立但交替地進行主題分析；每一個訪問都有三位分析者單獨進行主題分析。我請他們：「找出任何針對文化所做的論述，包含對自己原有的文化，或是其他外來的文化，並對其主要論述，給予一個主題來標註」。之後，再經過小組討論，把共通的主題合併起來。

在這 66 個訪問中，有 60 人（90%）在訪問中提到文化。其中提到華人文化（包含中國文化與臺灣文化）的有 58 人（88%），提到其他文化的有 53 人（80%）。他們對自己的文化有所認同，有所反省批判，對其他文化有所吸收學習，也有所比較批評。更難能可貴的是，他們當中有 50 人（76%）能從自己和他人的文化中提取元素，並加以統整（Yang et al., 2022）。以下詳述之。

（一）對自己文化的認同、反省、修正，與批判

1. 對自己的文化有所認同與實踐

他們當中有些人對自己的文化有深刻的認同與實踐。如研究參與者 65 說：「我只是受我們中國文化的影響太深了，我很相信我們的倫理道

德是正確的，我們的倫理根本是從心理出發，情感出發的，然後把情感理性化，不讓它太強烈，也不讓它做的不及，做的恰恰好，那麼在處人方面，做過這些就沒有問題了」（女，博士，教育，訪問時間為 2001 年 1 月，訪問時的年齡為 75 歲）。研究參與者 51 也說：「『修身主克己』。我覺得做人哪！要像個人，所以中國人講修身，你自己個人要講究，使得你真正像一個人」（男，大學，法律，訪問時間為 2002 年 6 月，訪問時的年齡為 76 歲）。研究參與者 14 也說：「就是我個人受儒家的思想太深了。中國人最高的道德接近什麼？立德、立功、立言！立德擺在第一，對不對呀？是不是？所以在我們做一個領導的人，最主要的，不管在國家、不管在一個團體，你能夠尊重個人，你能夠採納別的人的智慧，你把你的行為表現實際生活的狀況，好像很坦坦蕩蕩、光明正大的」（男，博士，企業管理，訪問時間為 1998 年 7 月，訪問時的年齡為 82 歲）。另外，研究參與者 02 說：「我一直覺得過去的有些東西，孔夫子呀、老夫子呀，孔子和老子之間的那些他們精神面好的地方，那我覺得那都是一個智慧性的，都是中國人可以隨手取得的智慧」（女，博士，博物館，訪問時間為 2000 年 11 月，訪問時的年齡為 53 歲）。研究參與者 17 也說：「我是一個很中國的一個人，非常中國！」（女，大學，體育，訪問時間為 1998 年 7 月，訪問時的年齡為 54 歲）。研究參與者 24 也說：「我是覺得我是滿新觀念、舊道德。我一直認為說：一定要有新觀念，但是一定要有舊道德」（女，碩士，教育，訪問時間為 1998 年 1 月，訪問時的年齡為 40 歲）。

2. 對自己文化有所反思與修正

也有的研究參與者反思華人文化並加以修正，如研究參與者 05 提到：「孔夫子大同世界不就是矜寡孤獨廢疾者皆有所養，是養在家裡或是養在特定的一個地方就好。那其實我們覺得鰥寡孤獨廢疾者皆有所用」（女，小學，社會工作，訪問時間為 1998 年 6 月，訪問時的年齡為 56 歲）。研究參與者 04 說：「我覺得孔子真的是有智慧的，他講了很多話現在都受用！當然儒家很多東西不好啦，反民主，那種父子、君臣什麼一

定要分得……，那是神經病嘛！甚至儒家已經造就了很多獨裁者的那種、那種來控制人民的一種道具或是理論。那不管怎樣他還是被呼擁，他很多話是對的啊！」（男，大學，大眾傳播，訪問時間為 1998 年 7 月，訪問時的年齡為 46 歲）。研究參與者 08 也說：「我們中國傳統的那種教育，那種八股的思想，給我們就是要有原則，要有所謂的正義感，不能夠因為時勢的改變就跟著改變。但是我覺得這樣的觀念，在我們現代這樣的社會其實不是很適合，所以為什麼我們會看到歷史上有很多人，因為過分的堅持，而犧牲了自己？像屈原就是，你去跟皇帝講了一些建議，他不聽就算了嗎，那你為什麼要投江呢？你為什麼要這麼笨呢？文天祥也是，這一些人……，沒有錯，他們目前都是歷史上很有名的人，但我覺得如果當時你不要去犧牲掉自己，你或許可以做更多的事情」（男，高職，文史工作，訪問時間為 2001 年 1 月，訪問時的年齡為 38 歲）。研究參與者 63 也說：「起碼臺灣是個民主的經驗啊，是一個中國五千年裡面很難得看到的一個民主的一個事實，那如果能夠向前再推一步，不顧一些意識型態啊，恐怕會更好」（男，博士，醫療，訪問時間為 2002 年 9 月，訪問時的年齡為 54 歲）。

3. 對自己的文化有所批判

　　有些人對華人文化加以批判，如研究參與者 04 說：「臺灣的知識分子缺乏的東西是這個，就是自省」（男，大學，大眾傳播，訪問時間為 1998 年 7 月，訪問時的年齡為 46 歲）。研究參與者 03 說：「今天很感慨，中國的文化也是一樣，也是不誠實。中國人不誠實，因為不誠實之後，他什麼東西他都不誠實，都在那亂講。你說：『你有沒有民主政治？』『有啊！我也有民主啊！』你說：『你這個法治？』『我也有法治啊！』……。改變一個文化，誠實第一；尊重，尊重別人的權益、尊重自己的權益。這一有了之後，在誠實這個基礎，包容。這三點建立起來，中華民族才可以開始改革」（男，大學，作家，訪問時間為 1998 年 1 月，訪問時的年齡為 66 歲）。研究參與者 61 也反省說：

中國人可以想到很多很多東西，但是問題是生命的力量做不到。生命力量做不到也很可怕，一種他就變成一種形式主義，講一套做一套，這是所謂形式主義；那麼另外一種呢？就變成痛苦，因為『我知道我該做的我都沒有做，我很痛苦。』而我覺得中國人是把他的智慧運用變成形式主義的最典型的代表。所以你會發現，我們中國人過去，我們都說，我們中國人也自己說嘛：『滿口仁義道德，背地裡是男盜女娼。』所以胡適都說嘛，胡適他說：『這個宋明理學講了一千年的理學，可是沒有一個人指謫中國女人纏小腳不人道。』什麼時候說不人道？是傳教士進來，傳教士進來看中國女人纏小腳，他說：『這個不對！』為什麼呢？『上帝給的腳不是這樣的腳啊！不能為了討好男人，把女人纏成那樣的小腳，這是違反人性、也違反上帝的。』所以傳教士說來推動這個放腳運動啊！（男，碩士，政治，訪問時間為 1998 年 6 月，訪問時的年齡為 58 歲）

（二）對其他文化的學習、認同與批判

1. 對其他文化有所學習與認同

有些人對其他文化有大量的學習與認同。如研究參與者 04 說：「就這幾年來，我看到那種最有智慧的人，就是東、西德兩個統領的領導者；這樣一個國家貧富差距那麼大，但是因為同文同種，他們認為應該解決，圍牆應該推倒，沒有全世界的力量告訴他們。所以不管怎樣，我認為那是一個偉大的民族，而且所有國民接受它，這一些國民基本上有智慧」（男，大學，大眾傳播，訪問時間為 1998 年 7 月，訪問時的年齡為 46歲）。研究參與者 17 也說：「我到美國去的時候，我整個思想觀念不一樣了，真的不一樣。就是說：妳的價值在於說妳有沒有好好做事情，妳是不是真的很盡忠職守。就這些！妳的價值，妳的 value 是在這個地方！而不是說妳的 title 是什麼，不是！」（女，大學，體育，訪問時間為 1998年 7 月，訪問時的年齡為 54 歲）。另外研究參與者 12 也說：「你到了國外，你看到才知道說臺灣原來是落伍的，那國外有什麼，我們都沒有，

那藝術上來講那更嚴重。整個世界年輕人都在造反、在改變世界，臺灣好像你不敢想去改變世界」（男，碩士，舞蹈，訪問時間為 2002 年 7 月，訪問時的年齡為 55 歲）。研究參與者 14 也說：「美國為什麼成功？它是 open society，外國最大的一個比我們強處，它有 social justice，妳說對不對？英、美這些國家，它用以它的不同的宗教的精神來調和國家組織和個人自由的衝突，這是美國、英國的、歐洲的。日本它也有，有一個特殊的，是大和文化，它是精忠報國」（男，博士，企業管理，訪問時間為 1998 年 7 月，訪問時的年齡為 82 歲）。

2. 對其他文化有所批判

他們對其他的文化也有所比對與批評。如研究參與者 11 說：

應該是美國人比較會什麼事情都要清楚，所以什麼事情都要清楚這種人是比較理性，理性主義。西方人比較理性主義，東方人是比較感情。一件事情你跟他講：「不對！」跟他爭來爭去就會衝突，就會衝突。中國人就是不要衝突，那西方人就是衝突也要讓他弄清楚。這個條理清楚如果到最極端，那一個人就很難過；條理都很清楚，這樣人與人之間就變得沒有感情了。所以西方的理性主義會產生問題就是這樣啊。中國的文化好像不是分析，比較含含糊糊。中國雖然是不科學，但是它的情的成分比較多。所以這兩極端：完全是感情、完全是理性，可能都有問題。這兩個要怎麼靠近？靠近到什麼地方是恰到好處？（研究參與者 11，男，博士，教育，訪問時間為 2001 年 3 月，訪問時的年齡為 70 歲）

（三）不同文化的統整

不過最精彩有趣的是，其中有些人能將不同文化中的要素整合，而形成新的思維與視野，並以此來鋪墊他們在日常生活中所展現的智慧。如研究參與者 50 說：

今天的我是複合體啦！因為我生長在日據時期，所以我念過日本
書，念到小學三年級。當然我出生是臺灣家庭，對不對？然後就是戰後，
就是我們光復，那我也受過這個中國的教育啊，對不對？然後我在美國，
我待十四年。所以我這個影響很大，所以我剛回國的時候，也很美國化
啊。我講我就是複合體。我說我要保留臺灣人的純樸；第二個很勤勞；第
三個很友善。我今天出國回來，我還是覺得非常好。另外我說我要承襲中
國人什麼？靈活！我發覺中國人是很靈活，有的國家是很呆板，它是非常
靈活，頭腦手腳都很靈活，靈活！另外，堅忍，中國人堅忍，有沒有？壓
不扁啊，再打我還是就是忍啊！奮鬥到底啦，第二，這個大概沒有人反
對。第三點，寬容啦。大陸人。因為我看了很多。這是我感覺大陸人，因
為他看的世面大，比較寬容，比較能夠寬容，這個是我要學習的。那日本
人呢，因為我是生在日本時代，日本人很誠實，日本人也是守法，這一點
我也是想學習。另外我最佩服的是日本的敬業精神，敬業啊。我去了幾
次，他們只要開會，他就時間撥給你，從頭到尾呀，很少離開：『因為我
已經答應人家。』偉大！所以，日本人的敬業精神，我也學習。老美呢？
我是要效法美國人的什麼？積極啊！非常 positive，樂觀，積極樂觀，另
外就是創新，individualistic，creativity，還有自信，自信。就是說我是很
複雜，但是每一個民族或者每一個老百姓、國家都有他的優點，我就儘量
知道這個優點，缺點就儘量不要去學啦。這個我對我自己的期勉，有沒有
做到我不知道啦！我就是臺灣人的精神我要保留，日本、中國人的我要承
襲。所以我們是在生在不幸的時代，也是很幸運的時代，讓我能夠綜觀橫
跨，能夠接觸。（男，博士，教育行政，訪問時間為 2002 年 6 月，訪問
時的年齡為 68 歲）

研究參與者 04 也在他的訪問中說：

臺灣有一個新的文化在形成，臺灣的語言，臺灣話裡面，一定加雜
了很多國語、英文，甚至日文。很好啊！這樣的語言是代表你整個歷史的
過程中，是很多人統治過，但是你已經把所有該有的東西 keep 住了。我

常常講說臺灣的阿嬤（老婆婆）最屬害，臺灣的阿嬤她不會跟你爭論，她在家裡把家裡照顧得很好，一代照顧過一代，現在已經照顧到孫子了，對不對？好！像我媽媽她們那一代，年輕的時候唸日文，只會臺語跟日文；到我們唸書了，講國語罵她，氣了，就學！她就去學國語。現在很多阿嬤甚至小孩子都已經變成外國移民，小留學生回來，暑假現在很多阿嬤都講英文，很簡單的英文。妳看，現在的阿嬤多屬害，那簡直是臺灣文化的象徵，對不對？你看我們那個社區的阿嬤，每天穿 Nike 的球鞋在那邊散步，你去講 Tiffany，第五街！妳看她都不覺得怪！對呀！這才是真的力量啊！真的！不是就是指單一看的那種東西。你期待的世界也是這樣：知識的分享、思想的分享、你的文化的分享。我覺得那種東西是很重要。我希望是這樣，是一個世界公民的角度。那未來整個世界的一種文化可能會融合成一個新的文化，那已經不屬於美國、英國，而是一個新的東西，這種東西絕對會到來。中國文化的東西還是在，因為是中國哲人、是孔夫子講的，沒錯啊！那是他講的啊，沒有人說他不是中國人啊，但是他變成全世界的人所有的東西，有什麼不好呢？你如果累積夠了足夠的文化，不要怕這個文化會被消滅掉。我認為，我期待一個理想的世界是知識跟疆域是沒有國界的，這樣子的一個東西。（男，大學，大眾傳播，訪問時間為1998 年 7 月，訪問時的年齡為 46 歲）

研究參與者 63 也說：

我小時候在中國大陸，中學在香港，大學我在臺灣念，研究所在澳洲念，所以幾個文化……，然後我在英國，皇家外科學院唸過書，所以幾個文化能夠湊一湊。想一想我覺得的蠻有意思的，蠻有意思的。所以我們中國人說：你看人家的長處，棄人家的短處。所以多看一看，多接觸一些他們的智慧。把一些中國人的智慧，西洋人的智慧也能夠融合一下，我想應該差不多了。你看中國人是不是因為從儒家的思想喔，從那個漢朝就是以儒家做主流以來，那我們中國人就是有一點講是不是會有點愚忠愚孝？像比如說我們很出名的岳飛，像那個滿江紅，大家都會認識岳飛。他要跨過

賀蘭山去，他要想怎樣，那是很悲壯的一個事情，但是只是一個很爛的一個宰相叫他不要過去，他就很聽話的又班師回朝了。那是不是愚忠？我們二十四孝裡面像很多那種故事喔，像有蚊子，小孩子就到外面去餵蚊子，希望蚊子餵飽就不要咬他父母。這個在科學上是一種愚孝。可能小孩會得登革熱，父母會得登革熱，沒有效的東西。這是愚孝。我們中國人是不是這一系以來都是這樣？那我們是不是以一種比較愚笨的教育教我們的下一代，一定出人頭地，一定要在社會上立足，結果他們都很苦很苦。那當然有些成就當然很好，沒有成就就變成自暴自棄啊。像歐洲人他們……，妳曉得他們很 enjoy life，有些人他們唸到入學，不念了，到那個學一、二門技巧就出來謀生的，天天就去釣魚啊，曬太陽啊。我就今天在這邊海灘釣魚，在這裡工作，明天到哪裡就在哪裡。然後在歐洲在火車上、在飛機上、在很多公共場所都會碰到背背包的人，那在農場工作啦、在餐館工作啦，存點錢，又去下一站，背背包去了。當然那種是一種很流浪、很沒安定的生活。但是這兩個思想是不是兩邊都要做一下調整，比較能夠適應？中國人某一方面的思想就是對家很重視，對家庭的團聚很重視；那對那個個人有一點小成就會很重視。那外國人的一個觀念就是說他們對休閒很重視，打桌球啦、打籃球啦、滑雪啦，打高爾夫球啦，樣樣都來。所以可能我在整個中國人跟外國人的這種思想、跟生活裡面做一點調整。（男，博士，醫學，訪問時間為 2002 年 9 月，訪問時的年齡為 54 歲）

此外，研究參與者 17 說：「我覺得說美國給我那個的影響是很好的影響，但是我又沒有失去我所得到的這種臺灣的文化好的那一面。其實老實講我是很中國，我真的很中國，我很中國。嘿！我就是一個 international citizen。That's it！Earth！就是這整個 globe，然後要互相關心」（女，大學，體育，訪問時間為 1998 年 7 月，訪問時的年齡為 54 歲）。研究參與者 61 也說：「一方面我讀中國的東西，一方面我讀聖經，我就發現這裡面有些東西，就變成了好像一個很亮的光啊！就照出來，而且我覺得我可以把它整合變成一套理論，而且可以融合、融貫中西，我覺得很有意思」（男，博士，政治，訪問時間為 1998 年 6 月，訪問時的年齡為 58 歲）。

　　概括來說，這些被提名爲有智慧的臺灣華人，對自身所繼承的文化有所認同，也經常反思與修正，對其他文化也大量的學習與不停地檢視。更難能可貴的是，他們會從自身原有的文化和其他文化中選擇重要的、他們認爲好的元素，加以整合，進而形成新的想法與視角，並以這樣的想法與視角，在世界中定位自己，並鋪陳他們所要展現的智慧。

三　承：華人本土心理學與華人的思想史

　　爲什麼大多數被提名有智慧的臺灣華人會主動地從不同文化中擷取某些文化元素，然後整合形成新的領悟與想法，之後用適當的行動將其實踐，並於己於人發揮正面的影響，進而展現智慧呢？說來慚愧，許多年下來我一直都不知道用什麼心理學的理論，全面且完整地解釋他們的智慧結晶裡所包含的這些整合文化的論述。當然，心理學裡面的文化心理學，以及上述的華人本土心理學對解析這樣的現象會有幫助。以下就這些理論分別略述之。

（一）文化與本土心理學的立論

　　學者們將文化（culture）定義爲一個族群裡面共享共有的語言、符號與價值系統（Geertz, 1973）。以往跨文化心理學家（cross-cultural psychologists）主張拿同一套標準比較不同文化在同一個面向上的差異，而文化心理學者（cultural psychologists）則反對這樣做。文化心理學者基本主張每個文化都有其特有的基本信念、透過自身所有的歷史形成的概念和世界觀，與發展出衡量一切的標準；每一個文化中特有的概念、反應、想法等，才是那個文化中最精彩也最重要的內涵。因爲從每個文化中發展出的特有概念不一樣，所發展出來的衡量東西的標準不一樣，所以，他們認爲文化間不可共量（incommensurable）：不同的文化無法準確地互相比較（Shweder, 1991）。我們用一個外來的議題，硬套在某些文化上，強行做跨文化比較，這樣的比較一定會顧此失彼而無法準確。而本土心理學者（indigenous psychologists）延續了文化心理學者的論述，要求心理學

的研究要符合本土的契合性。

　　基於此，華人本土心理學者認為中華文化因其淵遠流長的歷史，所以華人受其特有歷史文化的影響，在思想和行為上有不同於其他文化的地方。如前所述，楊國樞（1993）認為華人的本土心理學是一種植基於華人之「社會、文化、歷史及學術傳統中的心理學」（頁29），這樣的心理學要充分去「研究特有心理與行為」（頁37），「反映中國人的思想」（頁36）、「強調社會文化脈絡」（頁36）、「與華人學術傳統銜接」（頁38）、「兼顧傳統面與現代面」（頁38），以及「要兼研今人與古人心理」（頁38）。他呼籲：「一個好的本土心理學者，應該不斷的增進自己之社會的、文化的、哲學的及歷史的知識與理解」（頁26）。

　　從華人本土心理學的論述來看智慧研究，首先，研究華人智慧時，我們必須確定智慧這一個概念，是華人文化所自有，而非外來移入的議題。我以前的研究（楊世英，2007）曾就這個議題做過探索，其中發現「智慧」一詞，在華人文化中出現甚早，可以追溯到孟子。而從二十五史的紀錄上來看，這個詞雖然後來因為佛教東傳，在意義上有所衍伸，但是從古到今，智慧一直都在日常或書寫語言中經常被使用。

　　再者，華人本土心理學家也主張臺灣華人有其特殊的智慧。這樣的主張除了讓我們重視特別屬於臺灣華人的智慧，也解釋了這批被提名有智慧的人重視自己文化的現象。但是文化心理學與華人本土心理學如何解釋這些人在吸收其他文化與統整自己文化和其他文化的要素之後，所形成的新領悟與想法呢？就華人本土心理學的角度來看，很有可能像這樣的「深刻認同、經常思辨，與不停檢視自己的文化，並大量地向其他文化學習，進而將多元文化中的精彩要素加以統整，然後創造出新的東西」本身就是華人標誌性的行為，也是華人文化從古到今常見的一個重要特色。然而，要驗證這個推論，我們必須借重於華人歷史的紀錄。

（二）華人的歷史與思想史

　　仔細研讀華人的歷史，我們首先發現：記載中華民族延續的歷史中，充滿著許多文化交融的事跡。正如同歷史學家許倬雲（2006）所主張：

「細看中國的歷史，沒有一個地方的人群是眞正的安土重遷，一波又一波大小移民潮，從東到西，從北到南，不斷的彼此混合與彼此影響」（頁7）。然而，要尋找文化交融之後所形成的思考統整，我們不得不求助於中國思想史。

中國思想史的時期，不同的學者有不同的分法，由於這個探索主要是要解釋臺灣華人的智慧，因此以臺灣的角度來寫臺灣華人所承受的文化傳統。這裡我採取「一個時代中最多讀書人投入的學問」以及「容易好記」來做爲思想史時代的分法。大致來說，華人的文化從中國古文明的起源，經歷先秦百家，漢代儒學，魏晉玄學，隋唐佛學，宋明理學，清代史學，民國科學。每一個時代多展現出不同文化融合的複雜性（張光直，2004；許倬雲，2006；勞思光，1995a）。以下詳述之。

1. 文明的起源（大約7000BCE-1100BCE）

根據被稱爲中國考古之父的李濟（Li, 1954/1990）的說法，中國古文明因有骨卜、蠶絲與殷商的裝飾藝術這三件東西，所以可以被證明是本土獨創的，而非外地移進來的。1950 年代以後的考古結果顯示中國文明的起源是多元的。中國的古文明至少大致可以分爲同時並存的六個文化體系，分別爲：(1) 中原：以關中（陝）、晉南、豫西爲中心的中原文化體系；(2) 東方：山東爲中心的東方文化體系；(3) 西南：以湖北環洞庭湖和四川盆地爲中心之西南文化體系；(4) 東南：以環太湖爲中心的長江下游之東南文化體系；(5) 南方：以鄱陽湖到珠江三角洲一線爲豎軸的南方文化體系；(6) 北方：以燕山、長城南北地帶爲重心的北方文化體系（許倬雲，2006；蘇秉琦、殷瑋璋，1981）。這些地方性的文化，平行發展又彼此影響；透過接觸、交流、衝突，與融合，慢慢地彼此串聯起來，進而逐步聚合，而形成中國地區的新石器文化。由此觀之，中國文明從起源就是多元文化體系融合的結果。

在新石器時代，殷商王國從各古國中脫穎而出，成爲了中國地區的文化核心，逐步收納凝聚各地方的文化（許倬雲，2006）。因此，殷商文化中，融合了當時在東亞所創發的文明（如骨卜、龜卜、蠶絲等），以及從

西方（如文字等）與南方（如水牛稻米等）來的影響。李濟（1957）強調：
「商代的文化是一個非常複雜的現象，它代表許多文化源流的融合」（頁
37，引自張光直，2004，頁 75）。從這邊看，華人文化從一開始就是透
過融合不同的文化而漸漸形成的。

2. 先秦百家（大約1100BCE-221BCE）

林惠祥（1937 載於張光直，2004）認為中國文化以上古時華夏系之
文化為基本要素，之後接觸並融合了黎苗文化、東夷文化、荊蠻文化、百
越文化、山狄文化、以允文化等其他文化。所以，從文化演變的角度來
看，先秦百家的學說多是跨文化整合的結果。而徐旭生（2003）主張古中
國最重要的民族可以分成三支：發源於西北的華夏，在東北沿海的東夷，
以及在南方的苗蠻。殷商人來自東夷部族，而周人屬於華夏部族，勞思光
（1995a）認為：「古文化傳統之影響於日後哲學思想者，主要即為殷商
民族相爭所引生之南北文化傳統」（頁 21）。

這是怎麼一回事呢？當殷商人由北方進入中原而逐步建立殷商王
國，進而發展出強大且崇拜神權的殷商文化時，周之部族還在西北邊疆
辛苦經營。當時，殷商人的文化水準，遠遠超過周人。周人與殷商人通
婚，奉祀殷商人的神明，也使用殷商人的文字記載占卜的結果（許倬雲，
2006）。弱小的周，卻在經歷古公、文王、武王三代的經營，卻奇蹟式
地輕易擊敗強大的殷商王國而入主中原。周朝初年，記錄在《尚書》的幾
篇文獻，都在反思這個勝利輕易發生的原因。然後，一件神奇有趣的事情
發生了。面對歷史，周人下了一個「老天爺會幫助有道德的人」的決定。
這個決定被記錄在《尚書》中：「皇天無親，惟德是輔。民心無常，惟惠
之懷。為善不同，同歸于治；為惡不同，同歸于亂」（〈周書 ‧ 蔡仲之
命〉。大意是：老天爺不會偏祖，卻只會幫助有道德的人。人民的心經常
變動，但總是愛戴仁慈的領袖。善良的作為每個人不一樣，但都會使得人
間有秩序；作惡的行為也各有不同，但都會使得世界紛亂）。因此，周人
將殷商的敗亡歸咎於殷商文化的德行敗壞。這樣的一個決定將文化從「強
調神權」轉向成為「重視人在道德上的努力」，因此，「是中國歷史上前

所未見的突破」（許倬雲，2006，頁 57）。

　　周朝開國，中原周人的華夏文化與殷商的東夷文化，融合爲黃河流域的主流文化，發展出特異的、重視道德的周文化，成爲北方傳統（許倬雲，2006；勞思光，1995a）。北方的周文化傳統，到孔子的時候有了哲學思想出現，漸漸形成重德性、立仁義王道的儒家學說。在中國文化體系裡，孔子的思想具有極大的影響力。孔子具有殷商血統，是殷商王朝貴族的後裔。殷商王朝的貴族，承繼了殷商王朝強調神權的知識，他們在歸順周人之後，繼續擔任過去所精熟的如占卜、檔案管理、探索天象等跟鬼神祭祀有關的工作。所以孔子很懂跟祭祀有關的「禮」。《論語》裡面記載：「子曰：『夏禮，吾能言之，杞不足徵也；殷禮，吾能言之，宋不足徵也。文獻不足故也，足則吾能徵之矣。』」（〈八佾第九〉）。這句話大致的意思是：「孔子說：『夏朝的禮，我能說清楚，但是現在杞國的資料不足以證明；商朝的禮，我能說清楚，但是現在宋國的資料不足以證明。現在無法證明是由於文獻不足，否則，我就能證明了』」）。雖然孔子身爲精熟祭祀神明的殷商後人，他卻非常認同周朝重視個人道德的文化。像是《論語》中就記載：「子曰：『周監於二代，郁郁乎文哉！吾從周』」（〈八佾第十四〉）。這句話大意是：「孔子說：『周朝的典章制度借鑒了夏、商兩朝的典章制度，眞是豐富多彩啊！我贊同周朝的典章制度』」）。或許是因爲這樣的認同，在繁文縟節的背後，孔子看出了使這世界變得有秩序的關鍵，是個人行善的意志與行爲，他稱這樣行善的意志與行爲「仁」。他說：「人而不仁，如禮何？人而不仁，如樂何？」（《論語 ‧ 八佾第三》。大意是：「人如果沒有行善的意志和行爲，那禮樂又有什麼意義呢？」）值得注意的是，「仁」在這個字早在孔子之前就存在，但在孔子之前它只是一個形容感覺或是外在樣貌的形容詞（許倬雲，2006），孔子卻革命性地賦予「仁」屬於個人道德自覺的意義（勞思光，1995a）。他說「仁」就是「愛人」（《論語 ‧ 顏淵第二十二》）、「己所不欲，勿施於人」（《論語 ‧ 顏淵第二》），以及「己欲立而立人，己欲達而達人」（《論語 ‧ 雍也第三十》）。大致來說，「仁」是一個爲了「你好、我好、大家好」而持續努力的概念。從文化的角度來

看，孔子的「仁」就是統整不同文化要素的產物。

孔子這個統整而創新的想法，在華人的歷史上，眞是不乏認同他的堅強支持者。這些鐵桿粉絲（fans）大多以孔子的「仁」爲基礎，做了很多思想上的延伸。例如孔子在戰國時期的鐵粉孟子，就以這個想法爲前提，用每個人看到小孩快要掉到井裡面去時都會有想要救他的衝動，來證明每個人都有行善的可能。他說：「今人乍見孺子將入於井，皆有怵惕惻隱之心，……。由是觀之，無惻隱之心，非人也，……。惻隱之心，仁之端也」（《孟子・公孫丑上第六》）。大意是：今天我們看見小孩子將要掉到井裡面去，都會震驚，也激起同情的心。從這看來，沒有同情心的人就不是人。所以同情心就是仁的根源）。孟子進一步認定孔子所定義的這個「仁」，就是人的本質：他說：「仁也者，人也」（《孟子・盡心篇第六十二》）。

另一個戰國時期孔子的粉絲荀子，他則是以孔子的「仁」爲立論的基礎，主張累積人爲的努力和後天的學習鍛鍊，可以幫助人們培養行善的意志與行爲。他說：「人之性惡，其善者僞也」（《荀子・性惡篇》）。其中的「僞」字是「人爲」的意思。這句話的大意是：「人的本能是傾向行惡，人會行善是靠人爲的學習」。學些什麼呢？他說：「學惡乎始？惡乎終？曰：其數則始乎誦經，終乎讀禮；其義則始乎爲士，終乎爲聖人」（《荀子・勸學篇》。大意是：「學習要從哪裡開始？到哪裡結束？答案是：學習的方法是從讀經書，像是《詩經》、《書經》等開始，到讀完《禮經》，懂禮了以後才結束。學習的意義是從當讀書人開始，到成爲聖人才結束」）。荀子又說：「聖人者，人之所積而致矣」（《荀子・性惡篇》），意思是聖人的境界是可以靠人後天努力累積行善而成的（王忠林，2006）。荀子之後，雖然也有很多人不喜歡孔子的想法，但是在華人歷史上還是出現很多孔子的粉絲，這些粉絲之所以會被認定是儒家與儒者，關鍵要素是他們都認同於孔子「仁」的立論，也都預先認定人在正常狀況下一定會有行善的意志與行爲。

周朝除了上述的北方傳統之外，有些殷商移民，在周朝初期隨著政治軍事的失敗，退往南方。因此移往南方的殷商文化在混合了當地的祝融民

族的文化之後，形成了重自然、立逍遙超離之說的道家學說，轉化為南方傳統（勞思光，1995a），之後更演變成為長江流域的主流文化（許倬雲，2006）。歷史學家許倬雲（2006）認為：「從春秋戰國以來形成的中國思想系統，有兩條脈絡平行發展。一條是以儒家為中心的人間秩序，一條是以陰陽五行為中心的自然秩序」（頁 69-70）。此外，先秦之時還有結合原始信仰與現世需求、代表下層社會的墨家思想，以及雜取儒、道、墨之觀念，代表統治階層的法家（勞思光，1995a）。

3. 漢代儒學（大約221BCE-220CE）

　　秦朝以前，春秋戰國時代的百家爭鳴，最後由法家勝出，之後華人的歷史進入了一系列的實驗階段。秦始皇接受了法家學說，在他的任內全面實施，結果就是只有執政十五年就被人推翻政權（錢穆，1984）。漢初則實行黃老治術，但是到了漢武帝的時候，許多人發現受過儒家學派訓練的政府官員，特別有效能（劉桂生，1999）。董仲舒因此建議漢武帝，所有政府官員考試，都一定要考儒家學派的知識。這就是有名的「獨尊儒術、罷黜百家」（李廣健，2003）。由於這樣的倡導。儒家被融入了教育，進而深入了鄉里社會（鄭欽仁等人，2007）。話雖如此，政府在民間恢復被秦始皇和項羽兩把火燒掉的文獻復興運動還是持續地進行，而學界對不同學派的探討和注釋活動也很盛行，「在這個過程中，儒學也不斷吸收融合了其他許多學派的思想理論」（劉桂生，1999，頁 230）。

　　在這許多學派中，陰陽家的學說在秦始皇焚書坑儒時，因為包含在法家所支持的卜筮、醫藥、種樹三類書籍中而被保留下來，之後大為盛行，成為知識分子共同的觀念基礎（勞思光，1996）。道家學說則因為法家倡始人韓非是黃老學說的鐵粉（司馬遷，n.d.），所以承載於法家學說中，也被保留下來。所以漢代的儒學者，多深受陰陽五行及道家宇宙觀的影響，認為世界上沒有任何東西是孤立的，都是會互相影響的。這些讀了很多陰陽五行和道家學說的漢代孔粉們，不遺餘力地將孔子的「仁」的概念，與代表充滿宇宙間自然秩序的「天」做整合。從孔子的漢代鐵粉董仲舒在他的代表作《春秋繁露》中所提出的「天人感應」，我們可以看到孔

子的「仁」，有從「人」到「天」的拓展。董仲舒說：「仁，天心」（〈俞序〉。大意是：「仁」是天的心意），「仁之美者在於天。天，仁也」（〈王道通三〉。大意是：仁最完美的表現在於天。天就是仁），「人之受命於天也，取仁於天而仁也」（〈王道通三〉。大意是：人承受的天的影響，從天那裡獲得仁的啟示而能表現出仁）。經過董仲舒的統整以後，「仁」不只是人的本質，也是代表自然宇宙的天的本質了。

從文化的角度來看，金春峰（2006）認爲董仲舒的《春秋繁露》「以《公羊春秋》爲骨幹，融合陰陽家、黃老、法家思想，建立了一個新的以天人感應爲基礎的目的論思想體系」（頁 121）。此外，過去被認爲是曾子寫的《大學》，子思寫的《中庸》，與孔子寫的《易傳》，經過考證，目前被認定是漢代的儒者所著。根據勞思光（1996）的說法，這些過去被我們認爲是儒家最核心、最純粹的經典，其實也已經混合了儒家、道家、陰陽五行的思想了。

4. 魏晉玄學（大約220CE-580CE）

玄學是魏晉時期的知識分子探究宇宙和人生，進而創造的一套形而上學（鄭欽仁等人，2007）。其中的「玄」指稱的是《周易》、《老子》、《莊子》這三部被稱爲「三玄」的著作而來的（張鶴泉，2010）。勞思光（1996）對玄學者的評論是：「所涉之人，竟無一不混雜儒道」（頁142）。鄭欽仁等人（2007）用「援道入儒、融合儒道」來形容玄學家的思考傾向。

大體而言，玄學名家，包含正始年代（240-249 年）的何晏（195-249年）、王弼（226-249 年），竹林七賢中的阮籍（210-263 年）、嵇康（223-262 年）、西晉的裴頠（267-300 年）、郭象（252-312 年）等，他們都探討名教與自然的關係。從起初的何晏認爲「名教本於自然」（鄭欽仁等人，2007；大意是說人爲教化的基礎是自然），到王弼認爲「名教是自然的必然表現」（許抗生，1992，頁 77；大意是說人爲教化是順應自然的必然結果），經過阮籍和嵇康主張要「越名教而任自然」（大意是說要超越人爲教化來順應自然），到後期的郭象主張「名教即自然」（大意

是說要人為教化與順應自然是同一件事），這整個歷程，就是儒家和道家
論說融合的過程（鄭欽仁等人，2007）。由此看來，整個魏晉玄學就是儒
家學說和道家學說進行融合的一個時代，以下分述之。

　　這幾個玄學者從某個角度來說，也都是孔子的粉絲。裴頠本身就是
儒學者，《晉書》的裴頠傳中寫：「頠深患時俗放蕩，不尊儒術，……頠
著崇有之論以釋其蔽」（大意是：裴頠對當時放蕩的習俗以及大家不尊儒
術很是擔憂，所以寫了《崇有論》來解釋這樣做的壞處）。何晏、王弼和
郭象都很重視儒家的經典：何晏寫了《論語集解》來注釋論語（鄭欽仁等
人，2007），王弼寫《論語釋疑》來對《論語》中文義解釋不通的地方
做解釋，郭象也寫了《論語體略》。可惜的是王弼和郭象寫的這兩本書已
經亡佚了（許抗生，1992）。不過最有趣的，就是王弼心目中的孔子是
一個道家化的聖人。《三國志‧魏書‧鍾會傳》卷二十八中的注釋中記
載了何劭的王弼傳，其中記載：「時裴徽為吏部郎，弼未弱冠，往造焉。
徽一見而異之，問弼曰：『夫無者，誠萬物之所資也，然聖人莫肯致言，
而老子申之無已者何？』弼曰：『聖人體無，無又不可以訓，故不說也。
老子是有者也，故恆言無所不足。』」這一段大意是說：「當裴徽當吏部
郎的時候，王弼還不到二十歲，他去拜訪王弼，一看就覺得王弼很不簡
單。他問王弼：「『無』是萬物的根本，但是孔子這個聖人卻不談它，而
老子卻談了很多『無』，這是為什麼呢？」王弼回答：「孔子理解『無』
是怎麼一回事，知道『無』是沒有辦法說清楚的，所以他不談『無』。老
子只了解『有』，不了解『無』，所以常說『無』的不足之處。」由此觀
之，王弼的孔子，是道家入魂的儒家聖人。到了郭象，儒家的聖人和道家
的神人更是二合一了！郭象認為：「夫神人，即今所謂聖人也。夫聖人
雖在廟堂之上，然其心無異於山林之中」（《逍遙遊注》，引自許抗生，
1992，頁201），以及「故聖人常游外以宏內，無心以順有，故雖終日揮
形，而神氣無雙，俯仰萬機，而淡然自若」（郭象，大宗師注，引自許抗
生，1992，頁202）。這兩段的大意是說：道家的神人就是儒家的聖人。
儒家的聖人雖然在公部門日理萬機，忙碌奔波，但是心卻以「無」面對萬
「有」，悠遊於大自然，自由自在又神清氣爽，以雲遊方外的精神來增擴

國家內部的治理。總結來說，在郭象的演繹之下，儒家和道家的最高境界已經相通了。這也是重人間秩序的北方傳統與重自然秩序的南方傳統的融合（許倬雲，2006；勞思光，1995b）。

　　阮籍年輕的時候主張用儒家來治理社會。之後，曹魏時期的權臣司馬懿他們一家控制了政權，嘴裡打著儒家的旗號，利用自己根本不實踐的禮教去殺戮異己，篡奪曹魏政權。阮籍不能認同，因此開始揭露儒家禮教可能造成的虛偽和殘忍：「假廉而成貪，內險而外仁」（阮籍，《大人先生傳》。大意是：「假裝廉潔但是卻貪腐成性，內心險惡卻外在表現出仁德的樣貌」）。相似的際遇也發生在他的好友嵇康身上。所以這兩位都認為名教和自然是對立的，只有超越名教，才能真正的做到順任自然；只有任心而為，才能毫無隱匿，做出真正的善行。嵇康更說：「忽然任心，而心與善遇」（阮籍，《釋私論》。大意是：放任心意，心才會與善相遇）。幫嵇康的著作校勘的民國初年的文學家魯迅（1927）是這樣解讀阮籍和嵇康的：

　　　曹操殺孔融，司馬懿殺嵇康，都是因為他們和不孝有關，但實在曹操司馬懿何嘗是著名的孝子，不過將這個名義，加罪於反對自己的人罷了。於是老實人（楊註：指阮籍和嵇康）以為如此利用，褻瀆了禮教，不平之極，無計可施，激而變成不談禮教，不信禮教，甚至於反對禮教。但其實不過是態度，至於他們的本心，恐怕倒是相信禮教，當作寶貝。

這段話的大意是：曹操和司馬懿都用不孝當作藉口把孔融和嵇康給殺了。但是曹操和司馬懿本身也不是孝子。所以像阮籍和嵇康這樣的老實人，他們對曹操和司馬懿這樣自己不遵行禮教，卻利用禮教來殺人，感到很不滿，覺得這是褻瀆了禮教。但是他們又沒有辦法做些什麼來改變這樣的情形。他們氣憤到了極點，只好做出不談、不信，甚至反對禮教的行為。其實這只是他們外在的表現，他們的內心應該還是非常看重禮教，寶貝禮教的。由此看來，阮籍和嵇康應該算是孔子另類的粉絲。不過，值得一提的是，這兩位孔子的另類粉絲用他們的生命向我們揭露孔子的「仁」，在自

己不親身實踐的人手中，是可以被利用的，是可以用制度的形式來變成殺人的工具。

5. 隋唐佛學（大約580CE-907CE）

到了東晉，有很多僧侶，像是釋慧遠（334-416 年）、竺道生（360-434 年）加入玄學的討論，他們精通佛理，也熟悉玄學，常常引用佛理來解釋玄學，又用玄學的語言來介紹佛理（許倬雲，2006；勞思光，1996）。就這樣，他們打敗清談界的天下無敵手，而使得非佛教徒的玄學者們覺得佛理超級有吸引力。佛理也因此藉著他們，在貴族名士間廣為流傳（鄭欽仁等人，2007）。此外，南北朝時期（420-589 年），中國北方多是胡人建立的政權，佛教也透過北方的胡人而傳入中國。到了隋唐，兩朝皇室的血統都是胡漢混血，華人的生活在此時融合了北方胡人文化以及南方文化，已經和秦漢時期華人的生活方式大不相同。例如，從席地而坐轉變為倚桌坐椅，這就是草原文化對傳統漢文化衝擊的結果（許倬雲，2006）。除此以外，在唐朝還有很多外來的文化隨經商而傳入。但是在華人的思想史上最重要、最璀璨的還是印度佛教的東傳。

佛教從大約兩漢之間，大約一世紀的時候從印度傳入中國。隨著佛教而來的是印度文化對既有華人文化的撞擊，例如，華人透過翻譯佛教經典，了解印歐語系拼音文字的梵文，進而透過對比，知道漢文聲調的特點，從而形成漢文聲韻學。在有了韻母的概念，才有更妥切的押韻，也就有更完整押韻的詩詞了。這對於唐詩宋詞的發展，有著巨大的影響。除此以外，印度文化的天文、數學、藥學以及醫術都隨著佛教東傳（許悼雲，2006）。在思想上，佛教主張「緣起性空」，也就是否定外在任何的人、事、物是真實而獨立的存在，更認為「一切唯識」，也就是認為個體的主觀認定是一切存在的根源（勞思光，1996）。

佛教傳到中國，先經過文化對話的階段。這個階段主要是發現文化衝突並加以調和。像是東晉精通儒道經典的僧侶釋慧遠（334-416 年），就對「僧侶是否向天子跪地禮拜」、「出家是否不孝」做出讓很多人可以接受的解釋。到了四世紀以「釋」為姓氏的華僧，漸漸取代了以原居國為

姓氏（如「竺」）的胡僧，成爲翻譯經典、宣傳佛教、組織僧團的主要力量。當然，其中也不乏熟習儒家學說的孔粉結合儒家和佛家的嘗試，像是謝靈運（385-433 年）就說：「今去釋氏之漸悟，而取其能至，去孔氏之殆庶，而取其一極」（《廣弘明集》卷十八。大意是：今天我們去掉佛家中的逐漸領悟，而接受其學說中聖人是可以達到，然後排除掉儒家學說中聖人只能接近不能完全到達的說法，卻取其學說中的眞理合一的論述）。到了十世紀唐代結束時，佛教已經完全融入中國文化（許倬雲，2006），變成華人文化體系中的重要組成部分（王小甫，2008）。

隋唐時期，華人的佛教徒在經歷佛教東傳一千年左右，自創了不完全依循印度教義的佛教宗派，稱爲「中國佛教」（許倬雲，2006；勞思光，1996），在本章以此與「印度佛教」做區別。像是天臺、華嚴、禪宗等都是中國佛教的宗派。基本上，中國佛教接受了原始印度佛教的某些要素，但是在論述上卻有所新創。因此，中國佛教的教義「接近於儒學心性論之旨，而漸離印度各宗之說法」（勞思光，1996，頁 333）。中國佛教有些基本觀念是結合了孔子的「仁」。例如，孔子的「仁」是行善的意志與行動，因此每個人只要努力都可以「仁」。而這樣的努力是不會受到外在條件如血統、地位、聰明才智等所限制。如孔子說：「有能一日用其力於仁矣乎？我未見力不足者」（《論語．里仁篇第六》。大意是：有人想要一天盡力追求仁？我沒見過能力不足的）。這與印度佛教認定某些人（如，一闡提 Icchantika）是無法成佛的想法不同（勞思光，1996）。而孔子「仁」的概念，在結合了印度大乘佛教中比較不受矚目的如來藏（tathagata-garbha，楊惠南，2012）中「人人皆有佛性」的思想後，形成我們耳熟能詳的「一切眾生皆可成佛」的基本信念。此外，孔子的「仁」是只要願意，就可以朝著這個方向前進，如「子曰：『仁遠乎哉？我欲仁，斯仁至矣！』」（《論語．述而篇第三十》。大意是：孔子說：仁距離我很遠嗎？我想要仁，就可以往仁的方向去努力）。但是相反地，人也可以在片刻之間做出違反仁的事（《論語》里仁篇第五，庸也篇第七）。這與印度佛教中認爲人的修行或德行到某一程度，即可保障自身不再墮落的「不退轉」想法不同（勞思光，1996），卻呼應禪宗的：「自性

迷，即是眾生；自性覺，即是佛」（《六祖壇經・疑問品》。大意是：
內心被迷住的時候，我跟眾生沒有兩樣；內心覺醒了，我就到達佛的境
界），或是「放下屠刀，立地成佛」（《朱子語類》，卷三十）。總結來
說，佛儒結合的中國佛教，就是隋唐時期的文化融合的結果。

6. 宋明理學（大約960CE-1644CE）

勞思光（1992）說：「就哲學思想而論，唐代儒學可謂衰極」（頁
21）。看起來孔子在隋唐這個佛教流行的年代眞是很不夯。話雖這麼說，
還是有一些孔子迷，像是唐代的韓愈（768-824 年），在這些年代苦撐場
面。他在〈原道〉一文中，一開頭就提到「仁」，說：「博愛之謂仁」
（大意是：博愛就是仁）。在這一篇文中，韓愈「吸取了佛教宗派衣缽傳
授系統之觀念，排列出儒家的『道統』，自堯、舜、禹、湯、文、武、周
公至孔、孟」（王小甫，2008，頁 29）。或許是有像韓愈這樣的超級粉
絲們力撐大局，到了宋代，一方面因爲政府恢復了科舉制度，另一方面因
爲有孔子的另一個鐵粉范仲淹（898-1052 年）大力的興辦官學，在公立
學校中教授儒家經典（Yang, 2016），認同孔子立論的人又多了起來。

之後，宋代理學興起。許倬雲（2006）認爲：「儒家的理學，是中
國思想史的劃時代之事，其能臻此境界，釋（佛）、道二家的滋養與激盪
當爲不可忽視的因素」（頁 26）。大體而言，宋明兩代的孔粉認爲在宇
宙萬物的背後，有一個形而上的「理」；世界萬物的生成變化，都是這個
「理」的顯現。宋明兩代有名的儒學者，像是周敦頤（1017-1073 年）、
程顥（1032-1086 年）、程頤（1033-1107 年）、朱熹（1130-1200 年）、
陸九淵（1139-1193 年），還有王陽明（1472-1529 年）都花很多時間探
討這個「理」是什麼。所以他們的立論通稱「理學」，而這些鐵桿孔粉也
被稱爲「理學家」。雖然不同的理學家對「理」有不同的論述，不過大體
而言，他們所說的「理」可以理解爲道理、紋理，或是事物運行所遵循的
規則、原理。宋明理學者談的「理」有兩種，一種是世界上每一事物各自
的「理」，稱爲「殊別之理」，像是屬於身體就有身體的「理」，心就有
屬於心的「理」等。另一種就是貫通於萬事萬物，放諸四海皆通的「共同

之理」。

　　不過在論語中，孔子幾乎沒有提到「理」過。那讓這些宋明孔粉著迷的「理」是打哪來的？這主要是受到中國佛教的華嚴宗的影響。在華嚴派的重要經典《華嚴經》對「理」有所論述。不過華嚴經中的「理」主要指的是佛性（指對世間萬物都相互包含依存這個眞相的體悟），或稱爲「眞如」，是華嚴宗所認爲的「最高、終極的眞理」（業露華，2007，頁 180）。宋明的孔粉們，則採納了這個終極眞理的概念，但是又將其與孔子的「仁」做結合。因此，經過佛家和道家的洗禮的宋代孔粉們，把孔子的「仁」擴充到宇宙萬物。與佛教的論述不同的是，宋代的孔粉們特別強調不論哪一種「理」，都是宇宙萬物都可以趨向善的原因，因爲「理」的運作與展現就是善（勞思光，1992）。像是程頤就說：「天下之理，原其所自，未不有善」（《河南程氏遺書》，卷二十二上。大意是：天下的理，就它們的根源來看，沒有不善的）。程頤也說：「仁者，天下之正理。失正理，則無序而不和」（《二程全書》。大意是：天下最基本正確的道理就是仁。失去了這個正理，世界就未失去秩序）。王陽明也說：「循理便是善」（《傳習錄・門人薛侃錄》。大意是說：遵循天下的理就是善）。與漢代的董仲舒只把「仁」從人身上擴充到代表自然秩序的「天」不同，宋明理學家們將「仁」擴充到所有的生物和非生物上。像張載（1020-1078）就在他的〈西銘〉一文中寫著：「民吾同胞，物吾與也」（大意是：人民都是我的同胞，宇宙萬物都是我的同類）。程顥也說：「學者須先識仁。仁者，渾然與物同體」，又說「仁者以天地萬物爲一體」（《河南程氏遺書》，卷二上）。這兩句話的大意是，學習者一定要先懂得仁，仁就是與天地萬物合爲一體。明代的王陽明也說：「仁者以天地萬物爲一體；使有一物失所，便是吾仁有未盡處」（《傳習錄・門人陸澄錄》。大意是：仁就是與天地萬物合爲一體；只要有一個生命不穩妥，就是我的仁還沒有完善）。

　　宋代的理學家把「理」講得非常全面。陸九淵（1139-1193 年）因此提出了一個問題：在所有的「理」當中，我們必須透過自己的心，來覺察所有的「理」。那屬於人類心的「理」是不是有點特別？朱熹曾說：「道

理都在心裡」（《朱子語類》，卷五），認爲我們的心裡面一定包含了跟世界萬物相呼應的「理」，所以我們才可以透過我們的心，來理解宇宙萬物的「理」。陸九淵從這個角度，更加強調「心」就是我們在面對宇宙萬物時，體會到善的道理，進而決定行善的主宰。這是所謂的「心即理」（《象山先生全集》，卷十一）。明代的孔粉王陽明覺得這個想法棒極了，所以他和陸九淵的論述也被人稱爲「心學」。王陽明更加碼地說：「此心無私欲之蔽，即是天理」（《傳習錄 · 徐愛引言》。大意是：我們的心如果沒有受到私慾的蒙蔽，就是天理，就可以正確的態度與行為來面對萬事萬物）。

　　由於人要不被私慾蒙蔽才能有符合天理的正確判斷與態度，所以王陽明把力氣全放在探討使人不被私慾蒙蔽，能有正確判斷與態度的「良知」上。他說：「知善知惡是良知」（《傳習錄 · 門人黃省曾錄》。大意是：能夠面對善惡而有正確判斷與態度的就是良知）。他更說：「天理在人心，互古互今，無有終始。天理即是良知」（《傳習錄》，門人黃省曾錄。大意是：從古到今天理都在人的心裡，它的表現就是我們的對事情善惡的正確判斷與態度）。由於這樣正確的判斷與態度是一切善行的基礎，所以我們要「致良知」，就是完全擴充與徹底實現我們對事情的正確判斷與作爲。他說：「良知良能，愚夫愚婦與聖人同，但惟聖人能致其良知，而愚夫愚婦不能致，此聖愚知所由分也」（《傳習錄 · 答顧東撟書》。大意是：正確的判斷與作爲，每個人都有，但是只有聖人能完全擴充並徹底實踐，而其他人不能，這就是聖人和其他人的差別）。由於我們的內心就是依照天理來運作，所以不可能有了良知之後卻沒有任何動作，良知與實行都是天理正常運作的一部分。所以他也說：「未有知而不行者，知而不行，只是未知」（《傳習錄 · 徐愛引言》。大意是：沒有知道善惡而沒有行動的，知道了善惡卻沒有行動，只是還沒有眞正的知道罷了）。他又說：「我今說個『知、行合一』，正要人曉得一念發動處，便即是行了」（《傳習錄 · 門人黃直錄》，大意是：我今天說的知行合一，就是要讓人知道動了分別善惡的念頭，就是有分別善惡的行動了）。

　　值得一提的是，民國時期的孔粉勞思光（1927-2012）認爲孟子之後

的儒學者，雖然隨著他們所認識的世界漸漸擴大，而逐漸把「仁」擴充他們到所認識的世界，如「天」、「自然」、「宇宙萬物」、「理」中。但是也因為這樣的擴充，行善的主宰也因此從「人」的身上，被挪移到「天」、「自然」、「宇宙萬物」，以及「理」上。這樣一來，行善就不單單是人自己可以決定的，而是受「天」、「自然」、「宇宙萬物」、「理」的影響。但是經由佛教教義「一切唯識」（大意是：世間一切都是透過意識產生）的洗禮，而終於使得行善的責任，透過王陽明的致良知，而再次回歸到個人身上（勞思光，1992）。正如明代末年的孔粉劉宗周（1578-1645）強調：「釋氏之學本心，吾儒之學亦本心」（《劉子全書》。大意是：佛學是本於心，我們儒學也是本於心的）。也是透過這樣的回歸，「佛教『境由心造』與儒家『事在人為』兩項觀念，在中國融合為一」（許倬雲，2006，頁 208）。

7. 清代史學（大約1645CE-1911CE）

或許是受了王陽明的影響，在面對外族的統治，明末至清的孔粉們，像是明朝東林學派的顧憲成（1550-1612 年）和高攀龍（1562-1626 年），清代的黃宗羲（1610-1695 年），顧炎武（1613-1682 年），王夫之（1619-1692 年），戴震（1724-1777 年），以及梁啟超（1873-1929 年）等，都開始把注意力放到「知」與「行」的合理性上面。在行的方面，孔粉們認為學問要能「經世致用」（大意是能加以運用於管理世界，解決社會上的問題），所以多投入他們所認定的救世的活動中。他們考訂制度來追求所行事務的合理性，想要透過行動在世界創造社會制度或是文化秩序，而使得大家的行為通過這樣的制度與秩序都能合理（勞思光，1995b）。像是黃宗羲就說：「儒者之學，經緯天地」（《南雷文定後集》，卷三。大意是儒家的學問可以用來規劃管理世界）。顧炎武提倡「經世之學」，認為儒學是可以用來管理世界（勞思光，1995b）。戴震認為學問必須對人生及世界有實際的對應與應用，強調：「善以言乎天下之大共也，……。君子之教也，以天下之大共正人之所自為」（《原善》。大意是「善」是適合天下人都共同遵守的道理，君子要教化天下，

用這個道理來矯正大家，並以此爲己任）。

　　而在知的方面，他們開始探究知識的合理性與正確性，認爲要從前人傳承的知識中求取規劃與管理世界的智慧，就應該從經典古籍的清理和考證開始，確定所根據的是經典古籍的原意。因此他們特別著重於考據經書典籍，也開拓出對古代典籍做客觀研究的風氣。像黃宗羲擅長史學，有超越前人的辨別經典眞僞的能力（勞思光，1995b）。他說：「學必原本於經術，而後不爲蹈虛，必證明於史籍而後足以應務，元元本本可據可依」（全祖望，《鮚埼亭集》。大意是：學問必須原原本本的基於經典儒術，然後才不是沒有根據的亂來，必須要在史籍當中得到驗證，然後才可以應用於實務，要有實在地有憑有據）。顧炎武的經學著作，尤其是音韻之學，就是要還原古代經典的原貌（許倬雲，2006）。王夫之注釋許多經書典籍，也著述談論歷史（勞思光，1995b）。或許是因爲對「知」的合理性的重視，戴震開始重視「智」，他說：「智者也，其仁之藏也」（《原善》。大意是仁是藏在智當中），又說：「人莫大乎智足以擇善」（《原善》。大意是人與其他動物不同的地方在於人有心智可以選擇向善）。由於清代孔粉在知識上「求眞」的努力，使得我們因認清僞托孔子所著的《易傳》，僞托子思所著的《中庸》，僞托曾子所著的《大學》，實際爲漢代孔粉所著（勞思光，1995a），而可以更加清楚地認識孔子論述的原本樣貌。整體來說，清代的學者以廣義史學的觀點來治學，他們對古籍的研究，開啟了人們對客觀知識的追求。

　　除此以外，他們因爲整理古籍，進而形成對華人文化整體的論述，進而產生文化自覺；他們多以保存文化歷史爲己任，對傳統的文化也做了很多的反省，尤其是對儒家傳統進行批判。例如，他們往往反對很多孔迷只空談理論，而對現實的生活沒有任何作爲（許倬雲，2006）。明代的孔粉高攀龍就說：「夫學者誰不學孔子？……人人自謂得孔子眞面目，而不知愈失其眞精神」（《高子遺書》，卷九上。大意是學者都學孔子，都認爲自己學到的是孔子傳的眞正的學問，而不知道自己已經離孔子的學問越來越遠）。清代孔粉的王夫之在《讀通鑑論》中就批評有些孔粉是：「敗類之儒，囂道統以教之竊，而君臣皆自絕於天」（卷十三，大意是：儒學者

中的敗類，他們以教化的方式出賣道統，使得君臣都違背了天理）。他們對華人歷史的述說，形塑了許多人對華人文化的看法，也激勵了更多人以延續華人的歷史文化為己任（勞思光，1995b）。

從文化融合的角度來看，毫無疑問地，清代末年西學東漸使得華人開始接觸西方的文化。或許是因為傳承了前代孔粉們對知與行的重視，華人面對西方的知識，又開始了新一波的學習與融合。例如，馮桂芬在 1861年（咸豐 11 年）就提出「以中國之倫常名教為原本，輔以諸國富強之術」的主張（游芳憫，2010，頁 39，大意是：學問應該以中國重倫理的教養為基礎，配合以其他國家可以增進富強的技術）。而張之洞（1837-1909）在他 1898 年所發表的〈勸學篇〉中，也提倡：「中學為內學，西學為外學；中學治身心，西學應世事」（張之洞，1898；岳青，2012，5 月 5 日，大意是：中國傳統的學問應該是要對內用於修養身心，而西方來的學問是要對外用於處理事務）。

8. 民國科學（大約1911CE-2020CE）

雖然針對民國時代蓋棺論定的時間尚早，不過距離中華民國成立距今一百多年之際，我想我們可以很篤定的說這個時代最多讀書人投入的學問就是西方傳入的科學，包括社會科學以及人文科學。民國時代的孔粉和以往的孔粉不同的是：大部分的孔粉都學習了許多從西方的歐美或東方的日本傳進來的科學知識。他們多以科學的方法來治學，以客觀舉證來支持自己的觀點，並在討論學問的時候，以科學的精神來責問彼此的立論。在科學的洗禮之下，我們看到又一波的華人在珍視自己的文化的情況下，大量學習外來文化，進而融合不同文化的影響，然後產生新的統整。像是胡適（1891-1962 年）就採用了西方近代哲學的體系和方法來研究中國哲學（胡適，1919/2008 年）；林語堂（1895-1976 年）在學習西方比較文學與語言學之後，運用所學發明了漢字檢索系統以及第一部中文打字機（林太乙，2011 年；《語堂‧走過人間》，2015 年）；勞思光（1927-2012年）則認為「中國哲學必須經過一番提煉掏洗，在世界哲學的配景中重新建構」（1995b，頁 888）；而楊國樞（1932-2018 年）更是將西方傳入的

心理學與中華文化結合，進而提倡華人本土心理學（楊國樞，1993）。此外，更有許多能統整中外文化的臺灣被提名有智慧的人，以及不可勝數的臺灣人，他們響應孔子「仁」的呼召，運用自己所學的專長來行善，幫助他人在防疫時期保全生命，或是使人有更美好生活。在我眼中，他們都是不折不扣的「絕世好儒」。我想臺灣就是在許許多多這樣的人，靠自己和他人的努力，交互影響之下，使得懂得華人傳統文化的異鄉人，用形容孔子的「溫、良、恭、儉、讓」（《論語・學而篇第十》）來形容臺灣人。

　　總結來說，從文明的開始，一直到現在，華人的歷史中充滿了跨文化學習與整合。而華人的思想史中，從先秦百家，漢代儒學，魏晉玄學，隋唐佛學，宋明理學，清代史學，到民國科學，再再都是華人認同、珍惜自己的文化，不停的反思與批判自己的文化，對外來文化大量學習，並從中吸收好的、重要的要素，在與自己文化中的要素結合之後，形成新的統整。如果有任何的行為是華人思想史中所揭露的，且受過教育的華人從古到今都經常展現的標誌性行為或是文化特色，我認為「深刻認同、經常思辨，與不停檢視自己的文化，並大量地向其他文化學習，進而將多元文化中的精彩要素加以統整，然後創造出新的東西」就是華人標誌性的行為之一，也是華人文化最重要的特色！

四　轉：探討跨文化學習與統整的心理學理論

　　那我們如何用心理學的理論來解釋這樣的一個行為與文化上的特色呢？或許心理學裡面的整合涵化策略（integration acculturation strategy）、雙文化認同統整（bicultural identity integration）、複合文化心理學（polycultural psychology）、智慧歷程論（process theory of wisdom），以及系統創造力理論（system theory of creativity）可以幫助我們。以下分述之。

　　加拿大的學者 John Berry（1994, 2009）多年研究人們在面對新文化時所採取的策略，他發現人們採取的策略大致可以分成四類，⑴ 整合（integration strategy）：認同自己的文化的同時也學習新文化；⑵ 同化

（assimilation）：全盤否定自己的文化卻完全擁抱接受新文化；⑶ 分離（separation）：完全認同自己的文化卻全盤拒絕學習新文化；⑷ 邊緣（marginalization）：完全否定自己的文化也全盤拒絕學習新文化。他的研究揭示了接受並學習新文化（acculturation）和精熟與認同自己的文化（enculturation）是完全獨立運作、可以同時進行的兩回事，他的研究結果因而修正了以往心理學家認為「學習新文化會減低個體對自己文化認同」或是「離新文化越近就會離自己的文化越遠」的迷思。他的理論在提出後引起很大的迴響，有非常多的人依據他的理論，對不同國家和族群的人進行研究。在他理論提出的 25 年以後，Yoon 和她的團隊（2013）針對世界上發表在英文期刊論文上的所有相關研究結果，做綜合分析（meta-analysis），她們發現整合是被最多跨文化族群所採用的涵化策略。此外，採取整合策略的人們，相對於採取其他策略的人，有更好的文化適應，更高的自尊，更高的生活品質，以及更高的幸福感。運用這個理論來解釋華人的行為特質，以孔子為例，孔子面對殷商與周兩種不同的文化，似乎採取了兼容並蓄的整合策略。此外，從古到今，就如同本章之前所提的臺灣被提名有智慧的華人的論述所顯示，許多華人在面對新的文化時，也是採取了整合的涵化策略：既認同與珍惜自己的文化，也同時大量地學習新的文化。

除此以外，也有許多雙文化認同的研究（Hong et al., 2000）顯示有些人可以將所接受的不同文化做整合，而形成整合雙文化的認同（bicultural identity integration）或多文化的認同（multicultural identity integration）。這些人她們因為精熟兩種或兩種以上的文化，身在其中也因為同時認同這些文化而自在。這使得她們在面對世界時，有雙重或多種相互不衝突的文化定位。將這個理論運用到解釋上述華人的心理與行為，或許孔子這個生於周朝的殷商後人，以及歷史上精通且認同兩種以上文化的華人，也都具有相當統整且不互相衝突的雙／多文化認同。

以往的心理學研究，在面對不同文化族群時，多採取多元文化並列共存（multiculturalism）的觀點，以單一文化（culturalism）的角度來分析，而認為文化與文化之間，往往因少有交疊而有清楚的壁壘，所以不同的文

化也會有不同的特色。因此，生長在甲文化的人們，多以甲文化的方式思考與行動；生長在乙文化的人，多以乙文化的方式來思考與行動。甲乙文化的成員，因為彼此文化不同，想法與行為特徵也不同。舉例來說，持多元文化觀點的心理學家，會認為生長在華人文化的人們，多以華人文化的方式思考舉止，而這樣的思考與舉止，會與生長在西方文化而以西方文化方式思考與舉止的人們不同。然而，Morris 等人（2015）提出了複合文化心理學（polycultural psychology）來駁斥多元文化的觀點。他們認為文化本身不是靜態的，而是動態的；文化會因為成員接觸其他文化而經常變動；文化間的壁壘，並不如我們想的分明。此外，人類面對文化時，也不是被動的接受者，即使是面對自己生於斯長於斯的文化，我們也不是通盤接受，而是會不斷思考與檢視，從所承繼的文化中尋找我們喜歡和認同的部分來接受，並同時摒棄我們所不喜歡和不認同的部分。與此同時，我們面對所接觸到的外來文化，也不是通盤接受或拒絕，而也是會從中選擇自己認為喜歡和認同的部分來接受，並摒棄自己所不喜歡和不認同的部分。將這個理論運用在華人上，複合文化心理學合理解釋了古往今來的華人在面對自己的文化時，雖然認同，卻不停的反思與檢討，以及面對其他文化影響時，有所取也有所不取的行為。

我們可以預期個體在學習了自己與他人的文化之後，可以形成新的統整，但是並不是所有跨文化學習所形成的新統整都可以成為智慧。那麼在跨文化學習所得的新統整是如何成為智慧呢？根據智慧歷程論，個體在日常生活中，會將不相干或甚至是相衝突的概念進行整合，進而形成新的統整，在確實將新的統整以具體行動加以實踐，並於己於人所產生的正面影響，個體即展現智慧。以孔子為例，如前所述，孔子所展現的智慧如下：首先，其所提出的「仁」就是經過思考統整後的創新。此外，孔子也以具體的行動，用其一生來實踐這個思考上的新統整，而他實踐的行為，為他自己，以及許多認同他的粉絲，帶來了心靈提升與社會改變等的正面影響。將這個理論運用於解釋華人文化，則許多上述所提及的思想家，以及被提名為臺灣有智慧的華人，在跨文化學習之後，透過不斷的思辨，將不同文化中精彩的要素加以整合進而形成新的統整，在他們將新統整透過行

動加以實踐，而他們的智慧於其行動於己於人發揮正面影響力之後展現。

而這樣由個體所展現的智慧，透過個體所處的行業或是社群的檢視，在獲得贊同之後，被許多人所採納而成為整體知識領域或是文化的一部分。正如 Csikzsentmihalyi（1996）主張的系統創造力理論所描述：任何一個造成文化改變的創新想法往往源自於個人（person）。在個人腦中所形成的創新想法，在提出之後，必須經過他或她所屬的專業社群（field）的檢視，在獲得同行的接受與讚許之後，透過知識傳播的機制，會被收納成為特定領域的知識，進而變成普遍文化（domain）的一部分。而文化性的創造力就在個人（person）、專業社群（field），知識領域或普遍文化（domain）這樣的一個系統中形成。孔子的「仁」就是一個最好的例子。非常簡化的來說，孔子繼承了以前傳統文化中形容外貌的仁，但是卻加上了周文化中的道德自覺，經過自己的統整，將公眾的政治與私人的道德結合，而形成一個複雜而創新的論述。而這樣的統整，在孔子的腦中結合了以後，被當時欣賞他的學說的一群對治理有理想的人所接受並記錄下來。之後又因漢朝的一些官員如董仲舒的提倡而變成文化的一部分。而這樣的文化，又在歷史中循環不息的影響下一代的個體。在這些個體欣賞並接受了孔子的「仁」的學說之後，再一次的形成統整，而他們更進一步的統整，也因為被思想領域的某些關鍵人物所接受，在記錄下來之後，經過提倡，又再一次的變成文化的一部分，而在華人歷史上，對更新一代的人產生影響。長此以往，這些透過跨文化學習所得的新統整，就形成了人類思想史上的智慧結晶。

這個理論也可以用來解釋許多在歷史上將不同文化要素進行統整的華人思想家們，他們創新的思想如何經過這樣的過程，而使得華人思想史不停的演進。我們更可以預測，未來許多透過統整不同文化而產生的智慧，也將透過被當代的專業社群或是文化群體的成員的認可，進而被收納為代代相傳的知識，進而成為華人文化的重要部分。

五 合：一個對臺灣本土心理學的反思

　　回顧過往，似乎針對華人所做的心理學研究可以有三代。第一代的學者是把華人當成世界各族群中的一種，他們的研究本身並不探討任何華人文化，也不用華人文化來解釋所得的研究成果（如黃堅厚，1975）。這一代的學者是「華人族群傾向心理學者」。第二代的學者重視華人文化對華人在思考或行為上的影響，研究探究華人文化，也使用華人文化來解釋所得的研究成果（如鄭伯壎，2005）。他們著重於研究由華人思想史大傳統所發展出來的文化對華人心理和行為的影響。這一代的學者是「華人本土文化心理學者」。

　　然而經過本章的探索，似乎「深刻認同、經常思辨，與不停檢視自己的文化，並大量地向其他文化學習，進而將多元文化中的精彩要素加以統整，然後創造出新的東西」就是華人標誌性的行為之一，也是華人文化最重要的特色。臺灣地處東北亞與東南亞海域的核心，發展的過程中又面臨許多文化的影響，臺灣的成員中，不乏遷移到臺的、認同華人文化的華人與非華人，也有許多遷移到世界其他地方，但是也同樣認同華人文化的華人與非華人。這些人都有可能因為受到華人文化的影響，而具有上述之行為特色。那麼臺灣華人本土心理學者應該要怎麼做，才可以研究這樣的特色呢？

　　首先，我認為心理學者在進行臺灣華人本土心理學研究之前，應該要不論族群、國籍、文化背景地網羅所有認同臺灣華人文化的人。其次，在研究之前確認所研究的對象對臺灣華人文化有的認同程度。最後，把研究的焦點放在臺灣華人文化與其他文化交融的介面上。換句話說，要有本土契合性的臺灣華人心理學研究，我們必須放眼於世界上所有認同於臺灣華人文化的人，以及他們在與其他文化互動後所擦出的火花，包括他們在思考上如何統整不同文化，以及他們在跨文化的場域中，以具體行動所展現的，使不同文化的人都受益的智慧。

　　基於此，未來第三代的華人心理學者，在繼承了前輩們的豐碩成果之後，應更注重世界各地的華人文化與其他文化交會時所擦出的火花。這一

代的學者將會是「華人統整文化心理學者」。

作者註

本文受到中華民國科技部 MOST 108-2410-H-260-012-SS2、MOST 110-2410-H-260 -019 -SS2 經費補助。本文的撰寫受到與楊中芳老師討論經驗的啟發，特此致謝。為了避免讀者在讀中國思想史或是古文時會覺得難以理解，我決定用生活化和淺白的語句來寫這個部分，有不詳盡之處請讀者見諒。我也感謝杜維明、張安平、沈清松、李廣健、Curie Virag、謝如柏等幾位學者在過去三十多年以來的歲月中對我的教導與啟發，魏伯特（Robert Reynolds）教授以及我研究群的成員陳昕榆、張育瑄、蕭孟晴、林郁芬、黃馨儀、張珺淳及羅美怡給我的回饋。

參考文獻

六祖壇經（n.d.）：《疑問品》。維基文庫。https://zh.wikisource.org/wiki/%E5 %85%AD%E7%A5%96%E5%A3%87%E7%B6%93/%E7%96%91%E5%95%8F %E5%93%81

王小甫（2008）：《隋唐五代史：世界帝國、開明開放》。三民書局。

王夫之（n.d.）：《讀通鑑論》。中國哲學書電子化計劃。https://ctext.org/wiki. pl?if = gb&res = 533801

王忠林（2006）：《新譯荀子讀本》。三民書局。

司馬遷（n.d.）：《史記・老子韓非列傳》。中國哲學書電子化計劃。https:// ctext.org/shiji/lao-zi-han-fei-lie-zhuan/zh

全祖望（n.d.）：《鮚埼亭集》。中國哲學書電子化計劃。https://ctext.org/wiki. pl?if = gb&res = 875470

李廣健（2003）：〈論《漢書・董仲舒傳》「皆自仲舒發之」的記述〉。見周樑楷（編），《結網二編》，頁41-92。東大圖書公司。

李濟（1954/1990）：〈中國上古史之重建工作及其問題〉。見《李濟考古學論

文集》，頁81-87。文物。原文刊於民主評論，*5*(4)，89。

汪鳳炎、鄭紅（2014）：《智慧心理學的理論探索與應用研究》。上海教育。

阮籍（n.d.）：《大人先生傳》。維基文庫。https://zh.wikisource.org/zh-hant/%E5
%A4%A7%E4%BA%BA%E5%85%88%E7%94%9F%E5%82%B3

孟子（n.d.）。中國哲學書電子化計劃。https://ctext.org/mengzi/zh

尚書（n.d.）：《周書，蔡仲之命》。中國哲學書電子化計劃。https://ctext.org/
shang-shu/charge-to-zhong-of-cai/zh

岳青（2012年5月5日）：〈【歷史今日】張之洞發表《勸學篇》〉。大紀元。
https://www.epochtimes.com/b5/12/5/5/n3581887.htm

林太乙（2011）：《林語堂傳》。聯經出版公司。

林惠祥（1937）：〈中國文化之起源及發達〉。《東方雜誌》，*34*(7)，177-
194。

林瀾（2020年1月19日）：〈【今日熱點】來自大陸的女生遊臺灣，最「驚詫」
這三點；武統臺灣，可能嗎？〉[影片]。YouTube。https://www.youtube.com/
watch?v = VX_PtiRq0wU&feature = youtu.be

河南程氏遺書（n.d.）。中國哲學書電子化計劃。https://ctext.org/wiki.pl?if =
gb&res = 704165

金春峰（2006）：《漢代思想史》。中國社會科學出版社。

胡適（1919/2008）：《中國哲學史大綱》。臺灣商務印書館。

徐旭生（2003）：《中國古史的傳說時代》。廣西師範大學。

晉書（n.d.）：《裴頠傳》。維基文庫。https://ctext.org/all-texts/zh?filter = 607392

高攀龍（n.d.）：《高子遺書》。中國哲學書電子化計劃。https://ctext.org/wiki.
pl?if = gb&res = 647155

張之洞（1898）：〈勸學篇。維基文庫。https://zh.wikisource.org/zh-hant/%E5%
8B%B8%E5%AD%B8%E7%AF%87_（%E5%BC%B5%E4%B9%8B%E6%B4%
9E）

張光直（2004）：〈論「中國文明的起源」〉。《文物》，*1*，73-81。

張西西就是我（2019，12月18日）：〈大陸聊臺灣：關於臺灣人講文明講禮貌〉
[影片]。YouTube。https://www.youtube.com/watch?v = gn2vq9mu7dg

張載（n.d.）：《西銘》。中國哲學書電子化計劃。https://ctext.org/wiki.pl?if =

gb&chapter = 847353

張鶴泉（2010）：《魏晉南北朝史》。三民書局。

許抗生（1992）：《魏晉思想史》。桂冠圖書公司。

許倬雲（2006）：《萬古江河：中國歷史文化的轉折與開展》。英文漢聲。

陳壽（n.d.）：《三國志・魏書第二十八卷・鍾會傳》。中國哲學書電子化計劃。https://ctext.org/sanguozhi/28/zh

勞思光（1993）：《新編中國哲學史（三上）》。三民書局。

勞思光（1995a）：《新編中國哲學史（一）》。三民書局。

勞思光（1995b）：《新編中國哲學史（三下）》。三民書局。

勞思光（1996）：《新編中國哲學史（二）》。三民書局。

游芳憫（2010）：《游芳憫文史專集第一卷：中西文化與哲學述要》。秀威資訊。

程顥、程頤（n.d.）：《二程全書》。中國哲學書電子化計劃。https://ctext.org/wiki.pl?if = gb&chapter = 391740#p

象山先生全集卷十一（n.d.）。中國哲學書電子化計劃。https://ctext.org/wiki.pl?if = gb&chapter = 809026

黃宗羲（n.d.）：《南雷文定後集》。中國哲學書電子化計劃。https://ctext.org/library.pl?if = gb&res = 4314

黃堅厚（1975）：A follow-up Study on Social attitudes of Chinese and Scottish adolescents。《教育心理學報》，8，95-106。

傳習錄（n.d.）。中國哲學書電子化計劃。https://ctext.org/wiki.pl?if = gb&res = 873181

楊世英（2007）：〈日常生活中智慧的形式與功能〉。《中華心理學刊》，49(2)，47-66。

楊世英（2008）：〈智慧的意涵與歷程初探〉。《本土心理學研究》，29，185-238。

楊國樞（1993）：〈我們為什麼要建立中國人的本土心理學〉。《本土心理學研究》，1，6-88。

楊惠南（2012）：《佛教思想發展史論》。東大圖書公司。

業露華（2007）：《中國佛教圖鑑》。胡桃木文化。

睿眼看世界（2017年1月1日）：〈韓國人眼中的臺灣，好的坏的一起說〉[影片]。YouTube。https://www.youtube.com/watch?v = WTUsjJ630vg

語堂・走過人間（2015）。林語堂故居。

劉宗周（n.d.）：《劉子全書》。中國哲學書電子化計劃。https://ctext.org/wiki.pl?if = gb&res = 78472

劉桂生（1999）：〈近代學仁對「罷黜百家、獨尊儒術」的誤解及其成因〉。《中國史學史研討會：從比較觀點出發論文集》，頁223-398。稻鄉出版社。

稽康（n.d.）：《稽中散集，釋私論》。維基文庫。https://zh.wikisource.org/zh-hant/%E9%87%8A%E7%A7%81%E8%AE%BA

論語（n.d.）。中國哲學書電子化計劃。https://ctext.org/confucianism/zh

鄭伯壎（2005）：〈華人組織行為研究的方向與策略：由西化到本土化。《本土心理學研究》，*24*，191-245

鄭欽仁、吳慧蓮、呂春盛、張繼昊（2007）：《魏晉南北朝史》。里仁書局。

魯迅（n.d.）：《魏晉風度及文章與藥及酒之關係》。維基文庫。https://zh.wikisource.org/zh-hant/%E9%AD%8F%E6%99%8B%E9%A3%8E%E5%BA%A6%E5%8F%8A%E6%96%87%E7%AB%A0%E4%B8%8E%E8%8D%AF%E5%8F%8A%E9%85%92%E4%B9%8B%E5%85%B3%E7%B3%BB

黎靖德（n.d.）：《朱子語類》卷30。中國哲學書電子化計劃。https://ctext.org/zhuzi-yulei/30/zh

錢穆（1984）：《國史大綱》。國立編譯館。

戴震（n.d.）：《原善》。中國哲學書電子化計劃。https://ctext.org/wiki.pl?if = gb&res = 467719

謝靈運（n.d.）：《廣弘明集卷十八，辯宗論諸道人王衛軍問答》。維基文庫。https://zh.wikisource.org/wiki/%E5%BB%A3%E5%BC%98%E6%98%8E%E9%9B%86/18#%E2%96%B3%E8%BE%AF%E5%AE%97%E8%AB%96%E8%AB%B8%E9%81%93%E4%BA%BA%E7%8E%8B%E8%A1%9B%E8%BB%8D%E5%95%8F%E7%AD%94%E2%94%80%E2%94%80%E8%AC%9D%E9%9D%88%E9%81%8B

韓國約瑟요셉이TV（2020年3月13日）：〈到底為什麼韓國人在韓國推廣臺灣，約瑟回答臺灣網友們【訂閱者3萬Q&A】〉[影片]。YouTube。https://www.

youtube.com/watch?v = vSxGzmwf3t8

韓愈（n.d.）：《原道》。維基文庫。https://zh.m.wikisource.org/zh-hant/%E5%8E%9F%E9%81%93

蘇秉琦、殷瑋璋（1981）：〈關於考古學文化的區系類型問題〉。《文物》，5，10-17。

Ardelt, M. (2003). Empirical assessment of a three-dimensional wisdom scale. *Research on Aging, 25*, 275-324.

Baltes, P. B., & Staudinger, U. M. (2000). Wisdom: A metaheuristic (pragmatic)to orchestrate mind and virtue toward Excellence. *American Psychologist, 55*, 122-136.

Berry, J. W. (1994). Acculturation and psychological adaptation: An overview. In A. Bouvy, F. J. R. Van de Vijver, P. Boski, & P. Schmitz (Eds.), *Journeys into cross-cultural psychology* (pp. 129-141). Swets & Zeitlinger.

Berry, J. W. (2009). A critique of critical acculturation. *International Journal of Intercultural Relations, 33*, 361-371.

Csikszentmihalyi, M. (1996). *Creativity: Flow and the psychology of discovery and invention.* HarperCollins.

DREAM清醒夢LUCID（2020，2月27日）：中國與臺灣的首都對比──北京與臺北Beijing vs Taipei [影片]。YouTube。https://www.youtube.com/watch?v = WON0Otx2y58

Fuji藤本（2020，3月8日）：日本人喜歡上臺灣的原因──我從什麼時候開始愛臺灣的[影片]。YouTube。https://www.youtube.com/watch?v = M9wgzndDVEY

Geertz, C. (1973). *The interpretation of cultures.* Basic Books.

Glück, J., & Bluck, S. (2014). The MORE life experience model: A theory of the development of personal wisdom. In M. Ferrari & N. Weststrate (Eds.), *The scientific study of personal wisdom: From contemplative traditions to neuroscience* (pp. 75-97). Springer.

Grossmann, I., & Kross, E. (2014). Exploring Solomon's paradox: Self-distancing eliminates the self-other asymmetry in wise reasoning about close relationships in younger and older adults. *Psychological Science, 25*, 1571-1580.

Hong, Y., Morris, M. W., Chiu, C., Benet-Martínez, V. (2000). Multicultural minds: a dynamic constructivist approach to culture and cognition. *American Psychologists*, *55*, 709-720.

Li, Chi. (1957). *The beginnings of Chinese civilization: Three lectures illustrated with finds at Anyang.* University of Washington.

Mickeyworks TV（2020，2月25日）：大陸人臺灣行第18集：實話實說，在臺灣這些天的真實感想[影片]。YouTube。https://www.youtube.com/watch?v = Cmhr9xDyUv4

Morris, M. W., Chiu, C., & Liu, Z. (2015). Polycultural psychology. *The Annual Review of Psychology*, *66*, 631-659.

Shweder, R. (1991). *Thinking through cultures: Expeditions in cultural psychology.* Harvard University Press.

This is Taiwan。（2019，2月16日）：外國人對臺灣的誤解What do People Get WRONG About Taiwan? [影片]。YouTube。https://www.youtube.com/watch?v = 8Qi8nqJUpC0

Wang, J., Ng, C. Y., & Brook, R. H. (March 3, 2020). *Response to COVID-19 in Taiwan: Big data analytics, new technology, and proactive testing.* Journal of the American Medical Association. https://jamanetwork.com/journals/jama/fullarticle/2762689.

Yang, S.-Y. (2008). A process view of wisdom. *Journal of Adult Development*, *15*(2), 62-75.

Yang, S.-Y. (2016). Exploring wisdom in the Confucian tradition: Wisdom as manifested by Fan Zhongyang. *New Ideas in Psychology*, *41*, 1-7.

Yang, S.-Y., Kuo, B. H. C., & Lin, S.-P. (2022). Wisdom, cultural synergy, and social change: A Taiwanese perspective. *New Ideas in Psychology*, *64*. https://doi.org/10.1016/j.newideapsych.2021.100917

Yoon, E., Chang, C., Kim, S., Clawson, A., Cleary, S. E., Hansen, M., Bruner, J. P., Chan, T. K., & Gomes, A. M. (2013). A Meta-analysis of acculturation/enculturation and mental health. *Journal of Counseling Psychology*, *60*(1), 15-30.

國家圖書館出版品預行編目資料

華人本土心理學30年：本土研究取徑及理論／
楊中芳分冊主編. ――初版.――臺北市：
五南圖書出版股份有限公司, 2022.06
　面；　公分
ISBN 978-626-317-976-9（平裝）

1.CST：民族心理學　2.CST：中國文化
3.CST：中華民族　4.CST：文集

535.707　　　　　　　　　　111009500

4BOD

華人本土心理學30年
本土研究取徑及理論

分冊主編 ― 楊中芳

叢書總編 ― 楊中芳、張仁和

作　　者 ― 王叢桂、周玉慧、韋慶旺、曹惟純、黃光國
　　　　　　彭泗清、楊中芳、楊世英、葉光輝、翟學偉
　　　　　　鍾年（依姓名筆畫排序）

發 行 人 ― 楊榮川

總 經 理 ― 楊士清

總 編 輯 ― 楊秀麗

副總編輯 ― 王俐文

責任編輯 ― 金明芬

封面設計 ― 姚孝慈

出 版 者 ― 五南圖書出版股份有限公司

地　　址：106臺北市大安區和平東路二段339號4樓

電　　話：(02)2705-5066　　傳　　真：(02)2706-6100

網　　址：https://www.wunan.com.tw

電子郵件：wunan@wunan.com.tw

劃撥帳號：01068953

戶　　名：五南圖書出版股份有限公司

法律顧問　林勝安律師事務所　林勝安律師

出版日期　2022年6月初版一刷

定　　價　新臺幣480元